项目为教育部人文社会科学重点研究基地重大项目"学习认知过程与学科素养培养研究"（22JJD190006）、广东省教育考试院"九大学科高考内容改革研究"、"新师范"建设丛书成果

中国高考改革的理论与实践研究

主编 / 莫雷　欧阳谦　李向明

数学
高考评价体系与命题方案

冯伟贞　苏洪雨　编著

SPM 南方传媒
全国优秀出版社
全国百佳图书出版单位
广东教育出版社
·广州·

图书在版编目（CIP）数据

数学高考评价体系与命题方案/冯伟贞，苏洪雨编著. -- 广州：广东教育出版社，2025.3（2025.10重印）. --（中国高考改革的理论与实践研究/莫雷，欧阳谦，李向明主编）. -- ISBN 978-7-5548-6331-2

Ⅰ. G633.602

中国国家版本馆 CIP 数据核字第 2024FB2031 号

数学高考评价体系与命题方案

SHUXUE GAOKAO PINGJIA TIXI YU MINGTI FANG'AN

出 版 人：朱文清
策划编辑：唐俊杰
项目统筹：杨利强
责任编辑：巩小珂　张检武
责任技编：谢　莹
装帧设计：何　维
责任校对：黎飞婷
出版发行：广东教育出版社
　　　　　（广州市环市东路 472 号 12—15 楼　邮政编码：510075）
销售热线：020-87615809
网　　址：http://www.gjs.cn
邮　　箱：gjs-quality@nfcb.com.cn
发　　行：广东新华发行集团股份有限公司
印　　刷：广州小明数码印刷有限公司
　　　　　（广州市天河区高普路 83 号 B 栋 C5 号）
规　　格：787 mm×1092 mm　1/16
印　　张：31.5
字　　数：480 千
版　　次：2025 年 3 月第 1 版
　　　　　2025 年 10 月第 2 次印刷
定　　价：78.00 元

如发现因印装质量问题影响阅读，请与本社联系调换（电话：020-87613102）

丛书编委会

主　任：莫　雷　欧阳谦　李向明
编　委：许顺兴　高　雷　余若峡　陈方丁　游伟林
　　　　张　卫　陈　俊　陈友芳　王笑君　冯伟贞
　　　　黄丽燕　陈启山　郑海燕

本书编委会

主　编：冯伟贞　苏洪雨
编　委：陈嘉希　陈俊阳　杨嫣然　张艳虹　周建锋

序 言

教育部教育考试院（原名教育部考试中心）于 2019 年 12 月发布《中国高考评价体系》，确立了"一核""四层""四翼"高考评价体系，并辅以《中国高考评价体系说明》对其中的关键概念和重要关系进行了说明。2019 年 12 月，《中国考试》杂志集中刊登了高考评价体系学科化的相关文章，其中包括《基于高考评价体系的数学科考试内容改革实施路径》。2022 年 9 月，教育部教育考试院在"教育这十年 1+1 系列发布会"的第十二场"介绍党的十八大以来考试招生制度改革成效"上，指出研制高考评价体系是落实高考"立德树人、服务选才、引导教学"的核心工作。自 2020 年以来，每年高考后由教育部教育考试院发布的数学科高考命题分析或解读都围绕"四层"内容、"四翼"维度进行，其中对"立德树人、五育并举"给予高度重视，突出关键能力的考查，在"依标教学、教考衔接"方面有积极的引导作用。

但必须看到，《中国高考评价体系》的内涵尚有待完善，其"学科化、操作化"目前仍在起步阶段，落实高考的素养立意，即"引导教学的素养指向、服务真正的人才选拔"，仍然是今后很长一段时间内需要多方合力才能完成的工作。

本书的立意之一是对《中国高考评价体系》的主要指标体系进行学科化，主要做了两个方面的工作。一是，以《中国高考评价体系》中"四层"的一级指标为重要指引，融合《普通高中数学课程标准（2017 年版 2020 年修订）》及其他重要论著的观点，建立数学科高考评价体系中"四层"内容的一级指标，界定各层二级指标的操作性内涵，并用命题点或已有题目说明相应指标的可考性，更充分地说明"考什么"；二是，根据数学学科特点，综合国内多年高中数学命题方法，界定数学科高考"四翼"的内涵，分析基础性、综合性、应用性、创新性各类命题特点，归纳梳理已有的命题方法，创新情境性命题方法，更充分明晰"怎么考"。

本书的立意之二是具体地解决数学学科素养测评操作化问题。本书重点完成了两个方面的工作。一是，建立了数学科高考问题情境体系，这是对素养测评载体的重要完善，是学科素养测评操作化的重要进展。二是，系统研究生活实践问题情境的命题方法和学科领悟问题情境命题方法，并以命题案例对方法进行具体说明。

本书的立意之三是建立数学科高考"一核""四层""四翼"测评框架。本书先建立了数学科高考认知操作体系，在此基础上构建了由"素养层面双向细目表（高阶双向细目表）"及"知识能力层面双向细目表（低阶双向细目表）"构成的"二层双向细目表"。这是对传统双向细目表的创新性改进，充分体现了高考涵盖"四层"内容测评，既包括素养层面的考查，也包括知识能力层面考查的结构特性。"二层双向细目表"同时也是"四翼"测评维度的操作化体现，在"知识能力层面双向细目表（低阶双向细目表）"知识维度与认知维度（低阶、中阶认知操作）相交处重点突出命制基础性、综合性题目，在"素养层面双向细目表（高阶双向细目表）"知识维度与认知维度（中阶、高阶认知操作）相交处重点突出依托情境载体命制综合性、应用性、创新性题目。

本书的立意之四是"引导教学"，促使"教考衔接"。本书着力揭示各类命题的本质、详细剖析命题方法、给出教学建议等。其中，促进通性通法迁移的教学策略、高中数学建模常态化的教学建议、开展"微探究"以丰富学生的数学探究活动体验、"优选式全程重复"的单元教学设计方法、"单元教学多维细目表""推进数学建模与数学探究活动"和"推进考试评分方法的研究"等对当前教学中存在问题的解决有一定的积极启示作用。

本书重点运用文献分析法和实证调查研究方法，部分内容辅以教学实践（实验）进行实证。今后将会在更深入的定量研究、质性研究和教学实践中进一步修正、完善书中内容。

仅以此书记录自 2017 年 6 月进入教育部教育考试院重大委托项目"高考评价体系整体框架研究"项目组以来在数学科高考方面的所思所想。在研究过程中，团队获批国家教育考试科研规划 2021 年度重点课题（GJK2021008）：面向教考衔接的新时代高考数学内容改革研究。

多年来，团队在莫雷老师的带领下和谐共进，是非常快乐的研究体验。

冯伟贞
2024 年 2 月于华南师范大学

引言：中国高考改革的整体思路与方案研究

高考是国家选拔人才、实现社会纵向流动的重要途径，涉及广大群众切实利益。高考不仅具有选拔和评价的功能，也是实现立德树人的有效途径和重要的育人方式。充分发挥高考的引导作用，实现高考的育人功能，推动教育高质量发展，形成选拔、评价、教育引导、教学反拨的一体化新格局，是当前高考评价体系改革的核心目标。

2014年3月，教育部出台《关于全面深化课程改革落实立德树人根本任务的意见》，要求研究制订学生发展核心素养体系，并依据学生发展核心素养体系，进一步明确各学段、各学科具体的育人目标和任务，完善中小学课程教学有关标准；与此同时，还提出各级考试命题机构要严格以国家课程标准和国家人才选拔要求为依据组织中高考命题，评估命题质量，保证考试的导向性、科学性和规范性。2014年9月，国务院颁布《关于深化考试招生制度改革的实施意见》，对加强高考内容改革顶层设计提出要求，明确指出要依据高校人才选拔要求和国家课程标准，科学设计命题内容。2020年10月，中共中央、国务院印发《深化新时代教育评价改革总体方案》，进一步强调深化考试招生制度改革，明确指出要稳步推进中高考改革，构建引导学生德智体美劳全面发展的考试内容体系，改变相对固化的试题形式，增强试题开放性，减少死记硬背和"机械刷题"现象。

为贯彻新时代党的教育方针与国家教育改革相关政策文件精神，落实立德树人根本任务，教育部教育考试院（1998年至2021年为教育部考试中心）立足素质教育全面发展的育人目标，提出了用于指导高考内容改革和命题工作的中国高考评价体系，明确了高考的核心功能、考查内容和考查要求等，即"一核""四层""四翼"（如图1所示）。"一核"明确了高考的目的——"立德树人、服务选才、引导教学"，解答了"为什么考"的问题；"四层"明确了考查的内容是"核心价值、学科素养、关键能力、必备知识"，回答了"考什么"的问题；"四翼"提出了要考查"基础性、综合性、应用性、创新性"，明确了考查的要求。该体系通过解决"为什么考、考什么、怎么考"的问题，从高考层面对"培养什么人、怎样培养人、为谁培养人"这一教育根本问题给出了回答，集中反映了党和国家人才培养的总体要求和高校人才选拔的具体需求，是连接宏观人才培养总体要求和高考人才选拔的桥梁与纽带，是助力培养社会主义建设者和接班人的重要支持与保障。中国高考评价体系的科学构建，是从根本上解决教育评价指挥棒问题的重大举措之一，也是健全立德树人落实机制、实现德智体美劳全面发展育人目标的必经之路。

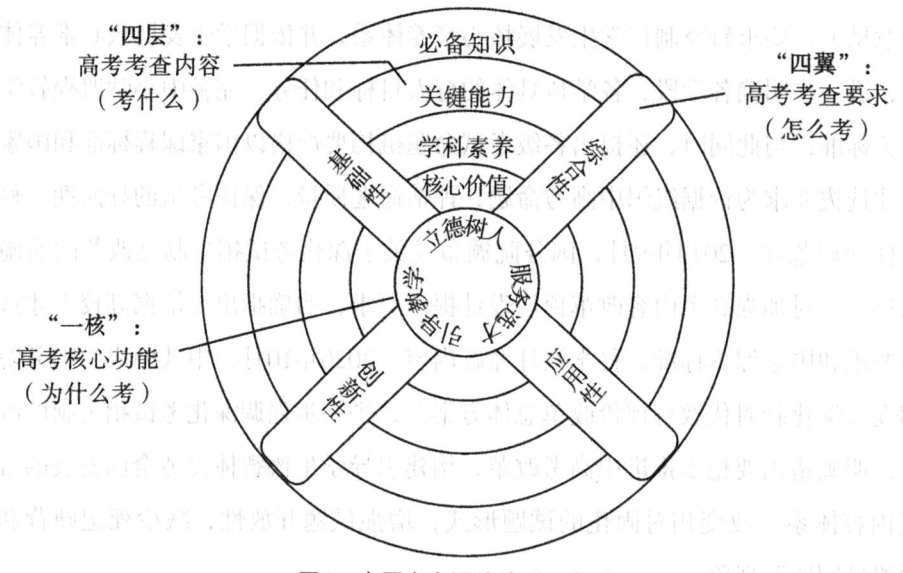

图1　中国高考评价体系示意图

然而，这一评价体系如何指导高考命题，仍有待进一步深入思考与探究。具体而言，需进一步思考与探究三大重要问题：

第一，宏观上，中国高考评价体系的"一核""四层""四翼"体现了高考内容改革的什么理念？

第二，中观上，如何将中国高考评价体系理念具体化为考试命题整体框架，形成与应用层面衔接的操作体系？

第三，微观上，如何依据中国高考评价体系理念构建考试命题整体框架，指导各学科考试方案的设计与命题？

围绕这三大研究问题，华南师范大学于2017年承担了教育部考试中心重大委托项目"高考评价体系整体框架研究"，在全国率先开启了高考评价体系改革的研究，通过上游、中游、下游三阶段的系统性研究，取得了创新性的研究成果。在宏观层面上，提出了以学科素养为导向的新高考内容改革理念，并构建了中国高考评价体系学科素养指标体系，创新了教育学与学科教学论关于素养界定问题的理念；在中观层面上，建构了学科素养的测评框架，提出了"二层双向细目表"的新设计，创新了测量学和考试学关于潜变量素养测量的理念与方法；在微观层面上，确定了各学科的高考命题方案，搭建了试卷题目编码与分析智能系统，创新了考试命题质量评价方法。

高考评价体系是深化新时代高考内容改革的基础工程、理论支撑和实践指南，对发展素质教育、推进教育公平、实现教育现代化、建设教育强国、办好人民满意的教育具有重要意义，对实现学生健康成长、国家科学选才有机统一，以及协调推进教育领域综合改革，都将发挥重要作用。

一、上游研究：基于立德树人，形成学科素养导向的高考改革理念

（一）研究过程

高考作为高利害性的教育评价手段，对教育系统起着"定标导航"的作用。因此，要落实立德树人的根本任务，高考的导向功能必须回归到"育人为本"的轨道上，因为高考的目标导向决定了教师和学生的努力方向：高考要测评什么品格和能力，基础教育各阶段就会重视培养什么品格和能力；高考能够

测评出什么品格和能力，基础教育各阶段就会强化什么品格和能力的锻炼。新一轮高考评价体系改革致力于彰显高考的教育功能，最终发挥高考的育人价值。因此，围绕这一改革的初心，高考评价体系改革研究的上游阶段首先需要确立高考评价体系改革的核心理念。

高考评价体系改革的研究是在教育部关于中国学生发展核心素养的研究和国家课程标准关于学科核心素养的研究指导下进行的，旨在探讨高考评价体系整体框架与考试命题方案。

《关于全面深化课程改革落实立德树人根本任务的意见》和《关于深化考试招生制度改革的实施意见》这两个重要文件明确要求进行三个系列的研究：

第一系列：依据中国学生发展核心素养的研究，制订中国学生发展核心素养体系。

第二系列：依据中国学生发展核心素养体系，进行国家课程标准关于学科核心素养的研究，确定国家课程标准的学科核心素养体系。

第三系列：依据中国学生发展核心素养与国家课程标准的学科核心素养，进行中国高考学科核心素养的研究，根据国家课程标准和国家人才选拔要求确定高考的学科素养（学科核心素养）体系。

第一系列是教育部关于中国学生发展核心素养的研究。中国学生发展核心素养，是学生经过一定学段教育后所形成的关键能力与品格的综合表现，是党和国家教育培养目标的具体化。中国学生发展核心素养体系于2016年正式公布，确立了包含3个方面、6个核心指标和18个基本要点的内涵（如表1所示）。该体系首次明晰了新时代的社会主义接班人是具备"人文底蕴""科学精神""学会学习""健康生活""责任担当"和"实践创新"六大核心素养的人，对"中国教育要培养什么人"这一根本问题作出了具有中国特色的、科学的具体回答。中国学生发展核心素养根据党的教育方针提出的具体的教育培养目标，需要通过学科教学、课外活动、少先队与共青团工作活动等多种教育途径共同实现。

表1　中国学生发展核心素养体系

方面	文化基础		自主发展		社会参与	
核心指标	人文底蕴	科学精神	学会学习	健康生活	责任担当	实践创新
基本要点	人文积淀 人文情怀 审美情趣	理性思维 批判质疑 勇于探究	乐学善学 勤于反思 信息意识	珍爱生命 健全人格 自我管理	社会责任 国家认同 国际理解	劳动意识 问题解决 技术运用

第二系列是国家课程标准关于学科核心素养的研究。国家课程标准提出的学科核心素养体系，是根据中国学生发展核心素养提出的学科教学培养目标的体系，是通过学科教学途径实现的中国学生发展核心素养，是中国学生发展核心素养在学科教学方面的具体化，是学生通过学科学习之后所形成的、具有学科特点的关键能力与成就，是学科育人价值的集中体现，是学生通过学科学习而逐步形成的正确价值观念、必备品格和关键能力。普通高中九大学科的核心素养指标如表2所示。

表2　国家课程标准（2017年版2020年修订）中普通高中九大学科的核心素养指标

学科	核心素养指标
语文	语言建构与运用、思维发展与提升、审美鉴赏与创造、文化传承与理解
数学	数学抽象、逻辑推理、数学建模、直观想象、数学运算、数据分析
英语	语言能力、文化意识、思维品质、学习能力
思想政治	政治认同、科学精神、法治意识、公共参与
历史	唯物史观、时空观念、史料实证、历史解释、家国情怀
地理	人地协调观、综合思维、区域认知、地理实践力
物理	物理观念、科学思维、科学探究、科学态度与责任
化学	宏观辨识与微观探析、变化观念与平衡思想、证据推理与模型认知、科学探究与创新意识、科学态度与社会责任
生物学	生命观念、科学思维、科学探究、社会责任

国家课程标准（2017年版2020年修订）提出的学科核心素养体系对过去国家课程标准中的知识与技能、过程与方法、情感态度与价值观"三维目标"进

行了整合与提升，实现了从关注内容向关注学习结果的转变，从关注教材和标准向关注"培养什么人、怎样培养人、为谁培养人"的转变，有力地回应了"一门学科是如何贯彻党的教育方针、落实立德树人根本任务"的重大问题。

可以明确的是，国家课程标准的学科核心素养体系，是学科教学的指导性文件，也是学科考试的指导思想与基本依据。但是，国家课程标准对学科核心素养的分析，是为了更深入地理解学科教学培养目标，属于可知性分析。而高考或其他考试则是要考核学科教学培养目标，需对考核对象进行可测性分析，以符合测量学的要求。确保各个维度或指标之间没有交叠，否则无法直接按照这些指标构建考试命题方案，即双向细目表。国家课程标准对学科核心素养体系的分析，并非对学科教学培养目标的可测性分析，其指标之间也存在许多交叠之处，并非所有指标都可以直接在高考这一特定情境中进行评价、考核。因此，为了满足学科高考评价的要求，应该根据可测性分析的要求，以国家课程标准为指导，将课程标准的学科核心素养进行可测性分析的转换。

第三系列是中国高考学科核心素养的研究。根据中国学生发展核心素养体系与国家课程标准提出的学科核心素养体系，整合国家课程标准对学科的要求与高校选拔人才的需求，形成对即将进入高校学习的学生的学科综合素质进行可测性分析的高考评价的学科素养体系。这一体系通过学科教学途径实施，能够在高考特定情境下评估学生所展现出来的国家课程标准的学科核心素养，体现党的教育方针与中国学生发展核心素养提出的考试评价目标。

第三系列研究的启动以华南师范大学协同北京师范大学、华东师范大学、陕西师范大学、华中师范大学共同进行教育部考试中心重大委托项目——"高考评价体系整体框架研究"为标志。该研究旨在构建能反映党和国家的意志，反映新时代中国特色社会主义的特点与要求，反映各种相关利益群体的愿望与需求，反映新高考改革观点与措施的科学性、时代性与前瞻性的学科素养指标体系。

项目组采用了文献分析与实证调查两大系列研究方法（如图2所示）。在文献分析研究系列中，深入开展了国家高考政策分析研究等，对传统质性的文献分析方法进行了创新，将实证研究与质性研究有机地结合起来，将关键信息编码的方法用于文献分析过程，使文献分析的结果克服了单纯的质性研究的主观性局限，更具有客观性、一致性和科学性。在实证调查研究系列中，由华南师范大学（南）协同北京师范大学（北）、华东师范大学（东）、陕西师范大学（西）以及华中师范大学（中）共5所高校，在东、南、西、北、中5个片区共同进行了基础教育和高等教育相关利益群体的座谈调研。受访者包括基础教育教师、基础教育管理人员与中学生，高校教师、高教管理人员与大学生，以及社会教育相关行业管理人员和家长，座谈主题是"你们认为接受了基础教育各个学科教学的高中学生，为将来参加工作或是进入高等学校深造做准备，应该做什么事情？"。整个座谈调研过程对受访者进行现场录音、录像，对座谈内容进行文本转录和校对，形成约144万字的文本材料，得出每名受访者的座谈意见文本。通过分析软件NVivo 11对座谈文本进行编码分析与质性分析，最终整合形成调研结果。通过两个系列研究的有机结合，综合各项研究结果，统整所有备择指标，并召开数十场由教育主管部门、教育理论与评价学者、考试测评与统计分析专家、各行业精英、中学各科名师参加的深度研讨会。经过汇聚凝练，最终形成《中国高考评价体系研究报告》。根据这项重大研究成果，教育部考试中心于2019年12月发布《中国高考评价体系》和《中国高考评价体系说明》。之后，华南师范大学广东省高考综合改革研究院进一步开展深入研究，对中国高考评价体系的相关指标进行了再次完善，研究成果体现在本系列丛书中，并据此研制了各学科的核心素养指标体系。

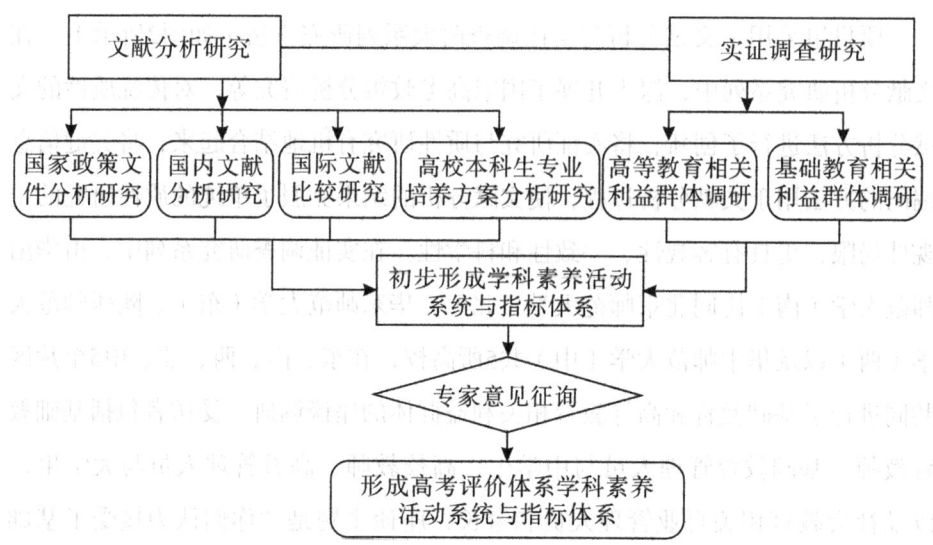

图2　学科素养活动系统与指标体系研究路线

项目组通过文献分析与实证调查两大系列研究，对高校人才选拔需求和基础教育培养目标进行分析与调研，全面收集关于高考评价体系学科素养内涵与指标体系的条目，构成"备择条目池"；按照一定规则从备择条目池中确定入选条目，对入选条目进行整理，建构高考评价体系学科素养内涵与指标体系。主要分以下四步：

第一步：文献分析研究。

文献分析研究包括四个方面：①高考改革的国家政策文件分析研究；②高考改革的国内文献分析研究；③高考改革的国际文献比较研究；④高等院校本科生专业培养方案分析研究。

文献分析研究1：高考改革的国家政策文件分析研究，即系统梳理新中国成立以来不同发展阶段党和政府关于高考的政策、法规文本，从中分析并厘清高考内容和形式改革的基本脉络，总结国家政策文件中提出的我国人才培养的核心要求和具体指标。

文献分析研究2：高考改革的国内文献分析研究，即对当前国内高考评价体系研究相关的文献，包括高考考试目标、考试内容以及考试方式进行系统梳理和分析，为后续的学科素养指标体系建构提供借鉴与参考。

文献分析研究3：高考改革的国际文献比较研究，即立足于全球化的视野，以美国、新加坡、新西兰、日本等国家或地区为研究对象，比较分析各发达国家或地区在普通高中或大学入学考试方面的改革动态和相关政策。同时，对考试目标中涉及的学科素养指标及具体内容、相应的测评技术进行对比梳理。

文献分析研究4：高等院校本科生专业培养方案分析研究，即以典型大学的典型专业培养方案为研究内容，采用内容分析法对培养方案中的培养目标所反映的本科生学科素养指标情况进行统计分析，倒推高校对准入本科生学科素养的要求，为最终形成高考学科素养指标体系提供重要依据。

第二步：实证调查研究。

实证调查，即座谈调研在全国五个片区统一进行，华南师范大学、北京师范大学、华东师范大学、陕西师范大学、华中师范大学分别在各自片区进行调研，按照研究方案整理调研结果。

第三步：整合两个系列研究结果（从备择指标条目中选出入选条目）。

对从文献分析系列与实证调查系列收集的条目数据进行整理，按照一定规则从备择条目池中确定入选条目，构成"入选条目群"。

第四步：建构学科素养指标体系（整理入选条目，形成体系）。

对入选条目群进行整理，完成学科素养指标体系的构建，以及对高考评价体系的必备知识与关键能力的界定。

通过整合文献分析与实证调查两个系列研究的结果，进行论证分析，最后形成高考评价体系学科素养的内涵、载体与指标体系整体框架。

（二）高考评价体系学科素养内涵的界定

高考评价体系研究提出了学科素养内涵："学科素养是指即将进入高等学校的学习者在面对生活实践或学科领悟问题情境时，能够在正确的思想价值观念指导下，合理运用科学的思维方法，有效整合学科相关知识，运用学科相关能力，高质量地认识问题、分析问题、解决问题的综合品质。"

需要阐明高考评价体系的核心概念——学科素养与中国学生发展核心素养以及国家普通高中课程标准提出的学科核心素养之间的联系与区别。中国学生发展核心素养具有总体性，是对全体学生提出的总的培养任务，是通过各种教育途径来全方位地实现的；学科核心素养是对普通高中全体学生提出的在学科学习方面的培养任务，它主要是通过学科教学途径最大化实现的中国学生发展核心素养；高考评价体系的学科素养则是对即将进入高等学校的学生提出的在学科学习方面的培养任务，它也是通过学科教学途径实现的，并且可以在高考这个特定情境中表现出来。因此，要确定高考评价体系的学科素养，需要对高校人才的选拔需求与国家普通高中课程标准的培养目标进行整合，这也是学科素养指标体系研究的基本思路。

根据学科素养的内涵，以学科素养为导向的高考考查目标是学生应对生活实践问题情境以及学科领悟问题情境时的综合素质。

考查学生应对生活实践问题情境的综合素质，就是要求学生能够应用学科知识探究或解决生活实践中的真实问题。它要求学生能够将所掌握的学科知识贯通到现实领域，学以致用，让知识回归生活实践的本源，打通学科知识体系与本源知识体系。学科专家普遍认同，在目前的学校教育中，学生在学校学习中所获得的学科知识或技能之所以无法迁移到现实生活中去，就在于学校学习活动所依存的情境被过于人为简化和抽象，缺少和现实生活的连接。因此，要培养和评价学生的学科素养，必须依托复杂的、开放性的真实生活情境。

考查学生应对学科领悟问题情境的知识与能力，就是要求学生能够以高级学习或终身学习的需求为导向而进行学科学习与探究活动。它要求学生掌握与运用知识的思维方式、所形成的知识结构，以及知识学习的角度、广度与深度，都与学科高级知识学习相协调。高考是选拔出能胜任高等学校专业学习与科学探究活动的高中毕业生的考试，这就要求高考在设计学科学习的问题时走出"难题""偏题"与"怪题"的误区，真正根据学科高级知识学习与探索，根据对知识与能力的要求设计考查学科知识的掌握与运用的各种问题。

然而，仍需进一步思考和回答的关键问题是：为什么应对生活实践问题情境与学科领悟问题情境的综合素质如此重要？为什么高考改革要强调考查学生应对生活实践问题情境和学科领悟问题情境的综合素质？

1. 从学校教育的起源与本质来看，高考评价体系学科素养的界定符合教育的初心与使命

要回答这些关键问题，必须从人类知识生产过程、个体知识再生产过程的本质与学校教育的本质的理论高度进行分析论证。

人类知识生产过程是指在实践中获得解决实际问题的经验的过程；个体知识再生产过程，即知识学习过程，也就是学会人类已获得的改造世界实践活动的"种的经验"的过程。

为了让每一代个体在尽可能短的时间内掌握"种的经验"，学校教育这个特殊的形式便产生了，同时形成了按照知识体系分门别类的各种学科，从而将个体知识再生产过程转为学生学科知识学习过程。

从学校教育产生的本质或初心来看，这种知识再生产的课堂学习情境活动应该与人类生产知识的实践情境活动有内在本质的一致性，才能保证学生通过课堂学习情境活动获得的知识经验，就是人类改造世界所需要的实践经验与认识经验。

人类改造世界的实践经验与认识经验这两类经验的获得体现在学科教学上，就是要求学生形成应对生活实践问题情境与学科领悟问题情境的综合素质。我们将这个综合素质称为学科素养，它是人类改造世界的实践经验与认识经验在学校学科教学上的映射。

考试是教学的重要环节，是检验教学效果的主要手段。它应该考查学生掌握人类改造世界的实践经验与认识经验的质量，即考查学生学科素养的水平。只有这样，考试才能对教学发挥正确的导向或指挥棒作用，真正符合学校教育的初心与本质。

学科素养作为个体的内在特质，在相关的生活实践活动与学科领悟活动中才能表现出来，进而被观察、被评价。考试就是要将这种作为学科素养载体的生活实践活动与学科领悟活动移植到高考情境的特定时空，以特定方式进行，用以考查学生的学科素养水平。从这个意义来说，考试就是生活实践问题情境与学科领悟问题情境的"仿真"。

据此，学科素养导向的考试考查学生应对生活实践问题情境与学科领悟问题情境的综合素质，就是考查学生掌握人类改造世界的实践经验与认识经验的质量。因此，必须以学科素养为导向进行考试设计。这也是高考评价体系提出的要以考查学生解决生活实践与学科领悟情境中的问题的学科素养为导向进行高考改革的基本依据。

2. 从人类能力的发展与性质来看，高考评价体系学科素养的界定符合时代对基础教育学科能力的培养与考查的要求

什么是能力？能力是能胜任某项工作或事务的主观条件。能力是在相应的活动中形成的，也在相应的活动中表现出来并直接决定相应活动的完成质量。不同的能力在进行不同活动的过程中形成，也在进行不同活动的过程中表现出来。长期以来，教育界认为，学科教学就是要培养学生的能力，只要是培养学生的能力的教育，就是素质教育。这种看法是不正确的。

当前我们面临"知识爆炸"的时代（实际上也是"能力爆炸"的时代），教育界迫切需要解决的重大问题，不是如何让学生掌握知识和培养能力，而是以什么为参照来确定学生应该掌握什么知识、培养什么能力。即使是同一个学科，进行不同的掌握与运用知识的活动，也会形成不同的学科能力。也就是说，在单一学科内部，可以形成的知识、能力也是多种多样的。那么，哪些知识为必备知识，哪些能力为关键能力呢？高考评价体系关于学科素养的内涵给出了答案，即基础教育应该培养学生能用于应对生活实践情境活动与学科领悟情境活动的知识与能力。根据高考评价体系的学科素养的内涵，可以明确，学科素养就是顺利完成生活实践情境与学科领悟情境的活动的综合能力，这就是在教学过程中需要培养的"目标综合能力"。这个界定，在当下"能力爆炸"的时代进一步消除了教育界对学科能力培养的不正确观点，起到了正本清源的作用，对基础教育的学科教学与评价具有重要的指导意义。

3. 从学科水平测评的发展来看，高考评价体系学科素养的界定符合当前国际学科水平测评的改革趋势

当前，各种国际组织或发达国家的考试与学科测评，都越来越注重考查学生解决各种实际问题的能力水平。

PISA（国际学生评估项目）由经济合作与发展组织开发，是目前世界上最具影响力、涉及范围最广的国际学生学习评估项目之一。PISA主要针对15岁学生进行评估，旨在测试他们是否具有现实生活和终身学习所必需的学科基本素养。PISA评价的核心是学科素养，在测评框架中将"素养"定义为"学生应用所学知识和技能，分析、推理和进行有效沟通，解决和解释各种不同情境中问题的能力"。这一概念指导了PISA测评内容的选定。表3是PISA以素养为测评目标的测评框架，其中"情境"栏目明确界定了所要考查的学生解决生活实践情境各种问题的能力。

表3　PISA以素养为测评目标的测评框架

项目	阅读	数学	科学
情境	文本的使用场合： 个人的（如私人信件） 公共的（如官方文件） 工作和职务的（如报告） 教育的（如与学校相关的阅读）	数学应用的领域，关注在个人、社会和全球情境中的应用： 个人的 教育的或职业的 公共的 科学的	科学应用的领域，关注在个人、社会和全球情境中的应用： 健康 自然资源 环境 危机 科学和技术前沿

（续表）

项目	阅读	数学	科学
知识领域	阅读材料的形式： 连续文本（如记叙文、说明文、议论文） 非连续文本（如图表、表格和清单）	数学领域和概念群： 数量 空间和形状 变化和联系 不确定性	科学知识： 物质系统 生命系统 地球和宇宙系统 技术系统 关于科学的知识： 科学探究 科学解释
认知过程	阅读任务和过程的类型： 检索信息 解释文本 反思和评价文本	数学能力群： 运用数学方法明确表达情境 利用数学概念、事实、程序和推论来解决数学问题 解释、应用和评价数学结果	科学任务和过程的类型： 识别科学议题 科学地解释现象 运用科学证据

美国、英国、法国、日本、新加坡等发达国家进行了一系列考试改革，都明确提出对学生学科能力考查的目标与要求，其中不是一般性地提学科能力，而是明确界定各学科需要培养学生掌握与运用知识的目标综合能力，包括对学科知识原理的掌握运用能力以及应用学科知识原理解决实际问题的能力。总的来看，"高考评价体系整体框架研究"项目提出的学科素养的内涵，符合当前国际学科水平测评的改革趋势。

（三）高考评价体系的学科素养指标体系的分析

学科素养是指应对学科领悟问题情境的综合能力和应对与学科相关的生活实践问题情境的综合能力，是基础教育阶段的学科教学需要培养的学科目标综合能力。

从测量的角度来看，智力、能力、素养等是人的内在心理特质，是无法直接观察的，被称为"潜变量"。这些潜变量通过所依托的外部活动形成，调控着外部活动的进行，并在外部活动中表现出来。这些潜变量的内涵，是研究者通过对其所依托的外部活动进行分析（如因素分析）而提炼出来的，是一个

"内化"分析的过程。如果需要对这些潜变量进行测评，就要对这些潜变量进行可测性分析。一个重要的方法论就是把潜变量进行"外化"分析，也就是分析形成这些潜变量的外部活动指标体系，这是测量潜变量的关键一步。学科素养是一种反映学生学科学习质量的潜变量，要构建一个具有可测性、可考性的学科素养指标体系，需要对作为潜变量的学科素养的外部活动的方向进行可测性分析。因此，在确定高考评价体系的学科素养内涵后，项目组进一步对学科素养进行可测性分析的系统研究，构建以外部活动为指标的体系。

项目组在进行学科素养内涵分析的同时，依据图2中所示的方法与程序，完成了学科素养的指标体系分析。基于文献分析与实证调查两大系列的研究结果，以学科素养两个情境的内涵为基础，对学科素养进行可测性分析，最终构建了高考评价体系的学科素养指标体系。该指标体系包括三个一级指标和九个二级指标。"学习掌握""实践应用"与"探索创新"为三个一级指标，每个一级指标下再分为三个二级指标（如表4所示）。

表4 高考评价体系的学科素养指标体系

一级指标	二级指标	主要表现
学习掌握	知识领悟	能深度理解概念与原理的内涵外延 能按照学科知识基本结构系统地理解知识原理 能系统地形成知识原理的产生式系统
	融会构建	能根据理解新问题的需要整合知识模块 能建构多个学科间知识的关联性 能根据学科的思维方式从已知推出新知
	迁移运用	能准确地把握问题的本质与解决问题的条件要求 能综合运用学科知识原理解决复杂的问题 能整合运用多学科知识原理解决不良情境的问题

（续表）

一级指标	二级指标	主要表现
实践应用	原理通达	能辨识与生活实践问题相对应的原理 能应用原理解决生活实践中的各种实际问题 能通晓原理间的关联并灵活运用
	技术优化	能有效地将课堂学习的技术应用到生活实践领域 能根据实践情境的变化调整改造技术系统 能组合多种技术解决复杂的实践问题
	统整解决	能系统地观察和分析问题情境的各种信息与条件 能组合学科各种原理解决复杂的实践情境的问题 能综合运用多学科知识解决结构不良领域的问题
探索创新	研究探索	能运用科学的研究方法进行研究构思 能运用科学的研究方法构思研究方案 能合理地对研究结果进行总结与分析
	批判质疑	能对前人研究中存在的问题提出疑问 能有理有据地对不同见解或观点进行分析论辩 能对不同的观点或原理提出整合性的意见
	发散创新	能从不同角度、不同维度理解把握事物 能创新性地组合不同的原理或技术解决复杂问题 能提出并验证创新性的观点及解决问题的思路

  一级指标中的"学习掌握"是指学生在进行学科学习活动时，能够进行有效理解、建构、运用知识的综合品质。它是个体在当今"知识爆炸"时代面对不断涌现的新知识、新方法、新技术所必须发展和具备的终身学习、认识世界的能力，具体包括"知识领悟""融会构建""迁移运用"三个二级指标。

  一级指标中的"实践应用"是指学生在面对生活实践问题情境时，能够组织、整合相应的学科知识、技能和方法，进行各种认知操作活动以解决问题的综合品质。它是个体在当今社会上生存、立足所必备的改造世界的能力，要求学生能打通学科学习领域的层级式知识体系与生活实践领域的网络状知识体系之间的联系以实现学以致用，具体包含"原理通达""技术优化""统整解决"三个二级指标。

一级指标中的"探索创新"是指学生能够对学科领悟情境或生活实践情境的相关问题进行研究探索，能独立思考、批判创新的综合品质。它响应了新时代发展素质教育、培养创新型人才的国家战略需求，具体包含"研究探索""批判质疑""发散创新"三个二级指标。

总的来看，上游研究阶段是在宏观层面对高考改革的基本理念与整体框架进行深入系统的研究。通过系统的文献分析与全国范围的大规模调研，项目组创新性地提出了高考学科素养的内涵，进而提出了以学科素养为导向的新高考内容改革理念，构建了学科素养指标体系的整体框架，从人类知识生产和个体知识再生产的理论高度创新性地回答了考查目标与整体体系的理解及界定问题。

本项目的上游研究提出的学科素养内涵与指标体系整体框架见图3。

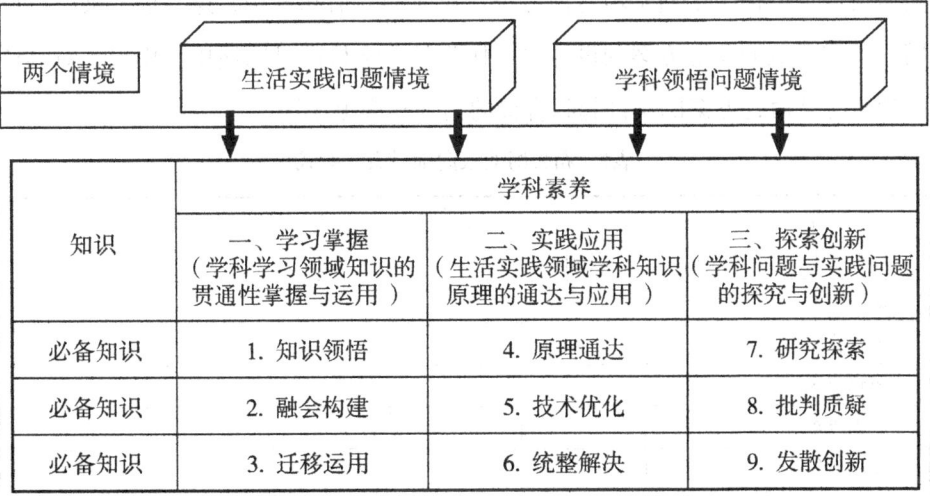

图3　学科素养内涵与指标体系整体框架

二、中游研究：基于学科素养，建构二层双向细目表命题框架

中游阶段的研究，就是探讨如何根据学科素养指标体系构建高考的基本命题框架（学科考试命题框架，整体的双向细目表），建立高考评价体系的学科素养指标体系通往各个学科高考命题方案的桥梁，为各学科高考改革命题方案的制订奠定基础。

学科考试命题框架的形式为双向细目表。双向细目表由美国教育心理学家布鲁姆创立，是由"考查内容"与"考查目标"两个维度构成的表格。考查内容通常指的是考查的知识点或知识模块，是指要求学生掌握什么学科知识；考查目标则是针对该知识点的认知操作，是指将内容掌握到哪种程度，可以理解为"能力"。因此，考查内容与考查目标的关联体系被称为"知识—能力双向细目表"。

不同的学科有不同的考查内容，也有不同的考查目标。布鲁姆在自己提出的双向细目表一般式（如表5所示）中，把考查目标（能力）由低到高分为六个层次，逐层递进，包括识记、理解、运用、分析、评价、创新；在考查内容（知识）维度，不同的学科有不同的指标。在双向细目表一般式中，在知识与能力交汇点的格子中通常填写该考查点对应的分值和题型，这一框架被广泛应用在各类考试的命题方案的设计中，作为各个学科都可以使用的模板，对具体的学科考试命题方案的制订起到直接的指导和规范作用。

表5　布鲁姆的双向细目表一般式

考查内容（知识）	考查目标（能力）					
	识记	理解	运用	分析	评价	创新
知识点1						
知识点2						
知识点3						
知识点4						
知识点5						
知识点6						
……						

布鲁姆提出的作为学科测评或考试命题方案的双向细目表一般式，为学术界广泛接受并沿用作为各个学科测评或考试命题方案的基础。然而，人们在实际制订不同学科、不同内容的双向细目表时，为了更精准地体现学科的特点与要求，对布鲁姆提出的双向细目表一般式中的考查目标维度不断进行了调整与修改。

目前，我国教育工作者比较普遍地采用如表6所示的双向细目表一般式：

表6　我国教育工作者普遍采用的双向细目表一般式

考查内容（知识内容）	考查目标（认知操作）						
	识记	理解	运用	分析	综合理解	组合运用	质疑评价
必备知识1							
必备知识2							
必备知识3							
……							

根据我国历年高考双向细目表的命题分布，可以看出当时考查的重点和考试命题的导向。

从1977年恢复高考，一直到2015年，我国的高考经历了"知识导向"与"能力导向"两个阶段。

从1977年到1995年，主要是知识导向阶段，重点考查学生是否掌握扎实的"双基"（基础知识与基本技能），以及是否能系统地运用知识。因此，考试命题重点在双向细目表的认知操作维度的前端指标，重点关注的是前端的识记、理解、运用与分析等基本认知操作，而不是认知操作维度后端的综合理解、组合运用与质疑评价等综合认知操作。由于考查基本认知操作的题目主要是分值较低的单项选择题，所以，考查知识点的题目就会大量增加，形成了知识导向的考试命题方案。知识导向的考试命题双向细目表见表7，其中标"★"的为考试重点。

表7 知识导向的考试命题双向细目表

知识内容	认知操作						
	识记★	理解★	运用★	分析★	综合理解	组合运用	质疑评价
必备知识1							
必备知识2							
必备知识3							
……							

随着我国基础教育的发展，人们逐步意识到培养学生能力的重要性。从1996年到2015年，高考从知识导向阶段进入能力导向阶段。在这个阶段中，考试重点在于考查学生是否具备掌握与运用知识的综合能力。因此，考试命题双向细目表的重点放在认知操作维度后端的综合理解、组合运用与质疑评价等综合认知操作层面，主要强调考查理解与应用知识的综合认知操作过程与能力，形成了能力导向的考试命题方案。能力导向的考试命题双向细目表见表8，其中标"★"的为考试重点。

表8 能力导向的考试命题双向细目表

知识内容	认知操作						
	识记	理解	运用	分析	综合理解★	组合运用★	质疑评价★
必备知识1							
必备知识2							
必备知识3							
……							

随着我国素质教育的深入推进，同时也受到国际高考改革与学科质量评价趋势的影响，我国教育界人士意识到，不能笼统地提倡学校教育要培养与发展学生的能力，而是要根据社会发展与个人发展的需要培养学生的目标综合能力。在学科教学中，这种目标综合能力就是学科素养。因此，经历了1996年到2015年的能力导向阶段后，我国高考改革开始进入素养导向的阶段。

在上游研究中，本项目已完成高考评价体系的学科素养内涵与指标体系的研究。根据学科素养指标体系，如何构建学科高考的命题方案，需要我们进一步思考。

传统的双向细目表的认知操作维度的后端是考查理解与应用知识的综合认知操作，包括综合理解、组合运用与质疑评价三个指标。根据这些考查目标进行命题，无法将目标综合能力与非目标综合能力区分开来，因此，无法有效地考查作为目标综合能力的学科素养。为了精准地对学科素养进行考查，应该将考查目标综合能力的认知过程指标体系的学习掌握、实践应用与探索创新作为综合认知操作的指标，取代传统双向细目表的综合理解、组合运用与质疑评价，这样才能体现出命题的学科素养导向。传统的双向细目表所考查的学科基本能力的识记、理解、运用、分析等，仅仅是界定认知操作综合程度的指标。将学习掌握、实践应用与探索创新作为综合认知操作指标，不仅界定了认知操作的综合程度，而且界定了认知操作的内容范畴。因此，两者不宜构成同一系列的认知操作层面，应该将以学习掌握、实践应用与探索创新作为认知操作考查学科素养的命题方案，与以识记、理解、运用、分析等作为认知操作考查学科基本能力的命题方案分离开来，组成两个层次的命题方案，即组成两个双向细目表，也就是二层双向细目表。二层双向细目表的设计程序如下：

第一步，基于学科素养指标体系构建考查学科素养的高阶双向细目表，如表9所示。

表9　考查学科素养的高阶双向细目表

知识内容	认知操作		
	学习掌握	实践应用	探索创新
知识模块1			
知识模块2			
知识模块3			
……			

注：知识内容不需要分解到具体的知识点，而是采用知识模块的形式。

第二步，基于基本认知操作构建考查学科基本能力的低阶双向细目表，如表10所示。

表10　考查学科基本能力的低阶双向细目表

知识内容	认知操作			
	识记	理解	运用	分析
必备知识1				
必备知识2				
必备知识3				
……				

注：知识内容需要分解到较小的知识模块或具体的知识点。

第三步，整合高阶、低阶双向细目表，形成学科素养导向的二层双向细目表，如表11所示。

表11　学科素养导向的二层双向细目表

知识内容	识记	知识内容	认知操作		
			学习掌握	实践应用	探索创新
		知识模块			
必备知识		知识模块			
必备知识		知识模块			
必备知识		知识模块			
必备知识					

二层双向细目表的提出是本项目研究的重要突破，它变革了考试学关于考试命题框架的传统设计，首次提出以知识组块和学科素养为向度的，适用于综合题命制的高阶双向细目表，为以学科素养为导向的高考内容改革的落地提供了有力的抓手。

三、下游研究：基于二层双向细目表，确定各学科高考命题方案

上游和中游研究已经从学理和方法论层面确定了学科素养导向的高考命题理念和基于学科素养的一般命题方案（二层双向细目表），为高考内容改革的落地奠定了坚实基础。下游研究的目标则是构建高考九大学科的具体命题方案，包括三个方面：第一个方面是确定各学科的生活实践情境与学科领悟情境的考查要求，第二个方面是构建各学科基于学科素养的命题方案二层双向细目表，第三个方面是确定各学科考卷各类试题的分布与题型。

（一）确定各学科的生活实践情境与学科领悟情境的考查要求

前面提到，以学科素养为导向的新高考内容改革的核心，是考查学生经过高中阶段的教育之后，是否具备应对生活实践问题情境与学科领悟问题情境的综合素质。因此，下游研究的第一步是确定各学科的教学需要帮助学生形成解决哪些问题的能力，见表12。

表12 确定各学科生活实践问题情境与学科领悟问题情境的考查重点

学科	学科素养		
	学习掌握	实践应用	探索创新
语文	在本学科学习领域考查学生什么？（要求学生会什么？能够解决什么问题？）	在本学科相关的生活实践领域考查学生什么？（要求学生会什么？能够解决什么问题？）	在本学科相关的探究和创新方面考查学生什么？
数学			
英语			
物理			
化学			
生物学			
历史			
思想政治			
地理			

需要说明的是，学科素养的三个一级指标实际上考查的是两个情境的问题，第三个一级指标"探索创新"考查的问题实际上是从学科领悟问题情境与

生活实践问题情境的问题中分离出来的。

PISA是多个国家和地区参加的统一测试，而各个国家和地区的学科教学内容与构成各不相同，因此PISA中"阅读""数学"与"科学"的测试主要聚焦于生活实践问题情境的问题。

以PISA阅读测试为例，15岁中学生的阅读素养需要满足个人应用情境活动、公共应用情境活动、职业情境活动、教育情境活动的实际需求，测试情境均取自真实的素材，经转化、改造后，形成具有定向考查目标、适合学生在考试中回答的问题，见图4。

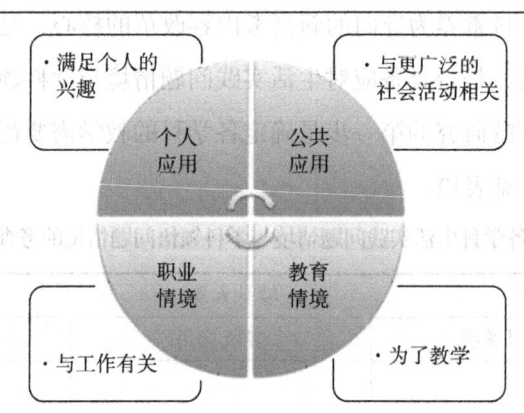

个人应用情境	公共应用情境	职业情境	教育情境
·这类阅读主要为满足个体实践需要和智力上的兴趣，包括为巩固、发展个人与其他人的联系而进行的阅读 ·其内容一般包括个人信件、小说、传记和为满足好奇心对信息材料的阅读，这种阅读作为休闲、娱乐活动的一部分	·这类阅读是满足个体参与更广泛的社会活动的需要，它涉及官方文件和关于公共事件的信息 ·包括：论坛式博客、新闻网站和在网上、报刊上都能看到的通知等	·与工作场所有关，文本可能是旨在帮助读者寻找一份工作或者遵照车间的说明。虽然不是所有15岁青少年都会为了工作而阅读，但评定他们是否已准备好进入社会开始工作也是必要的，因为在大多数国家，他们中的许多人将在毕业后的一两年内工作。这种类型的阅读通常被称为"为了做而阅读"	·这类阅读通常把获取信息作为更大范围学习任务的一部分。其阅读材料一般不是读者自己选择的，而是由指导者选择的。纸质版教材和互动式学习软件属于典型例子

图4　PISA阅读测试关于阅读素养的生活实践问题情境

项目组根据上游研究提出的高考评价体系的学科素养内涵与指标体系，通过文献分析与实证调查，形成各个学科的生活实践问题情境与学科领悟问题情境的考查要求。

图5和图6是项目组对语文学科、数学学科的生活实践问题情境与学科领悟问题情境的考查要求的初步分析。

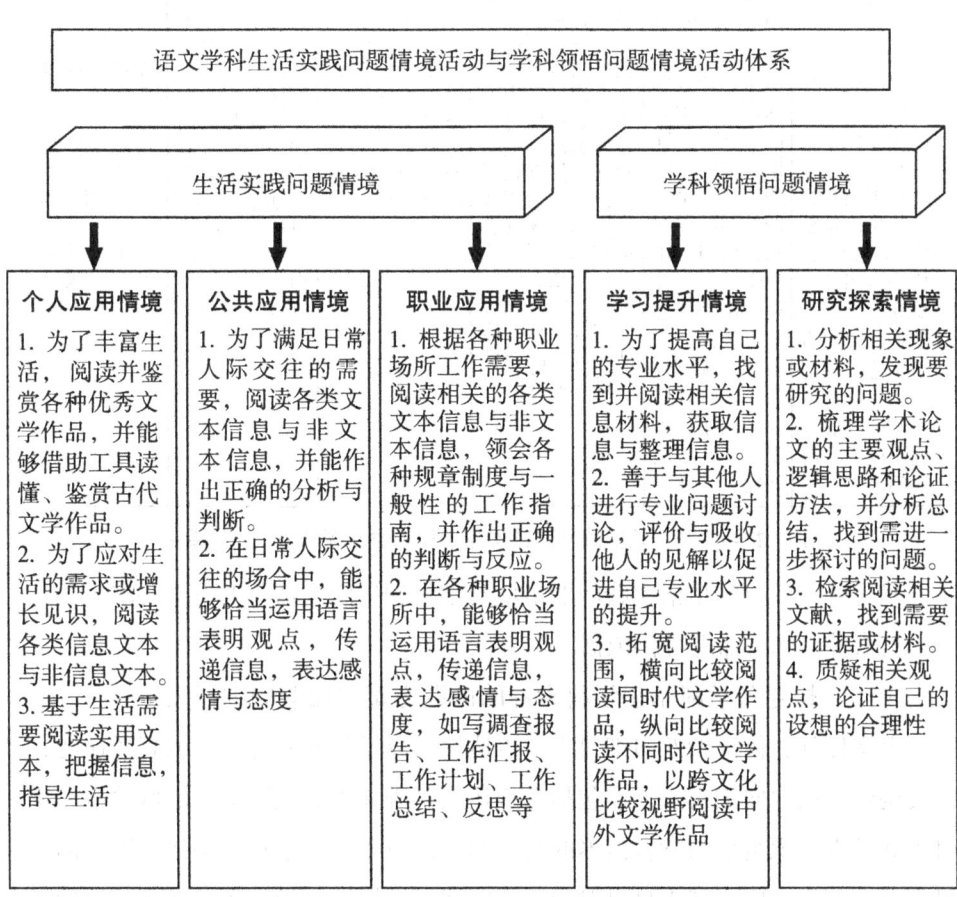

图5　语文学科生活实践问题情境与学科领悟问题情境的考查要求

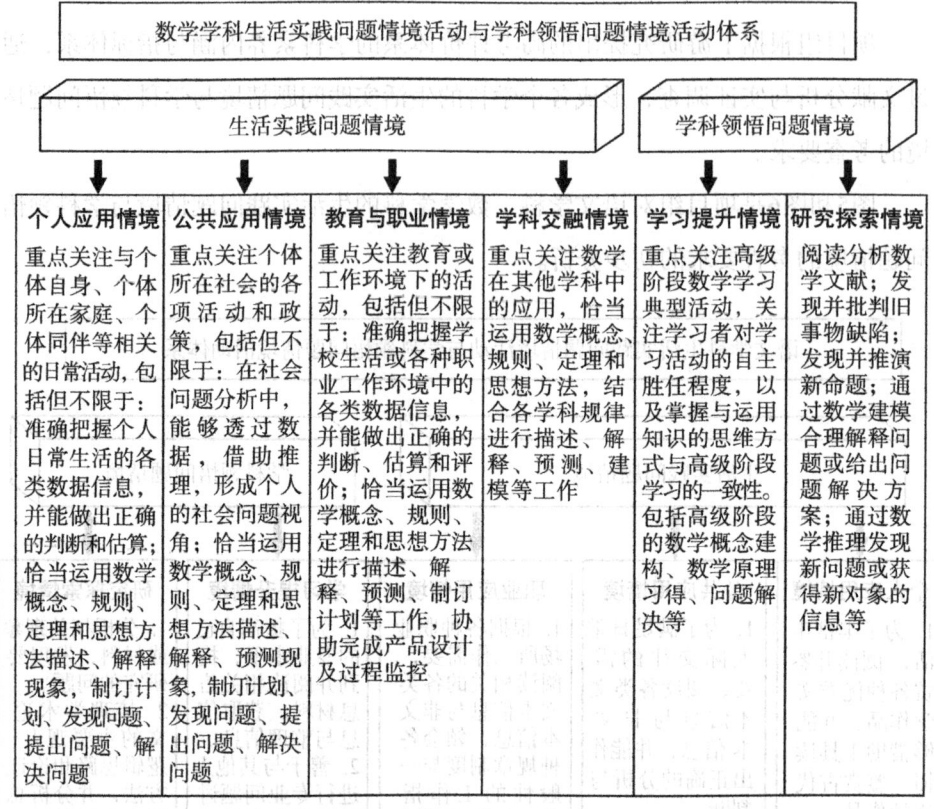

图6 数学学科生活实践问题情境与学科领悟问题情境的考查要求

确定各个学科的生活实践问题情境与学科领悟问题情境的考查要求，为考查学科素养问题的命题提供依据。

（二）构建各学科基于学科素养的命题方案二层双向细目表

上文提到，传统的双向细目表不再适用于以学科素养为导向的高考命题，需要构建二层双向细目表，它包括考查运用基础知识和关键能力的低阶双向细目表和考查知识组块与学科素养的高阶双向细目表。各学科在构建二层双向细目表时，首先，应当基于自身对于生活实践问题情境与学科领悟问题情境的考查要求，确立高阶的面向知识组块与学科素养考查的双向细目表，即要确定完成本学科相关的生活实践问题情境活动或者学科领悟问题情境活动需要掌握哪些知识组块（如大概念），以及需要在什么价值观念（如世界观与方法论）的指引下，对这些知识组块进行哪些复杂的思维活动（如学习掌握、实践应用、探究创新等）；其次，根据高阶双向细目表形成低阶双向细目表；最后，将高阶与低阶双向细目表整合，形成二层双向细目表。

以物理学科为例，构建的高、低阶双向细目表见图7。

物理学科素养层面双向细目表（高阶）

考查内容	学科素养					
	学科领域科学原理的掌握与运用		生活实践领域科学原理的贯通与应用		科学问题的探究与创新	
	概念原理的理解与构建	科学概念原理的掌握与综合运用	生活实践科学问题情境的识别与解释	科学原理在生活实践中的体现与运用	科学研究的问题提出与目的确定	科学研究的构思设计与操作实施	科学研究的结果分析与总结提升
机械运动与物理模型						
相互作用与运动定律						
机械能及其守恒定律						
曲线运动与万有引力定律						
静电场与电磁场						
电路及其应用						

物理学科基本能力层面双向细目表（低阶）

考查内容	认知操作			
	识记	理解	运用	分析
质点				
位移、速度、加速度				
匀变速直线运动及其公式、图像				
重力、弹力、摩擦力				
胡克定律				
标量、矢量				
……				

图7 物理学科高阶和低阶双向细目表

需要注意的是，有的学科因其特殊性，最终构建出来的二层双向细目表可能有所不同。例如，语文学科根据阅读活动与写作活动构建出两个高阶双向细目表，再根据这两个高阶双向细目表形成一个低阶双向细目表，如图8所示。

语文学科阅读高阶双向细目表

考查内容	学科素养		
	学科领域语言的整合理解与意义建构	生活实践领域语言的整合理解与意义建构	语言文学问题的探究与创新
信息类文本	1-1 能理解文本直接传递的与隐含的信息	2-1 结合现实情境获取文本直接传递的信息	
叙事与文学类文本	1-2 能理解、领悟文本各种表现手法与技巧	2-2 根据现实情境对文本进行推论，获得隐含的信息	
文言文文本	1-3 能把握文本主题、布局谋篇与整体联系	2-3 根据现实情境把握文本主题、观点及整体联系	
非连续性文本	1-4 能鉴赏或评价文本的观点与写作技巧	2-4 根据现实情境评价文本的观点与表达方式	
综合文本			

语文学科写作高阶双向细目表

考查内容	学科素养		
	学科领域语言的整合理解与意义建构	生活实践领域语言的整合理解与意义建构	语言文学问题的探究与创新
信息类文本	1-1 基本围绕主题，布局完整，材料大致合适，表达基本意思	2-1 根据现实情境形成主题，材料合适，布局完整，表达基本意思	
叙事与文学类文本	1-2 主题明确，布局得当，材料合适，表达通顺	2-2 根据现实情境形成明确的主题，材料合适，布局得当，表达通顺	
文言文文本	1-3 主题鲜明，材料典型，布局严密，表达流畅	2-3 根据现实情境形成鲜明的主题，材料典型，布局严密，表达流畅	
非连续性文本	1-4 主题立意新颖，选材巧妙，布局新颖，表达独特	2-4 根据现实情境形成立意新颖的主题，选材巧妙，布局新颖，表达独特	
综合文本			

语文学科低阶双向细目表

知识内容	认知操作			
	识记	理解	运用	分析
字词				
句子				
文言文				
语文常识				

图8　语文学科命题的二层双向细目表

然后构成语文学科二层双向细目表的命题方案，见图9。

考查内容	学科素养			考查内容	学科素养		
	学科领域语言的整合理解与意义建构	生活实践领域语言的整合理解与意义建构	语言文学问题的探究与创新		学科领域语言的整合理解与意义建构	生活实践领域语言的整合理解与意义建构	语言文学问题的探究与创新
信息类文本	1-1 能理解文本直接传递的与隐含的信息	2-1 结合现实情境获取文本直接传递的信息		信息类文本	1-1 基本围绕主题，布局完整，材料大致合适，表达基本意思	2-1 根据现实情境形成主题，材料合适，布局完整，表达基本意思	
叙事与文学类文本	1-2 能理解、领悟文本各种表现手法与技巧	2-2 根据现实情境对文本进行推论，获得隐含的信息		叙事与文学类文本	1-2 主题明确，布局得当，材料合适，表达通顺	2-2 根据现实情境形成明确的主题，材料合适，布局得当，表达通顺	
文言文文本	1-3 能把握文本主题、布局谋篇与整体联系	2-3 根据现实情境把握文本主题、观点及整体联系		文言文文本	1-3 主题鲜明，材料典型，布局严密，表达流畅	2-3 根据现实情境形成鲜明的主题，材料典型，布局严密，表达流畅	
非连续性文本	1-4 能鉴赏或评价文本的观点与写作技巧	2-4 根据现实情境评价文本的观点与表达方式		非连续性文本	1-4 主题立意新颖，选材巧妙，布局新颖，表达独特	2-4 根据现实情境形成立意新颖的主题，选材巧妙，布局新颖，表达独特	
综合文本				综合文本			
语文常识							

图9 语文学科二层双向细目表命题方案

（三）确定各学科考卷各类试题的分布与题型

在二层双向细目表研制完成以后，构建考试命题方案的最后一步便是确定各类试题的分布与题型，并且进行题目编码，具体共分为五步：

第一步，确定考卷必须有的四类题目。根据教育部考试中心提出的"一核""四层""四翼"高考改革整体思路中"四翼"的考查要求，确定试题的类型与分布。"四翼"提出的考查要求是基础性、综合性、应用性、创新性。根据"四翼"考查要求，考卷要有四类题目：一是必须有考查必备知识与关键能力的题目。这类题目主要考查构成学科素养的基础知识能力，是考查必备知识与关键能力的基础性题目。二是必须有考查在学科领悟问题情境中运用知识能力解决问题的综合性题目。这类题目是考查学科素养的综合性题目。三是必须有考查在生活实践问题情境中运用知识能力解决实际问题的综合性题目，考查学生应对实践问题的素质。这类题目是考查学科素养的应用性题目。四是必须有考查在生活实践问题情境或学科领悟问题情境中创新地运用知识技能解决开放性问题的题目。这类题目是考查学科素养的创新性题目。

第二步，确定四类题目的比例。首先，确定二层双向细目表中学科素养层面题目与知识能力层面题目的比例；其次，确定高阶双向细目表中学科素养三个指标与不同知识模块的题目比例；最后，确定低阶双向细目表中认知过程（基本能力）各种指标与各个知识点的题目比例。

第三步，根据考题的类型及性质，确定其所适用的题型，包括各类客观题（单项选择题、多项或不定项选择题、判断题等）和主观题（简答题、闭合式论述题、开放式论述题等）。

第四步，确定每道试题的难度及不同难度的题目在整张试卷中的分布。通常根据正态分布原则，较低难度题目的分值和较高难度题目的分值应各占整张试卷总分的20%左右，中等难度题目的分值应占整张试卷总分的60%左右。

第五步，根据考卷分析与数据分析的要求建立试题的考查层面、情境活动、知识内容、认知操作、考查要求、核心价值、学科素养、关键能力、题型、权重、难度、区分度等属性的编码规则，并对每一道试题进行编码，由此实现对试题、试卷的各种分析，从而能够实现对试卷质量的整体把握和管理。

以上基于高考改革理念的下游研究，完成了各学科具体的命题方案的构建。根据各学科的命题方案，可以直接进行考试命题及考试后的各种分析。

总的来看，本项目关于高考改革的整体思路与方案研究，从上游高考改革理念的探讨，到中游高考改革整体命题框架的构建，再到下游各个学科命题方案的设计，实现了高考改革研究的闭环。

华南师范大学组建了语文、数学、英语、物理、化学、生物学、历史、思想政治、地理九个学科的研究团队，系统地开展对各个学科高考改革问题以及高考改革导向下的学科教学改革的研究。已完成"中国高考改革的理论与实践研究"丛书共九部专著的撰写，并在广东教育出版社出版。然而，这九部专著的出版只是高考改革研究的起步，还有许多问题需要进一步深入研究，中国高考改革的研究还在路上。

目 录

第一章 "四层":数学科高考改革的内容 …………………… 001
  第一节 数学科高考核心价值的界定及其考查的研究 …………… 001
  第二节 数学科高考学科素养的界定及其考查的研究 …………… 012
  第三节 数学科高考关键能力的界定及其考查的研究 …………… 038
  第四节 数学科高考必备知识的界定及其考查的研究 …………… 055

第二章 "四翼":数学科高考改革的考查要求研究 …………… 071
  第一节 数学科高考基础性考查要求研究 ……………………… 071
  第二节 数学科高考综合性考查要求研究 ……………………… 078
  第三节 数学科高考应用性考查要求研究 ……………………… 109
  第四节 数学科高考创新性考查要求研究 ……………………… 122
  第五节 "四翼"要求与"四层"内容的关系 ………………… 141

第三章 框架:数学科高考改革命题方案"二层双向细目表"的构建
  ……………………………………………………………………… 144
  第一节 考试命题方案构建概述 ………………………………… 144
  第二节 数学科高考命题的情境体系构建 ……………………… 164
  第三节 数学科高考命题方案的"二层双向细目表" ………… 198
  第四节 数学科高考命题与组卷流程建议 ……………………… 221

第四章　基于情境体系的命题分析 …… 227
第一节　数学科情境化题目（问题情境）设计基本原理 …… 227
第二节　数学科高考基于"生活实践问题情境"的命题分析 …… 236
第三节　数学科高考基于"学科领悟问题情境"的命题分析 …… 259
第四节　情境化命题的"教学评"可行性研究 …… 276

第五章　基于"二层双向细目表"的命题编码与考卷分析 …… 321
第一节　数学科高考试题编码系统建构 …… 321
第二节　应用编码系统对数学科高考题目的分析 …… 333
第三节　数学科高考试卷质量分析指标及分析报告 …… 337

第六章　数学科高考改革对教学的启示 …… 395
第一节　明确"立德树人"的工作路径 …… 395
第二节　明确"学科素养定向"的工作方向 …… 396
第三节　厘清"素养定向考试"与"四基""四能"的关系 …… 398
第四节　促进学生对通性通法迁移与运用的策略 …… 402
第五节　推进"优选式全程重复"的单元教学设计 …… 408
第六节　编制"单元教学多维细目表" …… 410
第七节　推进数学建模活动与数学探究活动 …… 414
第八节　推进考试评分方法的研究 …… 444

参考文献 …… 452

第一章

"四层"：数学科高考改革的内容

第一节 数学科高考核心价值的界定及其考查的研究

核心价值是指即将进入高等学校的学习者应当具备的良好政治素质、道德品质和科学思想方法的综合，是在各学科中起着价值引领作用的思想观念体系，是其在面对现实的问题情境时应当表现出的正确的情感态度和价值观的综合。从可考性看，数学科高考对核心价值的考查应该立足于通过数学教学途径能够落实的核心价值教育成果，聚焦于涉及政治立场和思想观念、世界观和方法论、道德品质和综合素质的问题情境，引导教学营造关注核心价值观的良好氛围，在日常教学中着力培养学生正向的核心价值观，从而彰显数学学科"立德树人"的功能。

一、高考评价体系对核心价值的界定

《中国高考评价体系》指出：核心价值是指即将进入高等学校的学习者应当具备的良好政治素质、道德品质和科学思想方法的综合，是在各学科中起着价值引领作用的思想观念体系，是其在面对现实的问题情境时应当表现出的正确的情感态度和价值观的综合。《中国高考评价体系》中的核心价值指标体系主要包含3个一级指标和10个二级指标。具体见表1-1-1。

表 1-1-1　《中国高考评价体系》中的核心价值指标体系

一级指标	二级指标
政治立场和思想观念	理想信念、爱国主义情怀、以人民为中心的思想、法治意识
世界观和方法论	正确的世界观和方法论
道德品质和综合素质	品德修养、奋斗精神、责任担当、健康情感、劳动精神

二、教育部教育考试院对数学科的核心价值的解读

任子朝等在《基于高考评价体系的数学科考试内容改革实施路径》中提出：高考要解决"为谁培养人、培养什么人"这个根本性问题，因此高考评价体系以"立德树人"为统领，将"核心价值"放在首位，要求学生具有社会主义核心价值观、辩证唯物主义的世界观与为人民服务的人生观。数学是培养学生理性思维的重要学科，有助于学生树立科学精神和科学态度，促进智力发展，促进思维能力、实践能力和创新意识的提升；有助于学生形成正确的人生观、价值观、世界观，对提高公民素质具有重要意义。要在高考中发挥出数学科的独特价值引领作用，应该聚焦于能够表现考生核心价值观、人生观、世界观的问题情境，体现高考的育人功能。

三、课标对数学学科的核心价值的解读

《普通高中数学课程标准（2017年版2020年修订）》（以下简称课标）指出：数学承载着思想和文化，是人类文明的重要组成部分。数学在形成人的理性思维、科学精神和促进个人智力发展的过程中发挥着不可替代的作用。数学教育承载着落实立德树人根本任务、发展素质教育的功能。数学教育促进学生思维能力、实践能力和创新意识的发展，探寻事物变化规律，增强社会责任感；在学生形成正确人生观、价值观、世界观等方面发挥独特作用。通过高中

数学课程的学习，学生能树立敢于质疑、善于思考、严谨求实的科学精神；不断提高实践能力，提升创新意识；认识数学的科学价值、应用价值、文化价值和审美价值。

课标重视数学实践和数学文化，在选择性必修课程中设置数学建模活动和数学探究活动模块，提出数学文化是指数学的思想、精神、语言、方法、观点，以及它们的形成和发展；还包括数学在人类生活、科学技术、社会发展中的贡献和意义，以及与数学相关的人文活动。

课标关注"德智体美劳"五育，在选修课程中建议设置"美与数学""音乐中的数学""美术中的数学""体育运动中的数学""日常生活的数学课程""地方特色的数学课程"等选修模块。

四、高考考题对核心价值的考查分析

教育部教育考试院在2019—2022年的高考数学试题评析中旗帜鲜明地提出以真情实景落实"五育并举"，以理性思维践行"立德树人"。

《以真情实景落实"五育并举" 以理性思维践行"立德树人"——2019年高考数学试题评析》及《创设真实情境 突出学科特点 落实"五育"要求——数学高考加强体美劳考查》中具体做出如下分析：

2019年高考数学试卷以全国教育大会精神为指引，认真贯彻"五育并举"方针，落实立德树人根本任务，突出数学学科特色，着重考查学生的理性思维能力，综合运用数学思维方法分析问题、解决问题的能力。试题突出学科素养导向，注重能力考查，全面覆盖基础知识，增强综合性和应用性，以我国社会经济建设中的重大项目和传统文化的真实情境为载体，情境真实多彩，贴近生活，联系社会实际，彰显"四个自信"，落实数学教育中立德树人根本任务。

2019年高考数学科命题结合学科特点，具体从以下五个方面全面落实"五育并举"要求。

（1）发挥学科特点，展现德育要求；

（2）强调理性思维，重点考查智育；

（3）合理创设情境，体现体育教育；

（4）结合学科知识，展示数学之美；

（5）理论联系实际，引导劳动教育。

《以评价体系引领内容改革　以科学情境考查关键能力——2020年高考数学全国卷试题评析》中指出2020年高考数学全国卷试题具有鲜明的时代特色，体现了我国的社会主义建设成就、科学防疫的成果和社会主义的制度优势，紧密联系社会实际，设计真实的问题情境，彰显了"四个自信"，很好地发挥了高考的育人功能。《聚焦核心素养　考查关键能力——2021年高考数学全国卷试题评析》中提出"发挥学科特色，彰显教育功能""倡导理论联系实际，学以致用"。《创设情境　发挥育人作用　深化基础　考查核心素养——2022年高考数学全国卷试题评析》中重点突出了"设置优秀传统文化情境""设置社会经济发展情境""设置科技发展与进步情境"等，这些情境的设置彰显了高考数学科对核心价值的考查。

五、关于数学育人价值的其他重要论述

数学科高考对核心价值的考查，旨在引导中小学在日常数学教学中关注学生核心价值观的形成和发展，关注数学学科德育工作的长期有效渗透，有效地发挥数学学科的育人功能。

张奠宙在《数学学科德育的基点和层次》中对数学学科德育的素材和内容作了概括，整理如表1-1-2。

表 1-1-2　数学学科德育的素材和内容

德育素材	德育内容
数学文化（狭义）：数学的思想、精神、方法、观点、语言	从数学本身看到理性精神的价值，具有文化层面的内涵
数学美：数学中奇妙的、有规律的、让人愉悦的、美的东西	数学美有"美观""美好""美妙""完美"四个层次。不仅要看到外观的美，还要看到数学本质所体现的巧妙美学意境。解数学难题时美妙的心境、完美的分类、完美的解答、完美的体系则属于数学美更高欣赏水平
数学史：研究的是数学概念、数学方法、数学思想的起源与发展，以及数学与社会、经济和一般文化的联系	了解国内数学史有助于增强民族自豪感，同时客观分析国外数学史，把焦点放在激励学生赶超世界先进水平的实际行动上
数学观：从数学教育的基本任务出发，认识理解数学的特点	哲学中的矛盾分析法与辩证唯物主义
现实数学模型：为达到某种具体目的，用数学符号与数学语言等描述客观事物的特征及其内在联系的数学结构表达	社会现实中数学模型的社会意义
课堂文化：一种特殊的聚合化的文化，并带有一定的情境性，主要体现的是一种氛围，一种人的精神气象，建立在心与心的交流和沟通上	课堂文化包括老师的个人魅力的展示、课堂民主的发扬、班级的团队精神、和谐的同学相处等

任子朝等在《论高考数学的育人功能》中从五个方面论述了高考数学发挥育人功能的维度：（1）展现社会主义制度的优越性，增强考生的爱国主义情怀和国家认同。其中主要展现社会主义制度的优越性和社会主义建设成果。（2）结合我国数学研究成就和数学文化，增强学生民族自豪感与自信心。其中

数学名著、数学名题、数学家及其生平故事和应用数学原理的著名建筑等都是重要的题源。(3) 突出理性思维，增强理性精神。其中重点考查规则意识、探索与创新精神、辩证思想。(4) 加强体美劳考查，引导学生全面发展。(5) 倡导理论联系实际，培育科学精神。其中重点关注个人生活、社会生活和科学实践。

王尚志等在《数学教育的育人价值》中把数学的育人价值做了如下概括：理性思维、科学精神、严谨求实态度，应用与实践能力，创新意识和创新能力，学习能力等。

赵晓琳在《数学中的辩证唯物主义思想系统》中，以及马翠萍在《数学概念中的辩证关系及其教学研究》中，都对数学中的辩证唯物主义思想系统进行了结构分析和内涵解读，并具体就体现辩证唯物主义思想的数学教学内容进行了举证，同时给出了一些体现辩证唯物主义思想的数学题。

六、本课题组对数学科高考核心价值的研究结果

本课题组以《中国高考评价体系》的核心价值指标体系为蓝本，参考学界研究成果，结合近年来高考命题实践，构建了数学科高考核心价值指标体系，具体如图 1-1-1 所示，该体系包含 3 个一级指标和 10 个二级指标。数学科高考核心价值指标体系的指标内涵和命题情境创设见表 1-1-3。

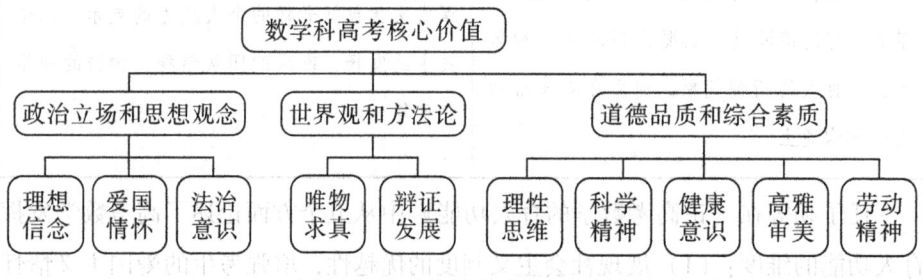

图 1-1-1　本课题组构建的数学科高考核心价值指标体系

表 1-1-3　数学科高考核心价值指标体系的指标内涵及命题情境创设

一级指标	二级指标	指标内涵	命题情境创设
政治立场和思想观念	理想信念	增强考生的中国特色社会主义道路自信、制度自信	时代特色鲜明，彰显社会主义制度的优越性（如国计、民生等）、社会主义建设成效（如社会经济建设重大项目、科技的重大发展与突破等）
	爱国情怀	1. 关注社会、民生，有为社会、为人民服务的意识和精神。 2. 认同中华数学文化，弘扬中华优秀数学传统文化，彰显文化自信	1. 社会热点问题、公共事务或政策、环境治理、志愿服务社会的实践等。 2. 数学名著、数学名题、数学家及其生平故事、应用数学原理的著名建筑物等
	法治意识	能够遵法、学法、守法和用法	以税法、道路交通安全法、环境保护法、传染病防治法等法规或公共管理条例为背景的命题
世界观和方法论	唯物求真	1. 物质决定意识：数学知识来源于物质世界，寓于物质世界中，是由物质决定的。当然，有的数学发现是从理论上获得，但它们是物质世界和谐性发展的需要，是人类对客观事物规律的能动反映和预测，而且必将在实践中得到应用，更何况这种能动性也受客观存在的制约。唯物论强调理论联系实际，尊重客观规律，在实践中检验真理，修正错误。 2. 物质统一性：数学是对物质世界中存在的数和形关系的抽象与概括，是普遍性的规律，具有相同的数量关系的不同物质都可统一于相同的数学表达式（或结构）中	1. 揭示数学知识的来源的问题，要求学生从现实世界中抽象概括数学知识的问题，都是考查物质决定意识的问题。 2. 要求学生发现不同物质的相同数量关系的问题，将数学模型应用于不同现实问题之中的问题，都是考查物质统一性的问题。 备注：这一部分的命题与加强应用性考查有一致性

（续表）

一级指标	二级指标	指标内涵	命题情境创设
世界观和方法论	辩证发展	坚持用联系、发展、矛盾的观点观察和分析问题，善于透过现象看本质	1. 普遍联系的观点：揭示数学内容本身的内在联系，揭示数学与其他学科的本质内在联系，揭示数学与客观世界的联系，这三类问题都是考查普遍联系的问题。 2. 变化发展的观点：数学同其他事物一样，也是变化发展的，由简单到复杂，由低级到高级。体现数学这种变化的问题，例如，数系的扩充、点动成线、线动成面、从算术到代数、从常量到变量等，都是考查变化发展的问题。 3. 量变质变规律：量的变化引起质变，揭示这种变化规律的问题就是考查量变质变规律的问题。 4. 对立统一的观点：数学中充满对立统一的关系，例如，正数与负数、和与差、积与商、直与曲等，揭示这些关系的问题，阐明它们相互依存、相互转化的过程及矛盾的问题，就是考查对立统一观点的问题。 5. 否定之否定规律：是事物的自我否定与"扬弃"，是质变，亦是事物发展的联系与决定性环节，是事物内部矛盾斗争的结果。例如，实数就是有理数与无理数斗争的结果，是对有理数和无理数的否定，也是对有理数和无理数的保留；又如，解析几何的研究是把几何曲线转化为代数方程，对代数方程进行研究，再回到几何的否定之否定过程等

(续表)

一级指标	二级指标	指标内涵	命题情境创设
道德品质和综合素质	理性思维	善于反思,独立思考,不盲从权威,严格按照规律办事。习惯于经审慎思考后,通过推理得出结论	规则意识,能够通过识别、判断、评估论点与具有说服力的证据,得出合理的结论,并据此提供实际行动的理由的问题情境,以及使人的行为符合正向"三观"的意见的问题情境
	科学精神	具有科学探索的信念、勇气、意志、态度及创新意识	关注研究性学习、数学科研实践问题
	健康意识	具有健康意识,注重增强体质、健全人格、锤炼意志,珍爱生命,热爱生活	1. 关注大众化体育活动与锻炼的项目。运动场上的数学原理、运动成绩的数据分析、运动赛事中的运筹帷幄、体育用具及设施中的数学知识。 2. 引导关注体质测试、身心健康的问题情境
	高雅审美	具有高雅的审美情趣和良好的审美意识。理解理智与自律是幸福的核心要素。通过领略数学的简洁美、和谐美、严谨美和创造美来提升审美品位,从而提升生活的美感和幸福感	1. 数学结构本身的简洁美、和谐美、严谨美等。 2. 数学可以刻画现实世界中的简洁美、对称美、周期美、和谐美
	劳动精神	引导关注生产,尊重劳动,培养劳动的意识和劳动的观念	生产劳动实践的情境,解决其中的数与形相关问题

七、考查核心价值的典型例题

例 1.1 (2019年高考全国Ⅱ卷理科数学第13题)

我国高铁发展迅速,技术先进. 经统计,在经停某站的高铁列车中,有10个车次的正点率为 0.97,有 20 个车次的正点率为 0.98,有 10 个车次的正点率为 0.99，则经停该站高铁列车所有车次的平均正点率的估计值为 _____．

评析：本题创设了以概率为知识载体，以高铁迅速发展为背景的问题情境，呈现出自改革开放以来中国在铁路方面取得的瞩目成就，旨在培养学生正确的思想观念和树立理想信念，体现了高考对核心价值的考查。

例 1.2 （2018 年高考全国 Ⅱ 卷理科数学第 8 题）

我国数学家陈景润在哥德巴赫猜想的研究中取得了世界领先的成果．哥德巴赫猜想是"每个大于 2 的偶数可以表示为两个素数的和"，如 30＝7＋23．在不超过 30 的素数中，随机选取两个不同的数，其和等于 30 的概率是（　　）．

A. $\dfrac{1}{12}$　　　B. $\dfrac{1}{14}$　　　C. $\dfrac{1}{15}$　　　D. $\dfrac{1}{18}$

评析：本题介绍了著名的哥德巴赫猜想，并指出我国数学家在该领域所做出的伟大贡献，以此为情境设计了概率问题。这一情境呈现出一个表述简洁但又著名的数学猜想，使有志于做数学科研的学生形成积极的数学学习心理倾向，同时简明扼要地展示了我国著名数学家对数学界的伟大贡献，增强学生对中华数学文化的认同感，塑造爱国情怀，体现了高考对核心价值的考查。

例 1.3 （2020 年高考全国 Ⅱ 卷文科数学第 3 题）

如图 1-1-2 所示，将钢琴上的 12 个键依次记为 $a_1, a_2, \cdots, a_{12}$，设 $1 \leqslant i < j < k \leqslant 12$．若 $k-j=3$ 且 $j-i=4$，则称 a_i, a_j, a_k 为原位大三和弦；若 $k-j=4$ 且 $j-i=3$，则称 a_i, a_j, a_k 为原位小三和弦．用这 12 个键可以构成的原位大三和弦与原位小三和弦的个数之和为（　　）．

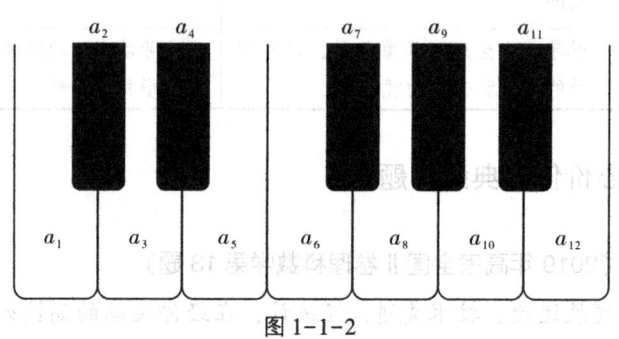

图 1-1-2

A. 5　　　　B. 8　　　　C. 10　　　　D. 15

评析：本题借助数学语言给出钢琴中原位大三和弦与原位小三和弦的定义，并设计了简单计数问题，将数学与音乐结合，提升学生的文化素养，培养学生的高雅审美意识，体现了高考对核心价值的考查。

例 1.4 （2019 年高考全国Ⅱ卷理科数学第 16 题）

中国有悠久的金石文化，印信是金石文化的代表之一．印信的形状多为长方体、正方体或圆柱体，但南北朝时期的官员独孤信的印信形状是"半正多面体"（图 1-1-3）．半正多面体是由两种或两种以上的正多边形围成的多面体．半正多面体体现了数学的对称美．图 1-1-4 是一个棱数为 48 的半正多面体，它的所有顶点都在同一个正方体的表面上，且此正方体的棱长为 1．则该半正多面体共有_____个面，其棱长为_____．

图 1-1-3

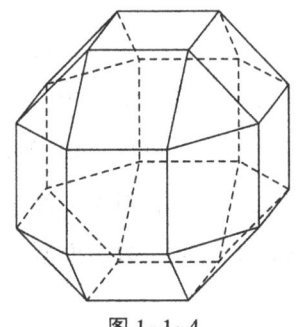
图 1-1-4

评析：本题以简单多面体为知识载体，以我国金石文化为问题情境，以南北朝时期的官员独孤信的印信为真实模型，抽象出 48 条棱的半正多面体，既彰显了精彩的中国古代文化，又体现了数学刻画现实世界的对称美，有助于培养学生的高雅审美意识，体现了高考对道德品质和综合素质的核心价值的考查。

例 1.5

二氧化硫是国内外允许使用的一种食品添加剂，在食品工业中发挥着护色、防腐、漂白和抗氧化的作用，按照标准规定合理使用二氧化硫不会对人体健康造成危害．但是，在大气中，二氧化硫被氧化会形成硫酸雾或硫酸盐气溶胶，是环境酸化的前驱物．大气中二氧化硫浓度在 0.000 5‰以上对人体已有潜在影响；在 0.001‰~0.003‰ 时多数人开始感到刺激；在 0.4‰~0.5‰ 时人会出现溃疡和肺水肿直至窒息死亡. 国务院出台管理规定，对全国二氧化硫的排放量控制作了要求. 设国家规定今后 10 年内全国二氧化硫排放总量要控制在 p 万吨以内以保障人民的身体健康，比今年下降 $r\%$，从今年起以后每年二氧化硫的排放总量下降的百分比相同，今后第 t 年（$t=0$，1，2，3，4，5，6，7，8，9，10）的二氧化硫排放总量的最大值为 $f(t)$ 万吨，则 $f(t)$ 的解析式为_____.

评析：该例以食品安全和环境保护为背景，体现了高考对社会民生的关注。同时，在二氧化硫浓度对人体影响方面，给出了一个从量变引起质变的警示，从而为后续的二氧化硫排放量监控埋下了伏笔。

例 1.6

用两个实际例子说明 $y=\begin{cases} 10+2x, & x\in[0, 5); \\ 20, & x\in[5, 10); \\ 40-2x, & x\in[10, 20] \end{cases}$ 所表示的意义. 其中例子 1 为_____；例子 2 为_____.

评析：要求赋予同一数学模型以不同的现实意义，体现出数学中的物质统一性。

第二节　数学科高考学科素养的界定及其考查的研究

数学科高考学科素养是通过数学教学培养形成的，体现了数学的本质特性，既是数学基础教育培养目标的要求，也是高校人才选拔的要求。从可考性来看，数学科高考对学科素养的考查应该聚焦于让学生在生活实践问题情境或学科领悟问题情境中应对有一定复杂性的任务，使其调动所学的多种知识、多种能力和情感态度价值观以解决问题，从而达到考查学生认识问题、分析问题、解决问题的综合品质的目的。

一、高考评价体系对学科素养的定义

《中国高考评价体系》指出：学科素养是指即将进入高等学校的学习者在面对生活实践或学习探索问题情境时，能够在正确的思想价值观念指导下，合理运用科学的思维方法，有效整合学科相关知识，运用学科相关能力，高质量地认识问题、分析问题、解决问题的综合品质。学科素养包括"学习掌握""实践探索""思维方法"3个一级指标和9个二级指标（图1-2-1）。"学习掌握"是指学习者在面对生活实践或学习探索问题情境时，进行有效输入、编码、储存各种形式的信息的综合品质。一级指标"学习掌握"包括"信息获取""理解掌握""知识整合"3个二级指标。"实践探索"是指学习者在面对生活实践或学习探索问题情境时，组织整合相应的知识与能力、运用不同的技术方法进行各种操作活动以解决问题的综合品质。一级指标"实践探索"包括"研究探索""操作运用""语言表达"3个二级指标。"思维方法"是指学习者在面对生活实践或学习探索问题情境时，进行独立思考和探索创新的内在认知品质。一级指标"思维方法"包括"科学思维""人文思维""创新思维"3个二级指标。

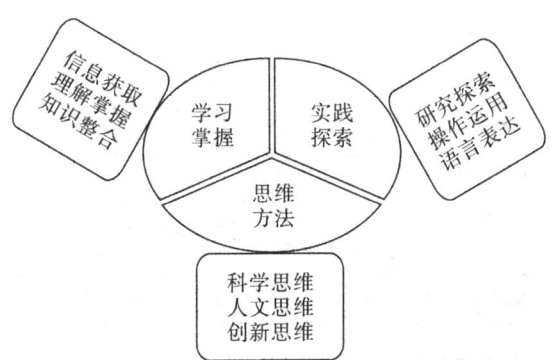

图1-2-1 《中国高考评价体系》中的学科素养指标体系图

强调学科素养是学习者在面对生活实践或学习探索问题情境时的表现，这是《中国高考评价体系》界定学科素养的重要突破，它使对素养的考查有了载体,是学科素养可测可量的基本保证。"学习掌握"强调学习者不仅需要"理解"知识,还需要主动"获取"知识、"整合"知识,也就是学习者不仅需要"学会"知识,还需要"会学"知识。这种要求突破了传统的"学习掌握"知识的界限,使自主学习成为核心素养之一。"实践探索"强调学习者不仅要能操作运用学科知识,还要具备基本的研究探索方法,具体表现为"能用"——能运用学科知识解决问题,"能研"——初步了解科学研究的基本方法。

《中国高考评价体系》中的"思维方法"是"学习掌握"和"实践探索"的内在认知品质,是否应该作为高考评价的一级指标尚有待商榷。作为内在认知品质,"思维方法"贯穿于"学习掌握"和"实践探索"过程的始终,为这两个维度的综合品质形成"内支撑"。"思维方法"需通过"学习掌握"和"实践探索"才能"显表现"。从可考性来说,这个指标难以独立考查,但是"学习掌握"和"实践探索"中每一项考查都涉及"思维方法"。

二、教育部教育考试院对数学学科素养的定义

教育部教育考试院在高考评价体系和课标的基础上,将高考数学考查的学科素养提炼为理性思维、数学应用、数学探索和数学文化四个学科素养指标,但并没有对这四个学科素养指标下定义。高考评价体系中的学科素养、高考数学考查的学科素养、课标中的数学学科核心素养三者的关系如图1-2-2所示。

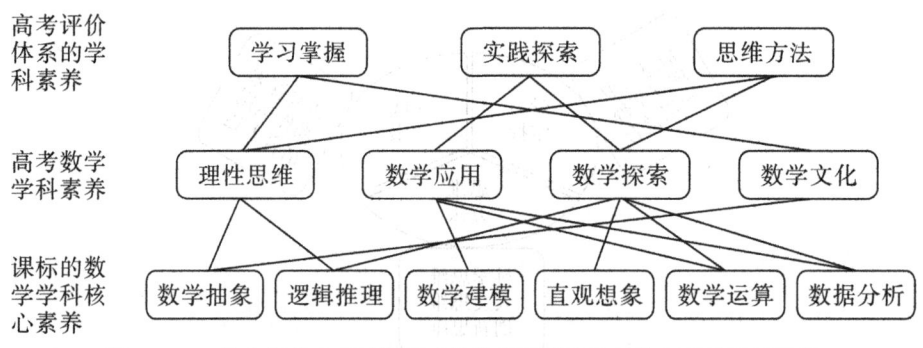

图1-2-2 教育部教育考试院提出的数学学科素养与核心素养关系图❶

---

❶ 任子朝,赵轩. 基于高考评价体系的数学科考试内容改革实施路径 [J]. 中国考试,2019 (12): 27-32.

三、课标对数学学科的核心素养的定义

课标对数学学科核心素养作了如下界定：学科核心素养是育人价值的集中体现，是学生通过学科学习而逐步形成的正确价值观念、必备品格和关键能力。数学学科核心素养是数学课程目标的集中体现，是具有数学基本特征的思维品质、关键能力以及情感、态度与价值观的综合体现，是在数学学习和应用的过程中逐步形成和发展的。数学学科核心素养包括：数学抽象、逻辑推理、数学建模、直观想象、数学运算和数据分析。这些数学学科核心素养既相对独立，又相互交融，是一个有机的整体。具体定义如下：

数学抽象是指通过对数量关系与空间形式的抽象，得到数学研究对象的素养。主要包括：从数量与数量关系、图形与图形关系中抽象出数学概念及概念之间的关系，从事物的具体背景中抽象出一般规律和结构，并用数学语言予以表征。

逻辑推理是指从一些事实和命题出发，依据规则推出其他命题的素养。主要包括两类：一类是从特殊到一般的推理，推理形式主要有归纳、类比；一类是从一般到特殊的推理，推理形式主要有演绎。

数学建模是对现实问题进行数学抽象，用数学语言表达问题、用数学方法构建模型解决问题的素养。数学建模过程主要包括：在实际情境中从数学的视角发现问题、提出问题，分析问题、建立模型，确定参数、计算求解，检验结果、改进模型，最终解决实际问题。

直观想象是指借助几何直观和空间想象感知事物的形态与变化，利用空间形式特别是图形，理解和解决数学问题的素养。主要包括：借助空间形式认识事物的位置关系、形态变化与运动规律；利用图形描述、分析数学问题；建立形与数的联系，构建数学问题的直观模型，探索解决问题的思路。

数学运算是指在明晰运算对象的基础上，依据运算法则解决数学问题的素养。主要包括：理解运算对象，掌握运算法则，探究运算思路，选择运算方

法，设计运算程序，求得运算结果等。

数据分析是指针对研究对象获取数据，运用数学方法对数据进行整理、分析和推断，形成关于研究对象知识的素养。数据分析过程主要包括：收集数据，整理数据，提取信息，构建模型，进行推断，获得结论。

课标对每一个数学学科核心素养作了三个层次的水平划分。对每一个数学学科核心素养的"水平一"层次使用"熟悉的情境""特例""归纳""简单""了解""知道""相似的问题""体会"等关键词；对每一个数学学科核心素养的"水平二"层次使用"关联的情境""一般的情形""推广""理解""构建""提炼"等关键词；对每一个数学学科核心素养的"水平三"层次使用"综合的情境""新命题""创造""构造""理解""掌握"等关键词。以数学抽象为例，课标对数学抽象核心素养的水平划分见表1-2-1。

表1-2-1　课标对数学抽象核心素养的水平划分

水平	核心素养
	数学抽象
水平一	能够在熟悉的情境中直接抽象出数学概念和规则，能够在特例的基础上归纳并形成简单的数学命题，能够模仿学过的数学方法解决简单问题。 能够解释数学概念和规则的含义，了解数学命题的条件与结论，能够在熟悉的情境中抽象出数学问题。 能够了解用数学语言表达的推理和论证；能够在解决相似的问题中感悟数学的通性通法，体会其中的数学思想。 在交流的过程中，能够结合实际情境解释相关的抽象概念
水平二	能够在关联的情境中抽象出一般的数学概念和规则，能够将已知数学命题推广到更一般的情形，能够在新的情境中选择和运用数学方法解决问题。 能够用恰当的例子解释抽象的数学概念和规则；理解数学命题的条件与结论；能够理解和构建相关数学知识之间的联系。 能够理解用数学语言表达的概念、规则、推理和论证；能够提炼出解决一类问题的数学方法，理解其中的数学思想。 在交流的过程中，能够用一般的概念解释具体现象

(续表)

水平	核心素养
	数学抽象
水平三	能够在综合的情境中抽象出数学问题，并用恰当的数学语言予以表达；能够在得到的数学结论基础上形成新命题；能够针对具体问题运用或创造数学方法解决问题。 能够通过数学对象、运算或关系理解数学的抽象结构，能够理解数学结论的一般性，能够感悟高度概括、有序多级的数学知识体系。 在现实问题中，能够把握研究对象的数学特征，并用准确的数学语言予以表达；能够感悟通性通法的数学原理和其中蕴含的数学思想。 在交流的过程中，能够用数学原理解释自然现象和社会现象

　　课标结合水平划分对学科核心素养指标的内涵进行了进一步的剖析，在学科核心素养可测可评方面做了基础性的铺垫。课标在附录 2 教学与评价案例中，用案例 1—19 给出了 19 个指向学科核心素养的教学案例，用案例 20—35 给出了 16 个学科核心素养的测评案例。课标结合 16 个学科核心素养的测评案例，说明了学科核心素养三个层次的水平表现，并提出了学科核心素养测评的满意原则和加分原则。

　　课标明确了数学学科核心素养的内涵，并定义了数学学科核心素养的指标体系，这是进行学科教学的指导纲要，也是学科考试的指导纲要。但课标的学科核心素养指标体系是否可以直接作为数学学科高考的指标体系还有待商榷。

　　首先，课标对学科核心素养指标体系的分析是一种可知性分析，即这些综合品质是"可以被认识"的。例如，数学抽象是指通过对数量关系与空间形式的抽象，得到数学研究对象的素养。主要包括：从数量与数量关系、图形与图形关系中抽象出数学概念及概念之间的关系，从事物的具体背景中抽象出一般规律和结构，并用数学语言予以表征。这种界定提出了一种"可以被认识"的综合品质，也是"可测的"。课标对数学学科核心素养指标的水平划分进一步刻画了综合品质的可知性，在一定程度上强化了可测性。基于这种可知性和可测性，在教学过程中，可以通过运用多元评价和落实过程性评价等方法对学生的特定学科核心素养进行测评。然而，由于学科核心素养指标之间存在一定程度的交叠，且作为素养测评的载体——情境，课标中使用的"熟悉的情境""关联的情境""综合的情境"，其内涵界定尚待进一步明晰，因此无法直接依据课标的学科核心素养指标体系来构建限时闭卷的学科素养整体考试方案，即双向细目表。为此，就必须进一步对高考评价体系中的学科素养及其指标体系的可考性进行研究。

其次，高考作为选拔性考试，必须充分调研高校人才选拔要求。因此，必须研究将课标的学科核心素养指标体系与高校人才选拔要求有机结合的高考评价学科素养指标体系。

四、高考考题对学科素养的考查分析

教育部教育考试院在 2019—2022 年的高考数学全国卷的试题评析中，仅在 2021 年中以"聚焦核心素养　考查关键能力——2021 年高考数学全国卷试题评析"为题，突出使用"核心素养"这一关键词，其余的关键词都是"核心价值""关键能力"。2021 年高考数学全国卷试题评析中直接使用"核心素养"的字段如下：新高考全国Ⅱ卷第 4 题以我国航天事业的重要成果北斗三号全球卫星导航系统为试题情境设计立体几何问题，要求考生计算地球静止同步轨道卫星信号所覆盖的地球表面面积与地球表面面积的比例。该题文字量约 200 字，不仅考查学生的数学建模素养，还考查学生的阅读理解能力。

由于教育部教育考试院在提出"理性思维""数学应用""数学探索""数学文化"时没有界定指标内涵，没有给出操作性定义和水平划分标准，所以在按照该指标体系进行数学学科素养考查分析时存在一定的困难。但用课标的指标体系分析近年高考题，能看到近年高考对数学学科素养考查的关注，在引导教学指向学科素养养成方面有积极的意义。

（一）对数学建模素养的考查

例 1.7（2019 年高考全国 I 卷理科数学第 4 题）

古希腊时期，人们认为最美人体的头顶至肚脐的长度与肚脐至足底的长度之比是 $\frac{\sqrt{5}-1}{2}$ $\left(\frac{\sqrt{5}-1}{2}\approx 0.618,\text{称为黄金分割比例}\right)$，著名的"断臂维纳斯"（图 1-2-3）便是如此. 此外，最美人体的头顶至咽喉的长度与咽喉至肚脐的长度之比也是 $\frac{\sqrt{5}-1}{2}$. 若某人满足上述两个黄金分割比例，且腿长为 105 cm，头顶至脖子下端的长度为 26 cm，则其身高可能是（　　）.

图 1-2-3

A. 165 cm　　　　B. 175 cm　　　　C. 185 cm　　　　D. 190 cm

评析：本题描述了一个生活实践问题情境，构建了一个基于审美的数学建模问题，重点考查学生的数学建模素养。

例 1.8（2020 年新高考全国 I 卷数学第 4 题）

日晷（图 1-2-4）是中国古代用来测定时间的仪器，利用与晷面垂直的晷针投射到晷面的影子来测定时间．把地球看成球（球心记为 O），地球上一点 A 的纬度是指 OA 与地球赤道所在平面所成角，点 A 处的水平面是指过点 A 且与 OA 垂直的平面．在点 A 处放置一个

图 1-2-4

日晷，若晷面与赤道所在平面平行，点 A 处的纬度为北纬 40°，则晷针与点 A 处的水平面所成角为（　　）.

A. 20°　　　　B. 40°　　　　C. 50°　　　　D. 90°

评析：本题描述了一个生活实践问题情境，构建了一个基于文化传承的数学建模问题，重点考查学生的数学建模素养。

例 1.9（2021 年新高考全国 I 卷数学第 16 题）

某校学生在研究民间剪纸艺术时，发现剪纸时经常会沿纸的某条对称轴把纸对折．规格为 20 dm×12 dm 的长方形纸，对折 1 次共可以得到 10 dm×12 dm，

20 dm×6 dm 两种规格的图形，它们的面积之和 $S_1 = 240 \text{ dm}^2$，对折 2 次共可以得到 5 dm×12 dm，10 dm×6 dm，20 dm×3 dm 三种规格的图形，它们的面积之和 $S_2 = 180 \text{ dm}^2$，以此类推，则对折 4 次共可以得到不同规格图形的种数为_____；如果对折 n 次，那么 $\sum_{k=1}^{n} S_k = $ _____ dm^2.

评析：本题描述了一个生活实践问题情境，构建了一个基于折纸活动的数学建模问题，重点考查学生的数学建模素养。

（二）对数学抽象素养、逻辑推理素养的考查

1. 基于新模型命题

针对对学生来说新颖的数学模型提出问题，是命制新题、防止机械刷题的有效命题手段。解答这类新题，首先需要读懂题意，理解题目的条件和结论，在必要时还需要完成数与形的转换，这是考查学生数学抽象素养的重要环节。以 2021 年新高考全国 I 卷数学为例，试卷中出现了多道基于新模型命制的代表性题目。

例 1.10 （2021 年新高考全国 I 卷数学第 12 题）

在正三棱柱 $ABC\text{-}A_1B_1C_1$ 中，$AB = AA_1 = 1$，点 P 满足 $\overrightarrow{BP} = \lambda\overrightarrow{BC} + \mu\overrightarrow{BB_1}$，其中 $\lambda \in [0, 1]$，$\mu \in [0, 1]$，则（   ）.

A. 当 $\lambda = 1$ 时，$\triangle AB_1P$ 的周长为定值

B. 当 $\mu = 1$ 时，三棱锥 $P\text{-}A_1BC$ 的体积为定值

C. 当 $\lambda = \dfrac{1}{2}$ 时，有且仅有一个点 P，使得 $A_1P \perp BP$

D. 当 $\mu = \dfrac{1}{2}$ 时，有且仅有一个点 P，使得 $A_1B \perp$ 平面 AB_1P

评析：本题基于一个三维空间的运动变化过程，整合了平面向量和空间点、线、面关系及几何量计算等多个知识点。解读这个运动变化过程是一个难点，其中有对双参数的解读和数与形之间的转换。重点考查学生的数学抽象素养，这是课标所指的关键能力之一。

例 1.11 (2021 年新高考全国 I 卷数学第 17 题)

已知数列 $\{a_n\}$ 满足 $a_1=1$,$a_{n+1}=\begin{cases}a_n+1,&n\text{ 为奇数},\\a_n+2,&n\text{ 为偶数}.\end{cases}$

(1) 记 $b_n=a_{2n}$,写出 b_1,b_2,并求数列 $\{b_n\}$ 的通项公式;

(2) 求 $\{a_n\}$ 的前 20 项和.

评析:本题出现分段函数通项,奇偶项穿插。本题学生得分不高,表明对新模型解读是一种重要的数学抽象素养的考查手段。

2. 不良结构问题

例 1.12 (2020 年新高考全国 I 卷数学第 17 题)

在 ① $ac=\sqrt{3}$,② $c\sin A=3$,③ $c=\sqrt{3}b$ 这三个条件中任选一个,补充在下面问题中,若问题中的三角形存在,求 c 的值;若问题中的三角形不存在,说明理由.

问题:是否存在 $\triangle ABC$,它的内角 A,B,C 的对边分别为 a,b,c,且 $\sin A=\sqrt{3}\sin B$,$C=\dfrac{\pi}{6}$,_____?

评析:本题是一个不良结构问题。问题本身不完整(为发现问题提供契机),问题的解决首先要求选择一个条件将该问题补充为一个完整的问题(这是一个提出问题的过程),然后去解决一个自己构建的问题。本题在一定程度上构建了"发现问题→提出问题→分析问题→解决问题"的过程。这个过程需要学生能够抽象出一个命题,考查了课标所指的数学抽象素养。问题的解决要求学生解释、说明存在性,考查了学生的逻辑推理素养。

例 1.13 (2021 年高考全国甲卷理科数学第 18 题)

已知数列 $\{a_n\}$ 的各项均为正数,记 $\{a_n\}$ 的前 n 项和为 S_n,从下面①②③中选取两个作为条件,证明另外一个成立.

①数列 $\{a_n\}$ 是等差数列;②数列 $\{\sqrt{S_n}\}$ 是等差数列;③ $a_2=3a_1$.

评析:本题设计了 3 个不同的组合方案,组成 3 个真命题,给考生充分的选择空间。考生选择不同的条件和结论组成命题，体现了不同的数学思维角度和方式，重点考查数学抽象素养和逻辑推理素养。

3. 结合实际情境解释抽象概念和运用抽象概念解释具体现象的问题

例 1.14 （2021 年新高考全国Ⅱ卷数学第 21 题）

一种微生物群体可以经过自身繁殖不断生存下来，设一个这种微生物为第 0 代，经过一次繁殖后为第 1 代，再经过一次繁殖后为第 2 代……该微生物每代繁殖的个数是相互独立的且有相同的分布列，设 X 表示 1 个微生物个体繁殖下一代的个数，$P(X=i)=p_i(i=0,1,2,3)$.

（1）已知 $p_0=0.4$，$p_1=0.3$，$p_2=0.2$，$p_3=0.1$，求 $E(X)$.

（2）设 p 表示该种微生物经过多代繁殖后临近灭绝的概率，p 是关于 x 的方程 $p_0+p_1x+p_2x^2+p_3x^3=x$ 的一个最小正实根，求证：当 $E(X) \leqslant 1$ 时，$p=1$，当 $E(X)>1$ 时，$p<1$.

（3）根据你的理解说明（2）问结论的实际含义.

评析：本题以生命科学中某种微生物为背景，研究该种微生物繁殖形成若干代后长期存在的条件或临近灭绝的原因。试题情境取材于生命科学中的真实问题，生动地体现了概率在生命科学中的应用。试题要求考生理解第 1 代微生物个体总数 X 的分布列和数学期望的意义，理解微生物临近灭绝的概率 p，以及与 p 相关的数学模型 $p_0+p_1x+p_2x^2+p_3x^3=x$ 的意义。本题重点考查学生的数学抽象素养和逻辑推理素养。

例 1.15 （2021 年新高考适应性测试数学第 20 题）

北京大兴国际机场（图 1-2-5）的显著特点之一是各种弯曲空间的运用. 刻画空间的弯曲性是几何研究的重要内容. 用曲率刻画空间弯曲性，规定：多面体顶点的曲率等于 2π 与多面体在该点的面角之和的差（多面体的面的内角叫作多面体的面角，角度用弧度制），多面体面上非顶点的曲率均为零，多

图 1-2-5

面体的总曲率等于该多面体各顶点的曲率之和. 例如：正四面体在每个顶点有 3 个面角，每个面角是 $\frac{\pi}{3}$，所以正四面体在各顶点的曲率为 $2\pi - 3 \times \frac{\pi}{3} = \pi$，故其总曲率为 4π.

（1）求四棱锥的总曲率；

（2）若多面体满足顶点数 − 棱数 + 面数 = 2，证明：这类多面体的总曲率是常数.

评析：本题是一道典型的材料阅读题，首先要求学生在理解题目所给阅读材料中的面角、点曲率、总曲率等新概念的基础上，给出四棱锥的总曲率计算结果，进一步要求学生在理解欧拉公式的基础上，证明凸多边形的曲率为常数。本题重点考查学生的数学抽象素养。

（三）对数学运算素养的考查

例 1.16 （2022 年新高考全国Ⅰ卷数学第 7 题）

设 $a = 0.1e^{0.1}$，$b = \frac{1}{9}$，$c = -\ln 0.9$，则（　　）.

A. $a<b<c$　　　B. $c<b<a$　　　C. $c<a<b$　　　D. $a<c<b$

评析：本题涉及多种算法的综合运用，而且算法的选择至关重要，如果按照常规的设立辅助函数并运用导数建立函数不等式的方法，可以获得 3 个数值的大小比较结果，但运算量会非常大。这是一个考查学生数学运算素养的典型问题。

例 1.17 （2022 年新高考全国Ⅰ卷数学第 8 题）

已知正四棱锥的侧棱长为 l，其各顶点都在同一球面上. 若该球的体积为 36π，且 $3 \leqslant l \leqslant 3\sqrt{3}$，则该正四棱锥体积的取值范围是（　　）.

A. $\left[18, \frac{81}{4}\right]$　　　　　　　　　B. $\left[\frac{27}{4}, \frac{81}{4}\right]$

C. $\left[\frac{27}{4}, \frac{64}{3}\right]$　　　　　　　　　D. $[18, 27]$

评析：本题需要基于对几何量的分析及建立函数关系找到算法，由此完成对正四棱锥体积（因变量）的估算，是学生不太熟悉的运算问题，有一定新意，是一个考查学生数学运算素养的典型问题。

(四) 对直观想象素养的考查

例1.18 （2022年新高考全国Ⅰ卷数学第6题）

记函数 $f(x)=\sin\left(\omega x+\dfrac{\pi}{4}\right)+b$（$\omega>0$）的最小正周期为 T。若 $\dfrac{2\pi}{3}<T<\pi$，且 $y=f(x)$ 的图象关于点 $\left(\dfrac{3\pi}{2},2\right)$ 中心对称，则 $f\left(\dfrac{\pi}{2}\right)=$（　　）.

A. 1　　　　B. $\dfrac{3}{2}$　　　　C. $\dfrac{5}{2}$　　　　D. 3

评析：直观想象的本意是从图形中直观获得解决问题的提示。本题对学生而言是一个新的问题情境，多个参数并存，如果能结合正弦函数的图象进行分析，解题将事半功倍。

例1.19 （2022年新高考全国Ⅱ卷数学第21题）

已知双曲线 $C:\dfrac{x^2}{a^2}-\dfrac{y^2}{b^2}=1$（$a>0$，$b>0$）的右焦点为 $F(2,0)$，渐近线方程为 $y=\pm\sqrt{3}x$.

(1) 求 C 的方程.

(2) 过点 F 的直线与 C 的两条渐近线分别交于 A，B 两点，点 $P(x_1,y_1)$，$Q(x_2,y_2)$ 在 C 上，且 $x_1>x_2>0$，$y_1>0$. 过点 P 且斜率为 $-\sqrt{3}$ 的直线与过点 Q 且斜率为 $\sqrt{3}$ 的直线交于点 M. 从下面①②③中选取两个作为条件，证明另外一个成立：

①M 在 AB 上；②$QP\parallel AB$；③$|MA|=|MB|$.

评析：本题要求学生先组织一个命题（提出一个与直观想象有关的问题），在关联情境中想象并构建相应的几何图形，通过图形探索解决问题的思路，是一个考查直观想象素养的典型问题。

(五) 对数据分析素养的考查

例 1.20　（2022 年新高考全国 I 卷数学第 20 题）

一医疗团队为研究某地的一种地方性疾病与当地居民的卫生习惯（卫生习惯分为良好和不够良好两类）的关系，在已患该疾病的病例中随机调查了 100 例（称为病例组），同时在未患该疾病的人群中随机调查了 100 人（称为对照组），得到如下数据（表 1-2-2）：

表 1-2-2

分类	不够良好	良好
病例组	40	60
对照组	10	90

（1）能否有 99% 的把握认为患该疾病群体与未患该疾病群体的卫生习惯有差异？

（2）从该地的人群中任选一人，A 表示事件"选到的人卫生习惯不够良好"，B 表示事件"选到的人患有该疾病"，$\dfrac{P(B|A)}{P(\bar{B}|A)}$ 与 $\dfrac{P(B|\bar{A})}{P(\bar{B}|\bar{A})}$ 的比值是卫生习惯不够良好对患该疾病风险程度的一项度量指标，记该指标为 R.

①证明：$R = \dfrac{P(A|B)}{P(\bar{A}|B)} \cdot \dfrac{P(\bar{A}|\bar{B})}{P(A|\bar{B})}$；

②利用该调查数据，给出 $P(A|B)$，$P(A|\bar{B})$ 的估计值，并利用①的结果给出 R 的估计值.

附：$K^2 = \dfrac{n(ad-bc)^2}{(a+b)(c+d)(a+c)(b+d)}$，其中 $n = a+b+c+d$.

表 1-2-3

$P(K^2 \geq k)$	0.050	0.010	0.001
k	3.841	6.635	10.828

评析：本题是一个真实社会民生仿真的问题情境，要求学生运用分类变量独立性检验的步骤及检验规则解释现象、探寻规律。它使用了新定义指标，并融合了条件概率公式（贝叶斯公式）和频率估计概率等知识点。若能够进一步

要求考生解读新指标意义及运用新指标进行实际问题分析，则问题情境将更加完善。本题是一道具有创新性的考查数据分析素养的题目。

例 1.21 （2017 年高考全国 I 卷理科数学第 19 题）

为了监控某种零件的一条生产线的生产过程，检验员每天从该生产线上随机抽取 16 个零件，并测量其尺寸（单位：cm）。根据长期的生产经验，可以认为这条生产线在正常状态下生产的零件的尺寸服从正态分布 $N(\mu, \sigma^2)$。

（1）假设生产状态正常，记 X 表示一天内抽取的 16 个零件中其尺寸在 $(\mu-3\sigma, \mu+3\sigma)$ 之外的零件数，求 $P(X \geq 1)$ 及 X 的数学期望。

（2）一天内抽检的零件中，如果出现了尺寸在 $(\mu-3\sigma, \mu+3\sigma)$ 之外的零件，就认为这条生产线在这一天的生产过程可能出现了异常情况，需要对当天的生产过程进行检查。

①试说明上述监控生产过程方法的合理性。

②表 1-2-4 中是检验员在一天内抽取的 16 个零件的尺寸：

表 1-2-4

9.95	10.12	9.96	9.96	10.01	9.92	9.98	10.04
10.26	9.91	10.13	10.02	9.22	10.04	10.05	9.95

经计算得 $\bar{x} = \dfrac{1}{16}\sum\limits_{i=1}^{16} x_i = 9.97$，$s = \sqrt{\dfrac{1}{16}\sum\limits_{i=1}^{16}(x_i - \bar{x})^2} = \sqrt{\dfrac{1}{16}\left(\sum\limits_{i=1}^{16} x_i^2 - 16\bar{x}^2\right)} \approx 0.212$，其中 x_i 为抽取的第 i 个零件的尺寸，$i = 1, 2, 3, \cdots, 16$。用样本平均数 $\bar{x}$ 作为 μ 的估计值 $\hat{\mu}$，用样本标准差 s 作为 σ 的估计值 $\hat{\sigma}$。利用估计值判断是否需要对当天的生产过程进行检查。剔除 $(\hat{\mu}-3\hat{\sigma}, \hat{\mu}+3\hat{\sigma})$ 之外的数据，用剩下的数据估计 μ 和 σ（精确到 0.01）。

附：若随机变量 Z 服从正态分布 $N(\mu, \sigma^2)$，则 $P(\mu-3\sigma < Z < \mu+3\sigma) = 0.9974$，$0.9974^{16} \approx 0.9592$，$\sqrt{0.008} = 0.09$。

评析： 本题以零件生产过程质量监控为背景，构建的问题情境让学生经历界定数据源、确定数据采集方法（随机抽样）、收集数据、整理和分析数据、获取信息形成判断的过程。这是一道典型的考查数据分析素养的题目。

五、关于数学学科素养构成的其他重要论述

何小亚在《学生"数学素养"指标的理论分析》及《数学核心素养指标之反思》中，通过文献分析法提出数学素养是指满足学生自身发展和社会发展所必备的数学方面的品格和能力，数学学科素养指标体系包括数学化、数学运算、数学推理、数学意识、数学思想方法、数学情感态度价值观。数学化是从现实世界到数学世界或者由低层数学到高层数学的转化过程，它主要包括：（1）形式化，即用简洁有效的符号来表示心中的数学概念、原理和结构模式的过程。（2）图式化，是对形式的数学本质内容的内化过程，是对数学概念、原理、模式的理解过程。（3）数学建模，就是运用形式化和理想化的手段从实际问题中抽象概括出一个数学模型，求出模型的解，检验模型的合理性，从而使这一实际问题得以解决的过程。

胡典顺等在《数学核心素养的测评：基于 PISA 测评框架与试题设计的视角》中，引述国际学生评估项目（PISA）2012 数学测试提出了如下数学素养测评框架：数学素养是个人在不同情境下形成、应用和阐释数学的能力。它包括数学推理能力和使用数学概念、过程、事实和工具来描述、阐释以及预测现象的能力。数学素养有助于个体作为一个关心社会、善于思考的建设性公民，识别数学在世界中所起的作用并作出有依据的数学判断和决定。

数学阅读是学生学习数学的基石。著名语言学家布龙菲尔德说："数学不过是语言所能达到的最高境界。"著名数学教育家斯托利亚尔也说："数学教学也就是数学语言的教学。"著名教育实践家和教育理论家苏霍姆林斯基则说："学会学习，首先要学会阅读。"数学学习离不开阅读。訾雪旻在《初中生高成效数学阅读能力的实验研究》中，通过文献分析法对数学阅读能力给出了如下结构性的描述：（1）数学材料形式化的能力，即能从所读内容中抽取出数学形式，从具体的数量关系和空间形式中进行抽象，并可以实现文字、符号及图象语言之间的相互转化。（2）概括数学材料的能力，即能从不相关的材料中抽取

出最重要的东西，以及从外表不同的材料中发现共同点的能力。（3）联想能力，即可以将数学材料与自己的认知结构发生联系，主动寻求原有认知结构中的有关信息模块，进行类比、联想，从而完善认知结构。（4）辨别数学材料的能力，对所读内容可以给出逻辑推理，可以根据材料进行理性思考，对有误的材料可以给出指正，而非机械地接受。（5）对所读数学材料的应用能力，即可以将数学材料中的思想方法抽取出来，抛开具体的情境，将其灵活地应用于新的问题情境之中。

六、本课题组对数学科高考学科素养的研究结果

（一）区分三个相互密切关联的概念范畴

中国学生发展核心素养是根据教育方针提出的具体的教育培养目标，是学生经过一定学段教育后所形成的关键能力与品格的综合表现，是党和国家的培养目标的具体化。作为教育培养目标的具体化的中国学生发展核心素养，是通过各种教育途径全方位地培养和发展的。

学科核心素养（课标）是根据教育方针提出的学科教学培养目标，是通过学科教学途径实现的中国学生核心素养，是中国学生核心素养在学科教学的具体化，是学生通过学科教学之后所形成的具有学科特点的关键成就，是学科育人价值的集中体现。

学科素养（高考评价体系）是根据教育方针的考试评价目标，整合国家课程标准的学科核心素养的要求与高校选拔学生的需求，对即将进入高等教育阶段进行专业学习的学生提出的在学科方面的综合素质要求。高考评价体系的学科素养是通过学科教学途径培养和发展的，可以在高考特定情境下表现出来的中国学生发展核心素养。

高考评价体系的学科素养及指标体系研究是对课标核心素养指标的可考性转换，旨在使高考兼顾高校人才选拔的要求。

（二）本课题组构建的高考评价体系学科素养指标体系

本课题组通过学生核心素养指标体系的文献分析研究和学生核心素养指标

体系的实证调查研究（图1-2-6），确定高考评价体系学科素养定义，建立了由两类情境（生活实践问题情境、学科领悟问题情境）、三项指标（学习掌握、实践应用、探索创新）、九个要素（信息领悟、融汇构建、迁移运用、原理通达、技术优化、统整解决、研究探索、批判质疑、发散创新）构成的高考评价体系学科素养指标体系。

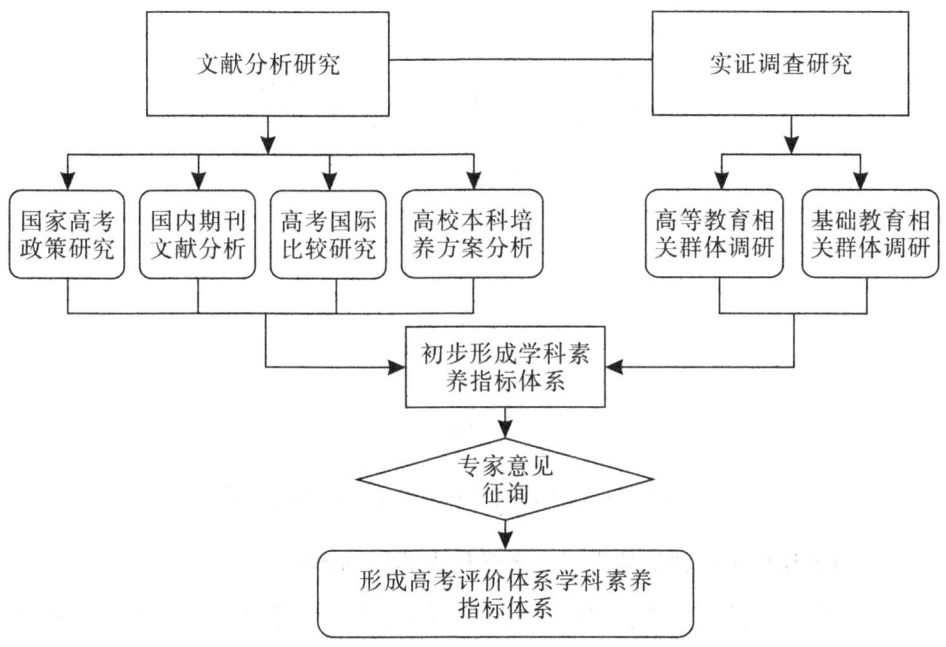

图1-2-6　高考评价体系学科素养指标体系构建工作流程图

本课题组认为，高考评价体系学科素养是指学生经过高中阶段的学习后，应对现实的生活实践情境问题或学科领悟情境问题时，能够在正确思想观念指导下，运用学科的知识与能力、思维方式与方法高质量地认识问题、分析问题、解决问题的综合品质。其中，学科领悟情境问题是指对接终身学习或学科高级学习阶段知识的学科知识掌握与运用的问题，它要求掌握与运用知识的思维方式，所形成的知识结构，以及学习知识的高度、深度、广度，与学科高级学习阶段的知识学习相一致。

高考评价体系学科素养指标体系有"学习掌握""实践应用""探索创新"

三项指标。"学习掌握"指学科领域知识原理的贯通性掌握与运用，包括"信息领悟""融汇构建""迁移运用"三个要素，重点指向"学会"与"会学"；"实践应用"指生活实践领域学科知识原理的通达与应用，包括"原理通达""技术优化""统整解决"三个要素；"探索创新"指学科问题与实践问题的探究与创新，包括"研究探索""批判质疑""发散创新"三个要素（图1-2-7）。

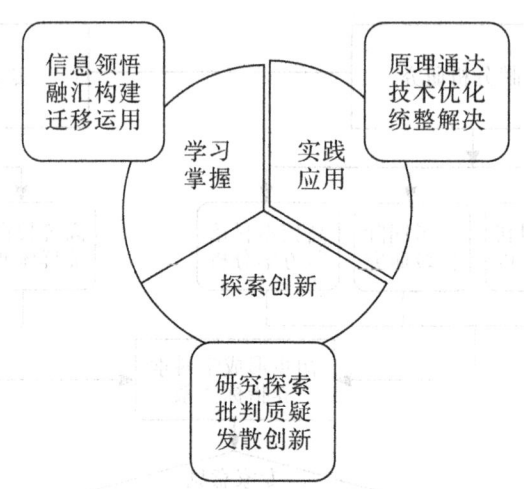

图1-2-7　本课题组构建的高考评价体系学科素养指标体系结构图

（三）本课题组构建的数学科高考学科素养指标体系

根据数学学科的特性，以课题组提出的高考评价体系学科素养指标体系（图1-2-7）为基础，整合《中国高考评价体系》、课标对学科核心素养的界定，参考学界研究成果以及教育部教育考试院提出的数学科高考指标体系，提出了数学科高考评价体系的学科素养定义及学科素养指标体系。

数学科高考学科素养是学生经过高中阶段的数学学习后，面对与数学相关的现实的生活实践情境问题或学科领悟情境问题时，能够在正确思想观念的指导下，运用数学学科的知识与能力、思维方式与方法高质量地认识问题、分析问题、解决问题的综合品质。其中，学科领悟情境问题是指对接终身数学学习或掌握数学学科高级学习阶段知识的数学学科知识掌握与运用的问题，它要求掌握与运用数学知识的思维方式，所形成的数学知识结构，以及学习数学知识的高度、深度、广度，与数学学科高级学习阶段的知识学习相一致。

数学科高考学科素养包括两类情境（生活实践问题情境和学科领悟问题情境），三个一级指标和十个二级指标。本课题组构建的数学科高考学科素养结构图见图1-2-8，本课题组提出的数学科高考学科素养的构成及界定见表1-2-5。

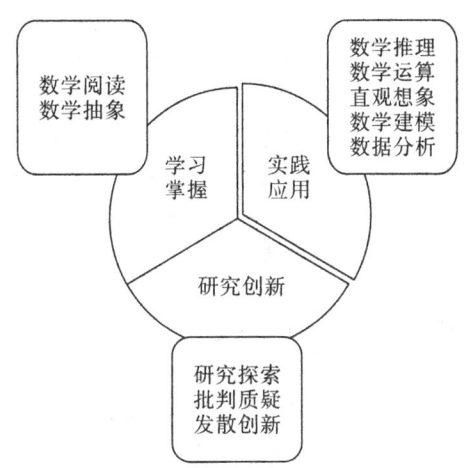

图1-2-8　本课题组构建的数学科高考学科素养结构图

表1-2-5　本课题组提出的数学科高考学科素养的构成及界定

一级指标	一级指标内涵	二级指标	二级指标内涵
学习掌握	学习掌握指的是学习者在面对生活实践问题情境或学科领悟问题情境时，能领悟信息，完成知识的融汇构建及达成知识的迁移运用的综合品质	数学阅读	数学材料形式化：从所读内容中抓取到数量关系和空间形式，并可以实现文字、符号及图象语言之间的相互转化； 概括数学材料：能够提炼数学材料中的知识要点、方法要点； 联想类比：能够将数学材料与已有认知结构发生联系，主动寻找已有认知结构中的有关信息模块，完善认知结构； 辨别批判：根据材料进行理性思考，对有误的材料给予指正
		数学抽象	运用数学化操作（观察、测试、度量、归纳、类比、猜想、判断、推广等），对问题情境中的数与形及各种关系进行分析，获得数学抽象物（概念、公式、命题、规则、模式、操作步骤等）

(续表)

一级指标	一级指标内涵	二级指标	二级指标内涵
实践应用	实践应用指的是学习者在面对生活实践问题情境或学科领悟问题情境时，能组织整合相应的知识能力，运用技术方法进行操作活动以解决问题的综合品质	数学推理	由一个或几个已知判断得出一个新判断的思维形式，包括演绎推理和合情推理。1. 掌握推理的基本形式和规则，发现问题并提出问题，探索和表述论证过程，理解命题体系，能够有逻辑地表达与交流；2. 掌握逻辑推理的基本形式，学会有逻辑地思考问题；能够在比较复杂的情境中把握事物之间的关联，把握事物发展的脉络；形成重论据、有条理、合乎逻辑的思维品质和理性精神；增强交流能力
		数学运算	在明晰运算对象的基础上，依据运算法则解决数学问题。主要包括：理解运算对象，掌握运算法则，探究运算思路，选择运算方法，设计运算程序，求得运算结果
		直观想象	借助几何直观和空间想象感知事物的形态与变化，利用空间形式特别是图形，理解和解决数学问题。主要包括：借助空间形式认识事物的位置关系、形态与运动规律；利用图形描述、分析数学问题；建立数与形的联系，建立数学问题的直观模型，探索解决问题的思路
		数学建模	对现实问题进行数学抽象，用数学语言表达问题、用数学方法构建模型解决问题。数学建模过程主要包括：在实际情境中从数学的视角发现问题、提出问题，分析问题、建立模型、确定参数、计算求解，检验结果、改进模型，最终解决实际问题
		数据分析	针对研究对象获取相关数据，运用统计方法对数据中的有用信息进行分析和推断，形成结论。主要包括：收集数据，整理数据，提取信息，构建数学模型对信息进行分析、推断，获得结论

(续表)

一级指标	一级指标内涵	二级指标	二级指标内涵
研究创新	研究创新是指学习者在面对生活实践问题情境或学科领悟问题情境时，对学科问题与实践问题的探究与创新	研究探索	能运用数学科学的研究方法进行研究构思； 能运用数学科学的研究方法构思研究方案； 能合理地对研究结果进行分析与总结
		批判质疑	能对前人研究中存在的问题提出疑问； 能有理有据地对不同见解或观点进行分析论辩； 能针对不同观点或原理提出整合性的意见
		发散创新	能从不同角度、不同维度理解把握事物； 能创新性地组合不同的原理或技术解决复杂问题； 能提出并验证创新性的观点及解决问题的思路

本课题组提出的生活实践问题情境和学科领悟问题情境为学科考查提供了明确的载体。关于数学学科高考两类问题情境体系的界定及构成在本书第三章和第四章中将进一步论述。

数学阅读是学生学习数学的基石，与本课题组提出的"学习掌握"之"信息领悟"相对应。课标中的"数学抽象"素养指标含有表1-2-5中所示的"数学阅读""数学抽象"两重含义，这使得两种重要的素养混杂在一起。就任何一门学科学习而言，阅读是一项基本的学习素养，重在对阅读材料的记忆、理解和释义，而"抽象"的本意是通过一定的学科化操作获得学科抽象物。在数学学科中，"数学抽象"即运用数学化操作（观察、测试、度量、归纳、类比、猜想、判断、推广等），对问题情境中的数与形及各种关系进行分析，获得数学抽象物（概念、公式、命题、规则、模式、操作步骤等）。"数学抽象"重在对信息进行编码及深度整合，提炼出对所学内容的高度概括成果，是带着数学新发现的有一定创造性的素养。将"数学阅读"与"数学抽象"两种不同层次的素养混杂在一个指标中表述，不利于明确教学方向和执行素养测评工作。

何小亚在《学生"数学素养"指标的理论分析》与《数学核心素养指标

之反思》中提及"数学化是从现实世界到数学世界或者由低层数学到高层数学的转化过程",这一过程是重要的数学问题解决环节,这一过程中所涉及的素养是重要的数学素养。在表1-2-5中,"数学阅读"素养(对阅读材料的形式化、图式化)、"数学抽象"素养(提炼、创造数学抽象物)和"数学建模"素养均涵盖"数学化"。对这三种素养的明确界定在教学执行和测量方面更具可操作性,不易出现过大的交叠,有利于测量。

数学应用包括数学知识、技能在学科内部的纵向应用和面向现实世界的横向应用。因此,本课题组提出"实践应用"这一概念,主要指的是"生活实践领域学科知识原理的通达与应用"。具体到数学学科,"实践应用"则应该是"数学内部领域与生活实践领域数学学科知识原理的通达与应用"。具体表现为能够胜任数学推理、数学运算、直观想象、数学建模、数据分析等情境任务。在二级指标中使用《学生"数学素养"指标的理论分析》《数学核心素养指标之反思》中的"数学推理"及其涵盖"演绎推理"和"合情推理"的内涵表达,更符合传统的数学教学目标表述,更有利于对已有的教学研究成果进行分类综述。这样的表达有利于引导教学。实践应用二级指标中的数学运算、直观想象、数据分析、数学建模的内涵与课标一致。

教育部教育考试院以"数学文化"为其中一个学科素养指标。课标指出,数学文化是指数学的思想、精神、语言、方法、观点,以及它们的形成和发展;还包括数学在人类生活、科学技术、社会发展中的贡献和意义,以及与数学相关的人文活动。李宝瑞在《数学文化融入高中三角函数的教学设计研究》中,在综合各方论述的基础上提出数学文化的外延一般包括数学史、数学美、数学精神、数学应用、数学思想方法。从数学文化的内涵和外延可以看出,数学文化水平是一个涵盖数学知识水平、全方位能力和素养水平的综合指标。在数学高考限时、闭卷的条件下,数学文化中数学的思想、语言、方法、观点等组成部分以及数学在人类生活、科学技术、社会发展中的应用,均可通过生活实践问题情境和学科领悟问题情境的创设予以考查。但这些问题的解决过程具体现的还是学生关于学习掌握、实践应用和研究创新三方面的素养。数学文化中精神层面的组成部分是内隐的,难以在限时、闭卷考试中进行有效测量。课标对数学文化的教学指引是"数学文化融入课程内容"。在高考评价体系中,对学生数学文化水平的关注应该重点体现在命题过程中,选用体现数学文化内涵、覆盖数学文化外延的内容,融入各种素养测评之中。综合考虑数学文化的综合性和测评的必要性、可行性,不宜将"数学文化"作为高考评价体系中单独列举的素养测评指标。

七、考查学科素养的典型例题

按照表 1-2-5 所示的数学科高考学科素养的构成及界定,例 1.7—1.9 重点考查实践应用之数学建模素养;例 1.10、例 1.11、例 1.14 和例 1.15 重点考查学习掌握之数学阅读素养和实践应用之数学推理素养;例 1.12、例 1.13 要求学生组装一个数学命题并证明其正确性,考查了学习掌握之数学抽象素养、实践应用之数学推理素养;例 1.16、例 1.17 重点考查实践应用之数学运算素养;例 1.18、例 1.19 考查实践应用之直观想象素养;例 1.20、例 1.21 重点考查实践应用之数据分析素养。例 1.12 和例 1.15 同时考查研究创新之研究探索素养。

例 1.22

数列 $\{a_n\}$,$\{b_n\}$ 的前 n 项和分别为 A_n,B_n,已知 $a_n=2n-1$,$b_n=(-1)^n(n+1)$.

(1) 求 A_2,A_4,A_6,A_8,A_{12} 以及 B_2,B_4,B_6,B_8,B_{12}.

(2) 请根据(1)得到的结果观察并推理数列 $\{a_n\}$,$\{b_n\}$ 的前 n 项和 A_n,B_n 所满足的共性,称满足这样共性的数列为"幸福数列"。请直接写出"幸福数列"的定义.

评析:这是一个学科领悟问题情境,要求学生按规律抽象出一个新定义,重点考查学习掌握之数学抽象素养。

例 1.23

为了测量两山顶 M,N 之间的距离,飞机沿水平方向在 A,B 两点进行测量,A,B,M,N 在同一个铅垂平面内(图 1-2-9).飞机能够测量的数据有俯角和 A,B 之间的距离.请设计一个方案,包括:(1) 指出需要测量的数据(用字母表示,并在图中标记出来);(2) 用文字和公式写出计算 M,N 之间的距离的步骤.

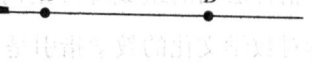

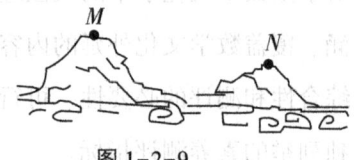

图 1-2-9

评析:这是一个生活实践问题情境。本题要求学生设计一个测量方案,重点考查数学运算素养和发散创新素养。

例 1.24❶

对于数列 $\{x_n\}$,从中选取若干项,不改变它们在原来数列中的先后次序,得到的数列称为原数列的一个子数列.某同学在学习了这个概念后,打算研究首项为正整数 a,公比为正整数 q($q>1$)的无穷等比数列 $\{a_n\}$ 的子数列问题.为此,他任取了其中三项 a_k,a_m,a_n ($k<m<n$).

(1) 若 a_k,a_m,a_n ($k<m<n$) 成等比数列,求 k,m,n 之间满足的等量关系.

(2) 他猜想:在上述数列 $\{a_n\}$ 中存在一个子数列 $\{b_n\}$ 是等差数列.为此,他研究了 a_k+a_n 与 $2a_m$ 的大小关系,请你根据该同学的研究结果来判断上述猜想是否正确.

(3) 他又想:在首项为正整数 a,公差为正整数 d 的无穷等差数列中是否存在成等比数列的无穷子数列?请你就此问题写出一个正确的命题,并加以证明.

---

❶ 王国江,彭家麒,任升录.高中数学探究与创新性问题:思想·探究·迁移·展望 [M].上海:华东理工大学出版社,2014.

评析：这是一个学科领悟问题情境。本题采用了新定义，并融合了多个全新的命题，其中包含类比、猜想等元素，旨在考查学生的数学阅读素养。第（3）问指向一个创新性的发现，要求学生根据问题抽象出一个数学命题并进行验证，不仅考查了数学抽象素养，还考查了研究探索素养。

例 1.25 （2024 年新高考全国Ⅰ卷数学第 19 题）

设 m 为正整数，数列 a_1，a_2，$\cdots$，a_{4m+2} 是公差不为 0 的等差数列，若从中删去两项 a_i 和 $a_j(i<j)$ 后剩余的 $4m$ 项可被平均分为 m 组，且每组的 4 个数都能构成等差数列，则称数列 a_1，a_2，$\cdots$，a_{4m+2} 是 (i, j) -可分数列.

（1）写出所有的 (i, j)，$1 \leq i < j \leq 6$，使数列 a_1，a_2，$\cdots$，a_6 是 (i, j) -可分数列；

（2）当 $m \geq 3$ 时，证明：数列 a_1，a_2，$\cdots$，a_{4m+2} 是 $(2, 13)$ -可分数列；

（3）从 1，2，$\cdots$，$4m+2$ 中一次任取两个数 i 和 $j(i<j)$，记数列 a_1，a_2，$\cdots$，a_{4m+2} 是 (i, j) -可分数列的概率为 P_m，证明：$P_m > \dfrac{1}{8}$.

评析：这是一个学科领悟问题情境，重点考查数学阅读素养、数学运算素养和数学推理素养。

例 1.26 （2024 年高考北京卷数学第 21 题节选）

设集合 $M = \{(i,j,s,t) \mid i \in \{1,2\}, j \in \{3,4\}, s \in \{5,6\}, t \in \{7,8\}, 2 \mid (i+j+s+t)\}$. 对于给定有穷数列 $A: \{a_n\}$（$1 \leq n \leq 8$），及序列 $\Omega: \omega_1$，ω_2，$\cdots$，ω_s，$\omega_k = (i_k, j_k, s_k, t_k) \in M$，定义变换 T：将数列 A 的第 i_1，j_1，s_1，t_1 项加 1，得到数列 $T_1(A)$；将数列 $T_1(A)$ 的第 i_2，j_2，s_2，t_2 项加 1，得到数列 $T_2 T_1(A) \cdots$；重复上述操作，得到数列 $T_s \cdots T_2 T_1(A)$，记为 $\Omega(A)$. 若数列 A 的各项均为正整数，且 $a_1 + a_3 + a_5 + a_7$ 为偶数，证明："存在序列 Ω，使得 $\Omega(A)$ 为常数列"的充要条件为 "$a_1 + a_2 = a_3 + a_4 = a_5 + a_6 = a_7 + a_8$".

评析：这是一个学科领悟问题情境，重点考查数学阅读素养、数学运算素养和数学推理素养。

第三节 数学科高考关键能力的界定及其考查的研究

关键能力是指即将进入高等学校的学习者在面对与学科相关的生活实践问题情境或学科领悟问题情境时，高质量地认识问题、分析问题、解决问题所必须具备的能力。将"能力"作为高考考查的重点内容不仅符合高考的客观实际，也是衔接高考经过长期实践所确立的"能力立意"命题理念的重要途径。

多年的研究使得多种能力的界定更为清晰，能力定义的直观性和外显性良好，同时也积累了不少能力测量的经验。作为素养导向下的考试，高考评价体系下的关键能力的界定由3个一级素养指标"学习掌握""实践探索""思维方法"确定，构成三个关键能力群，从逻辑上形成了良好的对应。数学科高考关键能力群必须具备数学能力的基本特性，这是由数学科高考学科素养的3个一级指标和10个二级指标确定的。

一、高考评价体系对关键能力的定义

《中国高考评价体系》中的关键能力是指即将进入高等学校的学习者在面对与学科相关的生活实践问题情境或学习探索问题情境时，高质量地认识问题、分析问题、解决问题所必须具备的能力。基于学科素养导向，承接学科素养要求，结合学生认知发展实际，高考评价体系确立了符合考试评价规律的三个方面的关键能力群：第一方面是以认识世界为核心的知识获取能力群；第二方面是以解决实际问题为核心的实践操作能力群；第三方面是涵盖了各种关键思维能力的思维认知能力群。《中国高考评价体系》中的关键能力的结构见图1-3-1。

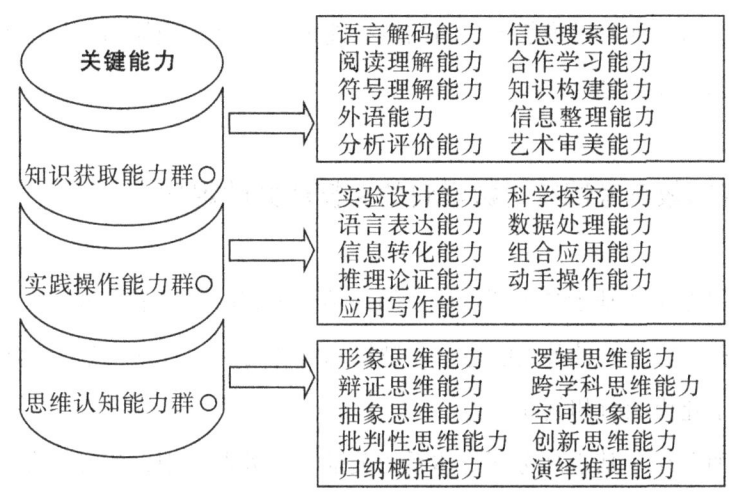

图 1-3-1 《中国高考评价体系》中的关键能力的结构

"知识获取能力"是指学习者在面对与学科相关的生活实践问题情境或学习探索问题情境时，客观描述世界、科学解释世界的过程中表现出的稳定的个性心理特征，是个体认识世界、学会学习所必须具备的关键能力。主要包括：语言解码能力、符号理解能力、阅读理解能力、信息搜索能力、信息整理能力等。知识获取能力强的学习者应当能够阅读和理解学科的各种主要文本、基本符号，能够客观全面地获取相关信息；能够从情境中提取有效信息；能够准确概括和描述学科所涉及基本现象的特征及其相互关系，并从中发现问题；能够透过现象看到本质，发现隐含的规律或原理；能够对学科基本知识进行结构化理解，形成学科知识网络。

"实践操作能力"是指学习者在面对生活实践问题情境或学习探索问题情境时，进行学以致用的学科认知操作和行动操作的过程中表现出的稳定的个性心理特征，是理论联系实际所必须具备的能力基础。主要包括：实验设计能力、数据处理能力、信息转化能力、动手操作能力、应用写作能力、语言表达能力等。

"思维认知能力"是指学习者在面对生活实践问题情境或学习探索问题情境时，进行学科认知加工的过程中表现出的稳定的个性心理特征。主要包括：

形象思维能力、抽象思维能力、归纳概括能力、演绎推理能力、批判性思维能力、辩证思维能力等。

二、教育部教育考试院对数学科的关键能力的定义

任子朝等在《基于高考评价体系的数学科考试内容改革实施路径》中提出高考数学科考查的五种关键能力为：逻辑思维能力、运算求解能力、空间想象能力、数学建模能力和创新能力。

任子朝等在《基于高考评价体系的关键能力考查》中，通过整合《中国高考评价体系》关于关键能力的体系构建及英国、美国、澳大利亚等国家的重要考试关于关键能力考查的状况，提出：依据数学科的特点和考查功能，数学科高考着重考查阅读理解、信息整理、批判性思维、语言表达四项关键能力，并对这四项关键能力进行了如下界定。

阅读理解能力是指学生能从语言符号中获取正确意义所需要的多种能力，是解答所有学科试题的基础能力。但数学科考查的阅读理解能力不只是认识汉字、理解汉字，而是理解用汉字描述的数学定义、定理，所以这就不单单是语文的文字阅读理解能力，需要有数学的知识、数学的背景做基础和依托，理解其中的数学含义。对阅读理解能力的第二方面要求就是对符号语言的理解。数学思维以数和形为思维对象，以数学语言和符号为载体，以认识和发现数学规律为目的，所以抽象的符号语言是数学的重要特征，更是思维操作的便捷材料。对符号的理解、掌握是数学解题的关键。对阅读理解能力的第三方面要求就是对图形语言的理解。图形语言也是数学语言的一种形式，数学中的图形语言具有抽象、简洁的特点，着重展示图形中各元素之间的相对位置关系和数量关系。

信息整理能力是指在对大量、无序的信息进行筛选、分类、归纳并形成新的意义的过程中所需要的多种能力，这是创新性解决问题的重要能力。

批判性思维能力是指面对各种问题情境，运用已有知识经验进行审慎思考、分析推理、评价重构等的多种能力，这是学生解决问题的重要能力。在数学学科中，发现和提出问题、通过部分已知信息对结论进行猜测、通过逻辑推理验证猜想的探究过程就是批判性思维的具体体现。高考中对批判性思维的考查体现在推理和论证的确认、分析、评价、展示这一系列过程中。

语言表达能力是指运用口头语言及书面语言的能力，是培养学生适应学习、生活、工作沟通交流的基本能力。语言表达能力与阅读理解能力既相互联系又彼此对应，其操作对象都是语言，阅读理解是信息输入的过程，语言表达是信息输出的过程，阅读理解是正确表达的基础，语言表达是阅读理解结果的呈现。在高考中，对语言表达能力的考查不仅仅是对数学语言运用能力的考查，更是对思维过程的考查，通过考生的答题过程判断考生是否真正理解数学概念、是否真正掌握数学思维方法、是否具有信息处理能力和批判性思维能力。

三、课标对数学学科的关键能力的定义

课标提出学科核心素养是育人价值的集中体现，是学生通过学科学习而逐步形成的正确价值观、必备品格和关键能力。数学学科核心素养是数学课程目标的集中体现，是具有数学基本特征的思维品质、关键能力以及情感、态度与价值观的综合体现，是在数学学习和应用的过程中逐步形成和发展的。但在课标中未见对数学学科关键能力构成的具体描述。但正如喻平在《数学关键能力测验试题编制：理论与方法》中所述，课标一方面把六个核心素养指标作为名词来描述，例如，"数学抽象是指通过对数量关系与空间形式的抽象，得到数学研究对象的素养"，但另一方面，"数学抽象表现为：获得数学概念和规则，提出数学命题和模型，形成数学思想方法，认识数学结构与体系"，这种描述又将数学抽象看成一个过程、一种活动，因而数学抽象就表现出了能力的特

质。对其他五个核心素养指标可以作同样的分析。因此，课标中的六个数学核心素养本质上涵盖了六种关键能力，即数学抽象能力、数学运算能力、直观想象能力、数学建模能力、逻辑推理能力和数据分析能力。

《义务教育数学课程标准（2022年版）》（以下简称义务教育课标）对初中阶段核心素养的主要表现作了如下描述：初中阶段，核心素养主要表现为抽象能力、运算能力、几何直观、空间观念、推理能力、数据观念、模型观念、应用意识、创新意识。义务教育课标对初中阶段的抽象能力、运算能力、推理能力作了界定。可以看出，义务教育课标同样不细致区分"素养"与"能力"。

四、高考考题对关键能力的考查分析

2019—2022年，教育部教育考试院在高考数学全国卷试题评析中旗帜鲜明地突出了对关键能力的考查。如在《聚焦核心素养　考查关键能力——2021年高考数学全国卷试题评析》中提出坚持开放创新，加强考查关键能力。

例1.27　（2021年新高考全国Ⅱ卷数学第22题）

已知函数 $f(x)=(x-1)\mathrm{e}^x-ax^2+b$.

（1）讨论 $f(x)$ 的单调性；

（2）从下面①②两组条件中选取一组作为已知条件，证明：$f(x)$ 恰有一个零点.

① $\dfrac{1}{2}<a\leqslant\dfrac{\mathrm{e}^2}{2}$, $b>2a$；② $0<a<\dfrac{1}{2}$, $b\leqslant 2a$.

评析： 本题第（1）问考查函数单调性的基本知识，同时要求考生应用分类讨论思想解决问题。第（2）问要求考生从①②两组条件中选取一组作为已知条件，证明 $f(x)$ 恰有一个零点。根据分类讨论的情况，恰当选择新的条件完成 $f(x)$ 恰有一个零点的证明，不仅体现了针对"结构不良问题"适度开放命题的科学性，而且体现了素养导向、能力为重的命题原则。本题对逻辑推理能力、数学抽象能力、直观想象能力进行了深入的考查。

例 1.28 （2021 年高考全国甲卷理科数学第 4 题）

青少年视力是社会普遍关注的问题，视力情况可借助视力表测量。通常用五分记录法和小数记录法记录视力数据，五分记录法的数据 L 和小数记录法的数据 V 满足 $L=5+\lg V$。已知某同学视力的五分记录法的数据为 4.9，则其视力的小数记录法的数据约为（　　）。（$\sqrt[10]{10}\approx 1.259$）

A. 1.5　　　　B. 1.2　　　　C. 0.8　　　　D. 0.6

评析：本题以社会普遍关注的青少年视力问题为背景，要求考生理解五分记录法测量视力所得数据 L 与小数记录法测量视力所得数据 V 的关系，即 $L=5+\lg V$，重点考查数学阅读能力和运算求解能力。

任子朝等在《基于高考评价体系的关键能力考查》中对阅读理解能力、信息整理能力、批判性思维能力的考查给出了如下案例。

例 1.29 （2020 年高考全国 Ⅱ 卷理科数学第 12 题）

0-1 周期序列在通信技术中有着重要应用。若序列 $a_1a_2\cdots a_n\cdots$ 满足 $a_i\in\{0,1\}(i=1,2,\cdots)$，且存在正整数 m，使得 $a_{i+m}=a_i(i=1,2,\cdots)$ 成立，则称其为 0-1 周期序列，并称满足 $a_{i+m}=a_i(i=1,2,\cdots)$ 的最小正整数 m 为这个序列的周期。对于周期为 m 的 0-1 序列 $a_1a_2\cdots a_n\cdots$，$C(k)=\dfrac{1}{m}\sum_{i=1}^{m}a_ia_{i+k}(k=1,2,\cdots,m-1)$ 是描述其性质的重要指标。下列周期为 5 的 0-1 序列中，满足 $C(k)\leqslant\dfrac{1}{5}(k=1,2,3,4)$ 的序列是（　　）。

A. 11010⋯　　B. 11011⋯　　C. 10001⋯　　D. 11001⋯

评析：本题以周期序列的自相关性为背景，题干给出了 0-1 周期序列的定义和判断自相关性的指标，要求判断选项给出的四个周期为 5 的 0-1 序列是否满足自相关性条件。本题对文字语言和符号语言的理解能力都进行了深入的考查。

例 1.30 （2020 年新高考全国 Ⅰ 卷数学第 17 题）（见例 1.12）

评析：本题以解三角形为背景进行设计，题目本身给定若干条件（三角形并不能随之确定),让学生在另外给出的三个条件中自主选择。针对自己的选择,若问题中的三角形存在,求 c 的值;若问题中的三角形不存在,说明理由。三个选择条件本身就是试题考查的内容之一,通过对试题信息的处理,不同的选择会导致不同的解题思路,进而得出不同的结论。对条件信息的选择和处理决定了解题的方向,因此给考生提供了充分的选择和展示自己的舞台。

例 1.31 (2020 年新高考全国 I 卷理科数学第 16 题)

如图 1-3-2 所示,在三棱锥 P-ABC 的平面展开图中,$AC=1$,$AB=AD=\sqrt{3}$,$AB \perp AC$,$AB \perp AD$,$\angle CAE=30°$,则 $\cos \angle FCB =$ _____.

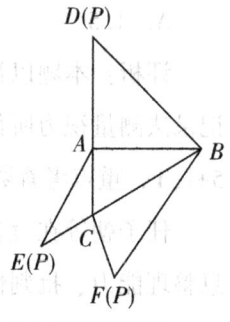

图 1-3-2

评析:本题不是给出几何体的直观图,而是给出其平面展开图,考查简单几何体与平面展开图之间的对应关系。解答本题要对图形进行组合,拼接成原来的三棱锥 P-ABC,然后在三棱锥中选择不同的三角形,应用余弦定理解决问题。在立体几何中,对图形的处理还包括分割、旋转、对称、添加辅助线等,而立体几何问题往往都是通过这些对图形处理的方法,将空间图形转化为平面基本图形进行解决。特别地,在几乎所有立体几何问题的局部求解中,都可以化为解三角形问题。解题过程中的各种转换过程就是信息转换过程。

例 1.32 (2020 年新高考全国 I 卷数学第 11 题)

已知 $a>0$,$b>0$,且 $a+b=1$,则(   ).

A. $a^2+b^2 \geq \dfrac{1}{2}$

B. $2^{a-b} > \dfrac{1}{2}$

C. $\log_2 a + \log_2 b \geq -2$

D. $\sqrt{a}+\sqrt{b} \leq \sqrt{2}$

评析:2020 年新高考数学试卷中增加了多项选择题,多项选择题是考查批判性思维的有效题型。因为对于单项选择题,只要选出一个正确选项就可以结束解题,不必再看其他选项。而对于多项选择题,要逐个检查每个选项,判断其正误,所以对批判性思维能力提出了更高的要求。本题涉及的知识都很基础，但有一定的综合性与灵活性，对运算能力、逻辑思维能力有一定的要求。题目难度不高，但要在有限时间内做出正确的判断，需要知识掌握牢固，思维敏捷，计算准确。对学生来说，在复杂的题目条件中抽取有用、有效、合理的信息作为逻辑推理的合理论据，需要具有独立的批判性思维能力。

例 1.33 （2020 年新高考全国Ⅰ卷数学第 20 题）

如图 1-3-3 所示，四棱锥 $P-ABCD$ 的底面为正方形，$PD \perp$ 底面 $ABCD$. 设平面 PAD 与平面 PBC 的交线为 l.

（1）证明：$l \perp$ 平面 PDC；

（2）已知 $PD = AD = 1$，Q 为 l 上的点，求 PB 与平面 QCD 所成角的正弦值的最大值.

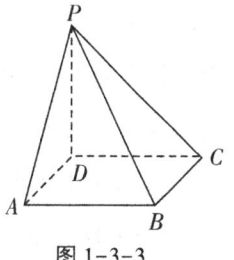

图 1-3-3

评析：本题对语言表达能力提出了两方面的要求：叙述推理证明步骤和书写计算求解过程。第（1）问在证明过程中要求使用准确的名词、规范的语言和程式来表达推证的步骤，需要综合利用线面平行的性质推出线线平行，进而完成线面垂直的证明。第（2）问要求考生准确描述建立空间直角坐标系的过程，包括坐标原点、x 轴正方向和单位长度，运用空间向量的基本方法求解。随后要确定各点和向量的坐标，选定平面的法向量，计算二面角的余弦值，还要确定等号成立的条件，判定最大值是否能取到。所以本题对语言表达能力的考查比较全面、深入。

五、关于数学科关键能力构成的其他重要论述

（一）数学能力的界定

能力是指人们顺利地完成某项活动的个性心理特征。它在活动中表现出来，并直接影响活动的效果。它是个体相对稳定的心理特点，是个体完成某项活动的必要条件。武亮英在《克鲁捷茨基数学教育思想研究》中引述了苏联心理学家克鲁捷茨基的观点：如果一个人能够迅速地和成功地掌握某项活动，比

其他人更易于得到相应的技能和达到熟练的程度，并且能取得比中等水平优越得多的成果，那么这个人就被认为是有能力的。

数学能力是一种与数学（思维）活动紧密相关的特殊能力。结合能力的一般界定和数学活动的特点，参照胡中锋等在《高中生数学能力结构研究》中的表述，对数学能力做出如下界定：数学能力是一种与数学活动有关的特殊能力，是在数学活动中形成和发展起来的，是成功完成数学活动所具备而且在这类活动中所表现出来的比较稳定和影响其活动效率的一种个性心理特征。

（二）关于中小学生数学能力结构的主要研究成果

PISA 数学测试重点关注数学应用素养。胡典顺等在《数学核心素养的测评：基于 PISA 测评框架与试题设计的视角》中引述了 PISA2012 测试提出的七种数学基本能力，包括：数学交流，数学化，数学表征，数学推理与论证，设计问题的解决策略，使用符号、公式、专业语言和运算，使用数学工具。PISA2021 测试对能力的表征使用了 21 世纪能力，这是一种方向性的转变。但目标变大了，数学特征淡化了，怎样测、怎样量尚是一个待考虑的问题。

胡中锋等在《高中生数学能力结构研究》中采用经典测验理论与项目反应理论相结合，以及探索性因素分析与验证性因素分析相结合的方法，对高中生数学能力结构进行了研究，得出高中生数学能力结构的四因素模型，即逻辑运演能力、逻辑思维能力、空间想象能力、想象转换能力。

胡中锋在《中小学生数学能力结构研究述评》中，对 2001 年以前的中小学生数学能力结构主要研究成果进行了述评，其中概括了一些经典的结果。

（1）林崇德认为数学能力结构应当包括传统的三种基本数学能力（运算能力、逻辑思维能力、空间想象能力）以及五种数学思维品质（思维的深刻性、灵活性、独创性、批判性、敏捷性）。

（2）王权通过设置 11 个分测验对小学生的数学能力结构进行研究，运用探索性因素分析法得出小学生的数学能力结构的四个因素，包括：基本演绎推理能力、识别数量关系的能力、空间想象能力、速度能力。

(3) 陈仁泽等对厦门市四类中学（高中）入学考试分别进行了 Q 型与 R 型因素分析，评估出四种数学能力，包括抽象概括能力、综合运算能力、思维转换能力、逻辑推理能力。

(4) 张君达等对超常儿童数学能力的因素进行分析，运用因素分析法抽取出五个主因素，即综合运算能力、逻辑思维能力、抽象概括能力、空间想象能力、灵活的形象思维能力。

孙以泽在《数学能力的成分及其结构》中引述克鲁捷茨基的观点："只有在分析特定活动的基础上才能揭示能力。"数学能力是在数学活动过程中形成和发展起来的，并通过该类活动表现出来的一种极为稳定的心理特征。对数学能力成分的把握最终取决于对主体认知特点、数学学科特点、主体数学思维活动特点的全面理解。由此提出数学能力包括基础能力、核心能力和综合性数学能力。其中，基础能力由数学观察力、数学注意力、数学记忆力、数学运算能力构成；核心能力即数学思维能力，包括数学抽象能力、数学逻辑思维能力、数学创造性思维能力和空间想象能力；综合性数学能力即数学问题解决能力。

史亚娟等在《中小学生数学能力的结构及其培养》中基于文献分析，对若干研究成果进行归纳梳理，提出中小学生数学能力可以分为两个层次。运算能力、空间想象能力、信息处理能力是第一个层次，以第一个层次能力的获得为基础，学生会逐渐获得更高级的能力，包括逻辑思维能力、模式能力、问题解决能力，并对其中的模式能力进行了分析，指出：数学是模式的科学，它有其自身的结构。这种结构可以通过对模式的概括而被发现、理解。所谓模式就是由若干遵循某种规则的元素形成的结构。模式可以是数量化的，也可以是非数量化的。进行模式识别时，需要对事物的外部现象和特性进行观察、比较、分析、综合、概括、归纳、类比等，以揭露事物本质的特征和规律性联系，这就是一种逻辑思维的过程。根据识别的模式预测事物的发展进程，则是思维逻辑性的集中表现。寻找和识别模式还是一种非常重要的问题解决方法。解决问题首先必须要理解问题，发现隐藏在已知信息中的结构形式。模式活动能够促进学生分类、组织、整合信息能力的发展。识别模式的过程，实际上是一个对信息进行组织加工的过程。通过识别模式，可以把问题情境中一些看似不相关的信息结合成一个整体，对其中的潜在模式进行概括表征，而一个不理解模式的学生常常把事物看作离散、单独、不相关的，不能很好地建立问题空间，更谈不上问题解决。

杜先存等在《中学生数学能力成分及结构研究》中对 2009 年以前的数学能力成分及结构进行了梳理，发现 20 世纪 80 年代后，对数学能力组成成分的研究异常活跃。据不完全统计，至 2009 年提出的数学能力已达百种之多。《中学生数学能力成分及结构研究》给出了由基础能力、思维能力、应用能力、其他能力四个部分构成的数学能力体系。但这个能力体系把一般能力和数学能力混杂在一起，未能突出数学的学科特性。

喻平在《数学学科核心素养要素析取的实证研究》中对数学能力进行了实证研究，得出如下结论：(1) 通过因子分析和第一种标准的聚类分析，数学核心素养由数学抽象、运算能力、推理能力、数学建模、数据处理、空间能力、问题解决能力、数学文化品格八种成分组成。(2) 通过因子分析和第二种标准的聚类分析，数学核心素养由数学抽象、运算能力、推理能力、建模与数据处理、空间能力、问题解决能力、数学文化品格七种成分组成。

程靖等在《我国八年级学生数学推理论证能力的调查研究》中指出推理论证能力是通过对数学对象（数学概念、关系、性质、规则、命题等）进行逻辑性思考（观察、实验、归纳、类比、演绎），从而作出推论，再进一步寻求证据、给出证明或举出反例说明所给出推论的合理性的综合能力。

任子朝等在《高考数学逻辑思维能力测评研究》中提出具备逻辑思维能力的学生应该能够对问题或资料进行观察、比较、分析、综合、抽象与概括；用演绎、归纳和类比的方法进行推理；准确、清晰、有条理地进行表述。

张露露在《小学数学教学中学生创新思维能力的培养——以 HBT 寄宿制

小学为例》中提出创新思维是一种以独创性的方法来解决问题的思维过程,通过这种方式,有可能超越传统思维的限制,以不寻常的方法和观点思考问题,提出不同的解决办法,并产生具有独创性和社会意义的结果。张露露进一步提出了创新思维具有求异性、联想性、发散性、逆向性、综合性等特点。

任子朝等在《高考加强创新能力考查的研究》中提出高考创新能力的考查目标可以概括为考查敢于质疑和批判的思维能力、自主决策并发表见解的能力、独立自主设计方案的能力。

六、本课题组对数学科高考关键能力的研究结果

(一)学科素养与学科能力的关系

学科能力是运用学科知识顺利完成学科学习与应用活动的稳定的心理特征。不同的学科能力,是在不同学科活动的过程中形成的,也是在进行不同的学科活动中表现出来的。学科能力可以分为两个层面(图1-3-4),第一个是基本层面学科能力,基本层面学科能力的构成因素可以称为"学科的基本能力因素";第二个层面是由学科的基本能力因素通过不同的组合方式形成的"学科的组合能力"。现实生活中的学科知识学习与运用活动更多是复杂的、综合性的活动,因此,学科能力更多是以"组合能力"的形态表现出来。

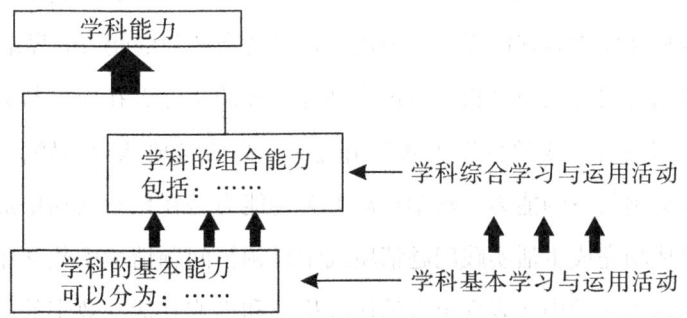

图1-3-4 学科能力两个层面图示

从学科教学的目的来看，有的学科知识学习与运用活动对个体与社会发展具有重要意义，进行这些学科活动的能力是学科教学需要培养的"目标能力"；有的学科知识学习与运用活动对个体与社会发展的积极意义较少甚至没有，进行这些活动的能力是"非目标能力"。不能认为只要是"培养能力"就是值得提倡的，关键要看培养什么能力。

学科素养就是指学科教学需要重点培养的"目标组合能力"。学科素养与学科能力的关系如图 1-3-5 所示。

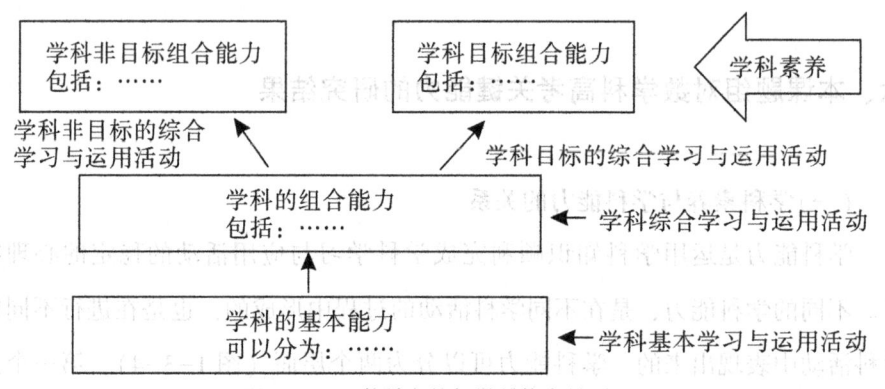

图 1-3-5　学科素养与学科能力关系图

(二)数学科高考关键能力群

由于学科素养是指学科教学需要重点培养的目标组合能力，所以关键能力的构成不应该是少数几种能力，而应该是以"能力群"的形式出现。以《中国高考评价体系》对关键能力群及其构成的界定为主要参照，结合前文对数学能力结构的分析及能力表现的界定，形成对数学科高考关键能力的界定。

数学科高考关键能力是指即将进入高等学校的学习者在面对与数学科相关的生活实践问题情境或学科领悟问题情境时，高质量地认识问题、分析问题、解决问题所必须具备的能力。数学科高考关键能力是在数学活动中形成和发展起来的，是成功完成生活实践问题情境或学科领悟问题情境中数学相关活动所具备而且在这类活动中所表现出来的比较稳定和影响其活动效率的一种个性心理特征。

以《中国高考评价体系》中三个能力群（知识获取能力群、实践操作能力群、思维认知能力群）为基础，整合前文对数学能力结构的观点，本课题组提出三个能力群下的 14 个二级指标，见图 1-3-6。

```
知识获取      · 数学阅读理解能力
能力群        · 信息获取整理能力

实践操作      · 数学语言表达能力    · 数学运算求解能力
能力群        · 数学推理论证能力    · 数形结合能力
              · 数据分析处理能力    · 数学建模能力

思维认知      · 数学逻辑思维能力    · 数学形象思维能力
能力群        · 数学抽象能力        · 空间想象能力
              · 批判性思维能力      · 创新思维能力
```

图 1-3-6　高考数学科关键能力结构图

1. 知识获取能力群

知识获取能力群主要包括数学阅读理解能力和信息获取整理能力。

数学阅读理解能力是指学生从数学语言符号中获取正确意义所需的多种能力，是解答数学学科问题的基础能力。数学阅读理解能力的构成包括：(1) 数学材料形式化的能力，即从所读内容中抓取数量关系和空间形式，并可以实现文字、符号及图象语言之间的相互转化；(2) 概括数学材料的能力，即能够提炼数学材料中的知识要点、方法要点；(3) 联想类比的能力，即能够将数学材料与已有认知结构发生联系，主动寻找原有认知结构中的有关信息模块，完善认知结构；(4) 辨别批判的能力，即根据材料进行理性思考，对有误的材料给予指正。

信息获取整理能力主要表现在对大量、无序的信息进行筛选、分类和归纳，并形成新意义的数学信息的过程中所需要的多种能力。这是创新性解决问题的重要能力。

2. 实践操作能力群

实践操作能力群主要包括数学语言表达能力、数学运算求解能力、数学推理论证能力、数形结合能力、数据分析处理能力、数学建模能力。

数学语言表达能力是指运用数学的口头语言及书面语言的能力，是培养学生适应学习、生活、工作沟通交流的基本能力。语言表达能力与阅读理解能力既相互联系又彼此对应，其操作对象都是语言，阅读理解是信息输入的过程，语言表达是信息输出的过程；阅读理解是正确表达的基础，语言表达是阅读理解结果的呈现。

数学运算求解能力主要表现在：理解数学运算法则的能力，使用数字和符号进行运算、对形式化结构进行变换的能力，选择恰当运算方法、设计运算程序的能力，对运算结果进行合理估计的能力等。

数学推理论证能力主要表现在：通过对数学对象（数学概念、关系、性质、规则、命题等）进行逻辑性思考（观察、归纳、类比、演绎），从而给出推论，再进一步寻求证据、给出证明或举出反例说明所给出推论合理性的综合能力。

数形结合能力主要表现在：依据数与形之间的对应关系，将数与形联系在一起，实现它们之间的相互转化，以形辅数，以数助形或数形并重，据此解决数学问题的能力。

数据分析处理能力主要表现在：选择适当的方法收集、整理数据的能力，对数据进行科学描述和分析的能力，准确报告数据分析结果的能力，根据数据分析结果对事物发展做出合理预测或决策的能力。

数学建模能力主要表现在：发现问题并将其转化为数学问题的能力，选择或建立合适的数学模型表达所要解决的数学问题的能力，求解模型的能力，表述问题解决过程和结果的能力。

3. 思维认知能力群

思维认知能力群包括数学逻辑思维能力、数学形象思维能力、数学抽象能力、空间想象能力、批判性思维能力、创新思维能力。

数学逻辑思维能力主要表现在：对问题或资料进行观察、比较、分析、综合、抽象、概括，采用科学的逻辑方法（如演绎、归纳、类比等）进行推理，准确、清晰、有条理地表述自己的思维过程❶。

数学形象思维能力主要表现在：数学表象的形成，数学表象的分解与组合（在复杂的背景中识别基本图形，把复杂的结构图式分解成一些简单的结构图式，把一些单象整合成复合象），联想（包括由部分联想整体、类比联想、关系联想），想象（包括再造想象能力和创造想象能力。再造想象能力是指根据对某一事物的数量关系与空间形式的语言文字的描述或者图形的示意，在头脑中形成相应的新表象的思维能力；创造想象能力是指根据一定的目的、任务与理论，独立地创造出新表象的思维能力）。

数学抽象能力是指通过对现实世界或数学内部中的数量关系与空间形式的抽象，得到数学的研究对象，形成数学概念、性质、法则和方法的能力。这是一种透过现象看本质，发现隐含规律或原理的能力。

空间想象能力主要表现在：采用适当方式描述物体间的位置关系的能力，采用适当方法确定物体位置的能力，采用直观形象描述和分析问题的能力，图形变换能力，在二维和三维图象及它们的表征之间进行转换的能力，采用适当的方法进行空间测量的能力，对空间形式及其符号进行想象、形成空间概念和空间关系的能力。

批判性思维能力是指面对各种问题情境时，运用已有知识经验进行审慎思考、分析推理、评价重构等多种能力，这是学生解决问题的重要能力。在数学学科中发现和提出问题，通过部分已知信息对结论进行猜测，通过逻辑推理验证猜想的探究过程就是批判性思维的具体体现。高考中对批判性思维的考查体现在对推理和论证的确认、分析、评价及展示的过程中。

创新思维能力的主要表现是：能够使用与过去相比具有反向性或新颖性的方法思考问题；独立地对问题或观点提出不同看法，并进行论证探讨（求异性）；通过寻找事物之间的联系产生新结论（联想性）；将事物各个方面的认识统

---

❶ 何小亚. 数学学与教的心理学 [M]. 广州：华南理工大学出版社，2011.

一成一个整体,把握事物的本质与规律(综合性);自主决策或设计(独立性)。

在以上分类中,《中小学生数学能力的结构及其培养》中重点论述的模式能力分别体现在数学阅读理解能力、信息获取整理能力和数学建模能力中。因为数学阅读理解首先是模式识别,而模式活动主要是分类、组织、整理信息,这与信息获取整理能力是一致的。数学建模的起点其实是对客观事物蕴含的数量结构进行识别。

在以上分类中,《基于高考评价体系的关键能力考查》中特别提及的批判性思维能力,重点体现在数学阅读理解能力的辨别批判能力和创新思维能力的求异性中。

PISA 数学测试中的数学交流、数学表征及使用符号、公式、专业语言和运算重点体现在数学阅读理解能力和数学语言表达能力中。数学化能力则重点体现在数学阅读理解能力、数学抽象能力和数学建模能力中。

本课题组提出的数学科关键能力结构去除了《中学生数学能力成分及结构研究》中混杂的一般能力,对其中的数学能力按关键性进行了规整,突出了能力群与学科素养的关系,形成了学科素养一级指标与关键能力一级指标的对应。

数学是研究数量关系和空间形式的学科,数值、符号与图形也是数学语言的重要构成元素。数形结合思想方法成为基本数学思想方法之一,这说明:在数学的发展史中,把数与形相结合在问题解决中有重要的地位,是一种对数学对象变式处理的重要能力,是几何问题代数化、代数问题几何化的重要能力,在数学能力中应该凸显这种能力。课标中的直观想象素养(能力)其实蕴含数形结合能力和空间想象能力两种内涵,我们提出把数形结合能力、空间想象能力分列,因为这两种能力本来就有不同的侧重点,这样的分列也与传统的数学能力界定有一致性,测评方法也比较成熟。

七、考查关键能力的典型例题

例 1.10、例 1.17 和例 1.19 重点考查数形结合能力、数学运算求解能力；例 1.20 和例 1.21 重点考查数据分析处理能力；例 1.24 对数学推理论证能力、数学抽象能力进行了深入的考查；例 1.25 和例 1.26 均使用了新定义，考查数学阅读理解能力、数学推理论证能力，对数学逻辑思维能力有较高要求；例 1.29 对数学阅读理解能力进行了深入的考查；例 1.30 中三个选择条件本身就是试题考查的内容之一，通过对试题信息的处理，选择不同的条件，解题思路不同，结论就不同，对条件信息的选择和处理决定了解题的方向，因此给考生提供了充分的选择和展示自己的机会，重点考查信息获取整理能力和创新思维能力；例 1.31 重点考查空间想象能力、信息获取整理能力、数学形象思维能力；例 1.32 重点考查数学运算求解能力、数学逻辑思维能力；例 1.33 重点考查空间想象能力、数学语言表达能力；例 1.24 和例 1.27 都对创新思维能力有较高要求。

第四节　数学科高考必备知识的界定及其考查的研究

必备知识是指即将进入高等学校的学习者在面对与学科相关的生活实践问题情境或学科领悟问题情境时，高质量地认识问题、分析问题、解决问题所必须具备的知识。数学科高考的必备知识与课标的知识体系基本一致，但更加注重知识的系统性、整体性和结构性，注重数学的通性通法及迁移运用，对跨学科知识的综合运用也有基本要求。

一、高考评价体系对必备知识的定义

《中国高考评价体系》指出，必备知识是指即将进入高等学校的学习者在

面对与学科相关的生活实践问题情境或学习探索问题情境时,高质量地认识问题、分析问题、解决问题所必须具备的知识。其中整体知识框架与基本事实以陈述性知识形态掌握并形成知识结构,基本概念、基本原理、基本技术与方法以程序性知识形态掌握并保持,语言或符号表达的知识以程序性知识形态掌握并保持。

莫雷等在《学习过程与机制研究——我国学习双机制理论与实验》中对现代认知心理学的知识分类进行了述评,指出现代认知心理学家安德森等从知识的形态维度出发,把学生学习的知识分为陈述性知识和程序性知识两类。

陈述性知识是指事实"是什么"的知识,就是关于事物及其关系的知识,以命题及命题网络来表征。陈述性知识的获得包括联结、精加工和组织三个环节。例如,一个过去不知道"两组对边分别相等的四边形是平行四边形"的人,当他听到这句话,首先激活"四边形""对边""相等"等几个节点(假定他脑中已经存在这几个节点),把它们提取到工作记忆中,然后把这几个节点"联结"起来形成一个命题,再存放回长时记忆的命题网络相应的位置中,这个个体便获得了新的经验或新的命题。个体把这个新命题与之前已有的"两组对边分别平行的四边形是平行四边形"进行整合,形成组块,这是"精加工",可以使命题网络更广更密。个体把经过精加工形成的局部命题网络组织进宏观的知识结构,放到长时记忆的位置,形成较稳定的平行四边形判断的知识网络,即"组织"。

程序性知识是指如何完成某事的知识,即完成某项任务的行为操作的知识。程序性知识以产生式或产生式系统的形式来表征,产生式指的是条件与动作的联结,即在某一条件下会产生某一动作的规则,类似计算机"如果……那么……"的条件操作,每个程序都包括条件部分(IF…)与操作部分(THEN…)。程序性知识学习过程与陈述性知识不同,个体要学习的是在某种条件下要采取的某项操作或某系列操作程序,并能按照程序完成整个操作。因此,这类学习包括两步:一步是条件认知,即学会确定"IF…";另一步是操作步骤,即学会进行"THEN…"。条件认知的学习是学会辨别刺激是否符合该产生式的条件,也就是学会按照一定的规则(或步骤)去辨别或识别某种对象或情境,看它是否与该产生式的条件模式相匹配,也称为模式辨别学习。操作系列的学习是学会完成某一活动的一系列步骤,即学会按照一定的成效与规则进行一系列操作以达到目标状态的过程,也称为行动序列的学习。

需要关注的是,数学的推理和运算过程中存在大量"概念行为"——即根据一定的规则去判断某对象是否属于某个概念范畴(如判别一个四边形是平行四边形),这是一种模式辨别(产生式),往往基于这样的"概念行为"才能发生后续有效的推理或运算。现代认知派心理学家经过大量的研究表明,模式辨别(包括概念行为)知识的学习、保持、激活等过程与行动序列知识是相同的,这表明模式辨别与行动序列实际是同类知识,与语言信息的知识(陈述性知识)有区别。所以,数学的基本概念、基本原理、基本技术与方法都需要以程序性知识形态掌握并保持。高考数学对必备知识的考查都以考查程序性知识的方式考查数学的基本概念、基本原理、基本技术。这点对数学基本概念、基本原理的教学有积极的启示。

二、教育部教育考试院对数学科必备知识的选取原则

任子朝等在《基于高考评价体系的数学科考试内容改革实施路径》中指出:数学科甄选必备知识的原则是有利于高考与课标的对接,有利于高考与中学教学的对接,有利于考生整体把握数学知识体系。高考数学科的知识体系与课标知识体系总体一致,基本按照知识的发展脉络编排,按不同数学分支分成相对完整的知识系统,每个系统包括若干单元;但是,高考更加注重知识的系统性、整体性和结构性,更加注重完整的知识脉络。

三、课标中数学学科必备知识的结构

课标基于"体现课程的基础性、选择性、发展性,为全体学生提供共同基础,为满足学生的不同志趣和发展"的理念,依据数学学科特点,关注数学逻

辑体系、内容主线、知识之间的关联，通过构建必修课程、选择性必修课程（图1-4-1，表1-4-1）阐明数学科必备知识，必修课程包括预备知识、函数、几何与代数、概率与统计、数学建模活动与数学探究活动五个主题，选择性必修课程包括函数、几何与代数、概率与统计、数学建模活动与数学探究活动四条主线，将数学文化融入课程内容。

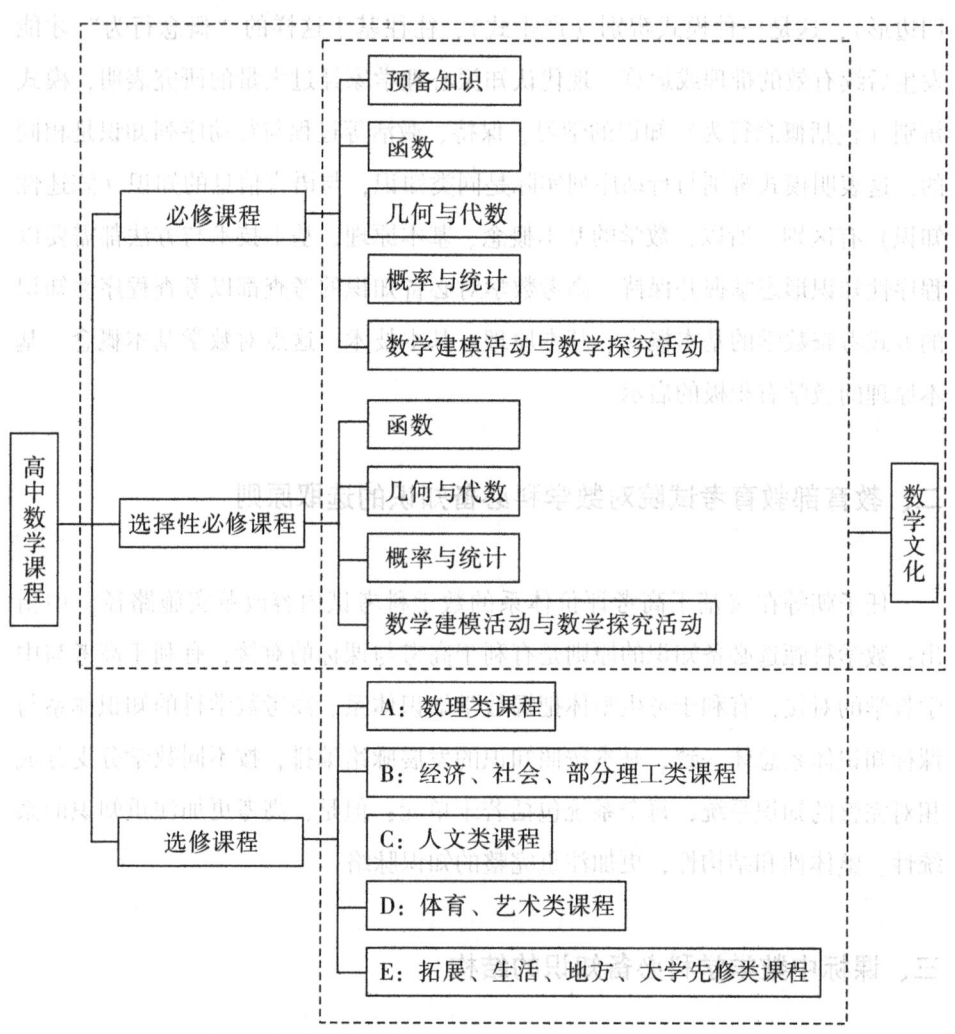

图1-4-1 《普通高中数学课程标准（2017年版2020年修订）》高中数学课程结构图

表 1-4-1　《普通高中数学课程标准（2017年版2020年修订）》中数学科必备知识构成

主题	内容
预备知识	集合、常用逻辑用语、相等关系与不等关系、从函数观点看一元二次方程和一元二次不等式
函数	函数概念与性质，幂函数、指数函数、对数函数，三角函数，函数应用，数列，一元函数导数及其应用
几何与代数	平面向量及其应用、复数、立体几何初步、空间向量与立体几何、平面解析几何
概率与统计	概率、统计、计数原理
数学建模活动与数学探究活动	数学建模、数学探究

四、高考考题对必备知识的考查分析

2019年的高考数学全国卷强调全面覆盖基础知识，加强对学科内知识的综合应用能力的考查。注重对高中所学内容的全面考查，集合、复数、常用逻辑用语、线性规划、平面向量、算法、二项式定理、排列组合等内容在选择题、填空题中得到有效考查。在此基础上，高考数学全国卷强调对主干内容的重点考查，体现了对数学知识考查的全面性、基础性和综合性。例如，高考全国Ⅰ卷理科数学第21题将概率知识与数列知识有机结合，综合考查了学生对概率基础知识的掌握、概率意义的理解，同时考查了学生对数列知识的掌握情况。高考全国Ⅱ卷文科数学的第12题主要考查了两圆相交的位置关系，双曲线的长半轴、短半轴、焦点、离心率、标准方程等基本概念，学生只有在对这些基本知识及其相互关系理解的基础上，综合运用这些知识，才能正确地解答问题。

例 1.34　（2019年高考全国Ⅰ卷理科数学第21题）

为治疗某种疾病，研制了甲、乙两种新药，希望知道哪种新药更有效，为此进行动物试验。试验方案如下：每一轮选取2只白鼠对药效进行对比试验。对于2只白鼠，随机选一只施以甲药，另一只施以乙药。一轮的治疗结果得出后，再安排下一轮试验。当其中一种药治愈的白鼠比另一种药治愈的白鼠多4只时，就停止试验，并认为治愈只数多的药更有效。为了方便描述问题，约定：对于每轮试验，若施以甲药的白鼠治愈且施以乙药的白鼠未治愈则甲药得1分，乙药得-1分；若施以乙药的白鼠治愈且施以甲药的白鼠未治愈则乙药得1分，甲药得-1分；若都治愈或都未治愈则两种药均得0分。甲、乙两种药的治愈率分别记为 α 和 β，一轮试验中甲药的得分记为 X。

(1) 求 X 的分布列。

(2) 若甲药、乙药在试验开始时都赋予4分，$p_i(i=0,1,\cdots,8)$ 表示"甲药的累计得分为 i 时，最终认为甲药比乙药更有效"的概率，则 $p_0=0$，$p_8=1$，$p_i=ap_{i-1}+bp_i+cp_{i+1}(i=1,2,\cdots,7)$，其中 $a=P(X=-1)$，$b=P(X=0)$，$c=P(X=1)$。假设 $\alpha=0.5$，$\beta=0.8$。

① 证明：$\{p_{i+1}-p_i\}(i=0,1,2,\cdots,7)$ 为等比数列；

② 求 p_4，并根据 p_4 的值解释这种试验方案的合理性。

例1.35 （2019年高考全国Ⅱ卷文科数学第12题）

设 F 为双曲线 C：$\dfrac{x^2}{a^2}-\dfrac{y^2}{b^2}=1$（$a>0$，$b>0$）的右焦点，$O$ 为坐标原点，以 OF 为直径的圆与圆 $x^2+y^2=a^2$ 交于 P，Q 两点。若 $|PQ|=|OF|$，则 C 的离心率为（　　）.

A. $\sqrt{2}$　　　　B. $\sqrt{3}$　　　　C. 2　　　　D. $\sqrt{5}$

2019年的高考数学全国卷还强调学科间知识的综合、社会知识的综合，提倡固本强基，夯实发展基础。例如，高考全国Ⅱ卷理科数学第18题涉及体育知识，要求学生对11分制乒乓球比赛的规则有所了解，学生可以应用从体育锻炼中学到的知识解决这个数学问题；高考全国Ⅱ卷理科数学第4题涉及牛顿运动定律和万有引力定律等物理知识以及地月关系等天文知识，要求学生综合运用各学科学到的知识解决实践中遇到的问题；高考全国Ⅰ卷理科数学第21题涉及化学、生物和医学背景，实验设计精细，环节较多，描述文字较长，学生必须具有较强的文字阅读理解能力才能理解题意，顺利作答；高考全国Ⅲ卷文科数学第16、17题涉及物理、化学和生物学知识，考查学生对不同学科间知识综合应用的能力。

例1.36 （2019年高考全国Ⅱ卷理科数学第18题）

11分制乒乓球比赛，每赢一球得1分，当某局打成10∶10平后，每球交换发球权，先多得2分的一方获胜，该局比赛结束．甲、乙两位同学进行单打比赛，假设甲发球时甲得分的概率为0.5，乙发球时甲得分的概率为0.4，各球的结果相互独立．在某局双方10∶10平后，甲先发球，两人又打了X个球该局比赛结束．

（1）求$P(X=2)$；

（2）求事件"$X=4$且甲获胜"的概率．

例1.37 （2019年高考全国Ⅱ卷理科数学第4题）

2019年1月3日嫦娥四号探测器成功实现人类历史上首次月球背面软着陆，我国航天事业取得又一重大成就，实现月球背面软着陆需要解决的一个关键技术问题是地面与探测器的通信联系．为解决这个问题，发射了嫦娥四号中继星"鹊桥"，"鹊桥"沿着围绕地月拉格朗日L_2点的轨道运行．L_2点是平衡点，位于地月连线的延长线上．设地球质量为M_1，月球质量为M_2，地月距离为R，L_2点到月球的距离为r，根据牛顿运动定律和万有引力定律，r满足方程$\dfrac{M_1}{(R+r)^2}+\dfrac{M_2}{r^2}=(R+r)\dfrac{M_1}{R^3}$．设$\alpha=\dfrac{r}{R}$，由于$\alpha$的值很小，因此在近似计算中$\dfrac{3\alpha^3+3\alpha^4+\alpha^5}{(1+\alpha)^2}\approx 3\alpha^3$，则$r$的近似值为（　　）．

A. $\sqrt{\dfrac{M_2}{M_1}}R$ B. $\sqrt{\dfrac{M_2}{2M_1}}R$ C. $\sqrt[3]{\dfrac{3M_2}{M_1}}R$ D. $\sqrt[3]{\dfrac{M_2}{3M_1}}R$

例 1.38 （2019 年高考全国Ⅲ卷文科数学第 16 题）

学生到工厂劳动实践，利用 3D 打印技术制作模型．如图 1-4-2 所示，该模型为长方体 $ABCD-A_1B_1C_1D_1$ 挖去四棱锥 $O-EFGH$ 后所得的几何体，其中 O 为长方体的中心，E，F，G，H 分别为所在棱的中点，$AB=BC=6$ cm，$AA_1=4$ cm，3D 打印所用原材料密度为 0.9 g/cm^3，不考虑打印损耗，制作该模型所需原材料的质量为 _____ g．

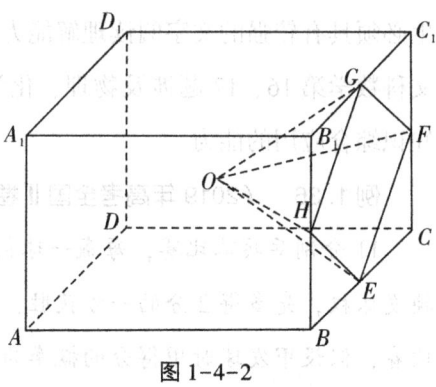

图 1-4-2

例 1.39 （2019 年高考全国Ⅲ卷文科数学第 17 题）

为了解甲、乙两种离子在小鼠体内的残留程度，进行如下试验：将 200 只小鼠随机分成 A，B 两组，每组 100 只，其中 A 组小鼠给服甲离子溶液，B 组小鼠给服乙离子溶液．每只小鼠给服的溶液体积相同、摩尔浓度相同．经过一段时间后用某种科学方法测算出残留在小鼠体内离子的百分比．根据试验数据分别得到直方图 1-4-3 和直方图 1-4-4：

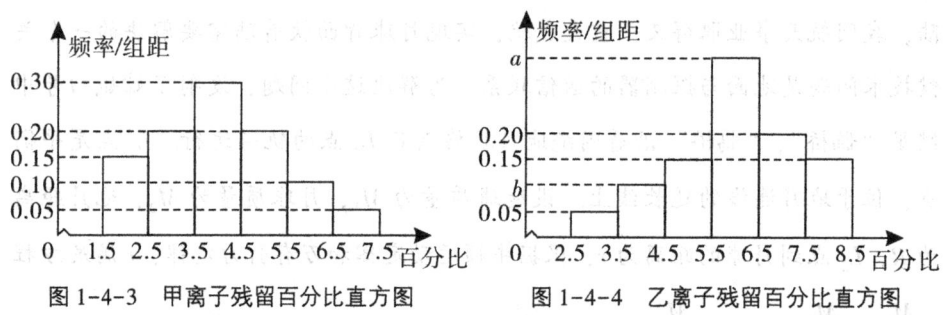

图 1-4-3　甲离子残留百分比直方图　　　图 1-4-4　乙离子残留百分比直方图

记 C 为事件："乙离子残留在体内的百分比不低于 5.5"，根据直方图得到 $P(C)$ 的估计值为 0.70.

（1）求乙离子残留百分比直方图中 a，b 的值；

（2）分别估计甲、乙离子残留百分比的平均值（同一组中的数据用该组区间的中点值为代表）．

2020—2023 年的数学科高考延续了 2019 年的知识考查定位。

五、关于数学科必备知识的其他重要论述

（一）关于数学知识的分类

喻平在《知识分类与数学教学》中提到数学知识分为陈述性知识和程序性知识两个大类。程序性知识又分为两个亚类，将经过练习后能自动激活产生式系统从而达到熟练技能的一类称为智慧技能，将受意识控制而难以达到自动激活程度的产生式系统称为认知策略。从受意识控制到自动化是一个连续不断变化的维度，有大量的程序性知识介于两者之间，对于数学知识而言，这种情况尤为突出。将在受意识控制和自动化之间但又偏向于自动化的程序性知识称为复杂操作性技能，并将其归入智慧技能，于是智慧技能又分为简单操作性技能和复杂操作性技能两类。对于认知策略，在两个层面上予以刻画，一个层面是数学思想方法，称为策略性知识；另一个层面是个体对自己认知过程的思维，包括对自己的信息表征、组织、存储、提取方式及对思维过程本身的调节和监控，称为反省认知或元认知。陈述性知识和程序性知识都包括概念和规则，所不同的是如果这些概念和规则以命题网络的形式存储和提取，它们就是陈述性知识；如果这些概念和规则以产生式方式存储且支配人的行为，那么它们就是程序性知识。这两类知识是对立统一的，形成了知识之间的转化机制。例如，多项式乘法，乘法的规则是陈述性知识，应用规则进行计算的过程是程序性知识，由于这种计算有固定的操作步骤，学生通过适量的练习后能操作达到相对自动化，所以这种程序化知识属于智慧技能中的简单操作性技能。若把多项式的乘法逆向运算，即解答因式分解的问题，则分解因式的几种方法从静态看为陈述性知识，从动态来看为策略性知识，学生必须根据不同的题目选择不同的方法解答，因而表现为一种复杂操作性技能。这种观点与莫雷等在《学习过程与机制研究——我国学习双机制理论与实验》中的表述是一致的。

孙朝仁等在《"数学思想方法研究"综述》中引述了如下观点界定：数学思想是人们对数学科学研究的本质及规律的深刻认识，它是指导学习数学、解决数学问题的思维方式、观点、策略、指导原则。数学方法是指人们解决数学问题的步骤、程序和格式，是实施有关数学思想的手段。数学思想相当于建筑的一张图纸，而数学方法则相当于建筑施工的手段。由于两者同属于方法论范畴（都属于策略性知识），在中学数学教学中一般将数学思想与数学方法统称为数学思想方法。

（二）关于**数学的通性通法**

数学的通性通法属于数学知识范畴，通性属于陈述性知识，通法属于程序性知识。

章建跃在《注重通性通法才是好数学教学》中谈及"重视什么才是追求数学教学的'长期利益'"时，提出要使学生逐步养成从基本概念、基本原理及其联系性出发思考和解决问题的习惯，这是发展学生思维能力的正道。但实践中，老师认识不清技巧和思想方法的区别，不注重"大巧若拙"的通性通法。通性是概念所反映的数学基本性质，通法是概念所蕴含的思想方法。

齐威娜在《对中学数学解题通法的研究》中说，解题通法是指一类问题的普通（通俗、一般）解法。从通法的涵义及特点可以看出，通法常常从基本概念、原理出发，以基础知识为依托、以基本方法为技能，按照既定的步骤，逐步推出问题和解答，解法思想顺乎一般思维规律，其具体操作过程易于为多数学生所掌握。通法自然、流畅、易于理解、易于掌握和运用，其思维方式本质上是定势思维，而培养定势思维是教学中起始的、大量的、带有基础性的教学目标。只要适度进行有利于正迁移的训练，就可以使学生形成良好的思维定势，开发一般智力。无论是教学还是研究，都应该带着对数学本质的理解，而通法正是最直接的体现数学思想的解题方法，所以有必要对其进行研究。通过长期的实践，发现的许多运用数学思想的手段、门路或程序，即为数学方法。而同一种手段、门路或程序被用以重复、广泛地解决某一类问题时就形成了解题通法。如解方程组的消元法，解高次方程的降幂法，无理方程向有理方程转化，分式方程转化为整式方程等，都是从"未知到已知""从复杂问题到简单问题"的转化，这些方法都体现了求解最基本的数学思想——化归思想。而一元一次方程的同解变形，代数式的恒等变形，二次函数的配方变形等体现了等价转化思想。另外，数轴的建立、直角坐标系的建立、函数的图象以及图象法解方程（组）、不等式等则体现了数形结合的思想。

《注重通性通法才是好数学教学》《对中学数学解题通法的研究》涵盖了目前各层面对数学通性通法的主要认识和观点。但是可以看到，这些观点并没有对什么是数学的通性通法给出一个明确的说法。

六、本课题组对数学科高考必备知识的研究结果

（一）什么是数学的通性通法

1. 通性

通性的基本词义是指共通的性质。

数学的基本概念、基本原理本身反映的是某些（或某方面的）共性，从一个知识体系的产生和发展来看是基础性的、最应该被熟知的、最被广泛应用的知识结论。如平行四边形的概念、平行四边形的判定定理、平行四边形的性质定理。数学思想是从大量的数学思维活动中获得的产物，是对数学事实与理论的本质认识。例如，当我们具体求解方程 $3x+2=0$ 时，认识到解形如 $ax+b=0$ 这种方程就是转化为 $x=A$ 的形式，并且认识到解形如 $ax^2+bx+c=0$ 的方程，也是从转化为 $x^2=B$ 的形式再转化为 $x=A$ 的形式。在以后解各类方程时，都在进一步巩固这种认识。因而确认这种"认识"是解方程的"法宝"。基于众多同类的"认识"，可以提炼出"化归思想"。

数学思想、数学观点、数学方法三者密不可分。如果人们站在某个位置、从某个角度运用数学去观察和思考，那么数学思想就是一种观点。例如，人们

在化归思想的指引下观察一个复杂的式子，会考虑怎么化简、怎么转化为与已知的公式对应的结构。而对于数学方法来说，思想是其相应方法的精神实质和理论基础，方法则是实施有关思想的技术手段。有一种比喻：数学思想相当于建筑的一张图纸，数学方法则相当于建筑施工的手段。在问题解决的过程中，思想和方法往往糅合在一起不可分，所以大家会更熟悉"数学思想方法"的提法。

综合以上分析，本课题组认为：数学的通性包括数学基本概念、数学基本原理、基本数学思想。

2. 通法

人们对通法的认识，一般有两种表达。一是，通法是指具有规律性的、对某类问题解决有一定普遍适用性的方法。二是，通法常常从基本概念、基本原理出发，逐步推出问题的解答。

数学方法是以数学为工具进行研究的方法，即用数学语言表达事物的属性、状态、关系和过程，经过推导、运算和分析，以形成解释、判断和预言的方法。数学方法属于程序性知识。

数学思想方法是实施数学思想的技术手段（正如前面提及的图纸与施工手段的关系），是在反复提炼和实践中一再被证明为正确且可以反复被应用到新的思维活动中的方法。因此，基本数学思想方法属于通法，一般包括符号与变元表示的思想方法、集合思想方法、对应思想方法、公理化与结构化思想方法、数形结合思想方法、化归思想方法、对立统一思想方法、抽样统计思想方法、整体思想方法、函数思想方法、极限思想方法、模型思想方法等。

逻辑学的基本原理和方法（在数学中的运用）属于数学通法。自欧几里得创建欧氏几何学后，人们普遍认识了公理化演绎体系（建立在极少数基本概念和基本公设基础上，其余的知识都能由此推演出来的理论体系）。建立公理化演绎体系的方法叫作公理化方法，人们运用公理化方法把一定领域内的大量散乱知识组成一个严密推演体系。逻辑学作为研究思维形式、思维规律和逻辑方法的学科，其基本原理和方法是公理化方法的基础性支撑。例如，(1) 概念：概念反映思维对象的本质属性（内涵）和思维对象的范围（外延），通过下定义的方式揭示对象的本质属性。(2) 逻辑用语：这是数学语言中一个重要的组成部分，如充分条件、必要条件等。(3) 四大基本原理：同一律、排中律、充足理由律（因果律）、矛盾律。对概念下定义、提炼数学原理等必须遵守这四大基本原理。(4) 逻辑推理方法（演绎推理、归纳推理、类比推理）：数学中常用的有分析法、综合法、反证法、归纳法、穷举法等，既遵从逻辑学的基本规律和法则，又因运用于数学之中而具有数学特色。

蔡上鹤在《数学思想和数学方法》中提出，微观的基本数学方法大致可分为三类：(1) 逻辑学方法在数学中的运用，如分析法、综合法、反证法、归纳法、穷举法等。(2) 数学中的一般方法，如建模法（建模法是多样的，如建立函数模型，属于函数思想方法）、消元法、降次法、代入法（属于化归思想方法）、坐标法、向量法（属于数形结合思想方法）等。这类方法能找到其在基本数学思想方法中的归属。(3) 数学中的特殊方法，如配方法、待定系数法、换元法（也称为中间变量法）、拆项补项法、平移法、翻折法等，这类方法同样能找到其在基本数学思想方法中的归属。

故此，数学的通法包括：基本数学思想方法、逻辑学基本原理和方法（在数学中的运用）。

（二）数学科高考必备知识的界定

整合前文的观点，本课题组认为高考数学科必备知识是指即将进入高等学校的学习者在面对与数学科相关的生活实践问题情境或学科领悟问题情境时，高质量地认识问题、分析问题、解决问题所必须具备的知识。高考数学科必备知识分类结构可表述为图 1-4-5，知识版块结构见课标及图 1-4-1、表 1-4-1。

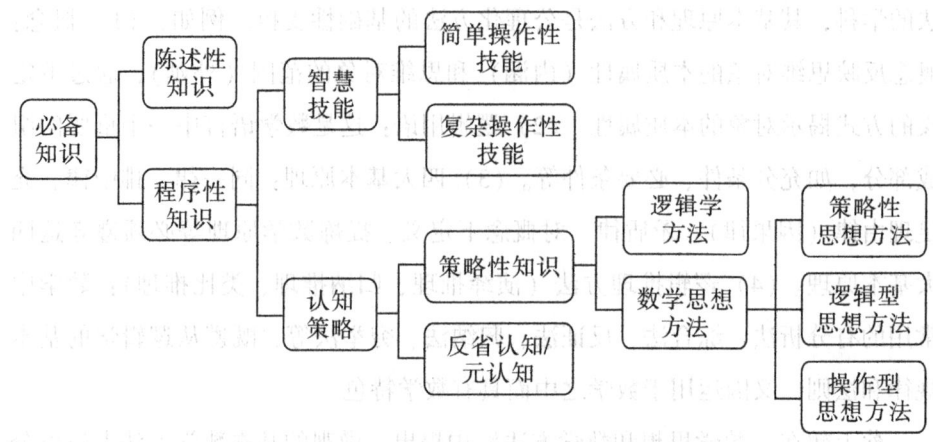

图 1-4-5　高考数学科必备知识分类结构图

图 1-4-5 中的"智慧技能"采用的是《知识分类与数学教学》中的说法，程序性知识中经过练习后能自动激活产生式系统从而达到熟练技能的一类称为智慧技能。在受意识控制和自动化之间但又偏向于自动化的程序性知识称为复杂操作性技能，并将其归入智慧技能；学生通过适量的练习后能操作达到相对自动化的程序化知识属于智慧技能中的简单操作性技能。对于认知策略，在两个层面上予以刻画，一个层面是数学思想方法，称为策略性知识；另一个层面是个体对自己认知过程的思维，包括对自己的信息表征、组织、存储、提取方式及对思维过程本身的调节和监控，称为反省认知或元认知。

数学思想方法的分类参照《"数学思想方法研究"综述》中的方法更符合中小学数学教学的规律。第一类是策略性思想方法，包括化归、抽象概括、方程与函数、猜想、数形结合、整体与系统等；第二类是逻辑型思想方法，包括演绎、分类、特殊化、类比、归纳、反证等；第三类是操作型思想方法，包括构造、换元、待定系数、配方、参数、判别式等。

(三) **必备知识的考查与认知操作要求密切关联**

数学作为基础性学科，在人的终身学习中起着重要作用。但也正因为其基础性，以及数学学科每一分支具备公理化体系的特性，数学科高考中对知识掌握程度的考查仍然是重点内容，不可弱化，以确保学生进入高阶学习阶段时具备必备的基础。因此，坚持全面覆盖基础知识，加强对学科内知识的综合、学科间知识的综合、社会常识与学科知识的综合考查仍然是必备知识考查的重点。

需要关注的是，对必备知识掌握程度的考查与认知操作是紧密关联的。布卢姆认知目标分类修订的二维框架❶包括从具体到抽象的四种知识（事实、概念、程序和元认知）和从低级到高级的六个认知过程（记忆、理解、应用、分析、评价和创造），总计有 30 个具体类别。当代教育心理学和教学理论一般将学习的业绩分为"保持"和"迁移"。因此，如果考试的主要意图是"保持"教材内容的话，那么这一认知过程就是"记忆"。相反，"理解""应用""分析""评价""创造"则与"迁移"相联系。

同一知识点，运用不同的认知操作，可以命制完全不同结构、不同难度的题目。我们将在本书第三章中深入分析数学科的认知操作体系的构成。

（四）关于数学知识的纵向延伸与情境性运用

所谓对知识进行纵向延伸，是指对知识进行专业上的深挖、细挖，展现出知识考查的深度和专业性。它强调的是知识的进一步专业化，是知识本身的深化，所以称之为"知识的纵向延伸"❷。通常为应对高考，学校会采取两类知识纵向延伸的做法：第一类是加载高等数学知识或其他数学专业课程知识，如微积分中极限运算和微分中值定理、数论的一些命题、多元不等式等；第二类是建造各知识版块的二级结论。

如果对拔尖学生的培养过程中发生第一类知识纵向延伸，且这种延伸在学生的合理承受范围内，能赋予学生较充分的过程性内化，那么这是应该受到鼓励的。但目前的状况多是把这类延伸作为解题"招数"去学习，超出一般学生的理解范围。多年的阅卷情况表明，学生由于不能理解这类知识的内涵和外

---

❶ 盛群力，褚献华. 布卢姆认知目标分类修订的二维框架 [J]. 课程·教材·教法，2004（9）：90-96.

❷ 陈友芳. 必备知识情境化：核心素养下思想政治学科命题的关键技术 [J]. 基础教育课程，2023（Z1）：4-9.

延，多出现误用、滥用，反而影响了解题思路，导致不该有的失分。

二级结论的泛滥导致知识碎片化程度加深，是目前应试的一大障碍。由于碎片过多，学生知识网络过于膨胀，解题时可能无法将知识点有效连通，甚至出现误用、滥用的现象。而且，二级结论的直接运用往往因为跳过了必要的论证或计算过程，导致一定的失分。

过度的知识纵向延伸是目前部分教师抱怨高中新教材"教不完""学不完"的重要原因。

高考评价体系中强调必备知识其实是为知识纵向延伸提供了一个好的尺度，指出高考命题的知识考查范围，各校应该本着因材施教的原则进行知识纵向延伸。二级结论的选择宜精不宜多，而且需要采取合适的方法帮助学生进行充分的内化。

高考评价包含知识能力层面考查和素养层面考查。情境是素养层面考查的载体，因此知识在情境中的运用是教学中必须高度关注的问题。本书将在第三章、第四章和第六章研讨情境性命题的方法和教学。

第二章
"四翼"：数学科高考改革的考查要求研究

第一节　数学科高考基础性考查要求研究

高考评价体系通过"四翼"实现对学生"四层"的有效考查，也通过"四翼"实现对高考试题质量的有效评价。素养导向的考试并不是一味追求综合、追求复杂。素养导向的考试结构是立体的，既包括知识能力层面的考查，也包括素养层面的考查。"四翼"结构完整才能有效甄别学生的水平层次，是一份高考题信度、效度的基本体现和基本保证。

数学科高考的"基础性"立足于对数学通性通法的考查，以数学内部的问题或最基本的、最典型的、学生熟悉的生活实践问题情境或学科领悟问题情境为载体，重点关注学习者对基础知识的记忆、基本方法的理解和执行。

一、数学科高考基础性考查要求的界定——基于通性通法的考查

各个阶段的教育教学目标具有一定的连续性，主要体现在前一阶段学习成果是后一阶段学习成果的基础。数学作为研究数量关系和空间关系的一门学科，一方面是对现实世界进行抽象，基于抽象结构，通过符号运算、形式推理、模型构建等，理解和表达现实世界中的事物本质、关系和规律；另一方面，数学每一分支都自成公理化体系，知识点的逻辑关联紧密，是一个自完善、自发展的逻辑推演系统。这些特性决定了，对于将要进入高校学习的学生，必须考查其对数学内容的基本性、通用性、工具性的掌握程度，以考查其

是否具备进入高校学习的基础。

高考基础性重点强调考查学科内容的基本性、通用性、工具性以及情境的典型性，它要求以学科内部问题或学生熟悉的、简单的、典型的生活实践问题情境或学科领悟问题情境作为任务创设和基本知识能力运用考查的载体，对即将进入高等学校的学习者掌握的学科基本概念、原理、技能和思维方法进行测量与评价。这与课标的学业质量水平一有较好的对应关系。课标中的学业质量水平一是学习者高中毕业应当达到的要求，是高中毕业数学学业水平考试的命题依据。与高考评价体系的情境的"典型性"相对应的是，课标在学业质量水平一运用"熟悉的""简单的"关键词。与高考评价体系内容的"基本性""通用性"相对应的是，课标在学业质量水平一运用"基本的""简单的""了解""体会""识别""知道""模仿""感悟""举例说明""解释""说明"等关键词。

数学科基础性维度的考查属于知识能力考查，使用学生熟悉的生活实践问题情境或数学内部情境。命题使用简单的模型、学生熟悉的模型，或这些模型的简单变式与整合。按照布卢姆分类体系的说法，基础性考查的知识的认知操作应为记忆（包括回忆、识别）、理解（包括解释、举例、分类、直接抽象、推断、比较、说明）和应用中的执行。基础性维度的考查一般不会整合太多不同的知识点，重点考查"通性"，通常集中于一种通法的操作运用，重点指向某种能力的考查。

高考评价体系强调基础性考查要求，强调高考与日常教学紧密联系，是高考评价体系引导教学的重要体现。数学科高考基础性考查要求描述见表 2-1-1。

表 2-1-1 数学科高考基础性考查要求描述

序号	考查要求描述
1	考查内容：数学基本概念、数学基本原理、基本数学思想方法。知识点结构见图 1-4-1、表 1-4-1、图 1-4-5

(续表)

序号	考查要求描述
2	具备基本的数学材料形式化的能力：对基于熟悉情境的材料，能够从所读内容中抓取数量关系和空间形式，并能实现文字、符号及图象语言之间的相互转化； 具备基本的概括数学材料的能力：能够在熟悉的情境中提炼数学材料的知识要点、方法要点； 具备基本的归纳类比的能力：能够将数学材料与已有认知结构发生联系； 具备基本的辨别批判的能力：根据材料进行理性思考，对有误的材料给予指正
3	具备基本的数学抽象能力：能够在熟悉的情境中直接抽象出数学概念和规则；能够在熟悉的情境中用归纳或类比的方法，发现数量或图形的性质、数量关系或图形关系，形成简单的数学命题；能够在熟悉的数学情境中，提出有效的数学问题
4	具备基本的数学运算求解能力：能够在熟悉的数学情境中了解运算对象，提出运算问题；熟悉必备知识范畴的运算法则及其适用范围，根据问题的特征形成合适的运算思路，正确进行运算；能够体会必备知识范畴的运算法则的意义和作用，运用运算验证简单的数学结论，能够用运算的结果说明问题
5	具备基本的逻辑推理能力：能够通过熟悉的例子理解归纳推理、类比推理和演绎推理的基本形式，识别归纳推理、类比推理、演绎推理；能够了解用数学语言表达的推理和论证；掌握一些基本命题与定理的证明，并有条理地表述论证过程
6	具备基本的数形结合能力：能够在熟悉的情境中找到图形与数量的对应关系；能够用图形描述和表达熟悉的数学问题，启迪解决这些问题的思路；能够在熟悉的情境中把几何问题代数化，运用代数工具解决几何问题
7	具备基本的空间想象能力：能够在熟悉的情境中，采用适当方式描述物体间的位置关系，采用适当方法确定物体位置，采用适当方法进行空间测量；在二维和三维图象及它们的表征之间进行转换

（续表）

序号	考查要求描述
8	具备基本的数据分析能力：了解随机现象及简单的概率或统计问题；能够对熟悉的概率问题，选择合适的概率模型；能够对熟悉的统计问题，选择合适的抽样方法收集数据，掌握描述、刻画、分析数据的基本统计方法；能够用概率和统计的语言表达简单的随机现象；能够结合熟悉的实例，体会概率的意义，感悟统计方法的作用；能够用统计图表和简单概率模型解释熟悉的随机现象
9	体会数学建模思想方法：了解熟悉的数学模型的实际背景及其数学描述；了解数学模型中参数、结论的实际含义；能够解决简单的数学应用问题；知道数学建模的过程包括提出问题、建立模型、求解模型、检验结果、完善模型；能够在熟悉的实际情境中，模仿学过的数学建模过程解决问题；对于学过的数学模型，能够举例说明数学建模的意义，体会其蕴含的数学思想；能够借助或引用已有数学建模的结果说明问题
10	具备一定的数学语言表达能力：即运用数学书面语言的能力，能够明确所讨论问题的内涵，有条理地用数学语言表达观点，用数学语言表达推理和论证

二、数学科基础性维度典型例题

例2.1 （2020年新高考全国Ⅰ卷数学第1题）

设集合 $A=\{x\mid 1\leqslant x\leqslant 3\}$，$B=\{x\mid 2<x<4\}$，则 $A\cup B=$（　　）.

A. $\{x\mid 2<x\leqslant 3\}$　　B. $\{x\mid 2\leqslant x\leqslant 3\}$　　C. $\{x\mid 1\leqslant x<4\}$　　D. $\{x\mid 1<x<4\}$

评析：本题考查不等式的表示及集合的并运算，知识点比较单一，重点考查不等式的基本概念、集合的基本概念及其运算的基本法则，认知操作维度属于"记忆"。

例2.2 （2020年新高考全国Ⅰ卷数学第2题）

$\dfrac{2-i}{1+2i}=$（　　）.

A. 1　　　　　　B. -1　　　　　　C. i　　　　　　D. -i

评析：本题考查复数运算，知识点单一，重点考查复数的概念和复数除法，认知操作维度属于"应用中的执行"。

例2.3 （2020年新高考全国Ⅰ卷数学第3题）

6名同学到甲、乙、丙三个场馆做志愿者，每名同学只去1个场馆，甲场馆安排1名，乙场馆安排2名，丙场馆安排3名，则不同的安排方法共有（　　）．

A. 120 种　　　B. 90 种　　　C. 60 种　　　D. 30 种

评析：本题在学生熟悉的情境中考查古典概型相关知识，认知操作维度属于"应用中的执行"。

例2.4 （2023年高考北京卷数学试题组）

1. 已知集合 $M=\{x\mid x+2\geq 0\}$，$N=\{x\mid x-1<0\}$，则 $M\cap N=$（　　）．

   A. $\{x\mid -2\leq x<1\}$　　　B. $\{x\mid -2<x\leq 1\}$

   C. $\{x\mid x\geq -2\}$　　　D. $\{x\mid x<1\}$

2. 在复平面内，复数 z 对应的点的坐标是 $(-1,\sqrt{3})$，则 z 的共轭复数 $\bar{z}=$（　　）．

   A. $1+\sqrt{3}i$　　B. $1-\sqrt{3}i$　　C. $-1+\sqrt{3}i$　　D. $-1-\sqrt{3}i$

3. 已知向量 a，b 满足 $a+b=(2,3)$，$a-b=(-2,1)$，则 $|a|^2-|b|^2=$（　　）．

   A. -2　　　B. -1　　　C. 0　　　D. 1

4. 下列函数中，在区间 $(0,+\infty)$ 上单调递增的是（　　）．

   A. $f(x)=-\ln x$　　　　　B. $f(x)=\dfrac{1}{2^x}$

   C. $f(x)=-\dfrac{1}{x}$　　　　　D. $f(x)=3^{|x-1|}$

5. $\left(2x-\dfrac{1}{x}\right)^5$ 的展开式中 x 的系数为（　　）．

   A. -80　　　B. -40　　　C. 40　　　D. 80

6. 已知抛物线 $C:y^2=8x$ 的焦点为 F，点 M 在 C 上．若 M 到直线 $x=-3$ 的距离为5，则 $|MF|=$（　　）．

   A. 7　　　B. 6　　　C. 5　　　D. 4

7. 在 $\triangle ABC$ 中，$(a+c)(\sin A - \sin C) = b(\sin A - \sin B)$，则 $\angle C =$ (　　).

A. $\dfrac{\pi}{6}$ 　　B. $\dfrac{\pi}{3}$ 　　C. $\dfrac{2\pi}{3}$ 　　D. $\dfrac{5\pi}{6}$

8. 若 $xy \neq 0$，则 "$x+y=0$" 是 "$\dfrac{y}{x}+\dfrac{x}{y}=-2$" 的 (　　).

A. 充分不必要条件　　　　　　B. 必要不充分条件

C. 充要条件　　　　　　　　　D. 既不充分也不必要条件

11. 已知函数 $f(x) = 4^x + \log_2 x$，则 $f\left(\dfrac{1}{2}\right) =$ _____ .

12. 已知双曲线 C 的焦点为 $(-2, 0)$ 和 $(2, 0)$，离心率为 $\sqrt{2}$，则 C 的方程为 _____ .

13. 已知命题 p：若 α, β 为第一象限角，且 $\alpha > \beta$，则 $\tan \alpha > \tan \beta$。能说明 p 为假命题的一组 α, β 的值为 $\alpha =$ _____，$\beta =$ _____ .

评析： 2023 年高考北京卷数学试题的基础性考查集中在选择题 1—8 题和填空题 11—13 题，共计 47 分，体现了在客观题中重视高考基础性考查的命题趋势。

例 2.5　（2023 年高考上海卷数学试题组）

1. 不等式 $|x-2| < 1$ 的解集为 _____ .

2. 已知 $\boldsymbol{a} = (-2, 3)$，$\boldsymbol{b} = (1, 2)$，则 $\boldsymbol{a} \cdot \boldsymbol{b} =$ _____ .

3. 已知 $\{a_n\}$ 为等比数列，且 $a_1 = 3$，$q = 2$，则 $S_6 =$ _____ .

4. 已知 $\tan \alpha = 3$，则 $\tan 2\alpha =$ _____ .

5. 已知 $f(x) = \begin{cases} 2^x, & x > 0, \\ 1, & x \leq 0, \end{cases}$ 则 $f(x)$ 的值域是 _____ .

6. 已知 $z = 1+i$，则 $|1 - i \cdot z| =$ _____ .

7. 已知圆 $x^2 + y^2 - 4y - m = 0$ 的面积为 π，则 $m =$ _____ .

8. 在 $\triangle ABC$ 中，$a = 4$，$b = 5$，$c = 6$，则 $\sin A =$ _____ .

9. 国内生产总值（GDP）是衡量地区经济状况的最佳指标，根据统计数据显示,某市在2020年间经济高质量增长,GDP稳步增长,第一季度和第四季度的GDP分别为231亿元和242亿元,且四个季度GDP的中位数与平均数相等,则2020年GDP总额为_____.

10. 已知$(1+2\,023x)^{100}+(2\,023-x)^{100}=a_0+a_1x+a_2x^2+\cdots+a_{100}x^{100}$,其中$a_0$,$a_1$,$a_2$,$\cdots$,$a_{100}\in\mathbf{R}$,若$0\leqslant k\leqslant 100$且$k\in\mathbf{N}$,当$a_k<0$时,$k$的最大值是_____.

13. 已知$P=\{1,2\}$,$Q=\{2,3\}$,若$M=\{x\mid x\in P$且$x\notin Q\}$,则$M=$( ).

A. $\{1\}$ B. $\{2\}$ C. $\{1,2\}$ D. $\{1,2,3\}$

14. 根据身高和体重散点图(图2-1-1),下列说法正确的是( ).

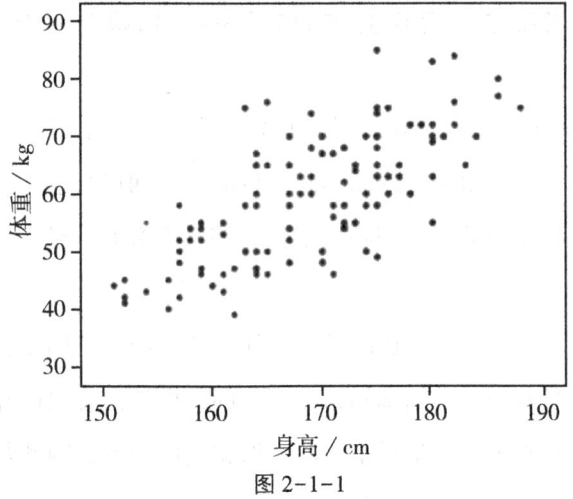

图2-1-1

A. 身高越高,体重越重　　　　B. 身高越高,体重越轻
C. 身高与体重成正相关　　　　D. 身高与体重成负相关

评析:2023年高考上海卷数学试题用填空题1—10题和选择题13—14题,共计52分进行基础性考查,突出了在客观题中体现高考基础性考查的命题趋势。

第二节　数学科高考综合性考查要求研究

数学科高考综合性考查强调学习者能够融会贯通地运用知识，强调各知识点之间、各种能力的调用都不是割裂的，而是处于整体网络之中。在命制试题时，要从研究对象或事物的整体性、完整性出发，在知识交汇处命题；不仅要从学科内容上进行融合，凸显对复合能力的要求，也要在试题形式、认知操作上丰富多样，从而实现对学生素质的考查。

一、数学科高考综合性考查要求的界定——知识交汇处命题

《中国高考评价体系》指出，具备良好综合素质的学习者能够综合运用科学的思维方法，合理地组织、调动不同学科的相关知识与能力，高质量地应对生活实践或学习探索中的复杂问题情境，能够触类旁通、举一反三，甚至融会贯通。

数学作为基于逻辑演绎构成的学科，知识的系统性、网络化特征鲜明，各个知识点之间不是割裂的，基础知识内容之间、模块内容之间相互关联。数学作为基础学科，特别关联各学科中与数或形相关的问题，因此与各学科内容之间也相互关联、交织成网。数学科综合性考查要求强调以多项相互关联的活动组成较复杂情境作为载体，一方面能够反映学科知识和能力的内部整合及其综合运用，体现对即将进入高等学校的学习者知识、能力之间的纵向整合能力以及综合运用水平；另一方面，强调数学知识与其他学科知识的紧密结合，形成横向的融会贯通。因此，数学科综合考查要求是基于知识交汇处的命题，强调通性通法的迁移运用。

所谓"知识交汇"即指知识之间的交叉、渗透和综合。例如，解析几何问

题的交汇视角最常见的是与平面几何的交汇以及与函数方程的交汇等。又如，由于不等式模型在现实世界存在的普遍性，不等式知识在高中数学知识网络中具有极强的辐射作用，故不等式几乎可与所有知识点相交汇。

陈智猛在《福建省教育厅重点课题〈课标课程背景下高考数学命题改革〉研究成果（三十九）基于知识交汇的"双基"考查研究》中对知识交汇处命题提出了几个问题："交汇"的目的和意义是什么？"交汇"的形态如何？"交汇"的支持平台或通道在哪里？知识交汇具体如何实现？并提出知识交汇的形态包括显性交汇和隐性交汇。显性交汇即从题面上就可看出知识的交汇；隐性交汇即从题面上看不出知识的交汇，但随着对问题的深入解读，需要利用其他板块的知识协同配合才能实现问题的解决，透过知识层面的交汇深刻考查数学基本技能。例如，立体几何的最值问题就是一个知识交汇点，基于对几何体的分析，最终最值的求解可能交汇不等式，也可能交汇三角函数等，这就是一种隐性交汇。

《福建省教育厅重点课题〈课标课程背景下高考数学命题改革〉研究成果（三十九）基于知识交汇的"双基"考查研究》中提出知识交汇的层次包括浅层交汇和深层交汇。浅层交汇即交汇呈现的是知识的表象，属浅层面交叉与融合。显性的知识交汇问题多数是浅层交汇。深层交汇即运用转化化归、数形结合等思想方法结合其他知识将原有问题解决，使不同的知识内容在一个问题的解决过程中交叉融合，知识的交汇在方法层面进行，突出对技能的考查。隐性交汇问题多数是深层交汇。所谓知识的交汇点主要是指在数学不同的内容或不同分支间，或在数学方法上起着承上启下、联结和纽带作用的知识。

下面以 2020 年各地高考解析几何题为例，看看知识交汇处命题和通性通法迁移运用考查的样例，这几道高考题较好地体现了以平面为基本平台实现知识的交汇、以平面直角坐标系为"联结和纽带"实现曲线与方程的对接、以平面向量为交汇点"牵手"几何和代数、以研究变量间的关系为汇合点使函数知识与其他知识交汇、以等式（不等式）关系为链接通道实现知识间的交汇的特点。

高中解析几何的通性考查要求包括：

（1）数与形的对应，这是解析几何中最基本的问题。通常的问题有：①求曲线方程、在求解过程中设定曲线方程；②图形相对位置关系的定量描述，包括平行、垂直、相交、相切、距离等。

（2）曲线特征量的分析与应用，这是表述图形性质、研究图形性质的基本指标，包括斜率、半径、焦点、焦距、准线、离心率、渐近线等。

（3）几何量的计量，包括两点间距离、线段分点、点线距离、线线距离、周长、面积、体积、角度等。

（4）对运动变化过程规律的探究，包括：①求动点轨迹方程；②与动点轨迹、直线族、曲线族相关的含参问题，如求值、求最值、求定值等。

高中解析几何考查的通法包括：

（1）数形结合的思想方法：具体表现在问题解决过程中以数解形，以形辅数，数形并重。有一种说法是做解析几何题首先是做"翻译"，这里的"翻译"其实就是完成数与形的对应，完成了翻译就成功了一半。

（2）化归的思想方法：具体表现在问题解决化归为代数式求值、一元二次方程或二元二次方程组解的存在性与个数、函数最值等。

（3）符号与变元的思想方法：具体表现在含参的一元二次方程或二元二次方程组解的讨论、函数最值的求法等，难点是多参数情形按目标消参的方法。

（4）函数与方程的思想方法：具体表现在某些曲线方程问题转化为函数问题等。

（5）逻辑推理方法：数学问题的解决往往是逻辑推理的过程，数学运算本身也是逻辑推理。

例 2.6 （2020 年高考江苏卷数学第 18 题）

在平面直角坐标系 xOy 中，已知椭圆 $E: \dfrac{x^2}{4}+\dfrac{y^2}{3}=1$ 的左、右焦点分别为

F_1, F_2, 点 A 在椭圆 E 上且在第一象限内, $AF_2 \perp F_1F_2$, 直线 AF_1 与椭圆 E 相交于另一点 B.

(1) 求 $\triangle AF_1F_2$ 的周长;

(2) 在 x 轴上任取一点 P, 直线 AP 与椭圆 E 的右准线相交于点 Q, 求 $\overrightarrow{OP} \cdot \overrightarrow{QP}$ 的最小值;

(3) 设点 M 在椭圆 E 上, 记 $\triangle OAB$ 与 $\triangle MAB$ 的面积分别为 S_1, S_2, 若 $S_2 = 3S_1$, 求点 M 的坐标.

解: (1) 根据椭圆定义可得 $|AF_1| + |AF_2| = 2a = 4$, $|F_1F_2| = 2c = 2$, 所以 $\triangle AF_1F_2$ 的周长为 $AF_1 + AF_2 + F_1F_2 = 6$.

(2) 设 $P(t, 0)$, 因为 $AF_2 \perp F_1F_2$, 所以点 $A\left(1, \dfrac{3}{2}\right)$, 故 AP 的方程为 $y = \dfrac{3}{2(1-t)}x - \dfrac{3t}{2-2t}$. 由题意知准线方程为 $x = 4$, 所以 $Q\left(4, \dfrac{12-3t}{2-2t}\right)$. 故 $\overrightarrow{OP} \cdot \overrightarrow{QP} = t(t-4)$, 当 $t = 2$ 时, $\overrightarrow{OP} \cdot \overrightarrow{QP}$ 取得最小值, 其最小值为 -4.

(3) 易知直线 AB 的方程为 $y = \dfrac{3}{4}x + \dfrac{3}{4}$, O 到直线 AB 的距离为 $\dfrac{3}{5}$. 因为 $S_2 = 3S_1$, 所以 M 到直线 AB 的距离为 $\dfrac{9}{5}$.

设 $M(x, y)$, 则 $\dfrac{\left|\dfrac{3}{4}x + \dfrac{3}{4} - y\right|}{\dfrac{5}{4}} = \dfrac{9}{5}$, 所以 $\dfrac{3}{4}x + \dfrac{3}{4} - y = \pm\dfrac{9}{4}$, 即 M 在直线 $y = \dfrac{3}{4}x + 3$ 或 $y = \dfrac{3}{4}x - \dfrac{3}{2}$ 上. 将直线与椭圆方程联立解得 $M(2, 0)$ 或 $M\left(-\dfrac{2}{7}, -\dfrac{12}{7}\right)$.

评析: ①本题涉及椭圆的全部特征量。②涉及周长计算、面积计算、点到直线的距离、两线交点, 涵盖平面上图形的基本度量。③属于含参问题(单参数), 问题(2) 中动点限制在定直线上, 可以减少参数, 属于一元函数问题, 最终属于一个函数最值问题。常量问题和含参问题同时出现, 解析几何的两类典型问题全具备。④整道题只要做好形与数的对应（有老师称之为做"翻译"），按步骤解答就行，是解析几何解题基本方法的综合运用。

例 2.7 （2020 年高考北京卷数学第 20 题）

已知椭圆 $C: \dfrac{x^2}{a^2}+\dfrac{y^2}{b^2}=1$ 过点 $A(-2,-1)$，且 $a=2b$。

(1) 求椭圆 C 的方程；

(2) 过点 $B(-4,0)$ 的直线 l 交椭圆 C 于点 M，N，直线 MA，NA 分别交直线 $x=-4$ 于点 P，Q。求 $\dfrac{|PB|}{|BQ|}$ 的值。

解：(1) 将点 $(-2,-1)$ 代入椭圆方程，有 $\dfrac{4}{a^2}+\dfrac{1}{b^2}=1$，且 $a=2b$，则 $b^2=2$，$a^2=8$。故椭圆 C 的方程为 $\dfrac{x^2}{8}+\dfrac{y^2}{2}=1$。

(2) 设 $M(x_1,y_1)$，$N(x_2,y_2)$，$P(-4,p)$，$Q(-4,q)$。

直线 l 的方程为 $x=ty-4$，联立直线 l 与椭圆的方程 $\begin{cases} x=ty-4, \\ \dfrac{x^2}{8}+\dfrac{y^2}{2}=1, \end{cases}$ 整理得

$(t^2+4)y^2-8ty+8=0$。

由韦达定理得 $y_1+y_2=\dfrac{8t}{t^2+4}$，$y_1 y_2=\dfrac{8}{t^2+4}$。

由 $k_{AM}=k_{AP}$，得 $\dfrac{p+1}{-2}=\dfrac{y_1+1}{x_1+2}$，则 $p=-\dfrac{x_1+2y_1+4}{x_1+2}$；

由 $k_{AN}=k_{AQ}$，得 $\dfrac{q+1}{-2}=\dfrac{y_2+1}{x_2+2}$，则 $q=-\dfrac{x_2+2y_2+4}{x_2+2}$。于是有

$\dfrac{|PB|}{|BQ|}=\left|\dfrac{p}{q}\right|=\left|\dfrac{(x_1+2y_1+4)(x_2+2)}{(x_2+2y_2+4)(x_1+2)}\right|=\left|\dfrac{(t^2+2t)y_1 y_2-2(t+2)y_1}{(t^2+2t)y_1 y_2-2(t+2)y_2}\right|$

$=\left|\dfrac{(t^2+2t)\dfrac{8}{t^2+4}-2(t+2)\left(\dfrac{8t}{t^2+4}-y_2\right)}{(t^2+2t)y_1 y_2-2(t+2)y_2}\right|=\left|\dfrac{-(t^2+2t)y_1 y_2+2(t+2)y_2}{(t^2+2t)y_1 y_2-2(t+2)y_2}\right|$

$=1$。

评析：本题属于含参的直线与椭圆的位置关系问题，1条曲线4条直线的结构，由过定点直线族与椭圆相交引出问题。①本是单参数问题，但在不直接求解二元二次方程组时产生7个参数（直线斜率、两交点）。②逐步消参至定值。计算目标明确，故此消参目标明确。③留意消参过程，消参技巧的一般性在哪里？a. 列出参数满足的条件：点 M，N 是直线 l 与椭圆的交点，点 P，Q 在直线 $x=-4$ 上，A，M，P 三点共线，N，A，Q 三点共线。b. 利用显性的关系式（如直线方程）做第一轮消参：利用直线方程消去横坐标（或纵坐标）。c. 利用韦达定理做第二轮消参：在式子整理中突出剩余坐标的和或乘积，利用根与系数的关系消参。d. 所得结果可能完全消参为定值，也可能留下单参数（这时会化归为一个函数问题）。

例2.8 （2020年高考全国Ⅰ卷理科数学第20题）

已知 A，B 分别为椭圆 E：$\dfrac{x^2}{a^2}+y^2=1$ $(a>1)$ 的左、右顶点，G 为 E 的上顶点，$\overrightarrow{AG} \cdot \overrightarrow{GB}=8$，$P$ 为直线 $x=6$ 上的动点，PA 与 E 的另一交点为 C，PB 与 E 的另一交点为 D.

(1) 求 E 的方程.

(2) 证明：直线 CD 过定点.

(1) 解：由题意解得 $A(-a,0)$，$B(a,0)$，$G(0,1)$，则 $\overrightarrow{AG}=(a,1)$，$\overrightarrow{GB}=(a,-1)$. 由 $\overrightarrow{AG} \cdot \overrightarrow{GB}=8$ 得 $a^2-1=8$，即 $a=3$. 所以 E 的方程为 $\dfrac{x^2}{9}+y^2=1$.

(2) 证明：设 $C(x_1, y_1)$，$D(x_2, y_2)$，$P(6,t)$.

若 $t \neq 0$，设直线 CD 的方程为 $x=my+n$，由题意可知 $-3<n<3$. 由于直线 PA 的方程为 $y=\dfrac{t}{9}(x+3)$，所以 $y_1=\dfrac{t}{9}(x_1+3)$. 直线 PB 的方程为 $y=\dfrac{t}{3}(x-3)$，所以 $y_2=\dfrac{t}{3}(x_2-3)$. 可得 $3y_1(x_2-3)=y_2(x_1+3)$. 由于 $\dfrac{x_2^2}{9}+y_2^2=1$，故 $y_2^2=-\dfrac{(x_2+3)(x_2-3)}{9}$，可得 $27y_1y_2=-(x_1+3)(x_2+3)$，即

$(27+m^2)y_1y_2+m(n+3)(y_1+y_2)+(n+3)^2=0.$ ①

将 $x=my+n$ 代入 $\dfrac{x^2}{9}+y^2=1$，得 $(m^2+9)y^2+2mny+n^2-9=0$. 所以

$$y_1+y_2=-\dfrac{2mn}{m^2+9},\ y_1y_2=\dfrac{n^2-9}{m^2+9}.$$

代入①式，得 $(27+m^2)(n^2-9)-2m(n+3)mn+(n+3)^2(m^2+9)=0$，解得 $n=-3$（舍去），$n=\dfrac{3}{2}$. 故直线 CD 的方程为 $x=my+\dfrac{3}{2}$，即直线 CD 过定点 $\left(\dfrac{3}{2},0\right)$.

若 $t=0$，则直线 CD 的方程为 $y=0$，过点 $\left(\dfrac{3}{2},0\right)$.

综上所述，直线 CD 过定点 $\left(\dfrac{3}{2},0\right)$.

评析： ①本是单参数问题，在避免直接求解二元二次方程组时，会涉及 7 个参数（C，D 点坐标及其方程）。②定值问题，消参的方向是到只与参数相关，在这里是只与直线 CD 相关（即 m，n 相关）。③定值问题是一类怎样的问题？它实际上是在万变中求不变。

例 2.9 （2020 年新高考全国 I 卷数学第 22 题）

已知椭圆 $C:\dfrac{x^2}{a^2}+\dfrac{y^2}{b^2}=1(a>b>0)$ 的离心率为 $\dfrac{\sqrt{2}}{2}$，且过点 $A(2,1)$.

(1) 求 C 的方程；(2) 点 M，N 在 C 上，且 $AM\perp AN$，$AD\perp MN$，D 为垂足. 证明：存在定点 Q，使得 $|DQ|$ 为定值.

评析： ①相比较于例 2.8，这道题的定值待发现，比例 2.8 难。②先发现直线 MN 过定点 P，然后发现由定点 A，P 确定的中点 Q 即为所求。（二次探究找到定值点）

二、跨学科知识综合性考查的研究

（一）纲领性文件和高考对跨学科知识的关注

高考的综合性考查要求学生合理地组织、调动不同学科的相关知识与能力，高质量地应对生活实践或学习探索中的复杂问题情境，达到不同学科知识的横向融会贯通。任子朝等在《基于高考评价体系的数学科考试内容改革实施路径》中指出高考数学的综合性强调数学与其他学科的紧密结合，以促进学生形成合理的认知结构。

课标指出，数学是自然科学的重要基础，并且在社会科学中发挥越来越大的作用，数学的应用已渗透到现代社会及人们日常生活的各个方面。必须强调数学与生活以及其他学科的联系，提升学生应用数学解决实际问题的能力。课标在 C 类选修课程"数学模型"中设置了经济模型和社会模型，包括存款贷款模型、投入产出模型、经济增长模型、凯恩斯模型、生产函数模型、等级评价模型、人口增长模型、信度评价模型等；设置了社会调查与数据分析专题，把社会调查作为学生进入社会要掌握的基本能力。课标在 D 类课程中建议安排"美与数学""音乐中的数学""美术中的数学""体育运动中的数学"专题，在 E 类课程中建议开发和选用拓展视野、日常生活、地方特色的数学课程。课标中案例 4 "用三角函数刻画事物周期变化的实例"、案例 7 "停车距离问题"和案例 32 "过河问题"体现了数学与物理学的跨学科知识融合；案例 28 "体重与脉搏"体现了数学与生物学知识的融合；案例 29 "估算地球周长"则体现了数学与地理知识的融合。可以看到，课标对跨学科的知识融合高度重视。

从 2019 年起使用的高中新数学教材也关注数学在不同学科中的应用，通过例题、习题及拓展阅读等内容编排来体现数学与其他学科的知识融合。以 2019 年人教 A 版普通高中教科书数学必修第一册为例，可以看到不少精彩的内容。例如，在指数函数教学中，加入了阅读与思考"放射性物质的衰减"；在对数函数教学中，例题使用了地震预报相关知识，习题出现酒驾与交通安全法的知识、鱼类游速与耗氧量关系、人的听觉与声强的关系等内容；在三角函数的教学中，从匀速圆周运动的研究建立正弦函数模型，安排阅读与思考"三角学与天文学"介绍三角学与天文学知识的关联，研究筒车、摩天轮的运动原理，研究简谐振动的运动规律，设置阅读与思考"振幅、周期、频率、相位"等内容。

近年高考对跨学科知识点的问题也有关注。2019 年高考数学试题还强调学科间知识的综合、社会知识的综合，提倡固本强基，夯实发展基础。例如，2019 年高考全国Ⅰ卷理科数学第 21 题涉及化学、生物和医学背景；2019 年高考全国Ⅱ卷理科数学第 18 题涉及体育竞赛知识，要求学生对 11 分制乒乓球比赛规则有所了解；2019 年高考全国Ⅱ卷理科数学第 4 题涉及牛顿运动定律和万有引力定律等物理学知识以及地月关系等天文知识；2019 年高考全国Ⅲ卷文科数学第 16、17 题涉及物理、化学和生物学知识。2020 年以后，高考对跨学科知识的关注度仍然不减。2020 年高考全国Ⅱ卷文科数学第 3 题借助数学语言给出钢琴中原位大三和弦与原位小三和弦的定义，并设计了简单计数问题，将数学与音乐知识结合；2020 年新高考全国Ⅰ卷数学第 4 题基于日晷进行命题，融合了地理学知识。

（二）跨学科知识综合性考查的理论依据

1. 学习双机制理论——知识的本源性

莫雷等在《学习过程与机制研究——我国学习双机制理论与实验》中指出：知识以两种形式存在，一种是本源系统形式，另一种是学科系统形式。所谓知识的本源系统，是人类在实践过程中为了解决实践问题而将各种相关的知识进行组合，成为与该实践过程相对应的知识系统。这种系统是"面向实践对象的"，是一种综合的、各方面属性与关系交错的知识系统。例如，要完成铁器工具的制造，涉及工具设计（形状、结构、各种量度计算）、炼铁技术（原料配方、温控、炼铁器具等）、铸造的技术（模具的设计与制造、倒模）等。

这些知识、技术整体综合构成解决铁器工具制造的一个知识本源系统。所谓知识的学科系统，是科学家为了更好地说明客观世界的现象与规律，人为地将相互交织、相互联系的现象与规律分离、割裂开来，按照一定的规则维度进行分类组织而形成的知识系统。这种系统是按照纯化的现象与规律组织起来的，以关键概念为核心组织的学科结构。例如，数学学科构建的主要方法是公理化，以微积分体系的创立为例可以清晰再现一个公理化体系构建与发展的历程。

学生的学习是在学科系统内进行的，教材首先要符合学科系统基本逻辑。但人类应用知识改造自然，是在一个个知识本源系统中进行的。这两种系统的性质对比起来，有两个潜在的值得关注的方面：

（1）两种知识的存在形式是交互促进的，由此推进人类对世界认知的发展。用数学的发展来说就是"纵向""横向"共存，相互促进，相互依赖。学科系统是人为的、纯化的。如果教学过分背离本源系统，就有可能导致学生不知道知识从哪里来，又将用到哪里去，难以做到学以致用，也会严重妨碍各种知识系统的发展，妨碍人类的进步。

（2）必须让学生兼顾两种知识系统的学习。从本质上看，个体知识再生产过程（人的学习过程）是将人类千百万年形成的社会机能与经验化为个体的机能与经验的过程。因此，学习过程应该大致重复前人知识生产的过程，也就是新知识的学习包含知识的探索、知识的理解与整理、知识的综合运用三个环节。

因此，需要站在人类知识生产与再生产的理论高度，解决在当今"知识大爆炸"的时代如何通过考试引领教育回归到培养学生形成人类"改造世界的实践能力"的本源这个重大问题。人类知识生产过程就是在实践中获得解决实践问题的经验的过程。个体的知识学习过程即知识再生产过程，就是学会人类已生产出来的改造世界实践活动的"种的经验"的过程。

《学习过程与机制研究——我国学习双机制理论与实验》中对知识本源性的解读说明知识从产生到应用于实践都带有跨学科的本质。

2. 跨学科研究的兴起

跨学科研究自20世纪70年代兴起以来,学界便对其给予了广泛的关注,来自不同领域的学者在不同的层面用各自不同的理论视角对其进行了多样化的解读。刘小宝等在《跨学科研究前沿理论动态:学术背景和理论焦点》中基于文献分析指出,跨学科研究的学术背景(也称知识基础)首先体现在科学知识生产方式的转变。传统的科学知识生产是在专业学术背景下进行的,而新的科学知识生产是在应用语境下进行的。传统的科学知识生产是以学科为单位组织的,而新的科学知识生产是以现实世界的问题为导向的,不受现有学科限制,不满足于对原始数据和观点的加工,强调对数据和资源的重构,在理论和实践之间不断循环迭代。与传统科学知识生产相比,新的科学知识生产的主体和场所呈现出多样性。新的科学知识生产要顾及众多的利益相关者,科学知识的生产过程包含了反思和迭代。新的科学知识生产方式的形成和发展并不意味着旧的科学知识生产方式的完全消亡,只是意味着新的、更具竞争力的科学知识生产方式逐渐体制化,并成为主导的生产方式。尽管旧的生产方式逐渐丧失了原有的主导地位,但仍然在有限的范围内和一定条件下发挥作用。如今,传统的学科知识生产方式和跨学科、超学科知识生产方式并驾齐驱。

《跨学科研究前沿理论动态:学术背景和理论焦点》一文对三种有代表性的跨学科研究定义进行了引述,见表2-2-1。

表2-2-1　三种具有代表性的跨学科研究定义

作者	跨学科研究的定义
克莱因(Klein)和纽维尔(Newell)(1997)	跨学科研究是讨论问题、回答问题、解决问题的过程,这些问题的广泛性和复杂性使其不可能在单个学科范围内得到解决,而需要从不同学科的视角综合各种学科的观点,建构更为全面的视角
美国科学院协会(2004)	跨学科研究是团队或个人的一种研究模式,它把来自两个以上学科或专业知识团体的信息、数据、技能、工具、观点、概念和理论综合起来,加深对基本问题的认识,或解决那些不能用单一学科或在单一研究实践领域解决的问题。真正的跨学科研究不是把两种学科拼凑起来创建一种产品,而是思想和方法的结合

(续表)

作者	跨学科研究的定义
曼斯拉（Veronica Boix Mansilla）（2005）	应该重点关注跨学科活动或跨学科理解的结果。这就要综合两种以上学科的知识和思维模式，进而提高认知能力（比如，解释一种现象，解决一个问题，创造一种产品或提出一个新问题），而这些从单一学科视角显然不可能完成

（三）数学科跨学科知识综合性考查的命题分类

跨学科教学的本意是打破学科已有的界限，让学生感悟现实世界的整体性，回归学科价值的整体性。从表 2-2-1 中三种具有代表性的跨学科研究的定义可以看出，跨学科知识综合性应该涉及来自两个以上学科的知识和思维模式的综合，包括两个以上学科的信息、数据、技能、工具、观点和理论的综合。从高中教学的特点看，高考数学科跨学科知识综合性考查应该要求学生调用所学的其他学科知识及基本的思维模式解决问题，包括至高中毕业时所学的物理、化学、地理、生物学、语文、思想政治、历史、体育、音乐等学科知识。当然，在选科学习的前提下，高考主要考查的是各学科的必修课程内容。但需要考虑接受跨学科教学需要更长时间的多方磨合，跨学科教学的方法、策略研究仍处于起步阶段。目前高考命题重点是引导对跨学科教学的关注，但后续的任务应该是对调用两个以上学科知识、思维模式的考题进行实证研究，以达到真正跨学科综合性考查的目的。为此，可以考虑把数学科跨学科综合性考查分为 4 类（图 2-2-1）：背景点缀型、背景呈现型、背景解读型和整合应用型。

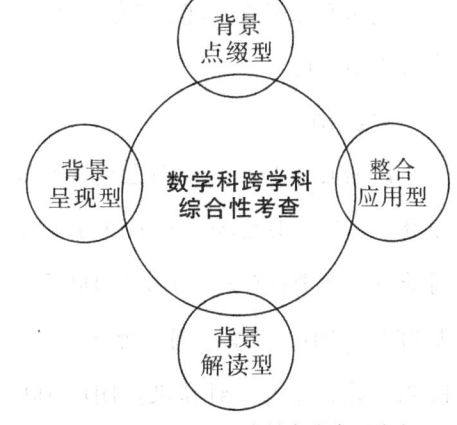

图 2-2-1 数学科跨学科综合性考查命题分类图

背景点缀型：这类题目会提及一

个数学模型或数学问题在其他学科的应用背景，不会细述背景内容。这类题目其实是纯数学问题，跨学科背景仅仅是为了引起关注。例 1.29 提及 0-1 周期序列的一个应用背景——通信技术，但问题的解决不需要应用信息技术知识和思维方法，该题属于背景点缀型的跨学科综合性题目。

背景呈现型：其他学科知识显性出现在题干，但问题的解决不需要运用该学科知识及方法。学生解题时通过阅读题干了解该学科的知识。前面提到的例 1.3、例 1.36、例 1.37、例 1.39 等都属于背景呈现型的题目，例如，学生解决例 1.3 时会了解到音乐中有原位大三和弦、原位小三和弦，但问题的解决不需要运用音乐知识和方法。

背景解读型：其他学科知识显性出现在题干，问题的解决需要学生认真阅读并理解背景知识。这类题目要求学生具备阅读该学科材料的能力，因此对该学科的知识基础和认知方法有一定的要求，初步具备使学生调用跨学科知识方法解决问题的形态。

整合应用型：与背景呈现型、背景解读型相比较，这类题目的题干不出现其他学科的知识工具，而是要求学生调动、整合所学的其他学科的知识解决问题。例 1.8 关于日晷测定时间的原理，需要学生调动地理知识——地球仪的结构、经纬度标记的原理，才能抽象出问题对应的数学模型，这是一道典型的整合应用型题目。

例 2.10

19 世纪中期，奥地利生物学家孟德尔利用豌豆进行了大量杂交试验，提出了分离定律．某生物兴趣小组为研究孟德尔遗传规律，利用某种植物针对某一对等位基因进行试验，DD 和 Dd 表现为显性性状，dd 表现为隐性性状，父本基因型为 DD，母本基因型为 dd，子一代 F_1 基因型为 Dd，F_1 自交产生子二代 F_2 时，基因型有三种情况：DD、Dd、dd，子二代 F_2 之后，将 F_2 中按照表现型 DD 和 Dd 自由交配，dd 自交．

（1）兴趣小组记录了子一代到子七代植物中基因型 dd 出现的频率，

见表 2-2-2.

表 2-2-2

子代数 x	1	2	3	4	5	6	7
dd 频率 y	0	0.24	0.33	0.38	0.39	0.41	0.44

得到散点图（图 2-2-2）：

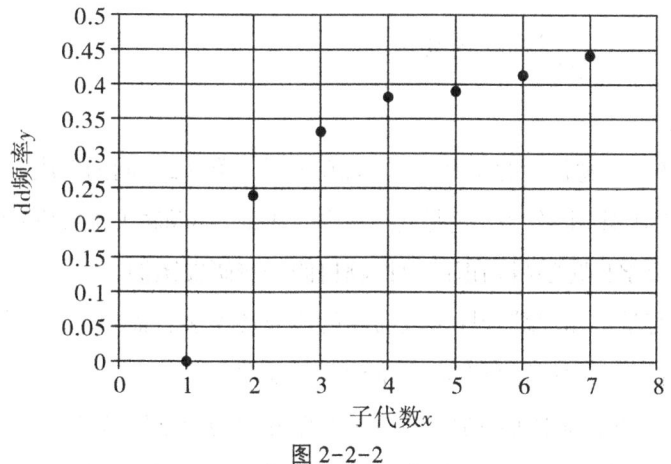

图 2-2-2

根据散点图，兴趣小组选取了 $y=\dfrac{b}{x}+a$ 模型拟合图象，令 $t=\dfrac{1}{x}$，转化为线性回归模型 $\hat{y}=bt+a$，根据参考数据求估计值 $\hat{b}$ 和 $\hat{a}$.（结果保留两位小数）

参考数据：$\bar{t}=0.37$，$\bar{y}=0.31$，$\sum\limits_{i=1}^{7}(t_i-\bar{t})(y_i-\bar{y})\approx -0.2778$，$\sum\limits_{i=1}^{7}t_i^2=1.5099$，$\dfrac{2778}{5516}\approx 0.50$. 参考公式：对于一组数据 (u_1,v_1)，(u_2,v_2)，…，(u_n,v_n)，其经验回归直线 $\hat{v}=\hat{a}+\hat{b}u$ 的斜率和截距的最小二乘估计分别为：$\hat{b}=\dfrac{\sum\limits_{i=1}^{n}(u_i-\bar{u})(v_i-\bar{v})}{\sum\limits_{i=1}^{n}(u_i-\bar{u})^2}$，$\hat{a}=\bar{v}-\hat{b}\bar{u}$.

（2）假设子 n 代 F_n 中，出现基因型 DD 的概率为 P_n，出现基因型 Dd 的概率

为 Q_n，出现基因型 dd 的概率为 R_n，在子 $n+1$ 代 F_{n+1} 中出现基因型 DD 的概率为 P_{n+1}，出现基因型 Dd 的概率为 Q_{n+1}，出现基因型 dd 的概率为 R_{n+1}。已知 $P_1=R_1=0$，$Q_1=1$，$P_{n+1}=\dfrac{P_n^2+P_nQ_n+\frac{1}{4}Q_n^2}{P_n+Q_n}$，$Q_{n+1}=\dfrac{P_nQ_n+\frac{1}{2}Q_n^2}{P_n+Q_n}$，$R_{n+1}=\dfrac{P_nR_n+Q_nR_n+\frac{1}{4}Q_n^2}{P_n+Q_n}$。

①证明：$P_n=R_n$；

②证明：数列 $\left\{\dfrac{1}{Q_n}\right\}$ 为等差数列；

③求 R_n。

评析：本题中遗传学的知识显性出现在题干，第（2）问的解决需要学生读懂这些知识才能认识基因分型，这是问题解决的基础。本题属于背景解读型题目。

（四）数学科跨学科知识综合性题目的一些研发案例

目前对跨学科知识综合性考查命题的研究还不多，需要配合不同学科共同研发这类题目，以确保题目在高中基础知识范围内。

徐阳在《基于高中生物学背景下的数学建模与教学实践研究》中基于高中生物中两大类问题——孟德尔遗传问题和种群问题进行了研究，就孟德尔遗传问题进行了如例 2.10 及其变式的命题尝试，就酶促反应模型进行了线性回归和非线性回归的命题尝试。黄清亮在《数学方法在高中生物遗传学中的应用举例》中也就遗传问题做了一些有意义的尝试，如例 2.11。

例 2.11

弱智为隐性基因控制，正常杂合的双亲若有 4 个孩子，请回答：①4 个孩子均不正常的概率为多少？②4 个孩子均正常的概率为多少？③3 个正常 1 个弱智的概率是多少？

欧阳群壮等在《高中数学在解决物理化学问题中的具体应用》中给出了一些高中数学与高中物理、化学知识相融合的题目，如例 2.12、例 2.13。

例 2.12

已知电动势为 ε，内阻为 r 的电源，当外电路电阻 R 为多大时，电源输出功率最大？

评析：本题需要学生调用高中所学电学知识解决问题，问题化归为函数最值，属于整合应用型跨学科知识综合性考查类型。

例 2.13

已知有一系列的有机物如图 2-2-3 所示，则它的分子式通式为_____.

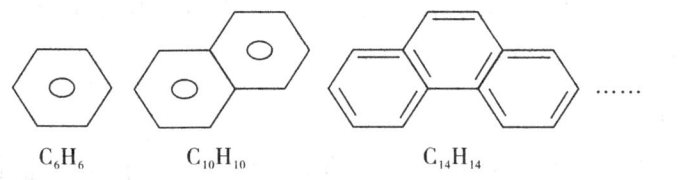

图 2-2-3

评析：本题需要学生读懂分子式，属于整合应用型跨学科知识综合性考查类型。

王坤在《数学建模方法在高中物理化学学科解题中的应用》中以数学建模思想为基础，编制了若干高中数学与高中物理、化学知识相融合的题目，如例 2.14、例 2.15、例 2.16。

例 2.14

一个带有滑轮的梯形木块 A 置于光滑水平面上，斜面的倾角为 θ，木块 A 上的物体 B 用绕过滑轮的轻绳与物体 C 相连，用一水平向左的拉力 F 作用在物体 B 上，恰使 A，B，C 保持相

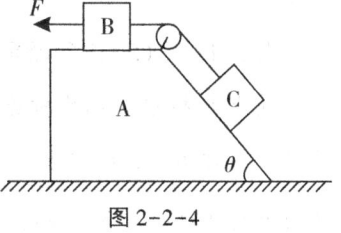

图 2-2-4

对静止，如图 2-2-4 所示. 已知物体 A，B，C 的质量均为 m，重力加速度为 g，不计一切摩擦，试求拉力 F，并讨论 θ 为何值时 F 有最大值，最大值为多少？

评析：本题需要学生调用高中所学力学知识解决问题，属于整合应用型跨学科知识综合性考查类型。

例 2.15

如图 2-2-5 所示，某同学将离地 1.25 m 的网球以 13 m/s 的速度斜向上击出，击球点到竖直墙壁的距离为 4.8 m. 当网球竖直分速度为零时，击中墙壁上离地高度为 8.45 m 的 P 点. 网球与

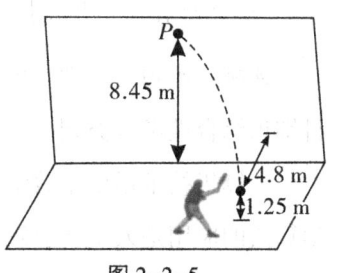

图 2-2-5

墙壁碰撞后，垂直墙面速度分量大小变为碰前的 $\frac{3}{4}$，平行墙面的速度分量不变. 重力加速度 g 取 10 m/s^2，网球碰壁后的速度大小 $v=$ _____，着地点到墙壁的距离 $d=$ _____.

评析：本题需要学生调用高中所学力学知识解决问题，属于整合应用型跨学科知识综合性考查类型。

例 2.16

萤石（C_aF_2）是自然界中常见的含氟矿物，其晶胞结构如图 2-2-6 所示. X 代表的离子是_____；若该立方晶胞参数为 a pm，正负离子的核间距最小为_____pm.

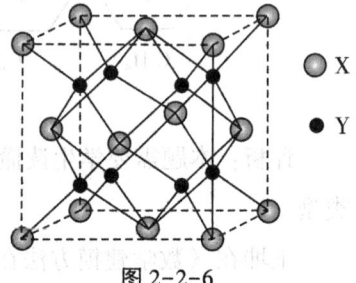

图 2-2-6

评析：本题需要学生读懂分子式的结构，调用高中所学化学知识解决问题，属于整合应用型跨学科知识综合性考查类型。

例 2.17（2023 年新高考适应性测试数学第 11 题）

质点 P 和 Q 在以坐标原点 O 为圆心，半径为 1 的 $\odot O$ 上逆时针作匀速圆周运动，同时出发，P 的角速度大小为 2 rad/s，起点为 $\odot O$ 与 x 轴正半轴的交点；Q 的角速度大小为 5 rad/s，起点为射线 $y=-\sqrt{3}x(x\geqslant 0)$ 与 $\odot O$ 的交点. 则当 Q 与 P 重合时，Q 的坐标可以为（　　）.

A. $\left(\cos\frac{2\pi}{9}, \sin\frac{2\pi}{9}\right)$
B. $\left(-\cos\frac{5\pi}{9}, -\sin\frac{5\pi}{9}\right)$
C. $\left(\cos\frac{\pi}{9}, -\sin\frac{\pi}{9}\right)$
D. $\left(-\cos\frac{\pi}{9}, \sin\frac{\pi}{9}\right)$

评析：本题需要学生理解质点匀速圆周运动的原理，属于整合应用型跨学科知识综合性考查类型。

计算机技术根植于数学，而计算机技术又为数学探究提供了工具支持。数学算法的应用是人工智能发展的重要环节，人工智能是计算机科学的分支。计算机技术与人工智能的迅猛发展，使得数学与计算机科学、数学与人工智能跨学科问题受到的关注日益增加。

例2.18 （2000年高考上海卷理科数学第20题）

根据指令(r, θ) $(r \geqslant 0, -180° < \theta \leqslant 180°)$，机器人在平面上能完成下列动作：先原地旋转角度$\theta$（$\theta$为正时，按逆时针方向旋转$\theta$；$\theta$为负时，按顺时针方向旋转$-\theta$），再朝其面对的方向沿直线行走距离$r$.

（1）现机器人在直角坐标系的原点，且面对x轴正方向. 试给机器人下一个指令，使其移动到点（4，4）.

（2）机器人在完成该指令后，发现在点（17，0）处有一小球正向坐标原点做匀速直线滚动. 已知小球滚动的速度为机器人直线行走速度的2倍，若忽略机器人原地旋转所需的时间，问机器人最快可在何处截住小球？并给出机器人截住小球所需的指令（结果精确到小数点后两位）.

评析：本题以智能机器人的模拟运动为例，将深奥的人机交互技术简单化、数学化，属于整合应用型跨学科知识综合性考查类型。

例2.19 （2023年新高考适应性测试数学第16题）

图2-2-7为一个开关阵列，每个开关只有"开"和"关"两种状态，按其中一个开关1次，将导致自身和所有相邻的开关改变状态. 例如，按（2，2）将导致（1，2），（2，1），（2，2），（2，3），（3，2）改变状态. 如果要求只改变（1，1）的状态，则需按开关的最少次数为_____.

(1, 1)	(1, 2)	(1, 3)
(2, 1)	(2, 2)	(2, 3)
(3, 1)	(3, 2)	(3, 3)

图2-2-7

评析：本题属于计算机编程背景问题，需要理解开关阵列的原理，属于整合应用型跨学科知识综合性考查类型。

三、综合题的难度影响因素

众多学者曾对试题难度影响因素进行过研究，如任子朝等在《应用诊断识别模型评估高考数学试卷难度（二）》中的研究。数学科高考综合性维度的命题，必须关注问题的综合难度，关注知识点联结、整合的方式。其中，知识点数、关卡数与关卡难度、信息的繁简度、题目结构及设问方式等直接关联题目的难度。

（一）知识点数

在知识交汇处命题历来是数学高考命题的亮点之一，这类命题将各个知识点联系起来，加以融会贯通，重点考查知识的网络化程度和结构化程度。"对模型性质分析考查求全面""基于复杂模型命题"等命题技巧都是高度结构化考查的体现。

例 2.20　（2022 年新高考全国 II 卷数学第 9 题）

函数 $f(x)=\sin(2x+\varphi)$ $(0<\varphi<\pi)$ 的图象关于点 $\left(\dfrac{2\pi}{3}, 0\right)$ 对称，则（　　）.

A. $f(x)$ 在 $\left(0, \dfrac{5\pi}{12}\right)$ 上单调递减

B. $f(x)$ 在 $\left(-\dfrac{\pi}{12}, \dfrac{11\pi}{12}\right)$ 上有两个极值点

C. 直线 $x=\dfrac{7\pi}{6}$ 是曲线 $y=f(x)$ 的一条对称轴

D. 直线 $y=\dfrac{\sqrt{3}}{2}-x$ 是曲线 $y=f(x)$ 的一条切线

评析：本题"对模型性质分析考查求全面"，涉及三角函数参数、三角函数及其图象、中心对称、单调性、极值点、轴对称、切线等知识点。

又如例 1.19 是"基于复杂模型命题"的题目，从两定点出发，构造相关直线与双曲线相交，结合"点在直线上""两线段相等""两直线平行"等条

件建立了复杂的几何模型,如何将问题进行几何表征、代数表达是本题的一大难点。

(二)关卡数及关卡难度

关卡数是起始状态和目标状态之间的障碍数,数学考试的关卡主要是核心概念、数学思想方法、解题时技巧性较强的关键推理或演算步骤。通俗地说,关卡应设在学生的学习弱点、学习难点。一般题目的关卡数是 1~3 个。

按照课标的知识水平划分,可以把知识掌握的程度(知识深度)划分为:了解水平的关卡数、理解水平的关卡数和迁移水平的关卡数。如果所有的关卡都是了解水平的关卡,那么即使有一定数量的知识点数,题目难度也不一定高。但如果关卡是多个理解水平的关卡或有个别迁移水平的关卡,那题目难度就会比较大。例如,例 2.1 只有 2 个了解水平的关卡,题目比较容易;例 2.2—2.5 只有理解水平的关卡,难度不大;例 1.19 第(2)问不仅是"基于复杂模型命题",还涉及"双曲线的渐近线、直线与双曲线相交、三点共线、两直线平行、中垂线定理"等知识点,设置了"求渐近线方程、求两直线交点、求点斜式方程、联立直线与双曲线、表征两直线平行、利用中垂线定理对条件 $|MA|=|MB|$ 进行转化、将条件整合并证明相关结论"等关卡,并且"表示直线并求两直线交点、整合相关条件并证明"等关卡对学生的认知水平要求较高,迁移水平的关卡数较多,因此本题难度较大。

(三)信息繁简度

这个指标是指题目的信息量,包括题目涉及的关系多少、叙述的长度、是否存在干扰信息、是否存在模糊信息等。例如,在数学应用(建模)过程中,由于问题背景的真实性和清晰程度,一般存在干扰信息、模糊信息。又如,一些不良结构题,需要考生组合信息。

题目信息的繁简度涉及阅读量、阅读难度的问题。从数学抽象素养的最基本要求是"读懂",到高考选拔中高校对考生的期待是学会学习,这些要求都会指向高考中有个别阅读量稍大、阅读难度稍大的考题。如例 1.19 第(2)问模型复杂，不仅涉及较多大关卡，还需要学生对给出的三个条件进行整合，阅读量较大，这导致学生若无较强的信息整合与处理能力，则难以正确画出几何模型的图象，进而无法解决问题。

（四）题目结构及设问方式

1. 引入新题型

新高考数学在题型上进行了创新改革，引入了多选题和结构不良题。教育部教育考试院自2019年起陆续引入了多选题、多空填空题、结构不良题等新题型。题型的改变对学生来说是问题表述方式的改变，特别是提问方式的改变，学生需要一定时间去适应。例1.4、例1.9均使用了两空填空题。例1.12、例1.13和例1.19均为结构不良题。

例2.21 （2022年新高考全国Ⅰ卷数学第11题）

已知 O 为坐标原点，点 $A(1,1)$ 在抛物线 $C: x^2 = 2py(p>0)$ 上，过点 $B(0, -1)$ 的直线交 C 于 P,Q 两点，则（　　）.

A. C 的准线为 $y = -1$ 　　　　B. 直线 AB 与 C 相切

C. $|OP| \cdot |OQ| > |OA|^2$ 　　D. $|BP| \cdot |BQ| > |BA|^2$

评析：本题为多选题，全面考查了抛物线、直线与抛物线位置关系、弦长等知识点。如果学生能排除A选项（并在B，C，D选项中任选其一）得2分，说明学生对抛物线准线方程的掌握较好；如果学生仅选了B选项得2分，说明学生掌握了判断直线与抛物线位置关系的基本方法；如果学生能正确选出B，C，D选项得5分，说明学生对直线与圆锥曲线的相关知识与基本思想方法有全面的认识和理解。本题为不同层次的学生提供了发挥空间，更好地发挥数学考试的区分选拔功能。

2. 调整题干与设问的逻辑结构

在知识交汇处命题，基于知识网络形成多条连通路径，改编不同特征量的逻辑顺序，会带来问题解决思路的改变。

例2.22 （2022年新高考全国Ⅰ卷数学第22题）

已知函数 $f(x) = e^x - ax$ 和 $g(x) = ax - \ln x$ 有相同的最小值.

(1) 求 a；

(2) 证明：存在直线 $y=b$，其与两条曲线 $y=f(x)$ 和 $y=g(x)$ 共有三个不同的交点，并且从左到右的三个交点的横坐标成等差数列.

评析：本题第（2）问通过两个函数图象与直线的交点以及交点横坐标等特征量，实现了函数零点与等差数列的知识交汇。若将 $y=f(x)$ 和 $y=g(x)$ 看作一个整体，则先考虑两者的交点情况，再引入直线 $y=b$，研究交点个数，并求出交点横坐标，以证明相关结论；若不将两者看作一个整体，则分别考虑直线 $y=b$ 与两者的交点情况，再合并研究交点个数。这体现了从整体与部分的辩证统一视角看待不同的特征量。

3. 提示度或干扰信息的设置（特别是在选择题、分小问设置的解答题中）

例2.23 （2020年新高考全国Ⅰ卷数学第12题）

信息熵是信息论中的一个重要概念. 设随机变量 X 所有可能的取值为 1，2，$\cdots$，n，且 $P(x=i)=p_i>0$ $(i=1,2,\cdots,n)$，$\sum_{i=1}^{n} p_i=1$，定义 X 的信息熵 $H(X)=-\sum_{i=1}^{n} p_i \log_2 p_i$.

A. 若 $n=1$，则 $H(X)=0$

B. 若 $n=2$，则 $H(X)$ 随着 p_1 的增大而增大

C. 若 $p_i=\dfrac{1}{n}(i=1,2,\cdots,n)$，则 $H(X)$ 随着 n 的增大而增大

D. 若 $n=2m$，随机变量 Y 所有可能的取值为 1，2，$\cdots$，m，且 $p(Y=j)=p_j+p_{2m+1-j}(j=1,2,\cdots,m)$，则 $H(X)\leqslant H(Y)$

评析：本题作为多选题，设置了不同难度梯度的四个选项。前两个选项分别讨论了 $n=1$，$n=2$ 的特殊情况，起点较低，既起到了精准区分不同层次学生的作用，还能帮助有志于解决所有选项的学生理解信息熵的概念。本题在选项层次梯度的设置方面，为较难问题提供了提示。

例2.24 （2022年新高考全国Ⅰ卷数学第18题）

记 $\triangle ABC$ 的内角 A，B，C 的对边分别为 a，b，c，已知 $\dfrac{\cos A}{1+\sin A}=\dfrac{\sin 2B}{1+\cos 2B}$.

(1) 若 $C=\dfrac{2\pi}{3}$，求 B；

(2) 求 $\dfrac{a^2+b^2}{c^2}$ 的最小值.

评析：本题作为解答题，设置了两问。第（1）问需要学生对限制条件进行转化与化归得到 $\sin B=-\cos C$，结合第（1）问小前提给出的角 C 的值，求角 B，这为第（2）问的解决提供了方向，即利用角 B 与角 C 的关系，将目标消元转化为一元函数求最值。

4. 开放性（包括条件开放、结论开放等）

结构不良题都是开放性考题，如例 1.12、例 1.13 和例 1.19 等。近年高考还在填空题的题型上做了开放性考题的有益尝试。

例 2.25　（2021 年新高考全国 II 卷数学第 14 题）

写出一个同时具有下列性质①②③的函数 $f(x)$：_____.

①$f(x_1 x_2)=f(x_1)f(x_2)$；②当 $x\in(0,+\infty)$ 时，$f'(x)>0$；③$f'(x)$ 是奇函数.

评析：本题要求考生在理解条件①②③的基础上，构造一个函数 $f(x)$。由于答案是开放的，所以在考查学生思维的灵活性方面起到了很好的作用，同时也为不同水平的考生提供了充分发挥自己数学能力的空间。

例 2.26　（2022 年新高考全国 I 卷数学第 14 题）

写出与圆 $x^2+y^2=1$ 和 $(x-3)^2+(y-4)^2=16$ 都相切的一条直线的方程：_____.

评析：与两圆均相切的直线不是唯一的。本题如果能够结合图形进行分析则能较快得到符合题意的结论。

四、基于变式与组合的综合题编题技巧

（一）封闭性数学题的题设条件特点

获得一道新题的工作统称为编题，这里不考虑题型、难度、区分度等测量

属性（事实上这些属性要通过确定考查目标后精修得到），只考虑获得新题的原理和技巧。编题是一项创造性的工作，有很多灵感和顿悟在里面。在探讨编题的基础性原理和方法时，我们不过多涉及灵感和顿悟，只提炼"有迹可循"的东西。

吕效国在《数学编题中的逻辑方法》中提出，数学封闭性问题一般指在题设条件下，结论唯一的问题。一道封闭的数学题犹如一个微型的理论体系。因此，在拟编封闭性数学题时也要遵循逻辑方法，即题设条件应具备下列特点：(1) 题设条件的独立性。就是说，题设条件中的任一条件不能从其他条件推论或派生而得。(2) 题设条件的相容性。就是说，诸题设条件本身不应存在矛盾，利用这样的一组题设条件推导出的结论不会与以另一组题设条件为前提而得的结论相矛盾。(3) 题设条件的完备性。当题设条件不多不少时，正好能满足解题的最低需求。当题设条件不完备时，往往会指向开放性的问题。

(二) 基于变式的编题研究综述

一方面，从问题自身的变式来看，Silver（1996）提出根据已知情境或已知问题提出新问题的具体策略有四种：条件式策略（改变条件）、目标式策略（改变目标）、对称式策略（条件目标互换）、链接式策略（目标作为已知条件，研究其他目标）；Martínez-Cruz 等（2002）提出可以基于以下几方面对原问题进行修改：改变已知条件、改变限制条件、归纳和颠倒已知与未知。由此可见，若将已有数学问题的求解目标及具体结果看作问题的结论，则数学问题由条件与结论组成，故上述变式策略可归纳为改变问题的条件、改变问题的结论、互换问题的条件与结论三种不同的方法。此外，Song 等（2007）从改变问题数据以及问题结构两方面考查韩国资优生是如何基于原有问题提出新问题的。其中，改变问题结构可理解为改变问题的不同呈现方式。基于全面考查学生数学学科核心素养的要求，采用不同类型的数学语言来表述问题、恰当地施加问题情境等是有必要的，因此可提出改变问题表述形式的变式方法。

另一方面，以面向问题以外的变式来看，Kilpatrick（1987）指出数学问题提出过程包括：观念的联结、类比、一般化、反驳、换位思维法和观念组合法等。Weiss（2009）通过对数学家的调查，以几何问题为例，发现基于已有问题可以从五个方面作进一步探究，除了前文所归纳的三种对条件与结论的变式方法外，还包括问题一般化与问题特殊化。于是，由上述对问题类比、特殊化、一般化的过程，可归纳出类比得到新问题、推广得到新问题这两种变式方法。此外，受观念的联结、组合法的启发，除了对单个数学问题进行变式外，还可以"集百家之长"，把不同的数学问题置于一定的条件或背景中，进行组合、联结得到新的数学问题，以提高问题的综合性及对知识考查的灵活性。

（三）基于变式的问题编制框架

基于上述研究综述，将问题的变式维度分为问题内部与问题外部两大维度，分别包括条件与结论、表述与情境，类比与推广、组合与联结四个组成部分，下面由表 2-2-3 给出具体的基于变式的问题编制框架。

表 2-2-3　基于变式的问题编制框架

变式维度		具体指标及描述
问题内部	条件与结论	
	改变问题的条件	加强或减弱问题的条件，如设置结构不良题、引参或消参、转换定量分析与定性分析等
	改变问题的结论	加强或减弱问题的结论，如变换数学对象的其他特征量与性质、转换定量分析与定性分析等
	互换问题的条件与结论	分别提取问题的条件与结论后进行互换，互换后仍可以按上述方法改变新问题的条件与结论，使其符合对学生的考查目标
	表述与情境	
	改变问题的表述形式	对问题条件或结论中的数学内容进行包装、转语、施加情境，如转换文字语言、图形语言及符号语言，由问题情境抽象出数学问题等

（续表）

变式维度		具体指标及描述	
问题外部	类比与推广	类比得到新问题	从特殊到特殊，联想、类比其他属性相同或相似的数学对象得到新问题，如正弦与余弦、等差数列与等比数列、椭圆与双曲线等
		推广得到新问题	从特殊到一般、从低维至高维推广问题中的数学对象得到新问题，特征一般化，如将过定点的弦推广至任意的弦；性质一般化，如将单变量对象推广至多变量、将平面的结论推广至空间等
	组合与联结	整合多个问题	把不同的问题置于一定的条件或背景中，进行组合、联结得到新问题，可以整合同一知识主题或不同知识主题的多个问题，如组合解析几何与立体几何、组合函数、方程与不等式等

（四）基于变式的问题编制案例与技巧分析

1. 条件与结论

例 2.27

原题 1　已知函数 $f(x)=xe^x$，求 $y=f(x)$ 在坐标原点处的切线方程．（答案：$y=x$）

本题属于导数几何意义的基础题，考虑将条件与结论互换提出新问题，即 $y=f(x)$ 在原点处的切线为 $y=x$，求 $f(x)$．但 $f(x)$ 的结构没有限定，于是答案是开放的，从而可以设计一道开放性问题。

变式 1-1　写出在坐标原点处切线为 $y=x$ 的一个函数 $f(x)=$ __________．（答案：只需满足 $f(x)$ 在 $x=0$ 处可导，且 $f(0)=0$，$f'(0)=1$ 即可）

为了进一步编制结构良好的封闭性问题，考虑增加关于 $f(x)$ 的限制条件，即在原题 1 的基础上，采取“引入参数，反溯条件”的命题技巧，增加条件，引入参数，设计以下变式。

变式 1-2 若曲线 $f(x)=(x+a)e^x$ 在坐标原点处的切线方程为 $y=x$，求 a 的值．（答案：$a=0$）

值得注意的是，命题后一定要从不同的视角审视并解决问题，防止考查目标异化。本题的命题立意是考查导数的几何意义，但本题的条件 $y=x$ 是多余的，只需由 $f(x)=(x+a)e^x$ 过原点即可得出 $a=0$。因此，可以采取"从定量分析到定性分析"的命题技巧，对条件"在坐标原点处的切线方程为 $y=x$"进行置换，从研究切线的具体表达到切线的存在性，设计以下变式。

变式 1-3A 若曲线 $f(x)=(x+a)e^x$ 存在过坐标原点的切线，求 a 的取值范围．

变式 1-3B 若曲线 $f(x)=(x+a)e^x$ 存在两条过坐标原点的切线，求 a 的取值范围．

还可以将条件置换为"有且仅有一条"或"没有"过坐标原点的切线，也可以在不同位置引入参数，设计新变式，此处不再加以展示。

问题的变式除改变条件外，还可以改变结论。变式 1-3A 和变式 1-3B 的结论均是 a 的取值范围。可以进一步采取"探究数学对象不同的特征量与性质"的命题技巧，探究 a 在相应范围下，$f(x)$ 的特征量（零点、极值等）与函数性质（单调性、对称性等），进而分别从零点、极值的视角设计以下变式。

变式 1-4 若曲线 $f(x)=(x+a)e^x$ 存在过坐标原点的切线，求 $f(x)$ 的零点 x_0 的取值范围．

变式 1-5 若曲线 $f(x)=(x+a)e^x$ 存在过坐标原点的切线，求 $f(x)$ 的极小值的取值范围．

2. 表述与情境

例 2.28

原题 2 求函数 $f(x)=2\sin\left(2x-\dfrac{\pi}{3}\right)+1$ 在 $x\in\left[0,\dfrac{\pi}{3}\right]$ 上的最大值．（答案：$\sqrt{3}+1$)

本题属于考查三角函数性质的基础题，结合函数模型"$y=A\sin(\omega x+\varphi)$"中参数$A$，$\omega$，$\varphi$的意义，可以对问题中条件"$f(x)=2\sin\left(2x-\dfrac{\pi}{3}\right)+1$"的表述进行包装。例如，基于参数$\omega$与函数图象的周期性、伸缩变换等性质相关，可对原题作如下变式。

变式2-1A　已知函数$f(x)=2\sin\left(\omega x-\dfrac{\pi}{3}\right)+1$的周期为$\pi$，求$f(x)$在$x\in\left[0,\dfrac{\pi}{3}\right]$上的最大值.

变式2-1B　把函数$f(x)=2\sin\left(x-\dfrac{\pi}{3}\right)+1$的图象上各点的横坐标变为原来的$\dfrac{1}{2}$（纵坐标不变），得到函数$g(x)$的图象. 求$g(x)$在$x\in\left[0,\dfrac{\pi}{3}\right]$上的最大值.

为了进一步加强对学生直观想象和逻辑推理素养的考查，结合数学语言的三种形式（文字语言、图形语言及符号语言），还可以转变问题中数学语言的形式，对问题的表述进行转语。例如，根据函数的三种表示法（解析法、列表法和图象法），对原题2作如下变式。

变式2-2A　已知函数$f(x)$的图象为正弦曲线，其部分图象如图2-2-8所示，求$f(x)$在$x\in\left[0,\dfrac{\pi}{3}\right]$上的最大值.

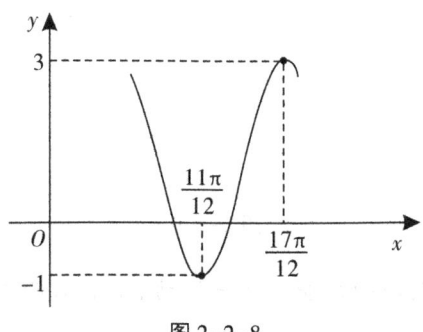

图2-2-8

变式 2-2B 已知函数 $f(x)$ 的图象为正弦曲线,其在一个周期内的部分取值如表 2-2-4 所示,求 $f(x)$ 在 $x \in \left[0, \dfrac{\pi}{3}\right]$ 上的最大值.

表 **2-2-4**

x	$-\dfrac{\pi}{12}$	$\dfrac{\pi}{12}$	$\dfrac{5\pi}{12}$	$\dfrac{3\pi}{4}$	$\dfrac{11\pi}{12}$
$f(x)$	-1	0	3	0	-1

除了对问题的表述进行包装和转语外,结合新课标中把数学建模理念贯穿于整个高中数学教育的教学要求,还可以对问题添加情境,由学生在实际情境中从数学的视角分析问题、建立模型、计算求解等,以发展学生的数学建模素养及数学应用意识. 例如,三角函数模型是典型的具有周期性的函数模型,于是可以选取现实世界中具备循环往复、周而复始变化规律的事物,如筒车转动、摩天轮转动、潮汐现象等,对原题 2 中的问题表述添加如下情境.

变式 2-3 (节选自 2019 年人教 A 版普通高中教科书数学必修第一册) 摩天轮是一种大型转轮状的机械建筑设施,游客坐在摩天轮的座舱里慢慢地往上转,可以从高处俯瞰四周景色. 如图 2-2-9 所示,某摩天轮最高点距离地面高度为 120 m,装盘直径为 110 m,设置有 48 个座舱,开启后按逆时针方向匀速旋转,游客在座舱转到距离地面最近的位置进舱,转一周大约需要 30 min.

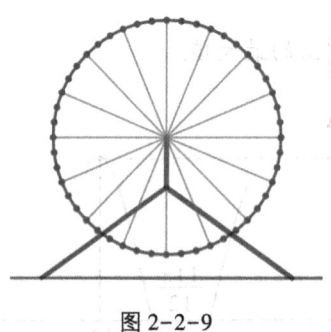

图 2-2-9

(1) 游客坐上摩天轮的座舱,开始转动 t min 后距离地面的高度为 H m,求在转动一周的过程中,H 关于 t 的函数解析式;

(2) 求游客甲在开始转动 5 min 后距离地面的高度.

$$\left[答案:(1) H=55\sin\left(\frac{\pi}{15}t-\frac{\pi}{2}\right)+65, 0\leqslant t\leqslant 30;(2) 约为 37.5 \text{ m}\right]$$

3. 类比与推广

例 2.29

原题 3 [2014 年高考福建卷理科数学第 20 (3) 题] 证明：对任意给定的正数 c，总存在 x_0，使得当 $x \in (x_0, +\infty)$ 时，恒有 $ce^x > x^2$.

本题的背景为 $\lim\limits_{x \to +\infty} \dfrac{x^\alpha}{e^x} = 0$ ($\forall \alpha > 0$)，可以采取"参数一般化"的命题技巧，将 $y = x^2$ 推广为任意次数大于 0（小于 0 同样成立，但结果过于平凡，不予讨论）的幂函数，进而得到以下推广命题。

推广 3-1[1] $\forall c > 0$，$\alpha > 0$，$\exists x_0 > 0$，使得当 $x \in (x_0, +\infty)$ 时，恒有 $ce^x > x^\alpha$.

得到推广命题后，可以采取"问题推广探究"的命题技巧，在原题的基础上加两小问，设计创新性变式。

变式 3-1 (1) 证明：对任意给定的正数 c，总存在 x_0，使得当 $x \in (x_0, +\infty)$ 时，恒有 $ce^x > x^3$. (2) 请结合前面的探究，将结论一般化，写出一个一般性的真命题（不必证明）.

此外，指数函数 $y = e^x$ 与对数函数 $y = \ln x$ 互为反函数，往往存在一些对偶的性质，如 $\lim\limits_{x \to +\infty} \dfrac{x^\alpha}{e^x} = 0 (\forall \alpha > 0)$ 对应到对数有 $\lim\limits_{x \to +\infty} \dfrac{\ln x}{x^\alpha} = 0 (\forall \alpha > 0)$，于是类比原题 3 并变式如下。

变式 3-2 证明：$\forall c > 0$，$\alpha > 0$，$\exists x_0 > 0$，使得当 $x \in (x_0, +\infty)$ 时，恒有 $c\ln x < x^\alpha$.

通过类比得到新命题是合情推理的过程，得到的新命题未必是真命题，还

---

[1] 陈俊阳. 高观点下导数取点问题的多解归一 [J]. 中学数学研究（华南师范大学版），2021 (23)：29-30.

需通过演绎推理证明。因此，通过类比得到新命题后，可以采取"问题类比探究"的命题技巧，在原题的基础上加一小问，设计创新性变式。

变式 3-3 （1）证明：对任意给定的正数 c，总存在 x_0，使得当 $x \in (x_0, +\infty)$ 时，恒有 $ce^x > x^2$；（2）请将指数函数类比成对数函数，写出一个与（1）类似的真命题，并证明.

本题考查学生的类比推理能力，学生既可以借助函数的具体图象进行类比猜想，也可以从"指数爆炸"与"指数压缩"的视角进行思考，还可以挖掘其高观点背景直接提出真命题，入口较宽，给予不同层次的学生充分发挥的空间。

4. 组合与联结

例 2.30

原题 4 已知椭圆 $C: \dfrac{x^2}{4} + \dfrac{y^2}{2} = 1$，过 C 右焦点 F 的直线交 C 于 A, B 两点，求 $|AB|$ 的取值范围.（答案：$2 \leqslant |AB| \leqslant 4$）

命题 4-1 对于三维空间中的任一 $\triangle FAB$，其面积可以用向量表达为：$S = \dfrac{1}{2}|\overrightarrow{FA}||\overrightarrow{FB}|\sqrt{1 - \left(\dfrac{\overrightarrow{FA} \cdot \overrightarrow{FB}}{|\overrightarrow{FA}||\overrightarrow{FB}|}\right)^2}$.

命题 4-2 在空间直角坐标系中，已知 $A(x_1, y_1, z_1)$，$B(x_2, y_2, z_2)$，则有两点间距离公式 $|AB| = \sqrt{(x_1-x_2)^2 + (y_1-y_2)^2 + (z_1-z_2)^2}$.

新高考加强了对主干知识、思想方法、关键能力的考查，注重考查内容的全面性。在突出考查主干、重点内容的同时，强调知识之间的内在联系，通过呈现综合性较强的问题与新颖、较为复杂的情境，充分考查学生的探究能力、创新精神、数学素养与思维品质。因此，可以考虑将以上命题进行组合联结，通过创设新颖、复杂的椭圆翻折情境，将立体几何与圆锥曲线进行联结，从而设计以下变式。

变式 4-1 已知椭圆 $C: \dfrac{x^2}{4} + \dfrac{y^2}{2} = 1$，过 C 右焦点 F 的直线交 C 于 A, B 两

点，将坐标平面沿 x 轴翻折成一个直二面角（图 2-2-10），连接 A，B 两点，翻折后求解以下问题：

（1）求 $|AB|$ 的取值范围；（2）求 $\triangle FAB$ 面积的最大值. $\left[\text{答案：}(1)\ \sqrt{2}\leqslant |AB|\leqslant 4；(2)\ \dfrac{\sqrt{3}}{3}\right]$

也可以通过不同角度进行组合联结，设计其他变式。

变式 4-2 在三棱锥 $A\text{-}BCD$ 中，$|AB|+|AC|=|DB|+|DC|=2a$，$|BC|=2c$，二面角 $A\text{-}BC\text{-}D$ 为直二面角，求 $V_{A\text{-}BCD}$ 的最大值. $\left[\text{答案：}\dfrac{1}{3}c(a^2-c^2)\right]$

变式 4-3 椭圆 $C：\dfrac{x^2}{a^2}+\dfrac{y^2}{b^2}=1(a>b>0)$，$F_1$，$F_2$ 分别为其左、右焦点，过 C 长轴上一点的直线交 C 于 A，B 两点，将坐标平面沿 x 轴翻折（图 2-2-11），求三棱锥 $A\text{-}BF_1F_2$ 体积的最大值，并说明二面角 $A\text{-}F_1F_2\text{-}B$ 的大小.

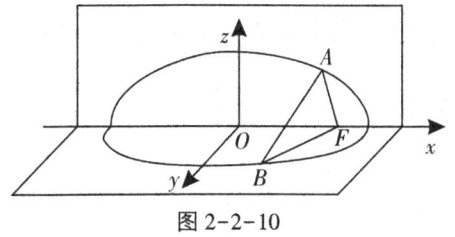

图 2-2-10

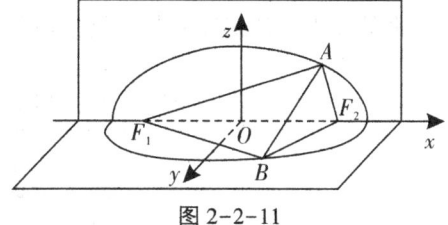

图 2-2-11

第三节　数学科高考应用性考查要求研究

高考应用性考查旨在避免考试内容与理论学习、实践应用脱节，是发挥高考在"学科学习关联真实世界"的正向引导作用的重要维度，也是高考命题坚持理论联系实际原则的重要体现。

一、数学科高考强调应用性考查维度的必要性

（一）知识的本源性决定知识应用的重要性

莫雷等在《学习过程与机制研究——我国学习双机制理论与实验》中提出，人类知识生产过程是知识形成与能力形成的统一，而个体的知识再生产过程应该遵循人类知识生产过程，才能实现知识获得与能力发展的同步性。需要站在人类知识生产与再生产的理论高度，解决在当今"知识大爆炸"的时代，如何通过考试引领教育回归到培养学生形成人类"改造世界的实践能力"的本源这个重大问题。人类知识生产过程就是在实践中获得解决实践问题的经验的过程。个体的知识学习过程即知识再生产过程，就是学会人类已生产出来的改造世界实践活动的"种的经验"的过程。人类已生产出来的改造世界实践活动的"种的经验"包括实践经验和认识经验，其中实践经验是从生产实践中提炼出来的知识，认识经验是人类学习新知的方法和探求未知的方法（图2-3-1）。

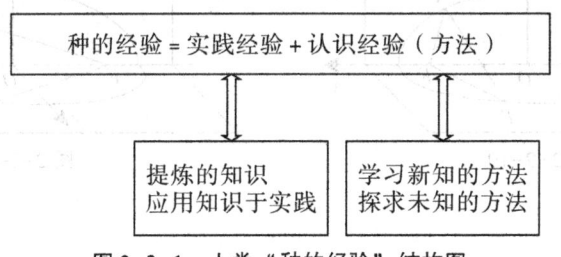

图 2-3-1 人类"种的经验"结构图

《学习过程与机制研究——我国学习双机制理论与实验》中提出，在学科知识性问题情境的设计远离知识本源体系的情况下，个体的知识再生产过程发生了异化：它形成的不是实践需要的认识世界与改造世界的能力，而是解答学科知识性问题的能力（一种经纯化、缩略后的系统内的问题解决能力）。远离知识本源体系就有可能使知识再生产过程纯粹成为一个学科知识运用的操练过程，这意味着学生可能可以按照学科学习的要求将知识理解得很深刻，并且解

决知识性问题的能力很强，但是并不具备运用学科知识解决生活实践问题的综合应用能力。这导致现在的学生为了应对考试，整天在学科知识问题情境中操练，即一天到晚"刷题"，陷入题海战术。这样将学生的聪明才智用到做题中，结果导致学生具备了很高的"解题能力"，但是缺乏应对现实生活实践问题的"做事能力"。因此，作为正向的教学引导，高考需要强调"生活实践问题情境"，需要强调对应用性维度的考查。

（二）数学的本质决定数学应用的重要性

课标指出，数学源于对现实世界的抽象，基于抽象结构，通过符号运算、形式推理、模型构建等，理解和表达现实世界中事物的本质、关系和规律。数学与人类生活和社会发展紧密关联。数学不仅是运算和推理的工具，还是表达和交流的语言。数学承载着思想和文化，是人类文明的重要组成部分。数学是自然科学的重要基础，并且在社会科学中发挥着越来越大的作用，数学的应用已渗透到现代社会及人们日常生活的各个方面。随着现代科学技术特别是计算机科学、人工智能的迅猛发展，人们获取数据和处理数据的能力都得到了很大的提升，伴随着大数据时代的到来，人们常常需要对网络、文本、声音、图象等反映的信息进行数字化处理，这使数学的研究领域与应用领域得到极大拓展。数学直接为社会创造价值，推动社会生产力的发展。

数学的工具性本质决定了数学应用维度的考查是不可或缺的。

（三）纲领性文件关于应用性考查的意见

课标提出"三会"是高中数学的重要课程性质，需要引导学生会用数学的眼光观察世界，会用数学思维思考世界，会用数学语言表达世界。课标把数学建模作为高中数学核心素养指标之一，凸显了数学应用的重要性。课标进一步把情境分为现实情境、数学情境、科学情境，虽然没有给出情境的具体内涵，但从语义上理解，现实情境应该指生活实践情境，科学情境则强调跨学科的应用情境。

《中国高考评价体系》指出：素质教育培养出的合格人才应该能够学以致

用，能够探索并解决日常生活、学术科研、国家发展乃至人类社会所面临的各种问题。在应用性方面表现出色的学生善于观察各种现象，能够主动灵活地应用所学知识分析并解决社会生活实践中的问题，高度关注与国家经济社会发展、科学技术进步、生产生活实际等紧密相关的内容与问题，具备良好的实际问题解决能力。《中国高考评价体系》把高考问题情境分为生活实践问题情境和学习探索问题情境，其中，生活实践问题情境与日常生活以及生产实践密切相关，考查学生运用所学知识解释生活中的现象、解决生产实践中的问题的能力。

任子朝等在《基于高考评价体系的数学科考试内容改革实施路径》中指出：素质教育的目的在于培养德智体美劳全面发展的社会主义接班人。因此，在知识、能力和素养的教育培养中，应该关注与国家经济社会发展、科技进步、生产生活实际等密切相关的内容。为了发挥高考的正向引导作用，避免考试内容与理论学习、实践应用脱节，命题时应坚持理论联系实际的原则，使用贴近时代、贴近社会、贴近生活的素材。该文将高考数学的试题情境分为课程学习情境、探索创新情境、生活实践情境三类，其中生活实践情境需要考生将问题情境与学科知识、方法建立联系，应用学科工具解决问题；数学科生活实践情境关注与其他学科和社会实践的关联，是考查数学应用素养、理性思维素养和数学文化素养的重要载体。

数学高考的应用性考查强调在生活实践问题情境中解决问题，体现对即将进入高等学校的学习者迁移课堂所学内容、联系实际水平能力的测量和评价，生活实践问题情境体系的构建对这个维度的命题至关重要。数学高考应用性维度考查一般体现核心价值考查，起到立德树人、价值引领的作用。数学高考应用性维度也是体现跨学科融合的维度。以2020年新高考全国Ⅰ卷数学试题为例，归纳得到表2-3-1。

表 2-3-1　2020 年新高考全国 I 卷数学试题相关指标分析

题号	题型	分值	情境	知识点	开放性	核心价值考查	跨学科	题量及分数占比
3	单选题	5	场馆志愿者工作安排	组合	封闭	爱国情怀——为人民服务的意识	—	
4	单选题	5	日晷	立体几何	封闭	爱国情怀——中华文化	数学与地理	
5	单选题	5	中学生体育锻炼项目的喜好	积事件的概率公式	封闭	健康意识——关注体育	—	
6	单选题	5	新冠肺炎流行病模型	函数	封闭	理想信念——科学防疫	数学与医学	共 7 题，$\dfrac{42}{150}=28\%$
12	多选题	5	信息熵	随机变量，概率分布	封闭	—	数学与信息科学	
15	填空题	5	劳动实习，零件图	平面几何，解三角形	封闭	劳动精神	数学与工程技术	
19	解答题	12	环境保护，空气污染	概率，独立性检验	封闭	爱国情怀——环境保护	数学与环境科学	

二、数学应用题编制的综述

（一）传统应用题编制存在的主要问题

陈梅在《小学数学应用题的改编研究》中认为，学生在学习过程中遇到的数学问题是经过研究者精心雕琢的结构良好的规则应用题，这类应用题有规定好的一套模式：解题条件、解决方法和问题答案。通常要想解决这类数学应用题，只有一种途径。但实际在现实生活中，很多问题并不是只有一种解决方法，也不一定只有一种结果。因此，这种应用题与现实生活严重不符，给学生造成了一种数学应用题与实际脱节，以及学习数学用处不大的困扰。陈梅提出数学应用题的教学目标应是训练学生将所学知识运用到实际中，而学生在经历了大量这种应用题的练习后，在解题的过程中往往会为了得到一个答案而不去考虑实际情况，这种情况与数学应用题的教学目标背道而驰。

陈海岩在《初一学生解决数学应用问题的认知研究》中提出，由于在学校环境中为学生解决的大多数应用问题都是结构良好的问题，学生常常觉得所学的数学与实际情况并没有紧密的联系。因此，大多数学生在完成应用题的时候并没有考虑实际需要，总是试图在不考虑问题实际的情况下得到一个标准答案。

傅赢芳等在《中英初中数学教材中应用题的情境文化性》中从文化性的角度提出了应用题的缺陷：由于我国对应用题中普遍存在的文化现象重视程度不够，因此在应用题中出现了一些重复率高或不合理的问题。傅赢芳等提出在数学课程的数学应用建设中，其文化性必须受到重视。

孙欣在《高考数学应用题的评价研究——从数学建模和表征的视角》中提出，高中数学应用题主要存在以下几个问题：(1) 应用题叙述不合理，学生阅读会出现歧义；(2) 一些应用题内容陈旧，范围过窄，离学生的现实生活较远；(3) 应用题缺乏创造性，不能使学生学会发现问题和提出问题。

综上所述，可以总结出传统应用题存在的问题：(1) 应用题背景与现实生活不符，和实际的联系不大；(2) 多数应用题只有一个正确答案；(3) 应用题通常是重温学过的知识；(4) 应用题没有办法使学生学会发现和提出问题；(5) 应用题中广泛存在的文化现象没有得到应有的重视。

(二)高中数学应用题内容创新的研究综述

1996 年，由张奠宙等主编的《中学数学问题集》中第二章是"日常经济生活应用题"，第三章是"实际情景的模型和应用题"。"日常经济生活应用题"涉及利息计算、折旧、分期付款、还款销售、债券买卖、经营促销等方面的数学计算。部分题目取自上海报刊中的广告和图表。"实际情景的模型和应用题"收录了 40 道题，内容涉及函数图象、优化、测量、天文、机械、仓库存储、人口、体育等许多方面。这本书对基于真实生活实践问题情境命制应用题有积极的示范引领作用。书中提出：我们强调数学问题的实际情景，并指导学生求得某种简化模型，但这并不意味着要领着学生到车间、田野里去上数学课，"真刀真枪"地做。学生毕竟是学生，他们需要的是一种应用意识，能理解数学应用的威力，对数学抱有正确的态度。

1991 年，上海市组织了第一届"金桥杯"中学生数学知识应用竞赛。1994 年，北京市也组织了第一届"方正杯"中学生数学知识应用竞赛。1997 年，"北京市高中数学知识应用竞赛"相继开展，该项竞赛在 2021 年升级为"高中数学建模（应用）能力展示活动"。这些竞赛活动在开展过程中对数学应用题的命制做了积极的尝试。1995 年，上海市中学生数学知识应用竞赛委员会编写组在中学生应用数学讲习班和上海市中学生数学知识应用竞赛辅导讲座讲稿的基础上编写出版了《中学数学知识应用精编》。该书分十讲，包括"从最值问题谈起""生产、生活中的预测问题""投资、经营、管理中的几个数学问题""资源分配和线性规划""道路、交通和驾驶问题""车间里的数学"

"空间图形的展开与折叠""工程网络技术""图上的最优化问题"和"试验设计中的一些数学问题"。书中相当一部分问题适合直接用于闭卷考试。2014年，上海市中学生数学知识应用竞赛组织委员会编写出版了《中学数学建模与赛题集锦（第二版）》，该书结合上海市中学生数学知识应用竞赛系列活动，介绍适合中学生水平的应用数学建模知识和相关竞赛试题，书中的第二部分对《中学数学知识应用精编》作了一些删改、补充以更符合数学建模的特点，但其中部分问题仍适合作为闭卷考试问题，另一部分可以作为命制闭卷考题的重要参照。

2001年，吴长江等编写出版了《高中数学应用性问题——建模·单元·题组·典型》。该书分章节对高中数学的每一知识板块编写了富有实用性、创新性的题目。该书的特点是与高中数学知识、方法深度契合。题目分章节归类，包括集合与命题，不等式，复数与向量，函数，空间图形，曲线与方程，数列与极限，排列、组合、概率统计初步与决策，综合实践等。书中的题目情境创设有不少亮点，与学生的认知相契合。例如，第八章"数列与极限"包括森林覆盖与绿化、分期付款与存款、现值终值贴现、贷款偿付、债券的价值、配液问题、肥鱼能满塘吗、垃圾的处理、住房面积九个问题。第九章"排列、组合、概率统计初步与决策"编入了圣代冰淇淋、电话号码、程序模块测试、遗传物质（DNA、RNA）、汽车牌照、灌木种植、游戏摸奖、灯泡的质量检测、工程进度管理、决策问题十个问题。

课标结合素养测评，在应用题的编制上给出了一些示例，其中，案例20—35分别设置了课标提及的现实情境、数学情境、科学情境三类情境问题。案例20函数图象、案例21传令兵问题、案例22跑道问题、案例25覆盖问题、案例26鞋号问题、案例27包装彩绳、案例30影子问题、案例31圆柱体截面问题、案例32过河问题和案例33隧道长度属于现实情境问题，案例28体重与脉搏属于科学情境问题。

2019年，刘来福主编出版了《高中数学建模》。书中使用的例题大多是高中数学应用知识竞赛的试题。这本书的特点是在基础篇对主流数学模型做了初等化处理，包括轮廓模型与量纲分析、拟合模型与最小二乘法、机理模型与平衡原理等，即把高等数学中的模型用高中生就能基于课内知识方法解读的方式进行简化，如把微分离散为差分等，使得原本只能在高等数学范畴内解决的问题在初等数学范畴内也有了解决的可能性。需要注意的是，这对高观点下的数学应用题命制有很强的指导意义。

自2019年起使用的高中新数学教材在应用题的编写方面做了不少改进。吴忠伟在《核心素养视角下的高中应用题新特点及教学策略——以新人教A版高中数学必修第一册为例》中，对新人教A版高中数学必修第一册中的应用题特点做了总结，认为新教材中的应用题具有以下特点并辅以教材中的题目加以说明：(1) 应用题的内容选材与时俱进。上一版教材已使用了十几年，部分内容距离学生实际生活体验很远，不能被学生所理解，这些内容都已经删除。在新教材当中增加了与时代同步的如大数据、数字经济等方面的内容。(2) 应用题的内容选材具有教育性，学生在解决问题的同时能够获取教育信息，新教材在这方面起到了很好的示范作用。(3) 应用题的数字内容具有真实性，新教材摒弃了以往应用题中经过处理的"理想数据"，与实际数据接轨，保证数据真实有效。(4) 应用题的跨学科内容大幅增加，让学生超越学科的界限进行思考，新教材当中也适时引入跨学科融合的习题。(5) 增加应用题的开放题型，应用题的开放性设计让学生逐步学会提出问题，更能理解数学问题的本质。

自2019年以来，高考数学命题时对应用题给予了较多关注，其特点是背景多样，努力切合学生的生活实践问题情境，体现了高考命题情境的公平性。这些命题在引导关注数学文化以及体现德智体美劳全面发展教育方针上有积极的意义。具体见表2-3-1至表2-3-4。

表 2-3-2 2020 年高考江苏卷数学应用题相关指标分析

题号	题型	分值	情境	知识点	开放性	题量及分数占比
4	填空题	5	抛骰子	概率	封闭	共4题,$\frac{34}{200}=17\%$
9	填空题	5	六角螺帽	立体几何	封闭	
17	解答题	14	山谷中建桥	测量，抛物线，函数最值	封闭	
23	解答题（必做题）	10	摸球	概率，建立数列递推关系，数学期望	封闭	

表 2-3-3 2020 年高考北京卷数学应用题相关指标分析

题号	题型	分值	情境	知识点	开放性	题量及分数占比
10	选择题	4	阿尔·卡西求π值的方法	解三角形	封闭	共3题,$\frac{23}{150}\approx15.3\%$
15	填空题	5	污水治理	函数图象	封闭	
18	解答题	14	校活动方案支持度	概率	封闭	

表 2-3-4 2022 年高考数学应用题相关指标分析

试卷	题号	题型	分值	情境	分数占比
新高考全国Ⅰ卷	4	选择题	5	南水北调工程（立体几何）	共2题,$\frac{17}{150}\approx11.3\%$（2022年生活实践问题情境最低占比）
	20	解答题	12	地方性疾病与当地居民卫生习惯（独立性检验、条件概率）	
新高考全国Ⅱ卷	3	选择题	5	古建筑的哲学和美学（解三角形、直线方程、数列）	共3题,$\frac{22}{150}\approx14.7\%$
	5	选择题	5	文艺汇演排队（排列组合）	
	19	解答题	12	流行病调查（概率统计）	

(续表)

试卷	题号	题型	分值	情境	分数占比
全国甲卷（理科）	2	选择题	5	垃圾分类知识问卷（统计）	共3题，$\frac{22}{150}\approx14.7\%$
	8	选择题	5	会圆术（弧长近似计算）	
	19	解答题	12	体育竞赛（概率）	
全国甲卷（文科）	2	选择题	5	垃圾分类知识问答（统计）	共4题，$\frac{34}{150}\approx22.7\%$（2022年生活实践问题情境最高占比）
	6	选择题	5	抽取卡片（古典概型）	
	17	解答题	12	长途客车营运（概率）	
	19	解答题	12	封闭包装盒设计（立体几何）	
全国乙卷（理科）	4	选择题	5	人造卫星探月（数列）	共4题，$\frac{27}{150}=18\%$
	10	选择题	5	下棋比赛（概率）	
	13	填空题	5	社区服务（概率）	
	19	解答题	12	环境治理（概率统计）	
全国乙卷（文科）	4	选择题	5	学生课外体育运动时长（概率统计）	共3题，$\frac{22}{150}\approx14.7\%$
	14	填空题	5	社区服务	
	19	解答题	12	环境治理（概率统计）	

从以上的分析可以看到，近年来在高中数学应用题的内容创新方面有很多突破，特别在应用题的内容选材上与时俱进、具有教育性和真实性，以及在跨学科性等方面得到了可喜的关注，对传统应用题编制存在的问题进行了积极的修正。但需要注意，目前各方面的思考仍然比较零碎，命题点未梳理成体系，在应用题命制的内容创新方面仍未形成系统的指导性意见，高中的师生在教学和备考时会感觉内容范围太宽泛而不易把握，这样不利于引导教学聚焦解决问题。要在这方面取得突破，需要在生活实践情境体系构建方面下大功夫。我们将在本书第四章数学科高考命题的情境体系构建中论述这个问题。

（三）数学应用题编制的原则与技术研究综述

任子朝在《创设应用情境　考查学生素质——谈高考数学应用题的考查》中提出，数学应用问题大致可分为以下四个不同的层次：（1）直接套用现成公式计算。（2）利用现成的数学模型对应用问题进行定量分析。（3）对于已经经过加工提炼的，忽略了次要因素，保留下来的诸因素关系比较清楚的实际问题建立数学模型。(4) 对原始的实际问题进行分析加工，提炼数学模型。对于以上四个层次，认为直接套用公式计算与实际背景关系不大，达不到考查应用的目的，而直接面对原始的实际问题则又要求过多的实际经验与其他方面的专门知识，以至数学反降为次要，因此，考查应用应以二、三层次为宜。

《创设应用情境 考查学生素质——谈高考数学应用题的考查》中提出，为保证考试的公平性，应用题所涉及的实际问题情境对所有考生应是熟悉的。应用问题不完全等同于实际问题，在解决应用问题或将实际问题抽象为数学问题的过程中所涉及的有关知识和方法应是考生已经学过的。在编拟应用题时应注意，一方面应考虑高考是纸笔限时考试，考生的思考时间是有限的；另一方面为了表述清楚应用情境，便于考生理解其与抽象数学关系，通常应用问题的叙述较长，考生需要较长时间理解题意，因此题目的叙述应当明确，避免歧义，便于考生解题。应用问题都有一定的实际背景，因此需要考虑的条件较多，解决方法一般也是在综合考虑各方面的限制条件平衡后的结果，解决方法很多，因此答案一般不唯一。近几年在应用题的命题过程中，为保证评卷客观、公正，便于操作，控制评分误差，题目命制时适当地限制了一些条件，相对抽象、规范化，控制答案的数量，答案有客观的对、错，有明确的评分标准。事实上，应用问题对命题和评分都提出了新的问题，也提供了试验的素材，今后在开放题型的命制、多答案的试题的评分等方面都可以进行更进一步的探索。

胡亚雅在《我国高考数学应用题特点和变化规律的研究》中提出了如下应用题的编制原则：(1) 应有真实的实际背景。(2) 贴近学生的生活，提高学生的学习兴趣。(3) 帮助学生理解一般的社会知识和科学知识。(4) 所涉及的数学知识不应超出教学大纲的要求范围。(5) 具有典型性，能使学生形成科学的思维方式解决问题，进而达到逻辑推理和横向知识渗透的目的。(6) 科学性、通俗性、趣味性融为一体，用词流畅、准确、无歧义。

张翠伟在《初中数学开放式应用题编制研究》中提出了将数学模型设计成开放题的过程（图 2-3-2）。

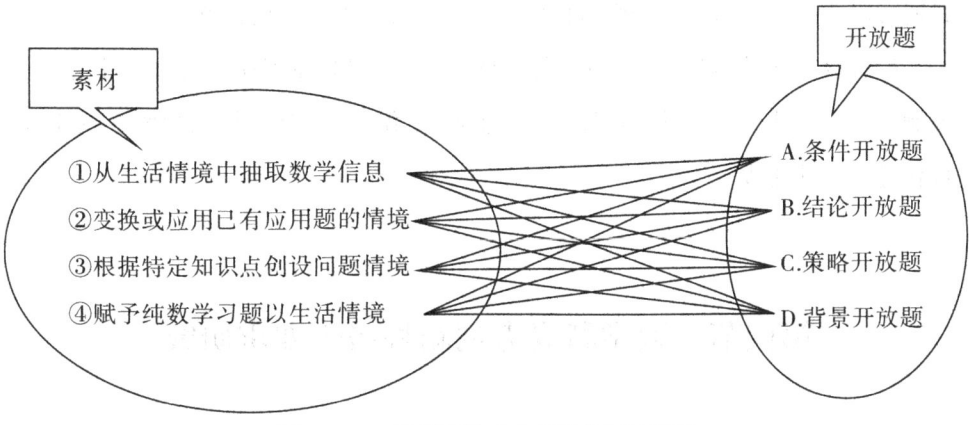

图 2-3-2　数学开放式应用题编制过程图

孙欣在《高考数学应用题的评价研究——从数学建模和表征的视角》中提出，高考应用题的编制应兼顾表征和建模两个方面。在表征方面，编制时应做到表述简练、准确、无歧义，关键信息不宜过于分散。至于建模方面，首先，应用背景的选取应该做到通俗易懂、积极向上、兼顾地区特性、文理公平、性别公平、数据合理、问题真实；其次，数学建模和解模过程涉及的知识应该是主干知识，且知识点丰富、计算量适中，数学化层次不宜过低；最后，在还原与检验过程中，结果应该是确定的，将结果还原到实际背景中应该是合理的。

黄英芬等在《从应用题到建模问题的回译——一种开发数学建模素材的新思路》中提出，把一道应用题回译成一道或若干道建模题需要经历以下四个步骤：（1）调整数据。隐藏那些适于学生调查或测量的数据，给学生留出亲身体验的机会。（2）现实化。重新组合题目的要素，并还原真实场景，使问题更加有意义。（3）延伸。考虑解决这个问题更多、更实际的因素，使问题得到更好的解决。（4）发散。联系类似的情景，以便找到更多的建模问题。

杨昌红等在《高中数学新教材中数学建模内容的处理——以人教 A 版和北师大版为例》中提出，数学建模题和传统数学应用题都属于数学应用问题的范畴，但从题目本身和解题的思维过程角度来看，两者并不能等同。数学建模题通过添加适当的参数、赋予数值可以转换为传统数学应用题，而传统数学应用题通过隐藏参数、添加解释则可以转化为一个开放的数学建模题。

综合以上文献的观点可以看到，对应用题的编制原则还需要进一步充实，编制流程和方法还有待进一步提炼。我们将在第五章论述情境化命题参数和情境化题目设计流程。

第四节　数学科高考创新性考查要求研究

素质教育的突出特征之一就是强调创新性。高考关注与创新密切相关的能力和素养，要求学生在正确的思想观念引领下，在开放性的综合情境中创造性地解决问题，形成创造性的结果或结论。

一、数学科高考创新性的内涵

《中国高考评价体系说明》指出：素质教育中的智育和以往教育理念中的智育最大的不同在于其对创新性的强调。发散思维、逆向思维、批判性思维等思维品质是创新思维的重要特征，具体体现在学生具备敏锐发现旧事物缺陷、捕捉新事物萌芽的能力，具备进行新颖推测和设想并周密论证的能力，具备探索新方法、积极主动解决问题的能力。创新性要求创设合理情境，设置新颖的试题呈现方式和设问方式，要求对即将进入高等学校的学习者，在新颖或陌生的情境中主动思考，完成开放性或探究性的任务，发现新问题、找到新规律、得出新结论的水平进行测量和评价。

课标用"数学建模活动与数学探究活动"主题界定高中数学创新性教学内容，指出：(1) 数学建模活动是对现实问题进行数学抽象，用数学语言表达问题、用数学方法构建模型解决问题的过程。主要包括：在实际情境中从数学的视角发现问题、提出问题，分析问题、构建模型，确定参数、计算求解，检验结果、改进模型，最终解决实际问题。数学建模活动是基于数学思维运用模型解决实际问题的一类综合实践活动，是高中阶段数学课程的重要内容。（2）数学探究活动是围绕某个具体的数学问题，开展自主探究、合作研究并最终解决问题的过程。具体表现为：发现和提出有意义的数学问题，猜测合理的数学结论，提出解决问题的思路和方案，通过自主探索、合作研究论证数学结论。数学探究活动是运用数学知识解决数学问题的一类综合实践活动，也是高中阶段数学课程的重要内容。

课标中的两项创新性活动与"三会""四能"紧密关联，就数学的"横向研究"和"纵向研究"两个维度明确了创新能力的表现，结合案例7"停车距离问题"、案例11"正方体截面的探究"、案例15"测量学校内、外建筑物的高度"、案例16"用向量方法研究距离问题"等说明数学建模、数学探究活动开展的方式方法。课标中有5个核心素养测评的案例，包括案例23"距离问题"、案例24"四棱锥中的平行问题"、案例27"包装彩绳"、案例30"影子问题"、案例33"隧道长度"，都适合在闭卷下完成，也较好地体现了创新性维度的要求。

例2.31 （案例23 距离问题）

【情境1】在数轴上，对坐标分别为 x_1 和 x_2 的两点 A 和 B，用绝对值定义两点间的距离，表示为 $d(A,B)=|x_1-x_2|$. 回答下面的问题：

（1）在数轴上任意取三点 A，B，C，证明 $d(A,B) \leq d(A,C)+d(B,C)$.

（2）设 A 和 B 两点的坐标分别为 -3 和 2，找出满足 $d(A,B)=d(A,C)+d(B,C)$ 的点 C 的范围，再找出满足 $d(A,B)<d(A,C)+d(B,C)$ 的点 C 的范围.

【情境2】城市的许多街道是相互垂直或平行的，因此，往往不能沿直线行走到达目的地，只能按直角拐弯的方式行走. 如果按照街道的垂直和平行方向建立平面直角坐标系，对两点 $A(x_1,y_1)$ 和 $B(x_2,y_2)$，类比"情境1"中的方

式定义两点间的距离为 $d(A,B)=|x_1-x_2|+|y_1-y_2|$，回答类似的问题：

(1) 在平面直角坐标系中任意取三点 A，B，C，证明 $d\sqrt{(A,B)} \leq d(A,C)+d(B,C)$.

(2) 设 A 和 B 两点坐标分别为 $A(x_1,y_1)$ 和 $B(x_2,y_2)$，找出满足 $d(A,B)=d(A,C)+d(B,C)$ 的点 C 的范围，再找出满足 $d(A,B)<d(A,C)+d(B,C)$ 的点 C 的范围.

评析：本案例的创新性特征在于清晰地引导了从一维到二维距离定义的类比抽象过程，这是一种导向数学发现的重要视角和手段。要求面对新情境完成探究点 C 范围的任务。

例 2.32 （案例 24　四棱锥中的平行问题）

【情境】如图 2-4-1 所示，在四棱锥 P-$ABCD$ 的底面 $ABCD$ 中，$AB//DC$. 回答下面问题：

(1) 在侧面 PAB 内能否作一条直线段使其与 DC 平行？如果能，请写出作图过程并给出证明；如果不能，请说明理由.

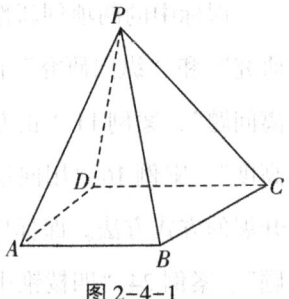

图 2-4-1

(2) 在侧面 PBC 中能否作一条直线段使其与 AD 平行？如果能，请写出作图的过程并给出证明；如果不能，请说明理由.

评析：本案例的创新性特征主要体现在设置了新颖的试题呈现方式和设问方式，要求考生在新颖的或陌生的情境中主动思考，完成存在性探究的任务。

例 2.33（案例 27　包装彩绳）

【情境】春节期间，佳怡准备去探望奶奶，她到商店买了一盒点心. 为了美观起见，售货员对点心盒做了一个捆扎（图 2-4-2），并在角上配了一个花结. 售货员说，这样的捆扎不仅漂亮，而且比一般的十字捆扎（图 2-4-3）包装更节省彩绳. 你同意这种说法吗？请给出你的理由.（注：长方体点心盒的高小于长、宽）

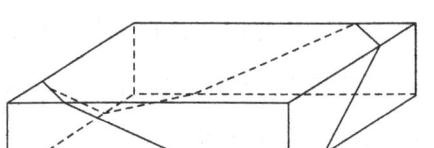
图 2-4-2

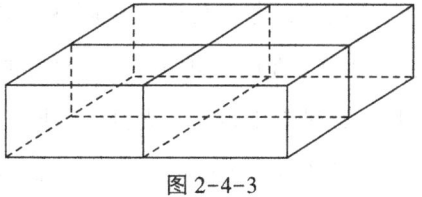
图 2-4-3

评析：本案例的创新性特征主要体现在要求在实际情境中从数学视角发现问题、提出问题、分析问题，完善对问题的阐述解释，并得出合理的问题解决办法。

例 2.34　（案例 30　影子问题）

【情境】如图 2-4-4 所示，广场上有一盏路灯挂在高 10 m 的电线杆顶上，记电线杆的底部为 A．把路灯看作一个点光源，身高 1.5 m 的女孩站在离点 A 5 m 的点 B 处．回答下面的问题：

（1）若女孩以 5 m 为半径绕着电线杆走一个圆圈，人影扫过的是什么图形？求这个图形的面积．

（2）若女孩向点 A 前行 4 m 到达点 D，然后从点 D 出发，沿着以 BD 为对角线的正方形走一圈，画出女孩走一圈时头顶影子的轨迹，说明轨迹的形状．

图 2-4-4

评析：本案例的创新性特征主要体现在要求在实际情境中从数学视角发现问题、提出问题、分析问题，发现规律。

二、高考对创新性考查的关注

任子朝等在《高考加强创新能力考查的研究》中对高考创新能力考查提出了 3 个考查目标：（1）考查敢于质疑和批判的思维能力。创新从思考和质疑开始。高考要考查敢于质疑、敢于批判的思维能力，要求学生从多角度、开放式地思考问题，考查其独立对问题或观点提出不同看法并进行论证和探讨的能力。(2) 考查自主决策并发表见解的能力。设计试题时应努力创设自主思考的情境，鼓励学生独立发表自己的见解，考查学生审阅资料获取信息，分析、比较、评价不同观点的能力，同时能够根据自己的独立判断就某一种观点运用相关知识阐明理由。(3) 考查独立自主设计方案的能力。通过试题设问，考查学生综合运用归纳、演绎、比较、概括等逻辑学的方法，辩证地讨论问题的条件、要求和结论等各个影响因素，提出分析和研究问题的思路、策略、方法和步骤，独立地解决问题，并能用文字和专业术语进行清晰的表达和交流。

2019—2022 年数学科高考全国卷在开放题创新方面做了很好的尝试，《聚焦核心素养　考查关键能力——2021 年高考数学全国卷试题评析》中做了如下归纳：

（1）"举例问题"灵活开放。数学科的"举例问题"要求考生根据题目给出的要求、性质和定理等条件，从题干中获取信息，整理信息，写出符合题干要求的结论或具体实例。以往的数学试题是给出具体的数学对象，要求考生研究对象的性质，而"举例问题"是给出一些条件和性质，要求考生列举出符合条件的对象。通常情况下，符合条件的对象有很多，从而增加了试题的开放度。"举例问题"在 2021 年高考数学中首次出现。

例 2.35　（2021 年新高考全国 II 卷数学第 14 题）

写出一个同时具有性质①②③的函数 $f(x)$：_____.

① $f(x_1 x_2) = f(x_1) f(x_2)$；② 当 $x \in (0, +\infty)$ 时，$f'(x) > 0$；③ $f'(x)$ 是奇函数.

评析：该题要求考生在理解条件①②③的基础上，构建出一个函数 $f(x)$。由于答案是开放的，所以在考查思维的灵活性方面起到了很好的作用，同时也给不同水平的考生提供了充分发挥自己数学能力的空间。

（2）"结构不良问题"适度开放。数学科的"结构不良问题"包括：①问题条件或数据部分缺失或冗余；②问题目标界定不明确；③具有多种解决方法、途径；④具有多种评价解决方法的标准；⑤所涉及的概念、规则和原理等不确定。高考数学科中的结构不良试题不要求考生自己补充缺失的条件，而是在给出的几个条件中，要求考生先选择后补充，体现了命题的适度开放，见例1.19（2022年新高考全国Ⅱ卷数学第21题）等。

（3）"存在问题"有序开放。数学科的"存在问题"要求学生根据题目所给的条件，判断符合题目条件的对象是否存在，如果对象存在就进行证明，如果对象不存在则说明理由。通常情况下，"存在问题"包括判断数值、点、直线、平面、图形等是否存在。"存在问题"不同于一般的证明题，需要学生先判断符合条件的对象是否存在，再进行证明，从而能够较好体现解决问题的有序性和开放性。

例2.36 （2021年新高考全国Ⅱ卷数学第18题）

记$\triangle ABC$的内角A，B，C的对边分别为a，b，c. 已知$b=a+1$，$c=a+2$.

（1）若$2\sin C=3\sin A$，求$\triangle ABC$的面积.

（2）是否存在正整数a，使得$\triangle ABC$为钝角三角形？若存在，求a；若不存在，说明理由.

评析：本题的背景选取自教材，内容贴近学生生活。已知$\triangle ABC$的对边分别为a，$a+1$，$a+2$，第（2）问要求考生判断是否存在正整数a，使得$\triangle ABC$为钝角三角形，并运用数学推理说明理由。试题设计具有开放性，本题重点考查逻辑推理能力和运算求解能力。

三、数学高考创新性考查题的特征与认知操作维度

根据高考创新性考查的要求，数学科高考创新题的主要特征为：有新颖的试题呈现方式和设问方式，有对学生而言新颖或陌生的环境。数学科高考创新题要求学生完成开放性或探究性的任务，任务包括：（1）发现问题、合理提出问题。（2）对问题或观点进行质疑批判，并给出合理的说明。（3）自主决策并

发表见解。(4) 找到新规律,得出新结论。(5) 自主设计,提出分析和研究问题的思路、策略、方法和步骤,独立地解决问题,并能用文字和专业术语进行清晰的表达和交流。

不难看出,数学高考创新题与布卢姆的认知操作应用(之实施)、分析、评价、创造具有一致性。事实上,从认知操作维度的视角能更好地界定创新性考查题的特征。

《布卢姆认知目标分类修订的二维框架》对应用(之实施)、分析、评价、创造等认知操作维度做了界定。

(1) 应用(之实施):发生于学习者选择和运用程序以完成一个不熟悉的任务。因为要求做出选择,所以学习者必须理解问题的类型及适用程序的范围。所以,实施常常与其他认知过程(如理解和创造)综合使用。实施的替换说法可以是"使用"。由于学习者面临的是一个不熟悉的问题,所以也难以立即知道哪一个程序是适用的。更重要的是,似乎没有单一的程序是完全适合的,或多或少要做出一些调整。实施同运用技巧或方法类的程序性知识有关。它们有两个特点:一是程序并非固定,而是一组有不同"决策点"的流程;二是正确运用程序时常常不存在单一的、固定不变的答案,尤其是在运用概念性知识时更是如此。在"应用"这一认知过程连续统一体中,"执行"程序性知识是一端,"实施"程序性知识处于中间位置,"实施"概念性知识则是另一端。

例 2.37 (牙膏出厂价问题)

日常生活中,我们都有一些小常识,比如在商店购买商品时,买大包装比买小包装更划算,这是由商品的出厂价格决定的. 某厂家生产牙膏出售,其中 60 g 装的牙膏出厂价为每支 1.15 元,150 g 装的牙膏出厂价为每支 2.25 元. 现该厂家根据客户的需要生产 180 g 装的牙膏,请你确定牙膏出厂的价格.

评析:这是一道基于轮廓模型编写的常见数学建模题。这道数学建模题的特点之一是程序并不固定,而是一组有不同"决策点"的流程;之二是正确运用程序时常常不存在单一的、固定不变的答案。

（2）分析：是指将材料分解为其组成部分并且确定这些部分是如何相互关联的。这一过程包括区分、组织和归属。

①区分：是指学习者能够按照其恰当性或重要性来辨析某一整体结构中的各个部分。区分的替换说法可以是"辨别""选择""区别""聚焦"。

②组织：是指确定事物和情境的要求，并识别其如何共同形成一个一致的结构。在进行组织时，学习者要努力构建信息之间系统一致的联系。组织常常与区分一起进行。也就是说，先要确定相关的或重要的因素，然后考虑要素适配的总体结构。组织的替换说法可以是"形成结构""整合内容""寻求一致"等。

③归属：是指学习者能够确定沟通对象的观点、价值和意图等。归属属于"解构"的过程，期间学习者要确定作者的意图。如果要作出"解释"，学习者只要去理解材料的意义就可以了，但"归属"则要求超越基本理解去推断材料的意图或观点。归属的替换说法可以是"解构"。

例 2.38

如果存在常数 $T>0$，使得对任意的 $x\in \mathbf{R}$，都有 $f(x+T)=f(x)$，则称 $f(x)$ 为周期函数. 有些函数虽然不是周期函数，但也有一些很相近的性质，例如函数 $g(x)=2x+\sin x$，对任意的 $x\in \mathbf{R}$ 总有 $g(x+2\pi)-g(x)=2\pi\neq 0$ 成立，又如函数 $h(x)=x+(-1)^x$，$x\in \mathbf{Z}$，对任意的 $x\in \mathbf{Z}$，总有 $h(x+2)-h(x)=2\neq 0$ 成立. 我们把有这种性质的函数称为"准周期函数".

（1）请写出"准周期函数"的定义；

（2）试判断 2π 是不是函数 $f(x)=\sin x$ 的准周期，并说明理由；

（3）请另给出一个"准周期函数"的例子［不同于题目给出的函数 $g(x)$ 和 $h(x)$］，并验证这个函数是"准周期函数".

评析：本题要求分析材料，提炼规律并下新定义；通过验证及举例进一步确定对象的归属。

(3) 评价：是依据准则和标准来做出判断。评价包括核查（有关内在一致性的判断）和评判（基于外部准则所做的判断）。尤其要指出的是，并非所有的判断都是评价。实际上，许多认知过程都要求某种形式的判断，只有明确运用了标准来做出的判断，才属于评价。

①核查：是指对某一操作或产品检查其是否内在一致。例如，结论是否从前提中得出，数据是否支持假设，呈现的材料是否互相有矛盾等。当核查与"计划"和"实施"相结合运用时，就可以确定该计划是否运作良好。核查的替换说法可以是"检验""查明""监控""协调"。

②评判：是指基于外部准则或标准来判断某一操作或产品。评判是批判性思维的核心。评判的替换说法可以是"判断"。

例2.39　（2022年7月梅州市高一数学期末第22题）

梅州市沙田柚根据色泽、果面、风味等评分指标打分，得分在区间$(0,25]$，$(25,50]$，$(50,75]$，$(75,100]$内分别评定为三级柚、二级柚、一级柚、特级柚。某经销商从梅州市柚农手中收购一批沙田柚，共M袋（每袋50 kg），并随机抽取20袋分别进行检测评级，得分数据的频率分布直方图如图2-4-5所示。

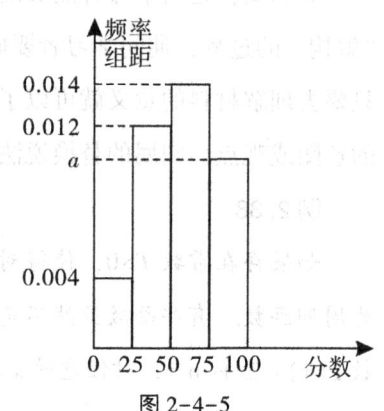

图2-4-5

(1) 求a的值，并用样本估计该经销商采购的这批沙田柚的平均得分。

(2) 该经销商计划在下面两个方案中选择一个作为销售方案：

方案1：将采购的这批沙田柚不经检测，统一按每袋350元直接售出；

方案2：将采购的这批沙田柚逐袋检测分级，并将每袋沙田柚重新包装成5小袋（每小袋10 kg），检测分级所需费用和人工费平均每袋20元，各等级沙田柚每小袋的售价和包装材料成本如表2-4-1所示。

表 2-4-1

沙田柚等级	三级	二级	一级	特级
售价/（元·小袋$^{-1}$）	55	68	85	98
包装材料成本/（元·小袋$^{-1}$）	2	2	4	5

假设这批沙田柚各级比例按前面随机抽取的 20 袋的样本结果估计，并可以全部销售出去，那么该经销商采用哪种销售方案所得利润更大？请通过计算说明理由．

评析：本题需要评判方案的优劣并做出选择。

（4）创造（创新）：是将要素整合为一个内在一致或功能统一的整体。这一整体往往是新的"产品"。这里所谓的新产品，强调的是综合成一个整体，而不完全是指原创性和独特性。"创造"必须从多种来源抽取不同的要素，然后将其置于一个新颖的结构或范型中。创新的过程可以分解为三个阶段。第一是问题表征阶段，此时学习者试图理解任务并形成可能的解决方案；第二是解决方案的计划阶段，此时要求学习者考察各种可能性并提出可操作的计划；第三是解决方案的执行阶段。所以，创造过程始于提出多种解决方案的"生成"，然后是论证一种解决方案并制订行动"计划"，最后是计划的"贯彻"。

①生成：是指学习者能够表征问题和得出符合某些标准的不同选择路径或假设。通常最初问题表征时所考虑的解决路径有多种，经反复推敲调整，会形成新的解决路径。这里的"生成"同"理解"过程中各个认知子过程不完全一样。一般来说，理解所包含的各个认知子过程也都带有生成的功能，但往往是求同的，如领会某一种意思，而此时的生成却是求异的，要尽可能提出不同的解决路径。生成的替换说法可以是"提出假设"。

②计划：是指策划一种解决方案以符合某个问题的标准，也就是说，形成一种解决问题的计划。计划的替换说法可以是"设计"。

③贯彻：是指执行计划以解决既定的问题。贯彻要求协调四种类型的知

识，同时也不是必须强调原创性和独特性。贯彻的替换说法可以是"构建"。

不良结构题，如例 1.27 等，需要解题者将几个独立的条件置于一个新颖的结构或范型中，生成一个新的命题，并论证其正确性，这属于创造的认知操作。

四、开放题、创新题编制的两本书

戴再平主编的《开放题——数学教学的新模式》及王国江等编著的《高中数学探究与创新性问题：思想·探究·迁移·展望》在创新性题目编制方法方面有很好的引领示范性。

（一）戴再平主编的《开放题——数学教学的新模式》

戴再平在《开放题——数学教学的新模式》中提出，数学开放题是指那些答案不唯一，并在设问方式上要求学生进行多方面、多角度、多层次探索的数学问题。对于数学开放题，取不同标准进行分类有助于开放题的理论研究、编制和解答。答案不唯一是开放题的基本特征。一道数学题的开放性（开放程度）在很大程度上取决于这道题采取何种设问方式。即使是一道传统的封闭性数学题，也可以通过改变其设问方式而将其改编为具有开放性的题目。数学开放题有以下两个基本特点：(1) 问题的条件往往是不完备的。一道开放题的条件可以不足，也可以多余。条件不足时要求学生予以补充，条件多余时要求学生进行选择。(2) 开放题的答案可以是不确定的，具有层次性。开放题解答的多样性决定了其能够满足各种层次水平的学生的需要，使他们可以在自己的能力范围内解决问题，从而反映学生能力的层次性。戴再平提出数学开放题的常见题型可归纳成表 2-4-2。

表 2-4-2 数学开放题分类

按命题要素分类	按答案结构分类	按解题目标分类	按编制方法分类
条件开放题、策略开放题、结论开放题、综合开放题	有限穷举型、有限混沌型、无限离散型、无限连续型	找规律或关系、量化设计、分类与整理、举例、数学建模、提问题、情境题、评价、一题多解	条件不足的问题，逆的问题，计数问题的弱化、变化与推广

（二）王国江等编著的《高中数学探究与创新性问题：思想·探究·迁移·展望》

王国江等在《高中数学探究与创新性问题：思想·探究·迁移·展望》中梳理出一些探究与创新能力问题的类型及解决方案。书中把探究性问题分为反溯条件型、探究结论型、探究性质型、存在判断型、构造设计型等类型，要求学生运用相关的数学思想方法和科学研究方法，对问题进行探究，寻求数学对象的规律，并要求学生正确地表述探究过程和结果。创新性问题分为概念学习型、公式学习型、方法学习型等类型，要求学生在新的情境中，正确地表述数量关系和空间形式，并在创造性地思考问题的基础上，对较简单的问题得出一些结论。《高中数学探究与创新性问题：思想·探究·迁移·展望》在探究性、创新性问题的编制方面有较清晰的思路，对概念及问题的界定较清晰。

1. 探究性问题

（1）反溯条件型：一般是已知某些条件和问题的结论，探究为使结论成立，还需满足什么条件，解答的策略是分析逆推，即通过对结论进行分析、逆推，追溯其成立的条件。

（2）探究结论型：一般是已知某些条件，探究满足已知条件的一般性结论。解答策略是通过观察、试验特殊情况，从特殊到一般进行归纳，猜想出结论，或从已知条件出发进行推理，得到某些结论。

（3）探究性质型：通常是给出某种性质，要求运用该性质解决某些问题，或探究是否满足这种性质。解答的策略是阅读和理解性质的内容，运用性质解决问题。

（4）存在判断型：一般是已知某些条件，问是否存在某种数学对象，使得某种结论成立。解答的策略是，通常先假设符合条件的数学对象存在，然后进行运算和推理。如果经过运算后能求出这个数学对象，并且经过推理后没有产生矛盾，那么说明符合条件的数学对象存在；如果经过运算后无法求出这个数学对象，或者经过推理后产生矛盾，那么说明符合条件的数学对象不存在。在某些情况下，也可以尝试具体找出符合条件的数学对象，从而直接证明其存在。

（5）构造设计型：一般是已知某些条件，问是否存在符合条件的某种数学对象。解答的策略是，通过运算和推理，构造设计出一个符合条件的对象。

2. 创新性问题

（1）概念学习型：此类题型在已知条件中给出新概念的名称、符号和定义，要求判定所给对象是否符合新概念，或利用新概念进行简单的计算或证明，或探究新概念的某些属性。解答此类问题的基本方法是熟悉和记住新概念的名称和符号，阅读和理解新概念的定义，弄清与相近概念之间的联系和区别，找到熟悉的模型。

（2）公式学习型：通常是给出一种运算公式，要求运用公式解决某些问题，或探究公式的某些属性。解答的策略是分清公式的条件和结论，寻找满足公式的条件，理解公式的本质，变陌生为熟悉，并建立要解决的问题和公式之间的联系。

（3）方法学习型：通常是给出一个问题和它的解题过程，要求用上述问题的解题方法解另一个问题。解答的策略是阅读理解解题过程，提炼解题方法和步骤，迁移解题方法解决类似的问题。

五、基于高阶知识背景的创新题编制

（一）"基于高阶知识背景编题"的界定

在数学命题技术中，有两个流传比较广的词："高观点命题"和"基于高等数学背景命题"。

"高观点"提法的历史背景之一是 19 世纪末 20 世纪初英国爆发的一场数学教学改革运动，人们称之为"克莱茵-贝利运动"。在这场运动中，菲利克斯·克莱茵写出《高观点下的初等数学》，"主张加强函数和微积分的教学，并借此改革充实代数内容""另一方面则强调把解析几何纳入中学数学教学内容，并用几何变换的观点改造传统的几何"[1]。这场运动及相关的观点得到广泛的认同，从而导致目前中小学数学教学内容的一些重要变革，即高等数学基础性的内容经"初等化"（以中小学生能接受的方式）成为中小学数学教学内容的重要组成部分，特别是在目前的高中数学教学内容中，高等数学的内容占比已经很重。在后续的认识中，"高观点"是指用高等数学（包括经典高等数学和现代数学）的知识、思想和方法来分析和解决初等数学的问题，于是"高观点试题"是指以高等数学为背景的中学数学试题，相应的"初等数学"或"现代初等数学"则指"中学数学"。

经过对"初等数学"与"高等数学"划分界定的研究，我们发现由于数学本身的持续发展，"初等数学"与"高等数学"并没有一个明确的划分界限。有学者把 16 世纪以前的数学称为"初等数学"，16 世纪以后的数学称为"高等数学"。这种划分界限主要的标识是"变量"，是从"常量数学"往"变量数学"的发展，第一个里程碑是"解析几何"的建立。解析几何是几何与代数结合的产物，变量使运动变化的定量描述成为可能，也为微积分的创立奠定

---

[1] 张劲松. 论"高观点下的初等数学"及其在新课标中的体现 [J]. 数学教学研究，2008（4）：2-5.

了基础。从这种观点看，目前的中学数学已经深受"高等数学"思想及内容的影响，因此把"初等数学"等同于"中学数学"显得牵强。

另外，并不是所有的高等数学知识都可以被直接应用于解决初等数学问题，有些初等数学问题不能也没有必要用高等数学知识来解决，如初等数论中的诸多问题、组合数学和图论中的诸多问题，又如中学平面几何及立体几何中的很多问题首先需要立足公理体系之上进行分析推演，而不是急切地建系用代数方法解决。所以，进入大学以后，从数学发展的学科基础性及应用技术的拓展性来说，"初等数学"的学习仍有很大的必要性。从这一方面看，把"高等数学学习"等同于"大学中的数学学习"也是不对的。

高考作为一种学生进入大学的选拔性考试，需要考查学生对进入高级阶段学习必需基础知识的掌握程度，以及考查学生是否具备与学科高级阶段学习相一致的学习方式与学习能力，这类问题情境是对大学数学学习问题情境的仿真。于是，以"大学中的数学学习知识"为背景的中学数学试题是一类有价值的试题。

综合以上分析，我们提出"基于高阶知识背景的编题"。"高阶知识"是相对中学生而言的，指大学中的数学（课程）学习知识，包括陈述性知识、程序性知识和基本的元认知。基于高阶知识的编题是指以大学中的数学（课程）学习知识，包括数学概念、公式、定理、性质或常用的思想方法等为背景的编题。试题虽源于大学中的数学课程，但能用中学数学知识及数学通法解答。这样的"基于高阶知识的试题"体现了数学科学的整体性和数学教育的连续性，是中学数学知识方法的合理延伸，以此为题源创设新的问题情境具有学科背景的真实性，能更有效地考查学生的思维能力和继续学习数学的潜能，是较好兑现高考作为高校人才选拔考试功能的重要命题背景材料。

（二）"基于高阶知识背景编题"的研究综述

自 2009—2022 年，有部分硕士论文❶较好地概括了近 10 年来基于大学中

---

❶ 张夏强，《"高观点"数学试题的编制研究》. 朱亚丽，《基于高等数学背景下的高考数学试题命题方法研究》. 吴联荣，《"高观点"下的初等数学不等式考题分析与探究》. 张佳沈，《高观点下的高中几何问题及教学研究》. 王雅倩，《高观点下高考数学试题的研究》.

数学课程的背景命题的成果，其中的"高等数学背景"重点指向大学数学中微积分、高等代数、高等几何等课程。所论述的编制方法主要有两个角度：一是立足某门大学数学课程内容研究中学数学题目的编制，如立足数学分析、高等数学、高等几何等；二是以高等数学概念、公式、定理、性质或常用的思想方法等为题源编制中学数学题的方法着手展开讨论。

张夏强在《"高观点"数学试题的编制研究》中从高等数学知识结构的视角概括出8种编题方法：(1) 以高等数学概念、符号为背景设计试题。(2) 以高等数学运算系统为背景设计试题。(3) 以高等数学公式为背景设计试题。(4) 以高等数学定理为背景设计试题。(5) 以高等数学性质为背景设计试题。(6) 以高等数学中的著名问题为背景设计试题。(7) 以高等数学知识的实质性推广为背景设计试题（这里指利用推广的方法构造数学问题）。(8) 以高等数学思想、方法为背景设计试题（如构造施密特正交基的思想、极限思想、仿射变换的思想等）。

例2.40 （2008年高考福建卷理科数学第16题）

设 P 是一个数集，且至少含有两个数，若对任意 $a, b \in P$，都有 $a+b$，$a-b$，ab，$\dfrac{a}{b} \in P$（除数 $b \neq 0$），则称 P 是一个数域。例如有理数集 $\mathbf{Q}$ 是数域；数集 $F = \{a+b\sqrt{2} \mid a, b \in \mathbf{Q}\}$ 也是数域。有下列命题：

①整数集是数域；

②若有理数集 $\mathbf{Q}$ 是 M 的子集，则数集 M 必为数域；

③数域必为无限集；

④存在无穷多个数域。

其中正确的命题序号是_____。（把你认为正确的命题序号都填上）

评析：本题实际上是一道多选题，它基于对学生而言是新定义的数域概念来编题，重点考查学生的数学阅读素养。

例2.41 （2009年高考湖北卷理科数学第15题）

已知数列 $\{a_n\}$ 满足：$a_1 = m$（m 为正整数），$a_{n+1} = \begin{cases} \dfrac{a_n}{2}, & \text{当 } a_n \text{ 为偶数时}, \\ 3a_n+1, & \text{当 } a_n \text{ 为奇数时}. \end{cases}$ 若

$a_6=1$，则 m 所有可能的取值为 _____。

评析：本题以 $3x+1$ 问题（也称柯拉兹问题、角谷猜想）为背景，且该问题是尚未解决的世界数学难题之一。$3x+1$ 问题是指：对于一个正自然数，如果它是偶数，则将其除以 2；如果它是奇数，则将其乘 3 后再加 1，然后除以 2。这样不断重复运算，最终必然会得到 1。这道题巧妙地考查了学生对数学通项和分段函数的理解能力。

朱亚丽在《基于高等数学背景下的高考数学试题命题方法研究》中，针对高等数学问题的初等化（即将问题转化为用中学范畴的知识表述、用中学的知识方法能解决的问题），提出了直接引用法、高数浅化法、语言转换法、演绎变形法。

例 2.40 直接引用了数域的概念，属于直接引用法的编题方式。例 2.41 把角谷猜想特殊化，属于高数浅化法下的编题方式。

《基于高等数学背景下的高考数学试题命题方法研究》中提出的语言转换法有一定的新意，概括了当下比较常见的一些题型。语言转换法包括高等语言初等化、初等语言高等化两大类。高等语言初等化是指把高等数学中高度抽象的知识或语言表述用中学数学语言水平表达出来，见例 2.42。

例 2.42　（2006 年高考福建卷理科数学第 16 题）

如图 2-4-6 所示，连接 $\triangle ABC$ 的各边中点得到一个新的 $\triangle A_1B_1C_1$，又连接 $\triangle A_1B_1C_1$ 的各边中点得到 $\triangle A_2B_2C_2$，如此无限继续下去，得到一系列三角形：$\triangle ABC$，$\triangle A_1B_1C_1$，$\triangle A_2B_2C_2$，…，这一系列三角形趋向于一个点 M，已知 $A(0, 0)$，$B(3, 0)$，$C(2, 2)$，则点 M 的坐标是 _____。

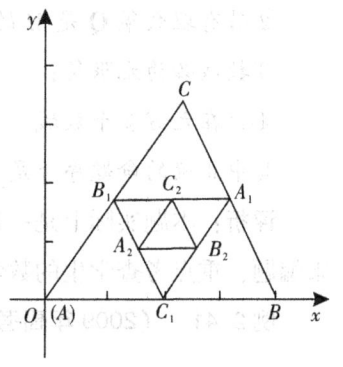

图 2-4-6

评析：本题的本质是区间套定理，通过几何图形语言将其直观表达出来。

初等语言的高等化有两种方法：其一是借用高等数学语言表述中学数学内

容，考核具有高等数学背景的中学数学知识（思想方法）；其二是尝试直接运用高等数学语言呈现数学内容，考核高等数学与中学数学共同的数学知识、思想和方法。

初等语言的高等化通常以"新定义"的面貌出现。"新定义"的方式有两种：一种是在陈述方式上借用高等数学语言，使之抽象化、简洁化、一般化，考核具有高等数学背景的中学数学知识（思想方法）。这里的新定义并不是高等数学中的直接概念或定理，而是借助高等数学定义的表述方式，以便于呈现新的情境。另一种方式则是这些新定义直接采用高等数学中的有关概念或定理，这些概念或定理是中学数学概念或定理的推广和延伸。由于它们构建在旧概念的基础上，所以学生易于理解这些概念。

例2.43　（2006年高考广东卷理科数学第10题）

对于任意的两个实数对(a, b)和(c, d)，规定：$(a, b) = (c, d)$，当且仅当$a = c, b = d$；运算"$\otimes$"为：$(a, b) \otimes (c, d) = (ac-bd, bc+ad)$；运算"$\oplus$"为$(a, b) \oplus (c, d) = (a+c, b+d)$。设$p, q \in \mathbf{R}$，若$(1, 2) \otimes (p, q) = (5, 0)$，则$(1, 2) \oplus (p, q) = ($　　$)$。

A. $(4, 0)$　　　B. $(2, 0)$　　　C. $(0, 2)$　　　D. $(0, -4)$

评析：本题构造了一个新的运算系统，无实质的高等数学概念和定理，仅仅是运用语言模仿了高等数学运算的方法。这是进入高校自主学习数学的一种潜在能力。

例2.44　（2010年高考四川卷理科数学第16题）

设S为复数集$\mathbf{C}$的非空子集。若对任意$x, y \in S$，都有$x+y, x-y, xy \in S$，则称S为封闭集。下列命题：

①集合$S = \{a+bi \mid a, b$为整数，i为虚数单位$\}$为封闭集；

②若S为封闭集，则一定有$0 \in S$；

③封闭集一定是无限集；

④若S为封闭集，则满足$S \subseteq T \subseteq \mathbf{C}$的任意集合$T$也是封闭集。

其中真命题是_____. （写出所有真命题的序号）

评析：本题设计借用了高等数学中"封闭"定义的内涵。

例 2.45 （2024 年高考综合改革适应性测试数学第 19 题）

离散对数在密码学中有重要的应用. 设 p 是素数，集合 $X = \{1, 2, \cdots, p-1\}$，若 $u, v \in X$，$m \in \mathbb{N}$，记 $u \otimes v$ 为 uv 除以 p 的余数，$u^{m,\otimes}$ 为 u^m 除以 p 的余数；设 $a \in X$，$1, a, a^{2,\otimes}, \cdots, a^{p-2,\otimes}$ 两两不同，若 $a^{n,\otimes} = b(n \in \{0, 1, \cdots, p-2\})$，则称 n 是以 a 为底 b 的离散对数，记为 $n = \log(p)_a b$.

(1) 若 $p = 11$，$a = 2$，求 $a^{p-1,\otimes}$.

(2) 对 $m_1, m_2 \in \{0, 1, \cdots, p-2\}$，记 $m_1 \oplus m_2$ 为 $m_1 + m_2$ 除以 $p-1$ 的余数（当 $m_1 + m_2$ 能被 $p-1$ 整除时，$m_1 \oplus m_2 = 0$）. 证明：$\log(p)_a(b \otimes c) = \log(p)_a b \oplus \log(p)_a c$，其中 $b, c \in X$.

(3) 已知 $n = \log(p)_a b$，对 $x \in X$，$k \in \{1, 2, \cdots, p-2\}$，令 $y_1 = a^{k,\otimes}$，$y_2 = x \otimes b^{k,\otimes}$，证明：$x = y_2 \otimes y_1^{n(p-2),\otimes}$.

评析：本题属于数论相关问题，借助费马小定理解答会比较顺利。这里以新定义的形式出现，属于高中生数学理论理解能力（数学阅读素养）测试的一个适用问题。

例 2.46 （2024 年高考上海卷数学第 21 题）

对于一个函数 $f(x)$ 和一个点 $M(a, b)$，令 $s(x) = (x-a)^2 + [f(x) - b]^2$，若 $P(x_0, f(x_0))$ 是 $s(x)$ 取到最小值的点，则称 P 是 M 在 $f(x)$ 的"最近点".

(1) 对于 $f(x) = \dfrac{1}{x}$，$D = (0, +\infty)$，求证：对于点 $M(1, 0)$，存在点 P，使得 P 是 M 在 $f(x)$ 的"最近点".

(2) 对于 $f(x) = e^x$，$D = \mathbb{R}$，$M(1, 0)$，请判断是否存在一个点 P，它是 M 在 $f(x)$ 的最近点，且直线 MP 与 $f(x)$ 在点 P 处的切线垂直.

(3) 设 $f(x)$ 存在导函数，且 $g(x)$ 在定义域 $\mathbb{R}$ 上恒正，设点 $M_1(t-1, f(t)-$

$g(t))$，$M_2(t+1, f(t)+g(t))$. 若对任意的 $t \in \mathbf{R}$，都存在点 P，满足 P 是 M_1 的最近点，也是 M_2 的最近点，试求 $f(x)$ 的单调性.

评析：本题使用了新定义，立意是把"点到直线的距离"的概念推广到"点到曲线的距离"，也可以看成多元函数最值问题的一个"退化"情形[由于点在曲线 $y=f(x)$ 上，二元问题可以转化为一元问题处理]。

第五节 "四翼"要求与"四层"内容的关系

"四翼"考查要求是"一核""四层""四翼"高考评价体系的有机组成部分，重点回答"怎么考"，是联结"四层"高考考查内容与高考命题实践的纽带。高考评价体系通过"四翼"实现对学生"四层"能力的有效考查。

"四翼"是"怎么考"而不是"考什么"，基础性、综合性、应用性、创新性这四个测评维度最后体现为四种不同指向的"题目类型"。在叙述中使用"测评""维度""命题""载体"等词汇。

第一翼：基础性

这一维度的命题考查必备知识、关键能力，立足于数学通性通法进行命题。命题知识点数、关卡数一般是1~2个。这一维度的命题可以以考生熟悉的问题情境为载体，也可以是去情境的。这一维度的题目多使用简单供应题，即简单选择题、填空题、是非题等。

第二翼：综合性

这一维度的命题考查必备知识、关键能力的整合运用，立足于数学通性通法的迁移运用以及多学科知识的整合运用进行命题。解决这一维度所命制的问题需要考生把最初的各种因素相互联系，让各种因素按照某一既定的目的，以一种联结在一起的方式运作。这一维度的命题以多项活动关联的问题情境为载体，联结多种知识、多种能力，注重考查学生知识体系的完整性和结构化程度。这一维度命题属于闭合综合供应题，即带综合性的选择题、填空题、解答题等。

第三翼：应用性

这一维度的命题立足于要求学生提供对实际问题的描述、解释或解决方案。所命制的题目旨在考查考生对学科与日常生活、生产实践、其他学科及客观世界之间联系的理解，解决该类问题需要考生搭建实际问题和学科之间的桥梁，并从学科的角度提供解释或解决方案。这一维度的考查题目主要以生活实践问题情境为载体，属于闭合综合供应题。

第四翼：创新性

这一维度的命题立足于对必备知识、关键能力的创新性运用，所命制的题目要求学生在新颖的或不良结构的问题中完成开放性、探究性任务，构建新的观点或形成新措施。这一维度的考查以生活实践问题情境、学科领悟问题情境或两种情境的组合为载体。这一维度命题属于开放综合供应题。

表 2-5-1 "四翼""四层""情境"的关系

测评维度	考查内容	命题要求	命题载体
基础性	1. 必备知识、关键能力 2. 立足于数学通性通法进行命题	命题知识点数、关卡数一般是1~2个，重点突出1种关键能力	简单的、熟悉的情境，也可以是去情境的（即学科内部知识方法问题）
综合性	1. 必备知识、关键能力的整合运用 2. 数学通性通法的迁移运用 3. 多学科知识的整合运用 4. 学科核心价值	在知识交汇处命题：解决所命制的问题需要考生把最初的各种因素相互联系，让各种因素按照某一既定的目的，以一种联结在一起的方式运作。注重考查学生知识体系的完整性和结构化程度	多项活动关联的生活实践问题情境或学科领悟问题情境，也可以是去情境的（即学科内部知识方法问题）

（续表）

测评维度	考查内容	命题要求	命题载体
应用性	1. 必备知识、关键能力在生活实践的整合运用 2. 学科素养 3. 学科核心价值	所命制的题目旨在考查考生对学科与日常生活、生产实践、其他学科及客观世界之间联系的理解，解决该类问题需要考生搭建实际问题和学科之间的桥梁，并从学科的角度提供解释或解决方案	生活实践问题情境
创新性	1. 对必备知识、关键能力的创新性运用 2. 学科素养 3. 学科核心价值	所命制的题目要求学生在新颖的或不良结构的问题中完成开放性、探究性任务，构建新的观点，形成新的结论或生成新措施	生活实践问题情境、学科领悟问题情境，或两种情境的组合

数学科高考评价体系中，"四层"内容是在"核心价值"统领下，结合学科本质特性和学生身心发展规律确定高考学科素养，在高考学科素养定向下，界定学科关键能力和必备知识。高考分为知识能力层面和学科素养层面两层考核，见图2-5-1。知识能力层面（必备知识、关键能力）考查对应基础性、综合性维度，使用简单供应题或闭合综合供应题，学科素养层面考查对应综合性、应用性、创新性维度，使用闭合综合供应题或开放综合供应题。

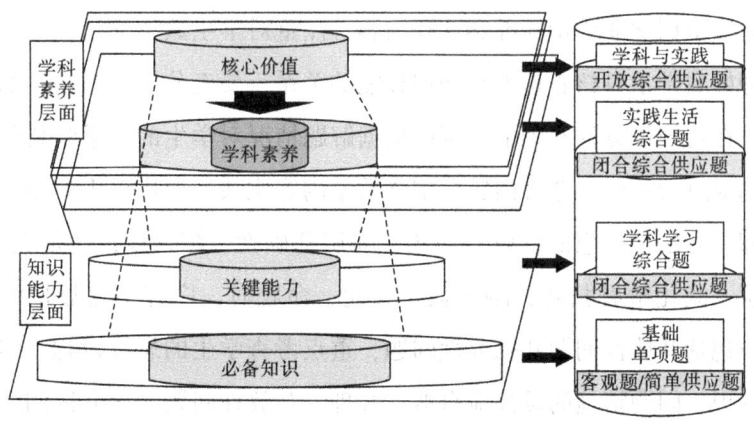

图2-5-1　"四层"与"四翼"关系图

第三章

框架：数学科高考改革命题方案"二层双向细目表"的构建

第一节 考试命题方案构建概述

一、数学科考试命题方案现有研究成果综述

（一）课标对学业水平考试和高考命题的建议

课标对高中毕业的数学学业水平考试和数学高考的命题作出过指引。具体包括：

1. 命题原则

命题应依据学业质量标准和课程内容，注重对学生数学学科核心素养的考查，处理好数学学科核心素养与知识技能的关系，要充分考虑对教学的积极引导作用。在传统评分的基础上，可以根据解题情况对学生的数学学科核心素养水平的达成进行评价。考查内容应围绕数学内容主线，聚焦学生对重要数学概念、定理、方法、思想的理解和应用，强调基础性、综合性；注重数学本质、通性通法，淡化解题技巧；融入数学文化。命题时，应有一定数量的应用问题，还应包括开放性问题和探究性问题，重点考查学生的思维过程、实践能力和创新意识，问题情境的设计应自然、合理。开放性问题和探究性问题的评分应遵循满意原则和加分原则，达到测试的基本要求视为满意，有所拓展或创新

可以根据实际情况加分。在命制应用问题、开放性问题和探究性问题时,要注意公平性和阅卷的可操作性。在高中毕业的数学学业水平考试与数学高考的考试命题中,要关注试卷的整体性。处理好考试时间和题量的关系,合理设置题量,给学生充足的思考时间;逐步减少选择题、填空题的题量;适度增加试题的思维量;关注内容与难度的分布、数学学科核心素养的比重与水平的分布;努力提高试卷的信度、效度和公平性。

除了上述要求外,数学高考命题还应依据人才选拔要求,发挥数学高考的选拔功能。

2. 考试命题路径

基于数学学科核心素养的考试命题,应注意以下几个重要环节。(1)构建数学学科核心素养的评价框架。(2)依据评价框架,统筹考虑上述命题原则,编制基于数学学科核心素养的试题,每道试题都有针对性的考查重点。(3)对于每道试题,除了给出传统评分标准外,还需要给出反映相关数学学科核心素养的水平划分依据。

3. 说明

在命题中,合适的问题情境是考查数学学科核心素养的重要载体。情境包括现实情境、数学情境、科学情境,每种情境可以分为熟悉的、关联的、综合的;数学问题是指在情境中提出的问题,从学生认识的角度分为简单问题、较复杂问题、复杂问题。这些是数学学科核心素养水平划分的基础,也是数学学科核心素养评价等级划分的基础。对于知识与技能,要关注能够承载相应数学学科核心素养的知识、技能,层次可以分为了解、理解、掌握、运用以及经历、体验、探索。在命题中,需要突出内容主线和反映数学本质的核心概念、主要结论、通性通法、数学应用和实际应用。在命题中,应特别关注数学学习过程中思维品质的形成,关注学生会学数学的能力。

评述: 课标对素养水平进行了层次划分,这是一项很值得关注的成果,目前在素养水平测试中也有一定应用价值的参照。但其中有若干待解决的问题:

（1）课标提出高考的素养测评需要融合高校的选拔要求，但目前尚未完成这一融合工作。（2）课标没有对情境与问题、知识与技能、思维与表达、交流与反思作具体界定，特别是没有构建一个具体的问题情境体系。（3）关于问题情境的复杂性描述，如简单问题情境、较复杂问题情境、复杂问题情境等，都是描述性的，其内涵有待进一步界定。（4）一个有一定复杂性的数学问题，其结构是多方面整合的结果。

喻平在《数学关键能力测验试题编制：理论与方法》中给出了课标的考试评价框架，如表 3-1-1 所示。

表 3-1-1 课标考试评价框架

核心素养	核心素养的四个方面	水平一	水平二	水平三	函数	几何与代数	概率与统计	建模与探究
数学抽象	情境与问题							
	知识与技能							
	思维与表达							
	交流与反思							
……	……							

《数学关键能力测验试题编制：理论与方法》指出，按照课标的考试评价框架，考试命题难以界定核心素养的水平。以表 3-1-1 为例，假定某一道题目考查的是数学抽象，题目在"情境与问题"因素是水平三，在"知识与技能"因素是水平二，在"思维与表达"因素是水平一，在"交流与反思"因素是水平一，那么，这道题目应当算考查了数学抽象这个核心素养的第几水平？一套试题应当全面考查六个数学学科核心素养（本质是六种关键能力），同时考查三种水平的试题要分布合理，如果不能准确分析试题考查水平的分布，就难以对试题的合理性作出评判。

（二）PISA2012 与 PISA2021 数学素养评价模型

需要关注的是，PISA 数学素养评价主要针对数学应用素养。学生数学素养的重点是能力。王蕾在《PISA 对学生数学素养的评价》中指出，PISA 对学生数学素养的评价分为以下三个组成成分：(1) 问题所处的情境，PISA 定义并使用个人情境、公众情境、学校或职业情境和科学情境来设置题目情境。(2) 由某些宏概念组织起来，并在解决问题时必须用到的数学内容。PISA 从广阔的数学内容区域中选取了空间与形状、变化与关系、数量和不确定性作为其评价的数学内容。(3) 必须被激活的能力。激活能力是为了将现实世界与数学联系起来，从而解决在现实世界生成的相关的问题。PISA 数学素养分层检测的评价框架如表 3-1-2 所示。梅松竹在《PISA2012 数学素养精熟度水平评价研究》中，用一个三维模型来展示 PISA2012 数学素养评价框架，如图 3-1-1 所示。

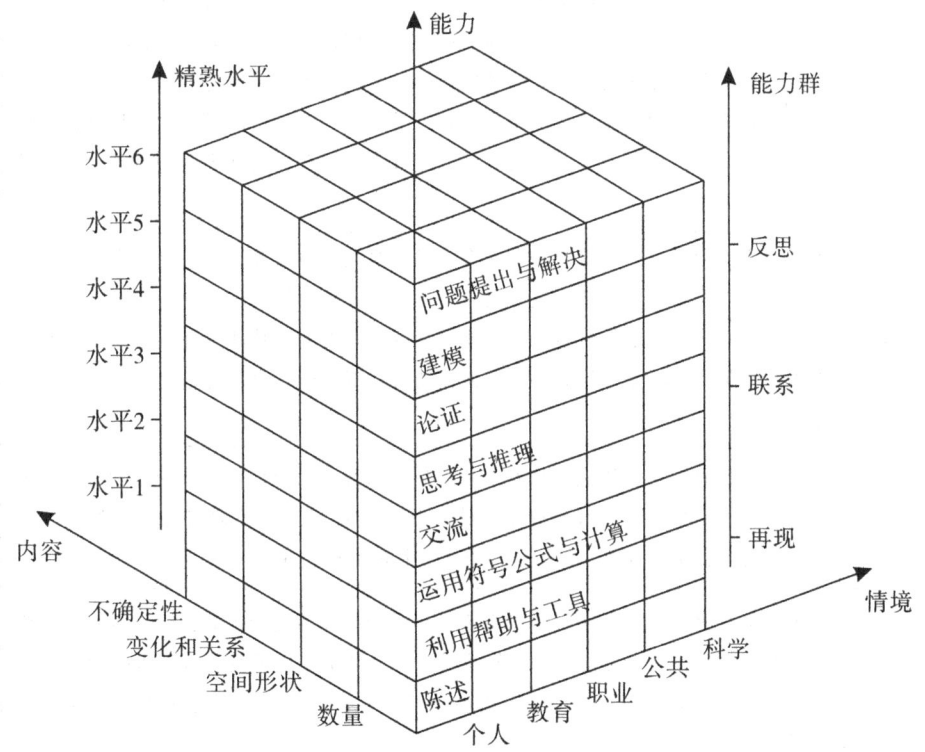

图 3-1-1 PISA2012 数学素养评价框架的三维模型

表 3-1-2　PISA 数学素养分层检测评价框架

水平	描述
6	处于水平 6 的学生能够构思、概括，并使用他们对复杂问题的调研和建模所得到的信息，他们能够建立不同信息资源之间的联系，并将它们灵活地转化利用。这一水平的学生具有很强的数学思维和数学推理能力，他们能够利用洞察力和理解能力，以及对符号、公式的数学运算的熟练掌握，为解决新颖的实际问题建立新的方法和策略。这一水平的学生能够简洁精确地表达和阐述他们的观点，这些观点是与他们对原问题的发现、理解、论证有关的正确性观点
5	处于水平 5 的学生能够建立和利用复杂实际问题的模型，并鉴别出模型的约束条件，说明模型的假设条件，他们能够选择、比较，并评价适合于解决问题的策略，以便处理与这些模型有关的复杂问题。这一水平的学生能够利用广泛的受过良好教育的思想和推理技能，连贯地表达对符号和公式的运算能力，以及对实际问题的洞察力，他们能够对自己的行为进行思考，并能明确表达和阐述自己的理解和推理
4	处于水平 4 的学生能够有效地利用复杂且具体问题的模型，这可能涉及鉴别模型的约束条件或者假设条件，他们能够选择并结合不同的表现手段建立与显示问题的直接关系。这一水平的学生能够使用受过良好教育的技能，并具有灵活的推理能力和一定的洞察力，他们能够根据自己的理解、论证和行为，建立和表达出自己的思想
3	处于水平 3 的学生能够执行已经清楚描述过的程序，他们能够选择并利用简单的解决问题的策略。这一水平的学生能够理解和使用基于不同信息资源的表现手段，并进行直接的推理，他们能够表达自己的理解、成果以及思想
2	处于水平 2 的学生能够理解和识别不需要进行推理的实际问题，他们能够从一些简单的资源中提取相关信息，并能够利用一些简单表现手段。这一水平的学生能够利用基本的运算法则、公式，能够进行直接的推理，并对结果进行字面上的解释
1	处于水平 1 的学生能够回答他们熟悉的问题，这些问题的相关信息都已经给出，并且对问题作了详细的说明，他们在直接指导下能够辨别信息并进行一些常规的操作步骤，能够完成一些简单的操作

曹一鸣等在《变与不变：PISA2000—2021 数学测评框架的沿革》中对 2000 年以来的 PISA 数学素养测评框架进行了综述。从该文中收录的 PISA2012 和 PISA2021 数学素养测评框架（图 3-1-2、图 3-1-3）中可以看到，PISA 数学素养测评面向真实世界问题的不变性、情境分类的不变性、数学内容的不变性；同时也可以看到两个重要的变化：第一个变化是 PISA2021 把数学推理放在问题解决的核心位置，这是合理的，因为数学问题的解决过程一定是一个推理过程。第二个变化是，PISA2021 把基本数学能力改换为 21 世纪能力，这是一个去数学学科特点的转变，是否更合理，以及怎样测量还有待进一步研究。

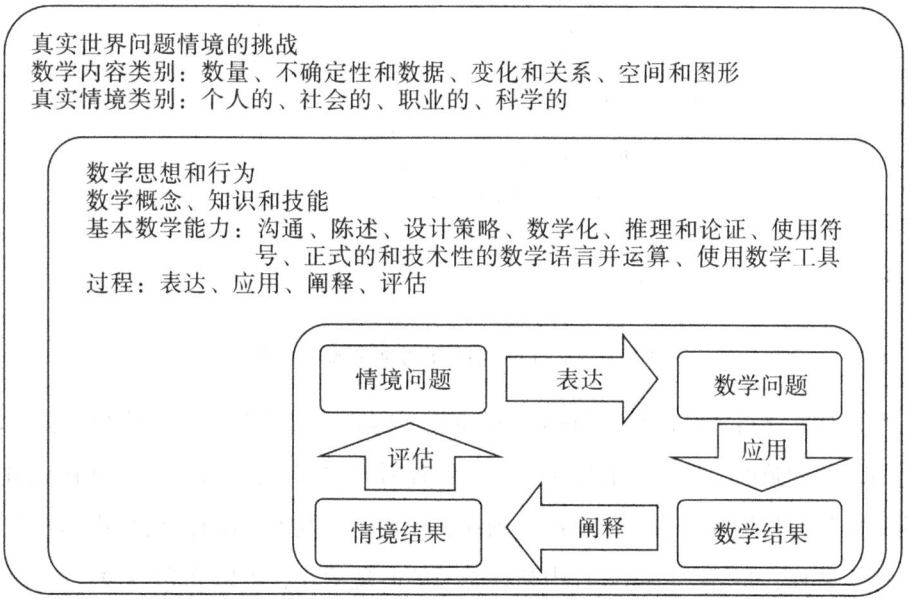

图 3-1-2　PISA2012 数学素养测评框架

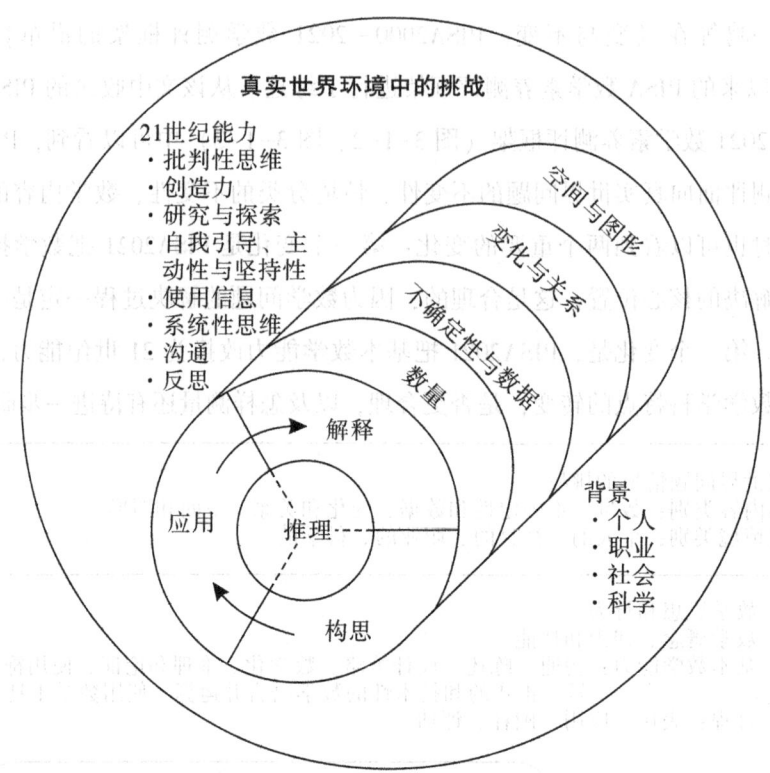

图 3-1-3 PISA2021 数学素养测评框架

评述：值得关注的是，PISA 测试重点面向数学应用素养，对现实问题情境进行了更细致的分类，这有助于教学、测评对相关问题情境的关注。PISA2012 模型中的过程维度：表达、应用、阐释、评估，以及 PISA2021 模型中的构思、应用、解释，是解决问题过程中某种能力的表现形式，可以视为一种认知操作维度的划分，也可以认为是一种水平划分。但是这种划分是针对现实问题解决，没有涵盖高中数学核心素养的评价。此外，学生自主数学学习的素养（数学学习力）的评价也存在缺失，而学生是否具备自主数学学习能力是学生进入高阶学习的关键。

（三）**TIMSS 数学测评框架**

国际数学与科学趋势研究（TIMSS）是由国际教育成就评价协会（IEA）发起并实施的大型国际学生学业成就测评项目，具体包括 TIMSS（4/8 年级）

与TIMSS-A（12年级）两大系列。前者是一项周期性测评，主要针对义务教育阶段测评，面向大部分学生在学习基本数学技能的国家或地区，致力于评价和改善所有儿童少年的数学学习情况。江漂等在《TIMSS数学测评变化及其对我国数学核心素养测评的启示》中，对TIMSS2003—TIMSS2019共五次数学测评框架进行了梳理。

TIMSS数学测评框架从内容（表3-1-3）和认知（表3-1-4）两大维度对四年级和八年级学生的数学素养进行测评。

表3-1-3 TIMSS数学测评框架内容维度及各维度测评比重分布情况

分类	TIMSS1995/TIMSS1999	TIMSS2003	TIMSS2007/TIMSS2011/TIMSS2015	TIMSS2019
四年级	・整数・几何 ・分数与比例 ・测评、评估和数感 ・数据表示、分析与概率 ・模式、关系与分数	・数 40% ・代数 15% ・测量 20% ・几何 15% ・数据 10%	・数 50% ・几何图形与测量 35% ・数据显示 15%	・数 50% ・测量与几何 30% ・数据 20%
八年级	・分数与数感 ・测量 ・数据表示、分析与概率 ・几何 ・代数	・数 30% ・代数 25% ・测量 15% ・几何 15% ・数据 15%	・数 30% ・代数 30% ・几何 20% ・数据与机会 20%	・数 30% ・代数 30% ・几何 20% ・数据与机会 20%

表 3-1-4 TIMSS 数学测评框架认知维度及比例分布情况

TIMSS1995/TIMSS1999		TIMSS2003		TIMSS2007/TIMSS2011		TIMSS2015/TIMSS2019	
维度	认知水平目标	维度	认知水平目标	维度	认知水平目标	维度	认知水平目标
理解	表示/识别相等/回忆数学事实和性质	理解事实和程序(20%、15%)	回忆/识别/计算/使用工具	理解(40%、35%)	回忆/识别/计算/检索/测量/分类/获得	理解(40%、35%)	回忆/识别/分类、整理/计算/检索/测量
使用常规程序	使用工具/表示常规程序/用复杂的步骤	使用概念(20%、20%)	了解/分类/表征/用公式表示/辨别				
调查和问题解决	形成和归类问题情境/设计策略/解决/预测/证实	解决常规问题(40%、40%)	确定/建模/解释/应用/验证	应用(40%、40%)	选择/表征/建模/实施/解决常规问题	应用(40%、40%)	确定、表征、建模、实施
数学推理	设计标记和对应词汇/设计算法/一般化/推测/推理和证明/公理化	推理(20%、25%)	预测/分析/评估/一般化/联系/综合/解决非常规问题/证实	推理(20%、25%)	分析/一般化/综合/证实/解决非常规问题	推理(20%、25%)	分析/综合/评估/得出结论/一般化/证实
交流	用词汇和术语/联系表达/描述、讨论/评论						

评述：TIMSS 数学测评框架在内容维度和认知维度上都标记有比例分布，这样的设计使得试卷结构更加清晰。TIMSS 数学测评框架的认知领域是对布卢姆认知层面"知识、领会、运用、分析、综合、评价"六个类别的细化或重组，评价维度及具体水平既清晰又具体，且实现了各个水平的衔接性和层次性。然而，TIMSS 数学测评在情境因素的考虑上有所欠缺，同样，在评价学生是否具备自主数学学习的素养方面也没有特别的针对性。

（四）苏洪雨（2013）的几何素养评价模型

苏洪雨在《学生几何素养评价的指标和模型设计》中指出，几何素养是指学生在几何方面的数学能力，学生在解决具有一定背景的问题过程中，面对不同形式的几何对象，使用适当的知识和技能进行探究时表现出的几何思维水平和几何应用能力。这里的思维水平主要通过几何技能和能力表现出来。学生的几何素养包括四个维度：几何知识、几何能力、几何应用和几何背景。除此之外，还有两个次要因素：几何文化和几何信念。这些维度可以划分为多个层次。通过分析学生在各个层次的表现，为建立学生几何素养的评价模型提供了基础。苏洪雨还指出，几何素养的四个维度不是均衡发展的。依据以上分析，文中建立了几何素养评价模型（图 3-1-4）以及几何素养各级指标描述（表 3-1-5）。

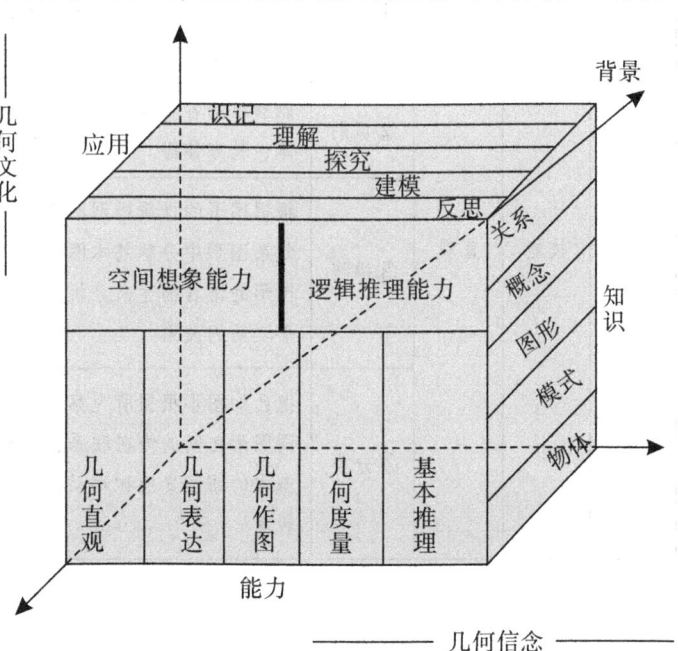

图 3-1-4 几何素养评价模型

表 3-1-5　几何素养各级指标描述

一级指标	二级指标	三级指标	等级水平	描述
知识	—	—	①实物	"物体"或者"实物"是几何知识中最为具体、形象的研究对象
			②模式	在生活中，很多具体的物体都可以简化为模式，例如，口形、字母的形状、汉字、雪花等
			③形状	这是对实物或模式的初步概念化，是一种心理知觉活动
			④概念	对于一些基本的形状，进一步的抽象，通过对这些形状性质的描述加以区分，从而判断图形、模式、物体的"形状"
			⑤关系	关系是几何知识中的高级层次，是对图形、概念等的组织和构造的形式，公理、定理都是"关系"
能力	技能	直观	①观察	在这个层次的学生将从视觉上对物体或图形进行分析，观察出基本的组成部分，能指出组成部分之间的基本关系
			②识别	能够识别各种各样的形状，例如，三角形、矩形、锥体、长方体等。但是对于图形的性质并不十分熟悉
			③辨析	根据图形的性质辨别图形，并且能够分析其特征，从复杂图形中分解基本图形。反之，学生也可以根据对图形的语言描述来分析图形的特点，或者建立不同图形之间的关系
			④分类	把已知图形根据所观察到的特征进行分类，并分析不同图形之间的内在联系，比较相同点和不同点，理解基本的图形变换和运动，包括全等、相似、平移、旋转等

（续表）

一级指标	二级指标	三级指标	等级水平	描述
能力	技能	表达	①名称	说出给出的图形的正确名称，对于数学语言中出现的图形、位置等名称能够加以识别
			②描述	根据图形描述图形的性质和构造
			③解释	学生将对自己的想法做出解释，这种解释是对描述对象的进一步澄清，使思维更加清晰
			④说理	学生在理解定义、定理和公理的基础上，能够按照逻辑对于要解决的问题进行说明解释，并且有理可依，有据可循
		作图	①模仿	在理解原有图形结构的基础上，进一步画出草图，并且标出指定的部分
			②绘制	根据语句表达的内容画出图形，或者根据图形的性质画出图形
			③构造	在给出某些图形后，根据图形的变换或运动构造出其他和这些给定图形相关的图形
			④推演	能够从所给的条件推知如何构造一个特殊的图形，知道在一个图形中什么时候和怎样使用辅助线
		度量	①对应	根据标准的基本图形选择对应的度量公式，计算得出结论
			②比较	除了基本图形之外，学生可以根据图形和概念比较度量的方法，从而找到解决问题的方法
			③转化	对于通过直接的度量方法不能解决的图形，可以将其转化成标准的或者已知面积（体积）的图形，这个层次的学生不仅要熟悉基本图形的度量方法，同时，要能够灵活地处理新图形问题

（续表）

一级指标	二级指标	三级指标	等级水平	描述
能力	技能	基本推理	①直观	这个层次的学生能认识到各个图形存在差异，并懂得在各种不同的位置，图形保持形状不变
			②分析	图形可以分成很多类，通过图形的性质可以区分不同的图形；根据图形的性质和基本定理分析结论的正确性
			③抽象	学生能够理解定义的含义，并且使用定义。根据图形的性质进行非正式的论证，并进行演绎的论证
	高层次能力	推理论证	①演绎	学生在公理化系统中建立定理。能识别未定义术语、定义、公理和定理之间的差异
			②严密	学生在数学系统中进行形式推理。懂得公设或公理的作用和局限性。知道什么时候一个公理系统是独立的、相容的和绝对的
		空间想象	①联想	联想是从图形或空间的局部，想象到图形的整体和结构，空间的形式和构成，能够在二维和三维图形之间进行灵活的转换
			②运演	学生不仅要会联想，还要熟练掌握几何知识，灵活运用几何中的"关系"，把具体的、形象化的实物抽象为思维的对象，同时把这样的"对象"作为基本元素，进行演绎推理活动

(续表)

一级指标	二级指标	三级指标	等级水平	描述
应用	—	—	①识记	识记是对几何知识的提取，然后由此判断解决问题的方法
			②理解	学生认识客观事物具有的几何性质，并根据性质进行分类，能够在纸上画出图形或者做出实物的立体模型，理解几何的基本思想
			③探究	探究是在理解事物间的数学模型基础上，从给出的或者得到的条件中推导事物的性质，解决与客观事物相关的问题
			④建模	当学生能够从问题情境中探索出数学模型，无论是几何模型还是代数模型，然后使用这个模型解决问题，就达到了建模水平
			⑤反思	对所做的工作进行反思，建模是使用数学的方法解决实际（或初步数学化）的问题，最高层次的建模是批判性地分析模型，拟定模型的评价标准，思考建模目标及数学应用的能力等
背景	—	—	①无	在几何中，很多问题由图形或形式化的语言构成，与生活或其他学科没有关系，这样的问题就是"无背景"
			②个体	个体背景。这是和学生日常生活紧密相关的情境。这种问题情境比较常见，无论是课堂教学中，还是各种测试中，学生经常遇到有关个人生活的问题
			③学校	学校是学生生活的另一个环境，可以说学生在学校生活的时间甚至超过了在家的时间，学生除了对个人的生活背景熟悉之外，其次就是学校情境
			④公共	公共背景包括社会环境下的情境，以及经济、职业的情境等，这些情境离学生的经历比较远，学生需要重新理解新的情境，然后再利用几何知识解决问题
			⑤科学	科学背景主要是科学知识或者科学实验的过程

评述：《学生几何素养评价的指标和模型设计》对几何知识、几何能力、几何应用、几何背景作了分列的处理。该文中的几何能力主要包括基本层次的几何技能（直观、表达、作图、度量、基本推理）和高层次的能力（逻辑推理、空间想象），这种处理对几何能力的层次划分有显性意义。该文基于几何素养的特点，对布卢姆认知操作维度作了进一步的明晰、细化和完善，建立了一套几何学下特有的认知操作，以此界定相应维度的素养水平层次。这样的水平界定方法有较好的可操作性，但学生在几何应用的表现及学习成就与几何能力密不可分。就情境的等级而言，个人情境等级不一定比社会情境等级低。一个几何问题的难度与问题情境的复杂性、问题情境对学生的亲疏程度密不可分。真实的问题情境可能信息芜杂，需要学生对信息进行分辨、去噪、梳理、简化；对于陈旧的问题情境，学生可以依赖记忆、复述去解决；已经数学化的应用题事实上也已经屏蔽了情境（背景）的作用。所以，面对一个综合的几何问题，如何形成对学生几何素养的综合评价仍然是一个待解决的问题。

（五）喻平（2019）的关键能力命题双向细目表

喻平在《数学关键能力测验试题编制：理论与方法》中，基于对课标的素养测评框架和 PISA 素养测评框架的分析提出了一个考查数学关键能力的命题框架（表 3-1-6）。

表 3-1-6　考查数学关键能力的命题双向细目表

题目编号	数学关键能力考查维度							知识内容考查维度			
	数学抽象			……	数据分析			函数	几何与代数	概率与统计	建模与探究
	水平1	水平2	水平3	……	水平1	水平2	水平3				
1											
2											
……											
n											
次数											
分值											

《数学关键能力测验试题编制：理论与方法》中将数学关键能力分为三级水平：水平1对应知识理解，水平2对应知识迁移，水平3对应知识创新。知识理解是指课标中三维目标的第一维目标，即知识与技能，也就是课标所指的"知识与技能"。理解基础知识、掌握基本技能是数学关键能力形成的基础，将其作为数学关键能力表现的水平1。知识迁移是指将数学知识迁移到情境中去解决问题，情境包括现实情境、其他学科情境、数学学科情境。知识迁移基本上与课标中的"情境与问题"相对应，由于需要面临情境且需采用多种规则或多种方法解决问题，所以将其作为数学关键能力表现的水平2。知识创新是指学习者能够对问题进行推广、变式，能够提出合理的猜想并证伪或证实；能够解决开放性、探究性问题；能够适度生成超越教材范围的新知识，形成优良的数学学科思维品质。显然，这是数学学科关键能力的高级表现，因此界定为数学关键能力的水平3。

评述：如果把《数学关键能力测验试题编制：理论与方法》中的三级水平划分理解为高考命题整卷的三个层面，即整卷包含知识技能层面的命题、素养层面的命题、创新性层面的命题，这种理解对高考命题的整卷解读有积极的意义。但从另一方面看，该文的水平划分层次比较粗略，这会在指导命题方面产生一些问题。首先，课标中的知识与技能目标本身未限定在理解水平，还带有大量的迁移、创新水平。其次，与布卢姆双向细目表相比，表3-1-6未能与认知操作维度具体对应，在命题时的可操作性仍然欠缺，而淡化布卢姆认知操作维度以避开这个评价体系的不足之处反倒是该文的初衷。最后，对于素养测评的重要载体——情境，这个测评框架显然未将其深度融入。例如，知识创新作为水平3，其内涵属于数学内部的问题，未整合基于现实情境、其他学科情境中可能的知识创新。所以，如何界定素养水平仍然是一个待解决的问题。

（六）基于学习结果（表现）的素养评价模型

鲁小莉等在《学生数学建模素养的评价工具研究》中，建立了六水平数学建模能力水平划分模型（表3-1-7），该水平划分是根据数学建模各环节中学生的表现结果进行描述的。

表3-1-7 数学建模能力水平划分

编码	描述
水平0	无法从实际情境中识别出任何数量关系，无内容、或不相关、或无意义内容
水平1	尝试将实际情境结构化、提出问题，但无法找到数学模型，例如文字叙述某些变量、变量间关系
水平2	提出合理的假设，并找到数学模型，但数学模型不合理
水平3	找到现实模型，转化为合理的数学模型，但未能得到准确的数学解答或解答过程错误
水平4	提出合理的数学模型，得到准确的解答，但没有从实际情境解释结果
水平5	找到现实模型，转化为数学模型，得到准确解答，结合实际情境解释并检验解答，评价数学模型的合理性

评述：《学生数学建模素养的评价工具研究》中的评价模型是基于完整的数学建模过程产生的，因此它对于仅涉及建模个别环节的应用题不适用。而且，在同一水平层次内部其实还存在差异，如"提出的假设尚合理但不完整"与"假设完全合理"是有差别的，解答"部分正确"和"完全正确"也有差别，等等。如果用于甄别，评价细则还需进一步细化。

李霞在《高中生数据分析素养的测量与评价研究》中参照PISA测评框架的结构，建立了一个包括内容、过程、情境、情感态度价值观的四维测评框架。该文采用SOLO分类法建立了一个数据分析素养水平划分方案（方案局部见表3-1-8）。SOLO分类体系即"可观察的学习成果分类体系"，它基于学生表现出的可观察的认知反映水平进行分类。

表 3-1-8　数据分析素养水平划分

内容	水平	具体表现
获取数据的基本概念与途径	前结构水平	①不明白获取数据的概念；②不知道有哪些获取数据的基本途径
	单点结构水平	①理解在研究某一问题中需要获取数据，知道存在哪些获取数据的基本途径；②能指出数据的总体、样本、样本量，理解收集到的数据是具有一定随机性的
	多点结构水平	①能够根据研究目的、研究对象的随机特性和拟探讨事物的内在规律来确定收集什么数据；②明确某一具体问题收集数据的方式，对收集到的数据的精确度和可信度有一定的认识

胡爱斌在《逻辑推理核心素养水平层次测评模型探索》中也是运用 SOLO 分类法建立了素养评价模型（图 3-1-5）。

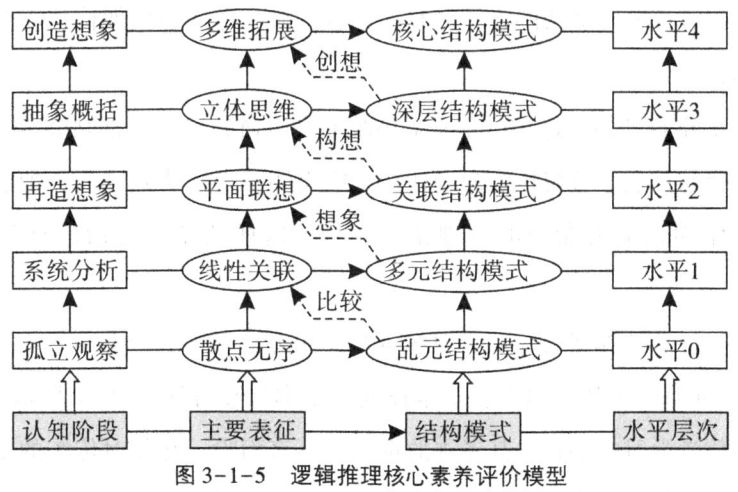

图 3-1-5　逻辑推理核心素养评价模型

评述：在追溯核心素养测评研究成果的过程中发现，大部分成果与上述文献中的研究方法及所建立的评价模型存在共性，即都是立足于学生在问题解决过程中的表现进行水平划分，其中可能兼用到因子分析、聚类分析等量化方法进行核心素养相关因素分析，或采用 SOLO 分类法进行水平层次划分。这样的方法运用是科学合理的，但是这种模型对命题者而言，属于一种"事后反映"，缺少了命题过程中可供参照的外显操作，所以这样一来就更突显出命题过程中布卢姆目标分类体系中认知操作体系的指导意义。

二、本课题组研究成果——数学科高考命题框架构建要点

能力是指人们顺利地完成某项活动的个性心理特征。它在活动中表现出来，并直接影响活动的效果。它是个体相对稳定的心理特点，是个体完成某项活动的必要条件。高考评价体系中的学科素养是考生在应对现实的生活实践问题情境或学科领悟问题情境时，运用学科的知识与能力、思维方式与方法高质量地认识问题、分析问题、解决问题的综合品质，其测试与一般能力测试有联系，但也有区别。整合"一核""四层""四翼"高考评价体系的核心理念及前文提及的考试命题框架的经验与教训，数学科高考命题框架构建需要重点解决以下问题：

（1）数学科新高考命题框架是对传统的高考命题框架的批判继承，应该保留传统命题的优点，珍视传统命题在知识能力测量上的成熟经验，把素养层面的命题视作知识能力命题的合理拓展延伸。这样的新高考命题框架才有生命力。

（2）数学作为基础性学科，其公理化思想方法对学科分支的形成具有奠基性作用，"四基"（基础知识、基本技能、基本思想方法、基本活动经验）是促成终身数学学习的基石，其考查的重要性不言而喻，必须对传统的知识能力考试给予足够重视。传统的知识能力考查属于新高考评价体系中的知识能力层面考查，在"四翼"中重点对应基础性和综合性。

（3）核心素养立意考试命题并非要求测试卷中所有试题都是核心素养立意的，这不符合测量学的科学要求。核心素养是一种综合品格，若学生没有达到预期的核心素养发展程度，教师必须推断学生出现问题的原因。一般来说，可能是对具体知识点的掌握出了问题，或者是关键能力的某个要素出了问题，也

可能是没能成功解读情境信息。基于测量学要求，教师必须对学生具体知识点的掌握情况和能力要素发展水平进行科学的诊断，使诊断效果更加精准。因此，根据高考选拔人才的目标，必须同时具有知识能力层面的考题和素养层面的考题，以达到高考对人才进行分层分类的目的。

（4）通过考查考生完成生活实践问题情境或学科领悟问题情境中的某项活动（任务）的成效来甄别考生学科素养的水平。因此，必须构建数学科生活实践问题情境体系及学科领悟问题情境体系。

（5）素养是综合品质，融合了知识、能力、观念方法与情感态度价值观。因此，素养测评必须在具有较高程度真实性的（我们称为高仿真的）、有一定复杂性的、要求进行高阶认知操作的情境载体中进行。这就需要对布卢姆认知操作维度进行数学科化的细化、修订、整合。

（6）命题框架要符合"一核""四层""四翼"总体要求，以数学科"四层"为考查内容，即包括数学科的核心价值、学科素养、关键能力、必备知识；以数学科"四翼"为考查要求，即题目涵盖基础性、综合性、应用性、创新性的要求。

三、本课题组研究成果——数学科高考命题方案改革的基本思路

结合"一核""四层""四翼"的评价体系整体框架，数学科高考命题第一要对"表现数学学科素养的典型情境活动"进行分析；第二是对布卢姆认知操作体系进行数学科化的细化、修订、整合；第三，以前两项工作为基础建立数学科考试的"学科知识+高阶认知操作"的"学科素养层面"的"高阶双向细目表"；第四，根据高阶双向细目表建立下位的"知识能力层面"的"学科知识+基本认知操作"的"低阶双向细目表"；第五，将"学科素养层面"和"知识能力层面"的双向细目表整合为"二层双向细目表"（图3-1-6）。

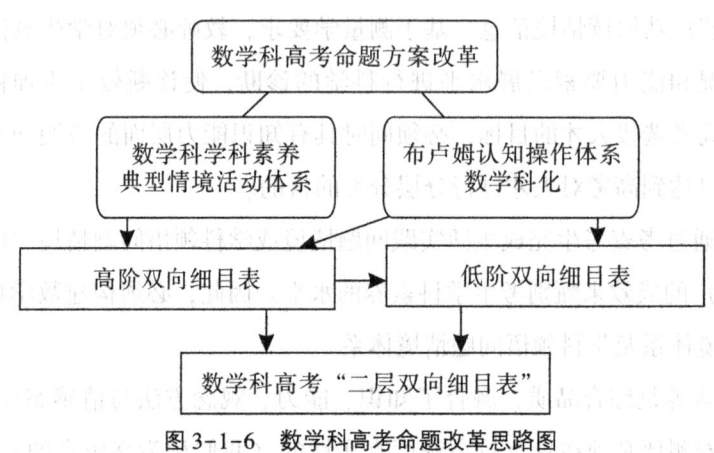

图 3-1-6 数学科高考命题改革思路图

第二节 数学科高考命题的情境体系构建

一、情境认知理论的启示——数学科情境体系构建的必要性

　　谢明初在《数学教育中的建构主义：一个哲学的审视》中就情境认知理论对数学教学的启示作了如下四个方面的分析：（1）数学知识应根植于情境脉络之中。把数学的概念、定理、公式从产生它们的具体情境中抽取出来，然后加以讲解并辅以纯粹的技巧性的训练是数学教育的一个通常的做法。人们在批评这种做法的时候，常常是从动机、情感、兴趣等角度考虑，即认为这种做法并不利于对学生的非智力因素的培养。这一批评无疑是合理的，但仅从这一角度去考虑，是不全面甚至是肤浅的。因为按照情境认知的理论，任何数学理论都是与情境相关的，也就是说，将数学知识的教与学置于一个情境脉络之中，不仅仅是基于教学上的考虑，而是知识本性决定的。这点与弗赖登塔尔提出的"现实数学"的思想是一致的，数学是客体材料与个体认识的统一体。（2）通

过运用来理解数学。数学的概念不是抽象的、自足的整体，而是一个工具，它本身并没有意义，只有通过运用才能完全被理解。正是在运用的过程中，人们对数学的理解不断改变、加深、丰富，因此可以说数学知识既是境域的（情境性的），又是通过活动与运用不断发展的。把数学知识当成工具来考虑，就必须注意惰性概念的获得与生动的、有用的数学知识之间的区别。例如，学生获得算法、规则和脱离情境的定义，却无法加以运用。这在传统数学教学中是常见的现象。（3）数学学习是一个文化浸润的过程。学生进入数学课堂进行计算、推理或解决问题，都在有意或无意接收其所在团体的行为和信息。（4）真实的学习评估。由于坚持认为知识的情境依赖性，因而情境认知理论的一个必然结论就是强调在具体实践中对数学学习进行评估，必须构建能反映数学课程内容和目标的真实任务，并通过这个任务测查学生的学习进步情况，从而进一步改善数学的教与学。

传统的数学学习的评估通常基于这样一种认识，即智能具有"去情境"的特点，即在评估和考查人的智能时，应该不考虑他们在特定的社会背景下所解决的问题和设计的产品。但数学学习的评估不应仅局限于智能的考量，这是情境认知理论所认为的。因此，情境认知理论实际上建议学生的日常练习和测验应该使用情境化的问题。当然，从数学知识生成的角度看，这里的情境应该包括数学内部的情境和数学外部的情境，以符合数学知识根植的脉络。

但是，各学科教学受时间和空间限制，而学生的认知水平、学习能力提升需要有阶梯，且高考是限时的纸笔测试。因此，构建一个合适的情境活动体系，对教师和学生而言，有助于明晰教与学的视野和视角；对高考命题者而言，则有助于他们对命题题源的考虑及素材的积累。

二、情境与活动的界定

《中国高考评价体系说明》指出，高考评价体系中所谓的"情境"即"问题情境",指的是真实的问题背景,是以问题或任务为中心构成的活动场域。"情境活动"是指人们在情境中所进行的解决问题或完成任务的活动。根据目前高考的考查方式,高考内容的问题情境是通过文字与符号描述的方式即纸笔形式进行建构的,而情境活动也同样是通过文字与符号的形式进行的。

为了满足情境化题目命制的需要,在不违背《中国高考评价体系说明》关于"情境"与"情境活动"界定的前提下,对"情境"与"活动"、"情境"与"问题情境"做更细致的分析。

情境(问题情境)包括背景与问题两个因素。背景是指问题所在的环境(如物理的、生理的、生态的、社会的、信息的等)、任务对应的活动场域以及问题的出处等;问题则是指一个障碍、一个有待完成的任务或者一些待联结的信息。

数学科高考的问题情境是指在某个特定背景下,针对某个障碍或某个待完成的任务,需要由某个人或某群人联结起来的一组信息。要跨越这个障碍、完成这个任务是有一定难度的。

活动是外部的操作及内化。活动不局限于有动作的操作,也包括思维活动。

情境活动是指人们在特定背景下为解决问题或完成任务而进行的活动,这些活动是展现学生各种特质的载体。人的内在素质通常是通过外在的活动表现出来的,一个较通俗的说法是"通过一个人做事的方式和结果看清一个人"。在这种理解下,问题情境与情境活动是一个不可分割的整体(图3-2-1)。

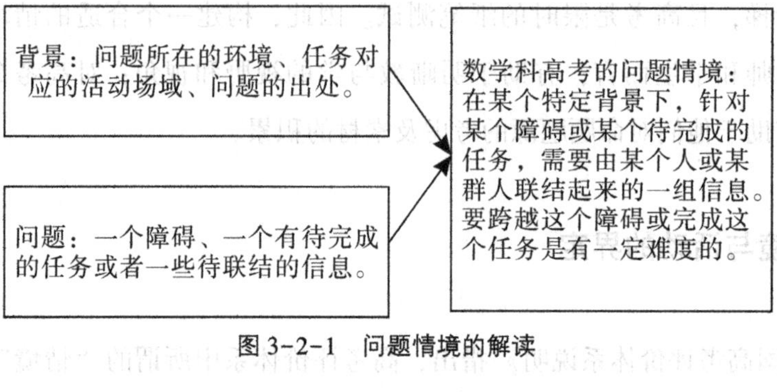

图 3-2-1 问题情境的解读

当问题情境是通过图表、文字与符号的方式描述，情境活动通过纸笔形式进行时，情境活动就是学生在作业或考试中面对的问题情境（图3-2-2）。

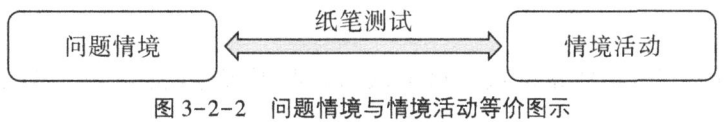

图3-2-2　问题情境与情境活动等价图示

三、关于数学问题情境的重要论述

《中国高考评价体系》中界定了两类问题情境。第一类是"生活实践问题情境"，这类情境与日常生活以及生产实践密切相关，考查学生运用所学知识解释生活中的现象、解决生产实践中的问题的能力；第二类是"学习探索问题情境"，这类情境源于真实的研究过程或实际的探索过程，涵盖学习探索与科学探究过程中所涉及的问题，学生在解决这类情境中的问题时，必须启动已有知识开展智力活动，同时在解决问题的过程中运用创新的思维方式。

课标提出情境主要是指现实情境、数学情境、科学情境，问题是指在情境中提出的数学问题。课标没有对情境内涵进行界定。

任子朝等在《基于高考评价体系的数学科考试内容改革实施路径》中对数学科考查载体（试题情境）进行了界定，指出：试题情境是实现考查内容和考查要求的载体。情境化试题是指提供一定的情境型材料，要求学生在充分理解材料的基础上，寻求解决问题的途径。情境化试题更能深刻、精准地反映学生分析问题、解决问题的能力。根据数学学科的特点，高考数学的试题情境可分为课程学习情境、探索创新情境、生活实践情境三类。数学课程学习情境包括数学概念建构、数学原理习得、数学运算学习、数学推理学习等问题情境，关注已有知识的基础和准备程度；数学探索创新情境包括推演数学命题、数学探究、数据分析、数学实验等问题情境，关注与未来学习的关联和对数学学科内部更深入的探索。生活实践情境是需要考生将问题情境与学科知识、方法建立联系，应用学科工具解决问题；数学生活实践情境关注与其他学科和社会实践的关联，是考查学生数学应用素养、理性思维素养和数学文化素养的重要载体。

《基于高考评价体系的数学科考试内容改革实施路径》中"问题情境分类"的主要问题在于：课程学习情境可能成为检验基础性的量尺，关注的是已有知识的基础和准备程度，这样容易把知识能力层面的考查和素养层面的考查混淆，与"四翼"考查维度的基础性、综合性考查目标无法达成一致。目前多见的考试分析报告中，所有的题都被标记为素养考查题，都指向某种核心素养，这与素养作为综合品格的内涵本意不相符。

刘冬梅在《PISA2000—2021数学素养测评框架的演变研究》中，对PISA数学测试的情境结构进行了记述，PISA数学测试的情境分类自2012年起比较稳定，分为4类，PISA2021数学素养测试的情境仍然维持了这种分类：个人的、职业的、社会的、科学的。个人情境重点关注与个体自身、个体所在家庭、个体同伴等相关的日常活动。职业情境重点以工作为中心，涉及任何可能相关的劳动力层次，从不熟练的工作到最高水平的专业工作，都要有所涉猎。社会情境强调跳出私人情境的范畴，站在社区（可以是本地，也可以是国家或全球）的视角去选择情境。科学情境涉及的是运用数学解决与自然界、科学技术相关的专题，包括数学自身的世界。

PISA数学测试主要面向12~15岁的初中学生，强调情境的选择不应超出15岁学生的理解水平。需要注意的是，PISA数学测试重点关注数学应用素养测评，对数学内部的问题情境关注度不高。另外，高中学生掌握的数学工具比初中学生更为丰富和深入，其他学科的学习也在同步推进，因此跨学科问题的处理应当受到更高的关注，同时跨学科问题也是人才选拔中对人才分类的一个好的视角。这里的科学情境（后面我们称为学科交融情境）就是跨学科情境，它涉及运用数学解决与自然界和科学技术相关的专题，因此可以归类为生活实践问题情境。

四、本课题组研究结果——数学科高考问题情境体系

（一）生活实践问题情境与学科领悟问题情境的界定

莫雷等在《学习过程与机制研究——我国学习双机制理论与实验》中指出，需要站在人类知识生产与再生产的理论高度，解决在当今知识爆炸的时代如何通过考试引领教育回归到培养学生形成人类"改造世界的实践能力"的本源这个重大问题。人类知识生产过程就是在实践中获得解决实践问题的经验的过程。个体的知识学习过程即知识再生产过程，就是要学会人类已生产出来的改造世界实践活动的"种的经验"的过程。"种的经验"包括从生产与生活实践提炼出来的知识和学习探索新知的方法。因此，"种的经验"学习是在"生活实践问题情境"和"学科领悟问题情境"中进行的。

第一类是"生活实践问题情境"，这类情境与日常生活以及生产实践密切相关，考查学生运用所学知识解释生活中的现象、解决生产实践中的问题的能力。

第二类是"学科领悟问题情境"，是指对接终身学习或学科高级学习阶段知识的学科知识掌握与运用的问题，它要求掌握与运用知识的思维方式，所形成的知识结构，以及知识学习的高度、广度和深度与学科高级学习阶段的知识学习相一致。这类情境是真实的高阶学习过程或实际研究探索过程的仿真，涵盖高阶学习领悟与研究探索过程中所涉及的问题。学生在解决这类情境中的问题时，必须启动已有知识开展智力活动，同时在解决问题的过程中运用创新的思维方式。

（二）数学科两类问题情境的基本结构及典型样题

参照 PISA 数学测试对生活实践问题情境的分类，并结合高中数学跨学科应用较初中数学要求高的特点，以及高考数学强调为高阶数学学习奠定基础的特性，我们把 PISA 数学测试中的科学情境分为学科交融情境和学习探索问题情境。

从素养定向的考试角度来看，我们把《基于高考评价体系的数学科考试内容改革实施路径》中关注已有知识基础和准备程度的"学习情境"归类为知识

能力层面的考查，重点对应"四翼"中的基础性、综合性考查维度，突出高考的知识能力考查和素养考查两个层面的结构（"二层"结构）。为了突出"学科领悟问题情境"中"学习新知"和"探索新知"的特点，把"学科领悟问题情境"分为"学习提升情境"和"研究探索情境"两个子维度。

综合以上观点，构建数学科生活实践问题情境活动与学科领悟问题情境活动体系如表3-2-1所示。

表3-2-1 数学科生活实践问题情境活动与学科领悟问题情境活动体系

生活实践问题情境				学科领悟问题情境	
个人应用情境	公共应用情境	教育与职业情境	学科交融情境	学习提升情境	研究探索情境
重点关注与个体自身、个体所在家庭、个体同伴等相关的日常活动，包括但不限于：准确把握个人日常生活的各类数据信息，并能做出正确的判断和估算；恰当运用数学概念、规则、定理和思想方法描述、解释现象，制订计划、发现问题、提出问题、解决问题	重点关注个体所在社会的各项活动和政策，包括但不限于：在社会问题分析中，能够透过数据，借助推理，形成个人的社会问题视角；恰当运用数学概念、规则、定理和思想方法描述、解释、预测现象，制订计划、发现问题、提出问题、解决问题	重点关注教育或工作环境下的活动，包括但不限于：准确把握学校生活或各种职业工作环境中的各类数据信息，并能做出正确的判断、估算和评价；恰当运用数学概念、规则、定理和思想方法进行描述、解释、预测，制订计划等工作，协助完成产品设计及过程监控	重点关注数学在其他学科中的应用，恰当运用数学概念、规则、定理和思想方法，结合各学科规律进行描述、解释、预测、建模等工作	重点关注高级阶段数学学习典型活动，关注学习者对学习活动的自主胜任程度，以及掌握与运用知识的思维方式与高级阶段学习的一致性。包括高级阶段的数学概念建构、数学原理习得、问题解决等	阅读分析数学文献；发现并批判旧事物缺陷；发现并推演新命题；通过数学建模合理解释问题或给出问题解决方案；通过数学推理发现新问题或获得新对象的信息等

对比表1-2-5可以发现，表3-2-1中数学科生活实践情境活动与学科领悟情境活动体系的内涵与高考数学学科素养的构成及界定是一致的，其中"学习掌握""实践应用""研究创新"三种学科素养的背景、任务及其要求都可以在表3-2-1中找到对应。因此，表3-2-1体现了三种学科素养的"学科任务""任务要求""真实情境"的操作化，为素养考查提供了更具体的"题源"和"命题素材"的方向。本书将在后面对情境活动体系进行更进一步的细化，以更好应对数学科素养测评的需要。

例3.1 （个人应用情境）[2020年高中数学建模（应用）能力展示活动测试题第2题]

据新浪新闻消息，2020年10月27日，河南某地小区一位业主在小区的电梯间张贴了一张引人注目的告示：各位业主，大家好！本人前几天门没有关好，扫地机器人自己跑出来找不到了，望有捡到者与我联系，不胜感激．据这位业主介绍，当时给机器人设定的是早上扫地，可能是因为忘记关门了，机器人扫着扫着就跑出门去了，自己两天后才发现．机器人真的会走失吗？现在一个扫地机器人在打开房门的矩形房间中工作，房门到与其垂直的墙面之间有一定的距离，而且房门口没有门槛等障碍物．

（1）较为先进的机器人可以从所在位置处出发，等可能的随机从相互垂直的两个方向选择一条路径，以平行于某一墙面的弓字形路线来回对全屋进行清扫，直至完成；对有障碍物的情况，机器人会识别障碍，在碰撞之前转向，如图3-2-3所示．这种较为先进的机器人从打开的房门"离家出走"的概率是_____．

（2）早期的扫地机器人装有避震的橡胶材料，在室内随机运动，当撞击到障碍物时就随机转向，如图3-2-4所示，直至清扫完毕．这种早期的扫地机器人从打开的房门"离家出走"的概率是_____．

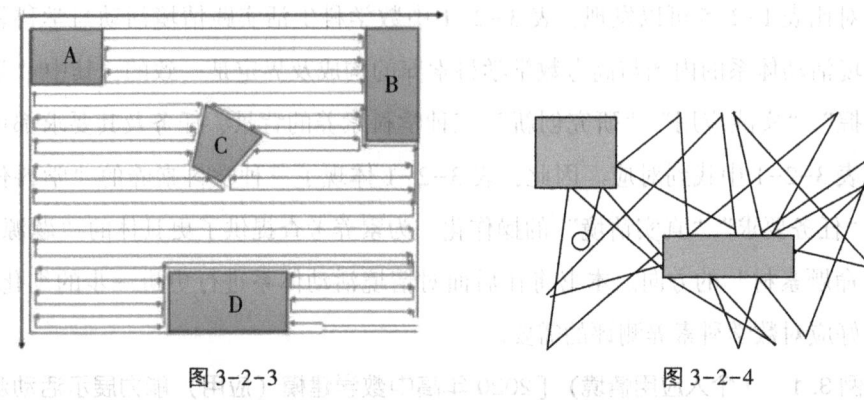

图 3-2-3　　　　　　　　　　图 3-2-4

例 3.2　（公共应用情境）[2020 年高中数学建模（应用）能力展示活动测试题第 5 题]

2020 年 11 月 11 日，国家统计局公布了 10 月份居民消费价格指数（CPI），报道称，2020 年 10 月份，全国居民生活消费品价格水平同比上涨 0.5%. 12 月 15 日，国务院新闻办公室举行新闻发布会，国家统计局新闻发言人介绍说：随着经济复苏，居民消费价格指数（CPI）从年初"破 5"一路涨幅下降，甚至在 11 月出现了近 11 年来 CPI 首次下降情况．居民消费价格指数（CPI）是度量居民生活消费品价格水平随着时间变动的相对数，综合反映居民购买的生活消费品价格水平的变动情况．CPI 的计算公式是

$$\text{CPI} = \frac{\text{当期居民生活消费品价格水平}}{\text{基期居民生活消费品价格水平}} \times 100,$$

居民生活消费品价格水平简称为价格水平，它是一组固定商品价格的加权平均值．这里的"基期"是指某一个月（也可以是年），"当期"是指当下的月（或年），也可以表为基期之后的第 k 月（或第 k 年）．CPI 实际上是一个对比性的结果，即用当期的价格水平除以基期的价格水平再乘 100 得到的数值．CPI 的计算公式可变形为

$$\frac{\text{第 } k \text{ 月 CPI}}{100} = \frac{\text{第 } k \text{ 月价格水平}}{\text{基期价格水平}}. \quad (*)$$

表 3-2-2 是国家统计局公布的部分经济数据．其中第二、三行为 2019 年

和 2020 年每个月的 CPI 数据,是以上一年同月为基期进行对比性计算得到的. 比如 2020 年 11 月的 CPI 就是以 2019 年 11 月为基期计算得到的. 另外

$$同比增长率 = \frac{本月价格水平 - 去年同月价格水平}{去年同月价格水平},$$

$$环比增长率 = \frac{本月价格水平 - 上月价格水平}{上月价格水平}.$$

表 3-2-2　国家统计局公布的部分经济数据

月份	1	2	3	4	5	6	7	8	9	10	11	12
2019 年各月的 CPI	101.7	101.5	102.3	102.5	102.7	102.7	102.8	102.8	103.0	103.8	104.5	104.5
2020 年各月的 CPI	105.4	105.2	104.3	103.3	102.4	102.5	102.7	102.4	101.7	100.5	99.5	
2020 年各月价格水平同比增长率										0.5%		
2020 年各月价格水平环比增长率	1.4%	0.8%	-1.2%	-0.9%	-0.8%	-0.1%	0.6%	0.4%	0.2%	-0.3%	-0.6%	

(1) 请你根据表 3-2-2,解释"2020 年 10 月份,全国居民生活消费品价格水平同比上涨 0.5%"中的"0.5%"是如何得出的. 它是什么含义?并将 2020 年 1 月到 11 月的同比增长率用表列出.

(2) 请你解释"居民消费价格指数 (CPI) 从年初'破 5'一路涨幅下降"中的"破 5"是什么意思. "在 11 月出现了近 11 年来 CPI 首次下降情况"中的"下降"是什么意思?

(3) 以 2020 年 1 月为对比基期，利用表 3-2-2 中的相关数据计算 2020 年 11 月的全国居民消费价格指数（CPI）.

例 3.3 （公共应用情境）[2021 年高中数学建模（应用）能力展示活动测试题第 5 题]

2021 年 10 月 15 日，在甘肃嘉峪关中医医院进行新冠肺炎核酸"10 合 1 混采检测"时，有一管咽拭子结果异常，由此揭开了一个传播跨越多个地区的超长传播链．"10 合 1 混采检测"是在全员核酸检测中，每 10 人的咽拭子合进一个采样管一起检测．如果该采样管中检测出来的结果是阴性，就表示这 10 个人都是安全的．否则，立即对该混采的 10 个受检者暂时单独隔离，并重新采集单管拭子进行复核，以确定这 10 个人当中的阳性者．采用"10 合 1 混采检测"模式，是为了确保在发生新冠肺炎疫情时，能够短时间内完成大规模全员核酸检测工作，降低新冠肺炎疫情在本地扩散风险．

(1) 某地区共 10 万人，发现有输入性病例，需要进行全员核酸检测．预估新冠病毒感染率为万分之一，先进行"10 合 1 混采检测"，试估计这 10 万人在第一次混检之后可能需要进行第二次检测的平均人数，并估计对这个地区，这样的混检比一人一检大约能少使用多少份检测试剂．

(2) 将 (1) 中的感染率分别改为十万分之一和十分之一，其他条件不变，估计 10 万人中可能需要进行第二次检测的平均人数．

(3) 如果考虑"20 合 1 混采检测"，(1) 中其他数据不变，估计总的试剂检测次数．

(4) 对比 (1) (2) (3) 的结果，对你有什么启示？

例 3.4 （教育与职业情境）[2021 年高中数学建模（应用）能力展示活动测试题第 3 题]

每个人都是独特的，人与人千差万别．如果对所有的人用一个维度且区分度良好的方法去评价，可能只有个别人获得满分，不妨以满分作为优秀，就会导致优秀者寥寥．如果很多人都去争取优秀，因为机会很小，就不得不为小小的几分,甚至是为了1分的成绩,不惜代价拼命努力.即便如此,未必如愿.如果有甲、乙两个区分度良好的评价维度,基于人才选拔的需要,不仅在甲、乙维度上分别评出优秀者,还关注甲乙兼得的优秀者,这样优秀者的数量就会增多.

在一个总分不超过正整数 p 的评价体系中,被评价者所得总评分可能是 0,1,2,$\cdots$,p,满分 p 即为优秀.若只有一个评价维度,便有且只有一种总评分的得分方式;如果有甲、乙两个维度的评价体系,所得总评分是甲、乙两个维度各自得分之和,那么每个总评分的得分方式就不止一种.定义评优率 r 为

$$r = \frac{\text{获得总评分为满分 } p \text{ 的得分方式的个数}}{\text{获得总评分不大于 } p \text{ 的得分方式的个数}}.$$

例如,若只有一个评价维度,则 $r = \dfrac{1}{p+1}$. 请回答以下问题:

(1) 在上述两个维度的评价方式中,评优率是多少?

(2) 如果用三个维度评价,类似于二维的评价方法,评优率是多少?

(3) 推测一下,如果评价维度 $n \geq 4$,评优率是多少?由前面这些结果可以得到什么启发?

例3.5 (教育与职业情境)(2020年新高考全国Ⅰ卷数学第15题)

某中学开展劳动实习,学生加工制作零件,零件的截面如图 3-2-5 所示. O 为圆孔及轮廓圆弧 AB 所在圆的圆心,A 是圆弧 AB 与直线 AG 的切点,B 是圆弧 AB 与直线 BC 的切点,四边形 $DEFG$ 为矩形,$BC \perp DG$,垂足为 C,$\tan \angle ODC = \dfrac{3}{5}$,$BH // DG$,$EF = 12$ cm,$DE = 2$ cm,A 到直线 DE 和 EF 的距离均为 7 cm,圆孔半径为 1 cm,则图中阴影部分的面积为 _____ cm².

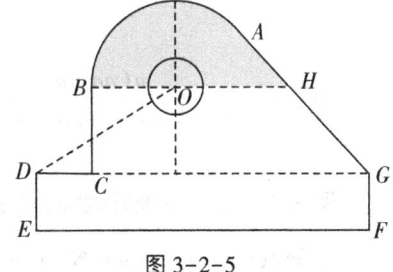

图 3-2-5

例3.6 （学科交融情境）（2020年新高考全国Ⅰ卷数学第19题）

为加强环境保护，治理空气污染，环境监测部门对某市空气质量进行调研，随机抽查了100天空气中的$PM_{2.5}$和SO_2浓度（单位：$\mu g/m^3$），得表3-2-3：

表3-2-3

$PM_{2.5}$	SO_2		
	[0, 50]	(50, 150]	(150, 475]
[0, 35]	32	18	4
(35, 75]	6	8	12
(75, 115]	3	7	10

（1）估计事件"该市一天空气中$PM_{2.5}$浓度不超过75，且SO_2浓度不超过150"的概率.

（2）根据所给数据，完成下面的2×2列联表（表3-2-4）：

表3-2-4

$PM_{2.5}$	SO_2	
	[0, 150]	(150, 475]
[0, 75]		
(75, 115]		

（3）根据（2）中的列联表，判断是否有99%的把握认为该市一天空气中$PM_{2.5}$浓度与SO_2浓度有关.

附：$K^2 = \dfrac{n(ad-bc)^2}{(a+b)(c+d)(a+c)(b+d)}$.

表3-2-5

$P(K^2 \geq k)$	0.050	0.010	0.001
k	3.841	6.635	10.828

例3.7 （学习提升情境）（2020年高考江苏卷数学第20题）

已知数列$\{a_n\}$ $(n \in \mathbf{N}^*)$的首项$a_1 = 1$，前n项和为S_n. 设λ，k均为常数，若对一切正整数n均有$S_{n+1}^{\frac{1}{k}} - S_n^{\frac{1}{k}} = \lambda a_{n+1}^{\frac{1}{k}}$成立，则称此数列为"$\lambda \sim k$"数列.

（1）若等差数列$\{a_n\}$是"$\lambda \sim 1$"数列，求λ的值.

(2) 若数列 $\{a_n\}$ 是 "$\frac{\sqrt{3}}{3}\sim 2$" 数列，且 $a_n>0$，求数列 $\{a_n\}$ 的通项公式.

(3) 对于给定的 λ，是否存在三个不同的数列 $\{a_n\}$ 为 "$\lambda\sim 3$" 数列，且 $a_n\geqslant 0$？若存在，求 λ 的取值范围；若不存在，说明理由.

例 3.8 （研究探索情境）

对于数列 $\{x_n\}$，从中选取若干项，不改变它们在原来数列中的先后次序，得到的数列称为是原来数列的一个子数列. 某同学在学习了这个概念之后，打算研究首项为正整数 a，公比为正整数 $q(q>1)$ 的无穷等比数列 $\{a_n\}$ 的子数列问题. 为此，他任取了其中三项 a_k，a_m，$a_n(k<m<n)$.

(1) 若 a_k，a_m，$a_n(k<m<n)$ 成等比数列，求 k，m，n 之间满足的等量关系.

(2) 他猜想："在上述数列 $\{a_n\}$ 中存在一个子数列 $\{b_n\}$ 是等差数列"，为此，他研究了 a_k+a_n 与 $2a_m$ 的大小关系，请你根据该同学的研究结果来判断上述猜想是否正确.

(3) 他又想：在首项为正整数 a，公差为正整数 d 的无穷等差数列中是否存在成等比数列的无穷子数列？请你就此问题写出一个正确命题，并加以证明.

五、对数学科学科领悟问题情境的再划分

任子朝等在《基于高考评价体系的数学科考试内容改革实施路径》中进一步细化了两类学习探索情境下的情境活动，其中数学课程学习情境包括数学概念建构、数学原理习得、数学运算学习、数学推理学习等情境活动；数学探索创新情境包括推演数学命题、数学探究、数据分析、数学实验等问题情境活动。这样的情境活动分类大致刻画了两类学科领悟情境的常见活动，但存在着交叉、重叠、遗漏等问题，例如，数学运算的学习离不开法则和公式的学习，

而后者属于数学原理习得，数学推理学习也在概念建构和原理习得过程中充分体现，而数学学习还应包含问题解决学习；对于数学探索创新情境，推演数学命题是数学探究的过程，而数学建模活动是数学应用与数学探索创新交叠的重要活动。因此，本节仍需对两类学科领悟情境下的情境活动作进一步的提取以及细化。

（一）学习提升情境

数学学习提升情境重点关注高级阶段数学学习中的典型活动，关注学习者对学习活动的自主胜任程度，以及掌握与运用知识的思维方式与高级阶段学习的一致性。为了提取数学学习提升情境中常见的情境活动，首先需要对数学学习内容进行分类。

从数学教学内容的角度看，数学教学的内容可分为：数学概念教学、数学原理教学和数学问题解决教学；从数学学习内容的角度看，数学学习可分为：数学概念学习、数学原理学习、数学问题解决学习、数学思维过程学习、数学技能学习和数学态度学习❶。其中，数学问题解决学习过程中充斥着数学思维过程学习与数学技能学习，掌握数学思想方法是"问题解决教学"学习论的核心❷。而数学态度学习是一个潜移默化的、长期沉淀的过程，体现在各类学习活动中。

因此，学习提升情境中有三类常见的情境活动：数学概念学习情境活动、数学原理学习情境活动、数学问题解决学习情境活动。

1. 数学概念学习情境活动

数学概念学习的一般过程包括概念的获得、概念的深化和概念的应用三个阶段。这类情境与数学阅读素养、数学抽象素养考查密切关联。其中，概念的获得主要有两种基本形式：形成与同化。概念的深化主要有四种基本活动：概

---

❶ 叶立军，斯海霞. 数学课程与教学论 [M]. 2版. 杭州：浙江大学出版社，2016.
❷ 李红婷，綦明男，杨燕钧. 问题解决教学相关理论及课堂教学模式 [J]. 数学教育学报，1998（4）：54-57.

念剖析、概念变式、概念对比和概念联系。概念的应用分为两个层次：知觉水平上的应用和思维水平上的应用。具体数学概念学习情境活动的分类和描述见表 3-2-6。

表 3-2-6　数学概念学习情境活动分类和描述

情境活动	二级活动	二级活动描述
数学概念学习	概念的获得	形成：辨别刺激模式，寻找共性，确认本质属性，形成概念
		同化：阅读定义，明确定义的内涵和外延，区分和联系新旧概念
	概念的深化	概念剖析、概念变式、概念对比、概念联系
	概念的应用	知觉水平上的应用：辨别特例并归入知觉类型
		思维水平上的应用：对原有概念进行重组、加工形成更高水平的概念

例 3.7 设计了数学概念学习情境活动。题目背景直接给出了"$\lambda \sim k$"数列的概念。第（1）问需要学生明确概念的内涵，同化新概念，区分和联系新旧概念以解决问题；第（2）问进一步对概念的某些要素进行特殊化，挖掘数列的外延，深化对概念的理解，并从知觉水平上进行概念应用；第（3）问则属于数学概念在思维水平上的应用。例 3.7、例 1.24、例 1.25 和例 1.26 均设计了数学概念学习情境活动，旨在考查学生的数学阅读素养和数学理论理解能力。例 1.24 也对数学抽象素养进行了考查。

例 3.9　（2011 年高考广东卷理科数学第 8 题）

设 S 是整数集 $\mathbf{Z}$ 的非空子集，如果 $\forall a, b \in S, ab \in S$，则称 S 关于数的乘法是封闭的。若 T, V 是 $\mathbf{Z}$ 的两个不相交的非空子集，$T \cup V = \mathbf{Z}$，且 $\forall a, b, c \in T$，有 $abc \in T$；$\forall x, y, z \in V$ 有 $xyz \in V$。则下列结论恒成立的是（　　）．

A. T, V 中至少有一个关于数的乘法是封闭的

B. T, V 中至多有一个关于数的乘法是封闭的

C. T, V 中有且只有一个关于数的乘法是封闭的

D. T, V 中每一个关于数的乘法都是封闭的

评述：本题构建了学习提升情境，设计了数学概念学习情境活动。题目背景直接给出了"集合关于数的乘法封闭"概念的定义，这要求学生阅读新概念的定义，同化新概念，并对新概念进行变式（条件将两个数相乘变为三个数相乘）、重组、加工形成更高水平的概念；判断两集合关于数的乘法的封闭情况。

例 3.10　（2011 年高考广东卷文科数学第 7 题）

正五棱柱中，不同在任何侧面且不同在任何底面的两顶点的连线称为它的对角线，那么一个正五棱柱对角线的条数共有（　　）.

A. 20　　　　B. 15　　　　C. 12　　　　D. 10

评述：本题构建了学习提升情境，设计了数学概念学习情境活动。题目背景给出"正五棱柱的对角线"概念的定义，并要求学生求出正五棱柱对角线的条数。这要求学生阅读并理解新概念的定义，结合"立体几何初步"的相关知识即可解决问题。

由以上例子可见，学习提升情境问题可能涉及完整的概念学习活动（如例 3.8），也可能涉及概念学习活动的某个二级活动（如例 3.9）。事实上，其他情境活动类型的学科领悟情境问题也具有同样的特点，下文不加以赘述。

2. 数学原理学习情境活动

数学原理学习的一般过程包括原理的发现、原理的证明、原理的理解和原理的应用四个阶段。其中，原理的发现主要有两种基本形式：由例子到原理和由原理到例子。根据原理类型的不同，将原理的理解分为对定理、性质的理解，对公式的理解和对算法的理解；将原理的应用分为定理、性质、公式在新问题解决中的应用以及算法在计算和估算中的应用。数学原理的发现情境活动重点考查数学阅读素养、数学抽象素养；数学原理的证明重点考查数学运算素养、数学推理素养、直观想象素养；数学原理的应用重点考查数学运算素养、数学推理素养、直观想象素养。具体情境活动的分类和描述见表 3-2-7。

表 3-2-7 数学原理学习情境活动分类和描述

情境活动	二级活动	二级活动描述
数学原理学习	原理的发现	由特殊到一般：从若干例子中归纳出一般原理
		由一般到特殊：直接呈现原理后用例子说明原理
	原理的证明	探索原理证明的思路并完成对原理的证明
	原理的理解	定理、性质：理解原理的条件与结论及内在逻辑，适当时候能举出正例和反例说明原理条件的必要性与适用性
		公式：理解数学公式中字母的可变性和结构的不变性；能说明公式成立的约束条件
		算法：理解算法的适用范围和算理
	原理的应用	能应用定理、性质、公式解决新的数学问题
		计算：根据算理和算法对数与式进行运算。它要求运算正确、迅速、合理，并对运算结果的正确性进行判断、验算。
		估算：能对数值进行合理估算

例 3.11 （2022 年深圳市高三年级第二次调研数学第 16 题）

祖暅是我国南北朝时期伟大的科学家，他于 5 世纪末提出了"幂势既同，则积不容异"的体积计算原理，即"夹在两个平行平面之间的两个几何体，被平行于这两个平面的任意平面所截，如果截得的两个截面的面积总相等，那么这两个几何体的体积相等"。

现已知直线 $y=\pm 2$ 与双曲线 $x^2-y^2=1$ 及其渐近线围成的平面图形 G 如图 3-2-6 所示. 若将图形 G 被直线 $y=t(-2\leqslant t\leqslant 2)$ 所截得的两条线段绕 y 轴旋转一周，则形成的旋转面的面积 $S=$ _____ ；若将图形 G 绕 y 轴旋转一周，则形成的旋转体的体积 $V=$ _____ .

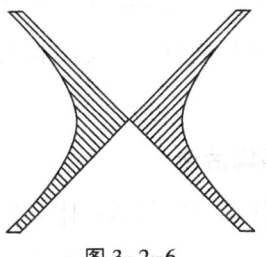

图 3-2-6

评述：本题设计了数学原理学习情境活动。题目背景给出了祖暅原理的文言文与现代文叙述，并要求学生应用祖暅原理求解旋转体的体积。这不需要学生发现与证明定理，只需学生阅读并理解定理后，将其应用到新的数学问题中去。

例 3.12 （课标案例 34　迭代计算问题）

研究一元二次方程 $x^2+x-1=0$ 的求解问题，这是经典的求黄金分割的方程式。令 $f(x)=x^2+x-1$，对抛物线 $y=f(x)$，持续实施下面"牛顿切线法"的步骤：

在点 $(1,1)$ 处作抛物线的切线交 x 轴于 $(x_1,0)$；

在点 $(x_1,f(x_1))$ 处作抛物线的切线，交 x 轴于点 $(x_2,0)$；

在点 $(x_2,f(x_2))$ 处作抛物线的切线，交 x 轴于点 $(x_3,0)$；

……

得到一个数列 $\{x_n\}$。回答下列问题：

（1）求 x_1 的值。

（2）设 $x_{n+1}=g(x_n)$，求 $g(x_n)$ 的解析式。

（3）用"二分法"求方程 $x^2+x-1=0$ 的近似解，给出前四步结果。比较"牛顿切线法"和"二分法"的求解速度。

评述：本题构建了学习提升情境，设计了数学原理学习情境活动。题目给出了"牛顿切线法"的具体步骤，要求学生实施算法的第 1 步、第 $n+1$ 步，并解决第（1）（2）问；最后用已经学过的"二分法"对相同的数学对象进行运算，比较新算法与旧算法的差异。这要求学生阅读并理解新算法，并应用新算法解决问题，最后还需比较新算法与旧算法的收敛速度，涵盖了大学算法学习中重要的思想。

3. 数学问题解决学习情境活动

数学问题解决学习情境活动主要包括：体会数学思想、掌握数学方法、批判与错误分析、问题迁移四个环节。其中，数学思想包括转化与化归思想、函数与方程思想、整体思想、极限思想等；数学方法可分为逻辑学方法、一般方法与特殊方法。此外，问题解决回顾是数学问题解决学习最重要的环节❶，在这一环节中，不仅要回顾问题解决的思想方法和理解题意的过程，更要带着批判性的思维回顾解题探索过程中的错误策略或元认知错误，究其错因以产生规律性经验，形成往后问题解决的行动指南。这类情境活动重点考查学生学习掌握与实践应用素养。具体数学问题解决学习情境活动的分类和描述见表3-2-8。

表3-2-8 数学问题解决学习情境活动分类和描述

情境活动	二级活动	二级活动描述
数学问题解决学习	体会数学思想	领悟转化与化归思想、函数与方程思想、整体思想、极限思想等
	掌握数学方法	逻辑学方法：综合法、分析法、反证法、归纳法、穷举法等
		一般方法：消元法、坐标法、降次法、放缩法、同一法等
		特殊方法：待定系数法、换元法、拆项补项法、平移法等
	批判与错误分析	带着批判性的思维回顾解题探索过程中的错误策略或元认知错误，究其错因以产生规律性经验
	问题迁移	将学习的数学思想方法迁移到新问题解决中去

例 3.13 （2008 年高考江苏卷数学第 23 题）

请先阅读：

在等式 $\cos 2x = 2\cos^2 x - 1\,(x \in \mathbf{R})$ 的两边对 x 求导，得 $(\cos 2x)' = (2\cos^2 x - 1)'$. 由求导法则得 $(-\sin 2x) \cdot 2 = 4\cos x \cdot (-\sin x)$，化简得 $\sin 2x = 2\sin x \cos x$.

（1）利用上述想法（或其他方法），试由等式 $(1+x)^n = C_n^0 + C_n^1 x + \cdots + C_n^n x^n\,(x \in \mathbf{R}$，整数 $n \geqslant 2)$ 证明：$n\left[(1+x)^{n-1} - 1\right] = \sum_{k=2}^{n} k C_n^k x^{k-1}$.

（2）对于正整数 $n \geqslant 3$，求证：

① $\sum_{k=1}^{n}(-1)^k k C_n^k = 0$；② $\sum_{k=1}^{n}(-1)^k k^2 C_n^k = 0$；③ $\sum_{k=1}^{n} \frac{1}{k+1} C_n^k = \frac{2^{n+1}-1}{n+1}$.

---

❶ 涂荣豹. 数学解题的有意义学习 [J]. 数学教育学报，2001（4）：15-20.

评述：本题构建了学习提升情境，设计了数学问题解决学习情境活动。题目给出了证明恒等式的一种新的解决方法——考虑等号两边的原函数的等量关系。这要求学生通过阅读题目给出的正弦二倍角的证明方法，体会其中的数学方法，并将其迁移到组合恒等式证明的问题解决中。

例 3.14 （2025 年高考全国 I 卷数学第 19 题）

设函数 $f(x) = 5\cos x - \cos 5x$.

（1）求 $f(x)$ 在 $\left[0, \dfrac{\pi}{4}\right]$ 上的最大值；

（2）给定 $\theta \in (0, \pi)$，设 a 为实数，证明：存在 $y \in [a-\theta, a+\theta]$，使得 $\cos y \leq \cos \theta$；

（3）若存在 φ 使得对任意 x，都有 $5\cos x - \cos(5x+\varphi) \leq b$，求 b 的最小值.

评述：本题构建了学习提升情境，设计了数学问题解决学习情境活动。题目以三角函数知识为基础，是一道含多参数的函数性质分析题。题目的设问是高等数学中微积分问题的典型设问方式，包括任意性、存在性以及多元不等关系等，涉及符号与变元思想、函数与方程思想等多种数学思想方法的综合运用，是与学生即将面对的高阶学习需求一致的问题。

（二）研究探索情境

数学研究探索情境是学生在高级阶段研究问题和创新活动过程中所面临的问题情境。为了提取出数学研究探索情境中常见的情境活动，首先需要对数学科学研究中的基本活动进行分类。

数学科学研究主要分为理论研究与应用研究。无论哪一类型的科学研究，搜集、阅读和分析已有的数学文献是研究的基础。对于理论研究，解决已有问题是基础，推演新命题是研究探索创新的重要形式；对于应用研究，数学建模是应用数学理论解决实际问题的重要手段和桥梁。另外，无论是理论研究还是应用研究，都离不开数学实验。数学实验可以通过对大量例子的试验，提出数学猜想和假说❶，如"$3n+1$"角谷猜想。此外，它还可以通过数值计算、模拟

---

❶ 范文贵. 数学家的观点对数学学习的启示 [J]. 数学教育学报，2007（3）：17-20.

仿真等方法解决理论问题和应用问题，如四色问题的解决方案。

因此，数学研究探索情境中有四类常见情境活动：阅读分析数学文献情境活动、推演新命题情境活动、数学建模情境活动和数学实验情境活动。

1. 阅读分析数学文献情境活动

阅读分析数学文献的一般过程包括获取研究问题，分析概念、规则及定理，提取问题解决的思路及技巧，判断结论的科学性和适用性以及提出新问题五个阶段。其中，获取研究问题是阅读文献的基础；分析概念、规则及定理是为进一步分析文献提供理论准备；提取问题解决的思路及技巧以及判断结论的科学性和适用性是对文献研究过程的深入理解与批判性思考；充分理解和分析文献后，对研究过程和结果进行反思，最后提出新问题是批判性思维与创造性思维的体现。具体阅读分析数学文献情境活动的分类和描述见表3-2-9。

表3-2-9　阅读分析数学文献情境活动分类和描述

情境活动	二级活动	二级活动描述
阅读分析数学文献	获取研究问题	获取并理解数学文献提出的研究问题
	分析概念、规则及定理	理解文献所涉及概念的内涵、外延；理解规则、定理的内容和逻辑结构关系
	提取问题解决的思路及技巧	理解数学结论的抽象过程，掌握其中数学问题解决的思路和技巧
	判断结论的科学性和适用性	对数学结论作批判性的反思
	提出新问题	提出对文献结论及方法的修正、优化、推广等后续研究问题

例3.15　（2020年高考北京卷数学第21题）

已知$\{a_n\}$是无穷数列，给出两个性质：

①对于$\{a_n\}$中任意两项a_i，$a_j(i>j)$，在$\{a_n\}$中都存在一项a_m，使得$\dfrac{a_i^2}{a_j}=a_m$；

②对于$\{a_n\}$中任意项$a_n(n\geq 3)$，在$\{a_n\}$中都存在两项a_k，$a_l(k>l)$，使得$a_n=\dfrac{a_k^2}{a_l}$.

（1）若$a_n=n(n=1,2,\cdots)$，判断数列$\{a_n\}$是否满足性质①，并说明理由；

（2）若$a_n=2^{n-1}(n=1,2,\cdots)$，判断数列$\{a_n\}$是否同时满足性质①和性质②，并说明理由；

（3）若$\{a_n\}$是递增数列，且同时满足性质①和性质②，证明：$\{a_n\}$为等比数列.

评述：本题构建了研究探索情境，设计了阅读分析数学文献情境活动。题目给出的虽然不是一般意义上的数学论文文献，但给出了关于数列的两个性质，要求学生理解问题给出的性质和所涉及的概念、规则以及它们之间的逻辑结构关系，并对其进行整合，进而解决问题。

值得一提的是，这类情境活动往往与概念学习、原理学习、问题解决学习、推演新命题等活动相结合。

2. 推演新命题情境活动

推演新命题的形式主要包括命题的变式、命题的推广、命题的整合以及命题的猜想建构。其中，命题的变式是对原命题合理的非本质变化，如互换命题的条件和结论，置换命题的应用环境等；命题的推广是扩大命题的条件中有关对象的范围，扩大结论的范围，即从一个事物的研究过渡到一类事物的研究，是数学研究中极其重要的手段之一[1]；命题的猜想建构包含两个过程：合情推理得到猜想、演绎推理证明猜想（或构造反例证伪猜想）。需要特别注意的是，在数学科学研究中，通过构造反例证伪猜想这一方法是极其重要的。具体推演新命题情境活动的分类和描述见表3-2-10。

---

[1] 朱华伟，张景中. 论推广[J]. 数学通报，2005（4）：28-57.

表 3-2-10　推演新命题情境活动分类和描述

情境活动	二级活动	二级活动描述
推演新命题	命题的变式	对命题进行合理的非本质变化，包括变换命题的条件或结论、转换命题的表现形式、置换实际应用的环境等，得到新命题
	命题的推广	把一个（类）数学命题中的某些特殊条件一般化，从而获得更普遍的结论。分为从低维到高维的推广、从特殊到一般的推广
	命题的整合	把不同的命题在一定的条件（背景）中，用科学方法进行组合、联结，得到新命题
	命题的猜想建构	通过合情推理得到猜想，通过演绎推理证明猜想，得到新命题

例 3.16 （2021 年高考全国甲卷理科数学第 18 题）

已知数列 $\{a_n\}$ 的各项均为正数，记 S_n 为数列 $\{a_n\}$ 的前 n 项和。从下面①②③中选取两个作为条件，证明另外一个成立。①数列 $\{a_n\}$ 是等差数列；②数列 $\{\sqrt{S_n}\}$ 是等差数列；③$a_2 = 3a_1$。

评述：本题构建了研究探索情境，设计了推演新命题情境活动。题目给出了三个关于数列 $\{a_n\}$ 的命题，要求学生选取两个作为条件，另外一个作为结论，形成新命题并证明。这是对命题的整合，进而推演新的命题。

例 3.17 （2012 年高考湖北卷理科数学第 22 题）

已知函数 $f(x) = rx - x^r + (1-r)(x>0)$，其中 r 为有理数，且 $0<r<1$。

（1）求 $f(x)$ 的最小值；

（2）试用（1）的结果证明如下命题：设 $a_1 \geq 0$，$a_2 \geq 0$，b_1，b_2 为正有理数，若 $b_1 + b_2 = 1$，则 $a_1^{b_1} a_2^{b_2} \leq a_1 b_1 + a_2 b_2$；

（3）请将（2）中的命题推广到一般形式，并用数学归纳法证明你所推广的命题。

评述：本题构建了研究探索情境，设计了推演新命题情境活动，要求学生利用一个命题的结论来证明新命题,并将新命题推广到一般形式。

3. 数学建模情境活动

数学建模的一般过程包括:问题背景资料分析、问题假设与抽象、建立模型、求解模型和验证模型。其中,问题背景资料分析是数学建模的基础,需弄清具体问题背景中的数学信息,确定问题解决的目标;问题假设与抽象是数学建模的关键步骤,关系到模型的优劣以及适用范围。具体数学建模情境活动的分类和描述见表 3-2-11。这类活动是生活实践问题情境和学习探索问题情境的交融活动。

表 3-2-11 数学建模情境活动分类和描述

情境活动	二级活动	二级活动描述
数学建模	问题背景资料分析	结合问题背景(自然科学背景、社会科学背景、生活生产实践背景)获取基本的数学信息,确定问题解决的目标
	问题假设与抽象	提出假设,完成问题的理想化,并抽象出数学问题
	建立模型	选择恰当的数学、统计学方法建立数学模型
	求解模型	运用数学、统计学方法求解模型
	验证模型	用数学、统计学方法验证模型。若经检验结论合理,则获得结论;若经检验结论不合理,需要重新理想化,甚至重构模型

例 3.18 (2020 年高考江苏卷数学第 17 题)

某地准备在山谷中建一座桥梁,桥址位置的竖直截面图如图 3-2-7 所示,谷底 O 在水平线 MN 上,桥 AB 与 MN 平行,OO' 为铅垂线(O' 在 AB 上)。经测量,左侧曲线 AO 上任一点 D 到 MN 的距离 h_1(米)与 D 到 OO' 的距离 a(米)之间满足关系式 $h_1 = \dfrac{1}{40}a^2$;右侧曲线 BO 上任一点 F 到 MN 的距离

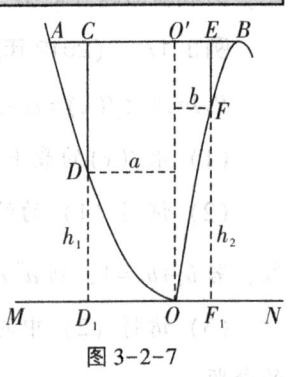

图 3-2-7

h_2（米）与 F 到 OO' 的距离 b（米）之间满足关系式 $h_2 = -\frac{1}{800}b^3 + 6b$. 已知点 B 到 OO' 的距离为 40 米.

（1）求桥 AB 的长度.

（2）计划在谷底两侧建造平行于 OO' 的桥墩 CD 和 EF，且 CE 为 80 米，其中 C，E 在 AB 上（不包括端点）. 桥墩 EF 每米造价 k（万元），桥墩 CD 每米造价 $\frac{3}{2}k$（万元）（$k>0$）. 问：$O'E$ 为多少米时，桥墩 CD 与 EF 的总造价最低？

评述：本题构建了研究探索情境，设计了数学建模情境活动。题目以建设桥梁为问题背景，要求学生以桥墩总造价最低为目标，通过构建模型来解决问题。在此过程中，学生需要经历问题背景资料分析、建立模型和求解模型的过程。

例 3.19 （2020 年新高考全国 I 卷数学第 6 题）

基本再生数 R_0 与世代间隔 T 是新冠肺炎的流行病学基本参数. 基本再生数指一个感染者传染的平均人数，世代间隔指相邻两代间传染所需的平均时间. 在新冠肺炎疫情初始阶段，可以用指数模型：$I(t) = e^{rt}$ 描述累计感染病例数 $I(t)$ 随时间 t（单位：天）的变化规律，指数增长率 r 与 R_0，T 近似满足 $R_0 = 1 + rT$. 有学者基于已有数据估计出 $R_0 = 3.28$，$T = 6$. 据此，在新冠肺炎疫情初始阶段，累计感染病例数增加 1 倍需要的时间约为（　　）（$\ln 2 \approx 0.69$）.

A. 1.2 天　　　　B. 1.8 天　　　　C. 2.5 天　　　　D. 3.5 天

评述：本题构建了研究探索情境，设计了数学建模情境活动。题目以新冠肺炎流行病学为问题背景，给出了疫情初期感染病例的增长模型以及具体参数值，要求学生在理解问题背景和数学模型后直接利用模型进行求解。

由以上两个例子可见，由于高考的自身特点，在高考命题中往往只呈现出部分建模过程，如例 3.17 省略了问题假设、模型检验步骤；例 3.18 只需理解模型和求解模型。因此，在数学建模情境活动命题时，可以基于数学建模情境活动的不同阶段（"上游""中游""下游"❶）进行命题。我们将在第四章结合生活实践问题情境设计讨论"微建模"题的设计方法。

4. 数学实验情境活动

数学实验可分为传统数学实验和现代数学实验两大类。前者是指利用传统方式，如手工实物模型的制作、工具的测量、纸笔的数学运算推理进行实验；后者是以数学理论作为实验原理，利用现代技术工具进行图形演示、数值计算、模拟仿真等实验。后者是前者的技术改造❷。无论哪种形式的数学实验，其一般过程都为：实验设计、对实验对象施加数学化操作、实验验证。其中，对实验对象施加数学化操作包括观察、测试、度量、计算、归纳、类比、猜想、抽样、模拟等，从而获得对研究对象的感性认识和数学信息，最后通过演绎推理的方法得到实验结论或验证实验猜想。具体数学实验情境活动的分类和描述见表 3-2-12。

表 3-2-12　数学实验情境活动分类和描述

情境活动	二级活动	二级活动描述
数学实验	实验设计	确定实验目标，选择实验方法，设计实验过程
	对实验对象施加数学化操作	包括观察、测试、度量、计算、归纳、类比、猜想、抽样、模拟等，获得对研究对象的感性认识和数学信息
	实验验证	通过特例法、反例法、演绎法等对实验结论进行检验

例 3.20　（2012 年高考福建卷理科数学第 17 题）

某同学在一次研究性学习中发现，以下五个式子的值都等于同一个常数：

①$\sin^2 13° + \cos^2 17° - \sin 13° \cos 17°$；

②$\sin^2 15° + \cos^2 15° - \sin 15° \cos 15°$；

---

❶ 倪黎，茹凯，颜宝平. "数学建模"核心素养试题分析与命题探索 [J]. 数学教育学报，2022，31 (2)：69-76.

❷ 邵光华，卞忠运. 数学实验的理论研究与实践 [J]. 课程·教材·教法，2007 (3)：39-43.

③ $\sin^2 18°+\cos^2 12°-\sin 18°\cos 12°$;

④ $\sin^2(-18°)+\cos^2 48°-\sin(-18°)\cos 48°$；

⑤ $\sin^2(-25°)+\cos^2 55°-\sin(-25°)\cos 55°$.

（1）试从上述五个式子中选择一个，求出这个常数；

（2）根据（1）的计算结果，将该同学的发现推广为三角恒等式，并证明你的结论.

评述：本题构建了研究探索情境，设计了数学实验情境活动。题目给出了五个结构相似的关于三角函数值的数式，要求学生选择其一算出其值，并将其推广为一般的三角恒等式，最后证明。这要求学生对实验对象进行观察、计算、归纳、猜想，并对猜想进行演绎推理证明。

例3.21 （2001年高考上海卷理科数学第16题）

用计算器验算函数 $y=\dfrac{\lg x}{x}(x>1)$ 的若干个值，可以猜想下列命题中的真命题只能是（ ）.

A. $y=\dfrac{\lg x}{x}$ 在 $(1,+\infty)$ 上是单调减函数

B. $y=\dfrac{\lg x}{x}$, $x\in(1,+\infty)$ 的值域是 $\left(0,\dfrac{\lg 3}{3}\right]$

C. $y=\dfrac{\lg x}{x}$, $x\in(1,+\infty)$ 有最小值

D. $\lim\limits_{n\to\infty}\dfrac{\lg n}{n}=0$, $n\in\mathbf{N}$

评述：本题构建了研究探索情境，设计了数学实验情境活动。题目要求学生用计算器进行计算、检验，判定一些函数命题的真假。

（三）两类数学学科领悟情境活动的总体框架

通过以上分析，将学科领悟情境分为学习提升情境和研究探索情境，考查"学习掌握""实践运用""研究探索"三个数学学科高考核心素养，构建了两类数学学科领悟情境活动的总体框架（表3-2-13、表3-2-14），为后续问题设计与评价提供了理论支撑。

表 3-2-13　学习提升情境活动分类

情境活动	二级活动	二级活动描述
数学概念学习	概念的获得	形成：辨别刺激模式，寻找共性，确认本质属性，形成概念 同化：阅读定义，明确定义的内涵和外延，区分和联系新旧概念
	概念的深化	概念剖析、概念变式、概念对比、概念联系
	概念的应用	知觉水平上的应用：辨别特例并归入知觉类型 思维水平上的应用：对原有概念进行重组、加工形成更高水平的概念
数学原理学习	原理的发现	由例子到原理：从若干例子中归纳出一般原理 由原理到例子：直接呈现原理后用例子说明原理
	原理的证明	探索原理证明的思路并完成对原理的证明
	原理的理解	定理、性质：理解原理的条件与结论及内在逻辑，适当时候能举出正例和反例说明原理条件的必要性与适用性 公式：理解数学公式中字母的可变性和结构的不变性；能说明公式成立的约束条件 算法：理解算法的适用范围和算理
	原理的应用	能应用定理、性质、公式解决新的数学问题 计算：根据算理和算法对数与式进行运算。它要求运算正确、迅速、合理，并对运算结果的正确性进行判断、验算； 估算：能对数值进行合理估算
数学问题解决学习	体会数学思想	领悟转化与化归思想、函数与方程思想、整体思想、极限思想等
	掌握数学方法	逻辑学方法：综合法、分析法、反证法、归纳法、穷举法等 一般方法：消元法、坐标法、降次法、放缩法、同一法等 特殊方法：待定系数法、换元法、拆项补项法、平移法等
	批判与错误分析	带着批判性的思维回顾解题探索过程中的错误策略或元认知错误，究其错因以产生规律性经验
	问题迁移	将学习的数学思想方法迁移到新问题解决中去

表 3-2-14　研究探索情境活动分类

情境活动	二级活动	二级活动描述
阅读分析数学文献	获取研究问题	获取并理解数学文献提出的研究问题
	分析概念、规则及定理	理解文献所涉及概念的内涵、外延；理解规则、定理的内容和逻辑结构关系
	提取问题解决的思路及技巧	理解数学结论的抽象过程，掌握其中数学问题解决的思路和技巧
	判断结论的科学性和适用性	对数学结论作批判性的反思
	提出新问题	提出对文献结论及方法的修正、优化、推广等后续研究问题
推演新命题	命题的变式	对命题进行合理的非本质变化，包括变换命题的条件或结论，转换命题的表现形式，置换实际应用的环境等，得到新命题
	命题的推广	把一个（类）数学命题中的某些特殊条件一般化，从而获得更普遍的结论。分为从低维到高维的推广、从特殊到一般的推广
	命题的整合	把不同的命题在一定的条件（背景）中，用科学方法进行组合、联结，得到新命题
	命题的猜想建构	通过合情推理得到猜想，通过演绎推理证明猜想，得到新命题
数学建模	问题背景资料分析	结合问题背景（自然科学背景、社会科学背景、生活生产实践背景）获取基本的数学信息，确定问题解决的目标
	问题假设与抽象	提出假设，完成问题的理想化，并抽象出数学问题
	建立模型	选择恰当的数学、统计学方法建立数学模型
	求解模型	运用数学、统计学方法求解模型
	验证模型	用数学、统计学方法验证模型。若经检验结论合理，则获得结论；若经检验结论不合理，需要重新理想化，甚至重构模型

（续表）

情境活动	二级活动	二级活动描述
数学实验	实验设计	确定实验目标，选择实验方法，设计实验过程
	对实验对象施加数学化操作	包括观察、测试、度量、计算、归纳、类比、猜想、抽样、模拟等，获得对研究对象的感性认识和数学信息
	实验验证	通过特例法、反例法、演绎法等对实验结论进行检验

（四）数学科高考情境活动体系图

数学科高考情境活动体系的构建，为学科素养的考查提供了显性的载体，具体见图3-2-8。

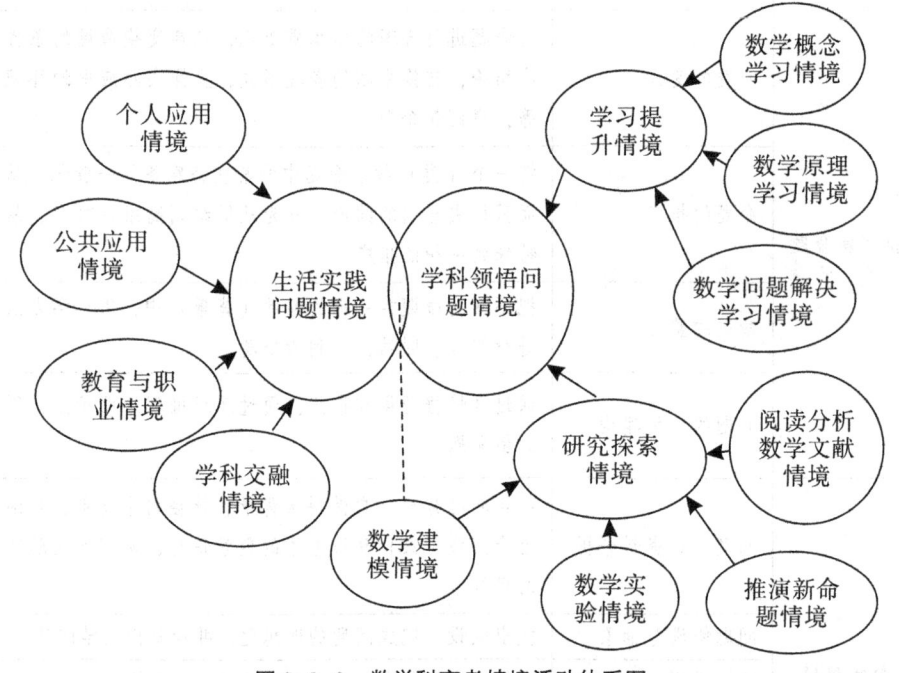

图3-2-8　数学科高考情境活动体系图

六、本课题组的研究成果——数学科高考问题情境的复杂性的分层

（一）数学科高考问题情境的背景复杂性的分层

罗日叶在《为了整合学业获得：情景的设计和开发》中对问题情境的复杂性进行了论述，指出由于背景包括条件和环境，因此问题情境的背景化取决于条件数量（包括条件的开放程度）、干扰程度、明晰程度（即隐蔽性）。在背景选择中影响复杂性的因素是学生和背景之间的"亲近"程度。例如，给学生一些资料要求他们进行分析，以此来解决某个问题情境，这些资料对学生来说是全新的吗？他们是否在其他问题中已经见过，或者是否在类似的问题中已经见过？正是对这些问题的回答，确定了为什么背景真正构成了影响某个问题情境复杂性的一个因素。以下是框定某个背景特征的一些变量：（1）背景是学生熟悉或不熟悉的。（2）背景距离学生的实际生活是远的或近的。（3）背景是学生知道或不知道的；即使背景对学生而言是不熟悉的，学生也可能从认知上了解这个背景，因为他自己已经遇到过了。（4）背景与学生兴趣相远或相近。（5）在先前的学习中是否已经运用过的背景。（6）背景是自然的（真实的）还是人为设计的。

由于问题的背景是问题情境难度的一个重要影响因素，有必要对问题情境的背景的层次进行基本的划分。

按照学生和背景之间的"亲近"程度，可以把情境分为熟悉的情境、亲和的情境和生疏的情境，共三个层次。熟悉的情境是指学生多次经历过的情境（如教材中涉及过的）；亲和的情境是指与熟悉情境相似的新情境，或在高中生认知范畴内容易理解的新情境；生疏的情境一定是一个全新的情境，需要学生具备较强的数学阅读理解能力，或者能够自主综合调动各学科的阅读理解能力，或者需要平时有拓展学习的积累才能解读。基础性的考查一般使用熟悉的情境。综合性、应用性的考查一般使用亲和的情境。生疏的情境运用是一种较

高的要求，一般用于创造性的考查。

按照背景涉及的学科数和是否真实调用跨学科知识解决问题，可以把情境分为单学科情境（数学学科情境）、多学科关联情境、多学科综合情境，共三个层次。单学科情境即数学学科情境，是纯数学的背景问题；多学科关联情境是指背景本身涉及不止一个学科，但问题的解决无须调用其他学科知识；多学科综合情境是指背景本身涉及不止一个学科，但问题的解决需调用其他学科知识，这是真正的多学科背景。

按照背景的真实性，可以把情境分为真实的情境、仿真的情境、整合的情境。在应用性考查中，由于真实问题的复杂性，通常要对真实的情境进行一些去噪、简化工作，所以多使用仿真的情境。在数学学科情境中，由于学生的知识水平和能力有限，高考题往往是通过对已有问题的整合或合理推演等方法构建而成的，且能找到清楚的题源（背景），因此属于整合的情境。但数学学科情境可以是仿真的情境，这时的情境与前文的学习提升情境相对应，与前文提及的基于高等数学命题也有一定的对应性。数学学科情境也可以是真实的情境，这时的情境与研究探索情境相对应。

（二）关于数学科高考问题情境的复杂性的分层

《中国高考评价体系说明》把情境的复杂性分为两层。第一层是简单的情境活动。此类情境活动中，需要启动的是单一的认知活动，即面对问题时只需要调用某一知识点或某种基本能力便可解决。因此，通过这类情境测评出的是学生基本的知识和能力水平。第二层是复杂的情境活动。此类情境活动涉及的是复杂的认知活动，主要考查学生综合运用知识和能力应对复杂问题的水平。

显然《中国高考评价体系说明》对情境复杂性的划分过于粗略，且数学科高考题考查的往往不止调用某一知识点或单一的基本能力。

课标在素养水平划分中有对情境（背景）进行复杂性描述的用语，其中，对水平一使用"熟悉的""相似的""学过的"用词，对水平二使用"关联的""新的"用词，对水平三使用"综合的""新的"用词。但课标没有对"关联的情境""综合的情境"进行内涵界定。

喻平在《数学关键能力测验试题编制:理论与方法》中,基于对课标的素养测评框架和PISA素养测评框架的分析提出了一个数学关键能力的命题框架(表3-1-6)。

该文基于知识的调用将数学关键能力分为三级水平:一级水平对应知识理解,二级水平对应知识迁移,三级水平对应知识创新。这种分类旨在通过运用知识调用的方式方法进行复杂性分层。但正如前文所述,问题情境的复杂性涉及诸多因素,如背景的复杂性等,仅用知识的调用分层是不能解决问题的。

"四翼""四层""情境"的关系已在前文叙述,见表2-5-1。

高考数学科"四翼"的界定涉及问题情境构建的所有因素,涵盖了喻平在《数学关键能力测验试题编制:理论与方法》中基于知识运用的分层。那么,问题情境的复杂性分层是否可以用"四翼",即按"基础性""综合性""应用性""创新性"进行基本分层,即界定为"基础性问题情境层面"(简单层面)→"综合性问题情境层面"或"应用性问题情境层面"(中等层面)→"创新性问题情境层面"(复杂层面)等更合适?重点是解决"四翼"命题如何使问题情境具备复杂性层级递进关系(图3-2-9),并考虑在今后以此为基点进行一些实证性的命题工作。

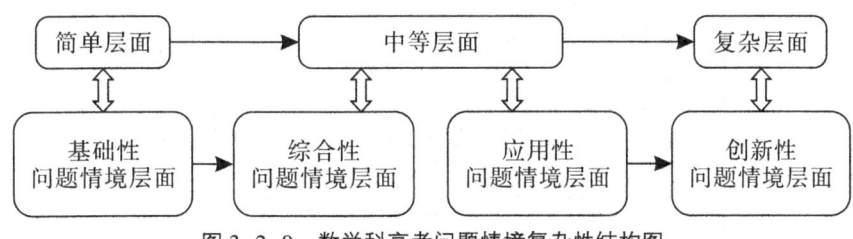

图3-2-9 数学科高考问题情境复杂性结构图

第三节 数学科高考命题方案的"二层双向细目表"

一、数学科高考认知操作体系的构建

教学和评价考试都需要有确定的目标，特别是考试的科学化和标准化，要求试题应有相对清晰、明确的考查目标和水平层次。布卢姆和他的团队率先对纷繁复杂的教学和评价目标进行系统化的整理，构建了一个布卢姆教育目标分类框架。布卢姆的学生安德森（Lorin W. Anderson）对布卢姆的分类体系进行过修正，包括对知识维度和认知过程维度的修正，出版了《布卢姆教育目标分类学（修订版）：分类学视野下的学与教及其测评》。盛群力等在《布卢姆认知目标分类修订的二维框架》中对该书进行了简述。继布卢姆之后，许多人提出了各种各样的分类框架，如SOLO分类体系、马扎诺分类体系（图3-3-1）等。不同的体系各有特点，都有针对布卢姆体系中的某些不足之处做完善。

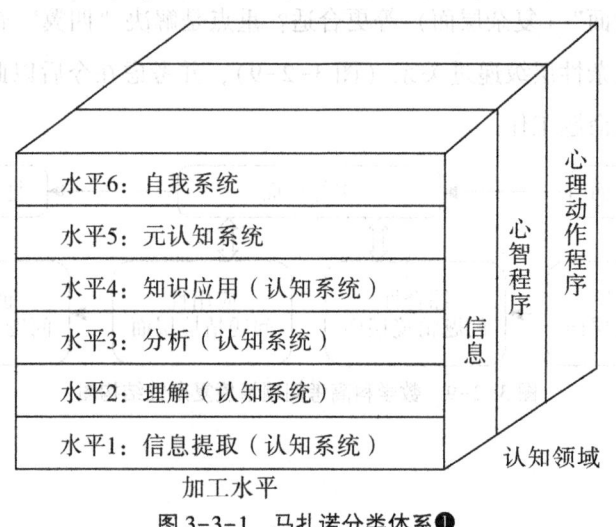

图 3-3-1 马扎诺分类体系❶

---

❶ 马扎诺，肯德尔. 教育目标的新分类学 [M]. 2版. 高凌飚，吴有昌，苏峻，译. 北京：教育科学出版社，2012.

但尽管如此，由于布卢姆分类体系（修订版）有三个独有的特点，其在闭卷纸笔考试命题中的应用优势仍独树一帜。这三个独有的特点包括：

（1）使原本庞杂的教学（评价）目标有序化，是一个致力于使教学（评价）目标具备阶梯形递进式结构的目标体系。布卢姆分类体系（修订版）包含了从低级到高级的六个认知过程（记忆、理解、应用、分析、评价、创造），总计有 30 个具体类别。当代教育心理学和教学理论一般将学习的业绩分为"保持"和"迁移"。因此，如果教学与评价的主要意图是"保持"教材内容的话，那么，这一认知过程就是"记忆"。相反，"理解""应用""分析""评价""创造"则与"迁移"相联系。当然，这个阶梯的"递进关系"——思维的复杂程度的线性积累与真实的情境不完全相符，例如，就不同的问题情境而言，"理解"的复杂程度不一定低于"应用"的复杂程度，这也是布卢姆分类体系被诟病的一个主要原因。但也应看到，当问题情境的其他参数相对固定时，"理解"先于"应用"是不难确定的。马扎诺分类体系对思维复杂程度的"递进关系"进行了一些调整和归类，这点可以作为完善布卢姆分类体系的参照，但就显性操作的描述而言，布卢姆分类体系有直接易懂、便于执行的优势。

（2）通过显性的认知操作（行为）进行分层，而不是通过学生的认知反映进行分层。例如，"理解"这一认知维度，对应解释、举例、分类、总结、推断、比较、说明等显性行为。相比较之下，SOLO 分类是通过学生测试后的反映，按前结构、单点结构、多点结构、关联结构、抽象扩展结构对学生思维水平进行五级层次划分。这种划分对学生能力（素养）水平测定有重要应用价值，有较好的递进层次性，但不具备能够更好地指引命题的先导的行为操作。

（3）心理动作维度、元认知维度的评价是高考这种限时闭卷纸笔考试力所难及的。在数学科高考的情境下，马扎诺分类体系就显得过于庞大和细致，而布卢姆分类体系（修订版）则表现出良好的简洁性和适用性。

鉴于以上考虑，数学科高考的认知操作体系的构建还是要立足于布卢姆分类体系（修订版），参照马扎诺分类体系的分类观点，对布卢姆分类体系（修订版）进行数学学科化的细化、整合和修改。

我们并不期待能够建立一个就思维的复杂性来说，有真正严格意义上的递进关系的认知操作体系。我们认为，无论多努力，所得的"递进关系"都是相对的。例如，在熟悉的问题情境中举例是一件理解水平的事，但在新情境中举例可能会成为一项创造性的任务，这种例子在数学的发展史上不胜枚举。在一个复杂的问题情境中，可能几种认知操作在同时进行，而且一个问题情境的复杂性是由多种因素决定的，往往不完全取决于认知操作。

但在一些因素确定的情况下，该体系还是保持基本的思维复杂性"递进关系"的，这就能为素养（能力）测试提供参考。同时，明晰认知操作对构题、任务的设计有明显指导性作用。这两点就是我们构建数学科高考认知操作体系的初衷。

基于以上考虑，我们建立了数学科高考认知操作体系（图 3-3-2）。其中"信息提取"属于知识保持，"理解""分析与推断""应用""创造"与迁移的关系逐步紧密，创造和部分的"应用"具有创新性。因此，这个操作体系相较喻平的三级水平划分（一级水平对应知识理解，二级水平对应知识迁移，三级水平对应知识创新）更细致且可具体化操作。

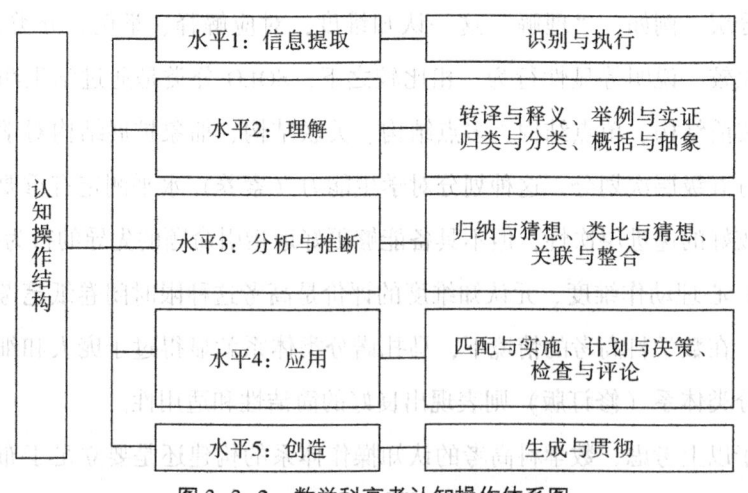

图 3-3-2　数学科高考认知操作体系图

水平 1　信息提取

1-1　识别与执行

"识别与执行"是一个与布卢姆分类体系中"记忆"及"应用"中的"执行"相对应的维度，其要求记住教学所呈现的材料，遇到熟悉的问题情境时能够从长时记忆库中提取相关知识（包括陈述性知识与程序性知识），找到问题信息的对应物以完成对数学对象的辨认，或运用已有的算法流程知识进行既定常规操作。"识别与执行"在数学学习中属于知识的保持。布卢姆分类体系中的"执行"是指学生遇到熟悉的任务时程式化地执行一个程序。这显然是一个依赖记忆提取的低层次操作，我们把"执行"这种操作与记忆合并。马扎诺分类体系采用了同样的处理方式。

例 3.22　（2020 年高考全国 I 卷理科数学第 1 题）

若 $z=1+i$，则 $|z^2-2z|=$ (　　).

A．0　　　　B．1　　　　C．$\sqrt{2}$　　　　D．2

评析：本题只要提取复数的模的概念，按照复数乘法与减法的运算法则进行简单运算即可完成。本题属于"识别与执行"。

例 3.23　（2021 年新高考全国 I 卷数学第 1 题）

设集合 $A=\{x\,|\,-2<x<4\}$，$B=\{2,3,4,5\}$，则 $A\cap B=$ (　　).

A．$\{2\}$　　　　　　　　　　B．$\{2,3\}$

C．$\{3,4\}$　　　　　　　　　D．$\{2,3,4\}$

评析：本题只要提取集合、实数大小的概念并执行简单的集合的交运算即可完成。本题属于"识别与执行"。

水平 2　理解

理解可以被看成通向迁移的桥头堡，同时也是最广泛的一种迁移方式，学习者在对将要获得的"新"信息与原有知识产生联系时，也就产生了理解。更具体地说，新进入的信息与现有的图式和认知框架整合在一起时，理解就发生了。"理解"具体包括以下几个方面。

2-1 转译与释义

"转译与释义"与布卢姆分类体系中的"转换、释义"相对应,是指将信息从一种表示形式转变为另一种表示形式。转译的目的是从不同的角度、使用不同的方法进行释义,包括但不限于:(1)将文字转变为文字,此时重在解释原文字的含义。在数学中,如给出平行四边形的条件,能够把它解释成对边相互平行的四边形、对边相等的四边形等。数学中这种转译一般是定义或充要条件在发生作用。(2)将图形转变为文字或符号,在数学中这是对直观变化过程的定量描述,往往是以数解形的基础,在解析几何问题中很常见,如根据条件写出曲线的方程。(3)将文字、符号转译为图形,这是对抽象的概念或关系辅以直观的图形描述,往往是促进直观想象以解决问题的基础,也可能是梳理描述知识关联的一个思维导图等。

例 3.24 (2018 年高考全国 II 卷理科数学第 3 题)

函数 $f(x) = \dfrac{e^x - e^{-x}}{x^2}$ 的图象大致为 ( ).

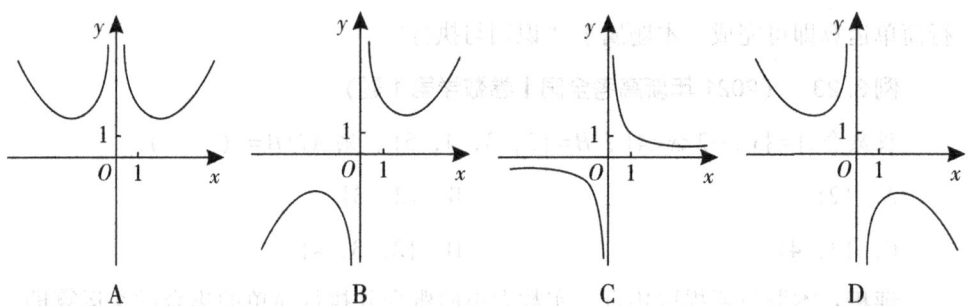

评析:本题是一个把函数表达式转化为图形的典型问题,考查函数表示法之间的互换。

2-2 举例与实证

举例是指学习者能指出或列举某一概念或原理的具体例子,包括正例与反例。"举例"的内涵与布卢姆分类体系中的"举例"内涵一致。但数学中的正例与反例通常作为实证的角色,用于说明符合某种特性的数学对象的存在性,或者说明某个论断成立的可能性，是一种重要的研究方法或手段。所以，这里用"实证"加强了"举例"，在数学中是一种体现对已有知识理解程度的操作。

例3.25 （2021年新高考Ⅱ卷数学第14题）

写出一个同时具有性质①②③的函数 $f(x)$：_____.

① $f(x_1 x_2) = f(x_1) f(x_2)$；②当 $x \in (0, +\infty)$ 时，$f'(x) > 0$；③ $f'(x)$ 是奇函数.

评析：本题要求给出符合相关性质的函数的例子。

2-3 归类与分类

归类与分类是指识别数学对象属于某一个类别（概念或原理），从而找到某个数学对象的一般归属，或把若干数学对象按某种分类原则分成不同的组别。这里的"归类"与布卢姆分类体系中的"分类"内涵相对应，但从布卢姆分类体系的相关内涵来说，使用"归类"更合适。在"归类与分类"中加入了"分类"的本意。在数学问题解决过程中，分类的原则可能是既有的（例如，按单调性分类，分为区间上单调递增、单调递减和非增非减），这样的分类就是"理解"层面的，复杂性稍低；但当分类原则由解题人确定时，复杂性就稍高，原则上是更高的"分析"水平，但这种分类首先也是基于对某类属性的"理解"。在这里不作重复性的更细致的区分，因为过于细致的区分会使体系变得累赘。

例3.26 （2014年新课标全国Ⅰ卷理科数学第3题）

设函数 $f(x)$，$g(x)$ 的定义域都为 **R**，且 $f(x)$ 是奇函数，$g(x)$ 是偶函数，则下列结论中正确的是（　　）.

A. $f(x)g(x)$ 是偶函数　　　B. $|f(x)|g(x)$ 是奇函数

C. $f(x)|g(x)|$ 是奇函数　　　D. $|f(x)g(x)|$ 是奇函数

评析：本题侧重按函数的奇偶性定义进行归类与分类。

2-4 概括与抽象

概括与抽象是指提出一个陈述（名词、算式、图形或命题等）以代表已呈现的信息。这个类别与布卢姆分类体系中的"总结"内涵基本一致。当在新的复杂问题情境中获得（抽象出）数学抽象物（概念、公式、法则、命题等）时，这种操作应该归类到"创造"水平。

例3.27 （2019年人教A版普通高中教科书数学必修第一册P89）

（1）如果张红以1元/kg的价格购买了某种蔬菜w kg，那么她需要支付$p=w$元，这里p是w的函数；

（2）如果正方形的边长为a，那么正方形的面积$S=a^2$，这里S是a的函数；

（3）如果立方体的棱长为b，那么立方体的体积$V=b^3$，这里V是b的函数；

（4）如果一个正方形场地的面积为S，那么这个正方形的边长$c=\sqrt{S}$，这里c是S的函数；

（5）如果某人t s内骑车行进了1 km，那么他骑车的平均速度$v=\dfrac{1}{t}$ km/s，即$v=t^{-1}$，这里v是t的函数。

观察（1）~（5）中的函数解析式，它们有什么共同特征？

评析：本例从一系列的例子中抽象出函数关系式的共同特性，获得幂函数的一般解析式。

水平3 分析与推断

分析是指将材料分解为不同组成部分并且确定这些部分是如何相互关联的，这一过程包括：（1）辨析，是指学习者能够按照其恰当性或重要性来辨析某一整体结构中的各个部分及其基本特点、性质。（2）组织，是指确定事物和情境的要求，并识别其如何共同形成一个一致的结构。（3）整合，是指把材料信息与已知的概念或原理关联在一起，以便形成一个结论。

数学中的分析与推断（论证）通常是联结在一起的，基本没有流于形式的分析，分析是为了推断出情境下的结论。

需要说明的是，在布卢姆分类体系中"应用"被置于水平 3，"分析"被置于水平 4。但就数学问题而言，应用往往涉及复杂背景的分析和数学化，所以"应用"的实际水平高于"分析"。

3-1 归纳与猜想

归纳与猜想是指从一组事例（条件）中发现共同特征或其相互联系，从而抽象出能够解释这组例子的概念、规律或原理，为后继的发展提供预期结果。归纳这个操作是布卢姆分类体系（修订版）中"推断"的本意，放在"理解"维度。但从数学的角度来看，推断比归纳猜想有更广的内涵。我们不使用"推断"的说法。另外，数学中的归纳往往与猜想联结在一起，以获得一般化的结论或对事物的发展规律进行预测，因此具备"分析""推断"的特点。

例 3.28

将正奇数按下列规律进行排列.

$$
\begin{array}{c}
1 \\
3 \quad 5 \quad 7 \\
9 \quad 11 \quad 13 \quad 15 \quad 17 \\
19 \quad 21 \quad 23 \quad 25 \quad 27 \quad 29 \quad 31 \\
\cdots\cdots
\end{array}
$$

(1) 第 6 行有几个数？前 n 行共有多少数？

(2) 第 n 行第一个数是多少？请写出你的推理过程.

评析：本题需要从数阵的局部结构发现数阵的结构特征，进而推断数阵的延伸规律。

例 3.29❶

观察下列等式：

① $\cos 2\alpha = 2\cos^2\alpha - 1$；

② $\cos 4\alpha = 8\cos^4\alpha - 8\cos^2\alpha + 1$；

---

❶ 赵秀秀. 高中生数学合情推理能力的培养研究 [D]. 开封：河南大学，2021.

③$\cos 6\alpha = 32\cos^6\alpha - 48\cos^4\alpha + 18\cos^2\alpha - 1$;

④$\cos 8\alpha = 128\cos^8\alpha - 256\cos^6\alpha + 160\cos^4\alpha - 32\cos^2\alpha + 1$;

⑤$\cos 10\alpha = m\cos^{10}\alpha - 1\,280\cos^8\alpha + 1\,120\cos^6\alpha + n\cos^4\alpha + p\cos^2\alpha - 1$.

可以推测 $m-n+p=$ _____.

评析：本题需要从 5 个具体的式子中找到偶数倍角余弦公式的规律，为一般的 $\cos 2n\alpha$ 的公式提供预判。

例 3.30 （2021 年新高考全国Ⅰ卷数学第 16 题）

某校学生在研究民间剪纸艺术时，发现剪纸时经常会沿纸的某条对称轴把纸对折．规格为 20 dm×12 dm 的长方形纸，对折 1 次共可以得到 10 dm×12 dm, 20 dm×6 dm 两种规格的图形，它们的面积之和 $S_1 = 240$ dm^2，对折 2 次共可以得到 5 dm×12 dm, 10 dm×6 dm, 20 dm×3 dm 三种规格的图形，它们的面积之和 $S_2 = 180$ dm^2，以此类推，则对折 4 次共可以得到不同规格图形的种数为 _____；如果对折 n 次，那么 $\sum_{k=1}^{n} S_k =$ _____ dm^2.

评析：本题需要从折纸操作中确定与对折次数对应的不同规格图形的面积和。当对折次数较多时，不同规格图形种数随之增多，面积和算式也更加复杂，无法通过穷举法罗列所有可能的面积和。由此，需要借助不完全归纳下的猜想来解决问题。

3-2 类比与猜想

类比是指在两个对象、事件或观点要素之间发现相似点与不同点，与布卢姆分类体系中的"理解"之"比较"内涵一致。但在数学中，类比往往与猜想联合在一起，形成类比推理的结论。

例 3.31 ❶

我们知道，边长为 a 的正三角形内任一点到三边的距离之和为 $\frac{\sqrt{3}}{2}a$，类比

---

❶ 赵秀秀. 高中生数学合情推理能力的培养研究 [D]. 开封：河南大学，2021.

上述结论，在边长为 a 的正四面体中，你能得到什么样的结论？请说明理由.

评析：本题基于比较正三角形和正四面体的相似点和不同点，类比推演出结构、内涵相似的结论。

3-3 关联与整合

把材料信息按指向未知或任务结果的方向进行逻辑联结、整合，以推断出结论。这个操作与布卢姆分类体系中"分析"之"组织"内涵有一定的一致性。但数学中的关联强调符合逻辑发展的先后顺序，且以所需推断的结果为"关联""整合"的目标。所以这里的内涵界定与数学学科本质更加贴合，也说清了数学高考题中最大的类别——传统综合题的认知操作维度。

例 3.32 （2021 年新高考全国 I 卷数学第 13 题）

已知函数 $f(x)=x^3(a\cdot 2^x-2^{-x})$ 是偶函数，则 $a=$ _____.

例 3.33 （2017 年高考全国 I 卷理科数学第 21 题）

已知函数 $f(x)=ae^{2x}+(a-2)e^x-x$.

（1）讨论 $f(x)$ 的单调性；

（2）若 $f(x)$ 有两个零点，求 a 的取值范围.

例 3.34 （2022 年新高考全国 I 卷数学第 7 题）

设 $a=0.1e^{0.1}$，$b=\dfrac{1}{9}$，$c=-\ln 0.9$，则（　　）.

A. $a<b<c$　　B. $c<b<a$　　C. $c<a<b$　　D. $a<c<b$

例 3.35 （2022 年新高考全国 I 卷数学第 19 题）

如图 3-3-3 所示，直三棱柱 $ABC\text{-}A_1B_1C_1$ 的体积为 4，$\triangle A_1BC$ 的面积为 $2\sqrt{2}$.

（1）求 A 到平面 A_1BC 的距离；

（2）设 D 为 A_1C 的中点，$AA_1=AB$，平面 $A_1BC\perp$ 平面 ABB_1A_1，求二面角 $A\text{-}BD\text{-}C$ 的正弦值.

评析：目前数学科高考中大部分的题目属于

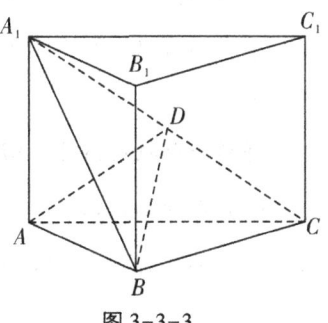

图 3-3-3

关联与整合，就是通过辨析材料的各个组成部分，如上述例子中的函数关系式结构、偶函数的概念、奇函数的概念、函数零点的概念、直三棱柱的结构、二面角的概念等，厘清已知和未知，利用已有的知识和方法把材料信息按指向未知或任务结果的方向进行逻辑联结、整合，以推断出结论。

水平4 应用

与布卢姆分类体系中的"应用"是指使用程序去练习或解决问题的原意不同，这里的应用采用马扎诺分类体系中的界定："知识的应用过程是要求学生在特定的情况下应用或使用知识，关注的侧重点不是知识本身，而是因为知识而得以增强的特定情境。"

4-1 匹配与实施

匹配与实施是指选择和运用程序以完成一个不熟悉的任务，这些程序是学生已知的或题干给出的。任务可能是从不同的程序中做出选择，这就必须理解问题的类型及适用程序的范围；任务可能是只给出程序的图谱，需要进一步具体化为可操作的程序以便实施；任务也可能需要学生在操作过程中对某个程序加以变通或修正完善。

例3.36 （课标案例34 迭代计算问题）

研究一元二次方程 $x^2+x-1=0$ 的求解问题，这是经典的求黄金分割的方程式。令 $f(x)=x^2+x-1$，对抛物线 $y=f(x)$，持续实施下面"牛顿切线法"的步骤：

在点 $(1,1)$ 处作抛物线的切线交 x 轴于 $(x_1,0)$；

在点 $(x_1,f(x_1))$ 处作抛物线的切线，交 x 轴于点 $(x_2,0)$；

在点 $(x_2,f(x_2))$ 处作抛物线的切线，交 x 轴于点 $(x_3,0)$；

……

得到一个数列 $\{x_n\}$。回答下列问题：

(1) 求 x_1 的值；

(2) 设 $x_{n+1}=g(x_n)$，求 $g(x_n)$ 的解析式；

(3) 用"二分法"求方程的近似解，给出前四步结果，比较"牛顿切线法"和"二分法"的求解速度.

评析：本题给出了一个"牛顿切线法"的运算图谱，需要进一步量化才能成为具体的操作程序，这是问题（1）（2）要解决的任务。问题（3）是问题的"实施"意义所在：即对既定方程实施求解，探查"牛顿切线法"在求解速度上是否优于"二分法"。

例3.37　（2021年新高考适应性测试数学第20题）

北京大兴国际机场（图3-3-4）的显著特点之一是各种弯曲空间的运用. 刻画空间的弯曲性是几何研究的重要内容. 用曲率刻画空间弯曲性，规定：多面体顶点的曲率等于2π与多面体在该点的面角之和的差（多面体的面的内角叫作多面体的面角，角度用弧度制），多面体面上非顶点的曲率均为零，多面体的总曲率等于该多面体各顶点的曲率之和. 例如：正四面体在每个顶点有3个面角，每个面角是$\frac{\pi}{3}$，所以正四面体在各顶点的曲率为$2\pi-3\times\frac{\pi}{3}=\pi$，故其总曲率为$4\pi$.

图3-3-4

(1) 求四棱锥的总曲率；

(2) 若多面体满足顶点数-棱数+面数=2，证明：这类多面体的总曲率是常数.

评析：本题设置了一个学生不熟悉的问题情境——多面体性质分析，提供了两个程序图谱。一是给出曲率的计算方法（对学生而言是新的运算程序）及程序的运行示例，要求在四棱锥这个对象上实施程序；二是给出欧拉公式"顶点数-棱数+面数=2"（对学生而言是新的程序图谱），要求据此论证"这类多面体的总曲率是常数"。这两个程序图谱都是具体的，要求学生面向对象实施。

4-2　计划与决策

计划与决策涉及在不同的备选项目中进行选择，或自行制订行动计划。

例3.38　（牙膏出厂价问题）

日常生活中我们都有一些小常识，比如在商店购买商品时，买大包装比买小包装更划算，这是由商品的出厂价格决定的. 某厂家生产牙膏出售，其中 60 g 装的牙膏出厂价为每支 1.15 元，150 g 装的牙膏出厂价为每支 2.25 元. 现该厂家根据客户的需要生产 180 g 装的牙膏，请你确定牙膏出厂的价格.

例3.39 （2021 年新高考全国 I 卷数学第 18 题）

某学校组织"一带一路"知识竞赛，有 A，B 两类问题. 每位参加比赛的同学先在两类问题中选择一类并从中随机抽取一个问题回答，若回答错误则该同学比赛结束；若回答正确则从另一类问题中再随机抽取一个问题回答，无论回答正确与否，该同学比赛结束. A 类问题中的每个问题回答正确得 20 分，否则得 0 分；B 类问题中的每个问题回答正确得 80 分，否则得 0 分.

已知小明能正确回答 A 类问题的概率为 0.8，能正确回答 B 类问题的概率为 0.6，且能正确回答问题的概率与回答次序无关.

(1) 若小明先回答 A 类问题，记 X 为小明的累计得分，求 X 的分布列.

(2) 为使累计得分的期望最大，小明应选择先回答哪类问题？并说明理由.

例3.40 （2022 年 7 月梅州市高一数学期末第 22 题）

梅州市沙田柚根据色泽、果面、风味等评分指标打分，得分在区间 $(0,25]$，$(25,50]$，$(50,75]$，$(75,100]$ 内分别评定为三级柚、二级柚、一级柚、特级柚. 某经销商从梅州市柚农手中收购一批沙田柚，共 M 袋（每袋 50 kg），并随机抽取 20 袋分别进行检测评级，得分数据的频率分布直方图如图 3-3-5 所示.

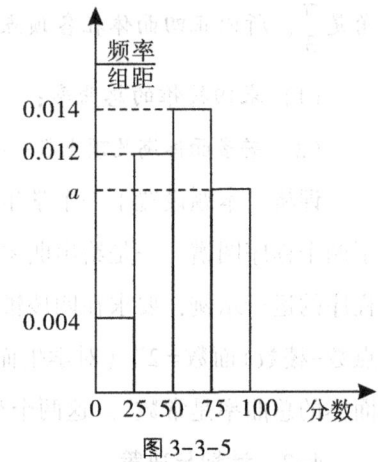

图 3-3-5

(1) 求 a 的值，并用样本估计该经销商采购的这批沙田柚的平均得分.

(2) 该经销商计划在下面两个方案中选择一个作为销售方案：

方案 1：将采购的这批沙田柚不经检测，统一按每袋 350 元直接售出；

方案 2：将采购的这批沙田柚逐袋检测分级，并将每袋沙田柚重新包装成

5 小袋（每小袋 10 kg），检测分级所需费用和人工费平均每袋 20 元，各等级沙田柚每小袋的售价和包装材料成本如表 3-3-1 所示.

表 3-3-1

沙田柚等级	三级	二级	一级	特级
售价/（元·小袋$^{-1}$）	55	68	85	98
包装材料成本/（元·小袋$^{-1}$）	2	2	4	5

假设这批沙田柚各级比例按前面随机抽取的 20 袋的样本结果估计，并可以全部销售出去，那么该经销商采用哪种销售方案所得利润更大？请通过计算说明理由.

评析：例 3.38—例 3.40 均落地于决策。

4-3 检查与评论

"检查与评论"与布卢姆分类体系中的"评价"内涵一致。评价是依据准则和标准来做出判断。评价包括了核查有关内在一致性的判断，以及评判基于外部准则所做的判断。尤其要指出的是，并非所有的判断都是评价。实际上，许多认知过程都要求以某种形式做出判断，但只有明确运用了标准做出的判断，才属于评价。其中，检查是指对某一操作或产品检查其是否内在一致。例如，结论是否从前提中得出，数据是否支持假设，呈现的材料是否互相矛盾，等等。评论是指基于外部准则或标准来判断某一操作或产品。评判是批判性思维的核心。评判的替换说法可以是"判断"。

例 3.41

从 2016 年 1 月 1 日起，广东、湖北等 18 个保监局所辖地区将纳入商业车险改革试点范围，其中最大的变化是上一年的出险次数决定了下一年的保费倍率，具体关系见表 3-3-2：

表 3-3-2

上一年出险次数	0	1	2	3	4	5 次以上（含 5 次）
下一年保费倍率	85%	100%	125%	150%	175%	200%
连续两年没有出险打 7 折，连续三年没有出险打 6 折							

经验表明新车商业车险保费与购车价格有较强的线性相关关系，下面是随机采集的8组数据(x,y)［其中，x（万元）表示购车价格，y（元）表示商业车险保费］：(8，2 150)、(11，2 400)、(18，3 140)、(25，3 750)、(25，4 000)、(31，4 560)、(37，5 500)、(45，6 500)，设由这8组数据得到的回归直线方程为$\hat{y}=\hat{b}x+1\ 055$.

(1) 求$\hat{b}$的值.

(2) 有评估机构从以往购买了车险的车辆中随机抽取1 000辆进行调查，得到一年中出险次数的频数分布见表3-3-3（并用相应频率估计车辆2016年度出险次数的概率）：

表 3-3-3

一年中出险次数	0	1	2	3	4	5次以上（含5次）
频数	500	380	100	15	4	1

广东李先生2016年1月购买一辆价值20万元的新车. 根据以上信息，试估计该车辆在2017年1月续保时应缴的保费（精确到元），并分析车险新政是否总体上减轻了车主负担.（假设车辆下一年与上一年都购买相同的商业车险产品进行续保）

评析：本题从数据采集到数据分析的指向是检验（评价）该险种的合理性及可行性.

例3.42 （2019年高考全国Ⅰ卷理科数学第21题）

为治疗某种疾病，研制了甲、乙两种新药，希望知道哪种新药更有效，为此进行动物试验. 试验方案如下：每一轮选取2只白鼠对药效进行对比试验. 对于2只白鼠，随机选一只施以甲药，另一只施以乙药. 一轮的治疗结果得出后，再安排下一轮试验. 当其中一种药治愈的白鼠比另一种药治愈的白鼠多4只时，就停止试验，并认为治愈只数多的药更有效. 为了方便描述问题，约定：对于每轮试验，若施以甲药的白鼠治愈且施以乙药的白鼠未治愈则甲药得1分，乙药得-1分；若施以乙药的白鼠治愈且施以甲药的白鼠未治愈则乙药得

1 分，甲药得 -1 分；若都治愈或都未治愈则两种药均得 0 分．甲、乙两种药的治愈率分别记为 α 和 β，一轮试验中甲药的得分记为 X．

（1）求 X 的分布列．

（2）若甲药、乙药在试验开始时都赋予 4 分，p_i（$i=0$，1，$\cdots$，8）表示"甲药的累计得分为 i 时，最终认为甲药比乙药更有效"的概率，则 $p_0=0$，$p_8=1$，$p_i=ap_{i-1}+bp_i+cp_{i+1}$（$i=1$，2，$\cdots$，7），其中 $a=P(X=-1)$，$b=P(X=0)$，$c=P(X=1)$．假设 $\alpha=0.5$，$\beta=0.8$．

①证明：$\{p_{i+1}-p_i\}$（$i=0$，1，2，$\cdots$，7）为等比数列；

②求 p_4，并根据 p_4 的值解释这种试验方案的合理性．

评析：问题的最终落脚点是解释（评价）试验方案的合理性。

水平 5　创造

5-1　生成与贯彻

创造是将要素整合为一个内在一致或功能统一的整体。这一整体往往是新的"产品"。这里所谓的新产品，强调的是综合成一个整体，而不完全是指原创性和独特性。"创造"必须从多种来源中抽取不同的要素，然后将其置于一个新颖的结构或范型中。

创造的过程可以分解为三个阶段。第一是问题表征阶段，此时学习者试图理解任务并形成可能的解决方案；第二是解决方案的计划阶段，此时要求学习者考查各种可能性并提出可操作的计划；第三是解决方案的执行阶段。所以，创造过程始于多种解决方案的"生成"，然后是论证一种解决方案并制订行动"计划"，最后是计划的"贯彻"。

（1）生成：指学习者能够表征问题和得出符合某些标准的不同选择路径或假设。通常最初进行问题表征时所考虑的解决路径有多种，经反复推敲调整，会形成新的解决路径。这里的"生成"与"理解"过程中各个认知子过程不完全一样。一般来说，理解所包含的各个认知子过程也都带有生成的功能，但往往是求同的，如领会某一种意思，而此时的生成却是求异的，要尽可能提出不同的解决路径。生成的替换说法可以是"提出假设"计划。这指的是策划一种解决方案以符合某个问题的标准,也就是说,形成一种解决问题的计划。计划的替换说法可以是"设计"。

(2) 贯彻:指执行计划以解决既定的问题。贯彻要求协调各种类型的知识,但并不特别强调原创性和独特性。贯彻的替换说法可以是"构建"。

例3.43 (2021年新高考全国Ⅱ卷数学第22题)

已知函数 $f(x)=(x-1)e^x-ax^2+b$。(1) 讨论 $f(x)$ 的单调性;(2) 从①②两组条件中选取一组作为已知条件,证明:$f(x)$ 恰有一个零点。

① $\frac{1}{2}<a\leq\frac{e^2}{2}$,$b>2a$;② $0<a<\frac{1}{2}$,$b\leq 2a$。

评析:本题中的"生成"——需要组装条件结论形成一个完整的命题,而且可选择的路径不止一种;"贯彻"——对组装的命题进行论证,完成构建。

例3.44

对于数列 $\{x_n\}$,从中选取若干项,不改变它们在原来数列中的先后次序,得到的数列称为原来数列的一个子数列。某同学在学习了这个概念之后,打算研究首项为正整数 a,公比为正整数 $q(q>1)$ 的无穷等比数列 $\{a_n\}$ 的子数列问题。为此,他任取了其中三项 a_k,a_m,$a_n(k<m<n)$。

(1) 若 a_k,a_m,$a_n(k<m<n)$ 成等比数列,求 k,m,n 之间满足的等量关系。

(2) 他猜想:"在上述数列 $\{a_n\}$ 中存在一个子数列 $\{b_n\}$ 是等差数列",为此,他研究了 a_k+a_n 与 $2a_m$ 的大小关系,请你根据该同学的研究结果来判断上述猜想是否正确。

(3) 他又想:在首项为正整数 a,公差为正整数 d 的无穷等差数列中是否存在成等比数列的无穷子数列?请你就此问题写出一个正确命题,并加以证明。

评析:本题给出了一个研究"计划"的雏形,但最终问题的表征、计划的"贯彻"都是由解题人完成的,具有产出"新"产品的特征。

二、数学科高考"四翼"与认知操作体系的关系

数学科高考"四翼"与认知操作体系的关系如图 3-3-6 所示。

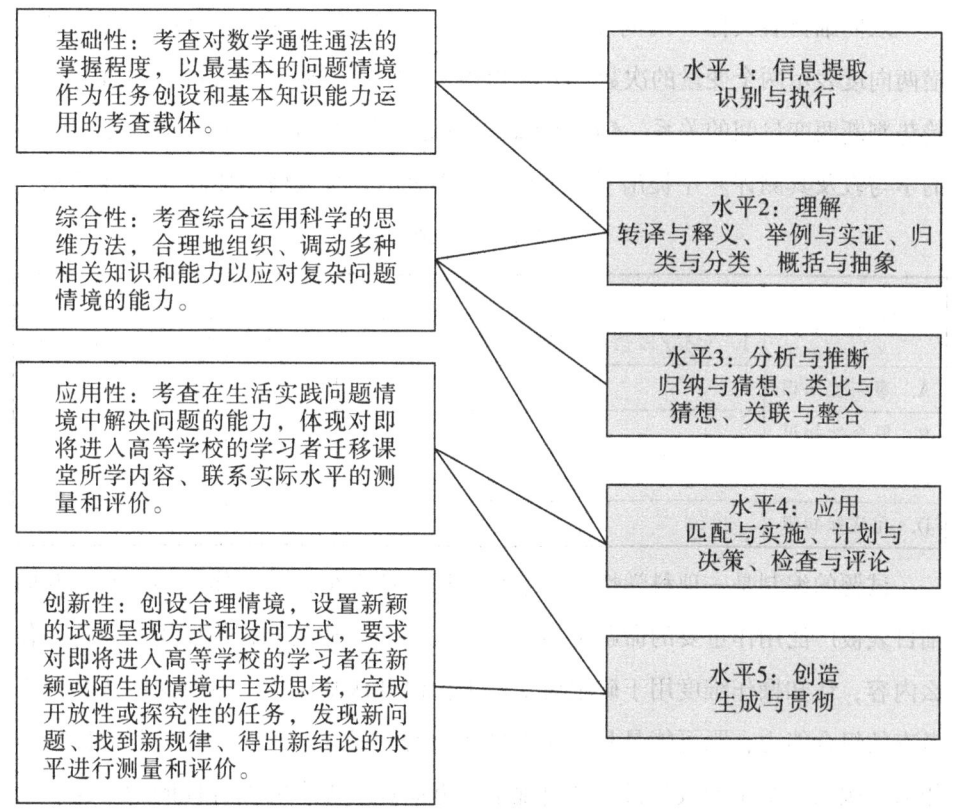

图 3-3-6　数学科高考"四翼"与认知操作体系关系图

当"应用"发生在数学学科的内部时,对应的考查属于"综合性"考查。当生活实践问题情境需要建立全新的数学模型才能解决问题时,这种"应用性"考查属于"创造"水平。

三、数学科高考"二层双向细目表"的构建

(一)学科素养导向的考试不能沿用传统的双向细目表

双向细目表又称"两向度表""两向度次数表"。双向细目表可以从纵、横两向度表示两个变量的次数与分配趋势,同时可以通过两变量的次数与分配趋势判断两变量间的关系。《布卢姆教育目标分类学(修订版):分类学视野下的学与教及其测评》中提出了一个称为分类表的二维表格,如表 3-3-4 所示。

表 3-3-4 分类表

知识维度	认知过程维度					
	1. 记忆/回忆	2. 理解	3. 应用	4. 分析	5. 评价	6. 创造
A. 事实性知识						
B. 概念性知识						
C. 程序性知识						
D. 元认知知识						

试题的编制是一项科学性、技术性和程序性都很强的工作。多年来,双向细目表被广泛用作重要的命题组卷工具。表 3-3-4 中的知识维度用于确定考什么内容,认知操作维度用于确定对知识进行何种认知操作。但由这些认知操作考查的组合能力,既可能是目标组合能力(学科素养),也可能是非目标组合能力。例如,某年的数学科高考出现了多道运算量极大的综合性问题。这类运算量极大的综合性问题是否真正考查了学生的能力呢?当然是的,只是这种限时闭卷条件下的运算量及运算速度的本意不是考查"数学运算素养"(综合目标能力)。因此,虽然这类题考查了能力,但这属于非目标组合能力。该年的数学高考卷对此项非目标组合能力的考查导致全卷难度极高且区分度低,考试未能实现对学科素养的真实考查。因此,表 3-3-4 属于知识能力取向的考试工具,学科素养导向的考试不能沿用传统的双向细目表。

在多年的应用过程中,双向细目表被细化或拓展,关注的要素逐步增加,

随之出现了多维细目表。例如，为适应新高考评价体系的指标要求，《广东高考年报（2021年）》就使用了如表3-3-5所示的多维细目表。

表3-3-5 多维细目表（《广东高考年报（2021年）》）

题目	分值	知识模块	必备知识 （一级知识点）	关键能力	学科素养	高考评价体系 的学科素养

但表3-3-5显然未能表达出高考评价体系的命题要义，例如，未能体现"知识层面考查"与"素养层面考查"兼备的考查结构，未能体现"以情境为载体，以活动（做事）考查素养（能力）"的要义，未能反映"四翼"命题考查维度的具体结构。

建立数学科高考"一核""四层""四翼"测评框架，也是《中国高考评价体系》操作化的重要环节。本书在建立数学科高考认知操作体系的基础上，构建了由"素养层面双向细目表（高阶双向细目表）"及"知识能力层面双向细目表（低阶双向细目表）"构成的"二层双向细目表"，这是对传统双向细目表的创新性改进，充分体现了高考涵盖"四层"内容测评，既包括素养层面的考查，也包括知识能力层面考查的结构特性。"二层双向细目表"同时也是"四翼"测评维度的操作化，在"知识能力层面双向细目表（低阶双向细目表）"知识维度与认知维度（低阶、中阶认知操作）相交处重点突出命制基础性、综合性题目，在"素养层面双向细目表（高阶双向细目表）"知识维度与认知维度（中阶、高阶认知操作）相交处重点突出依托情境载体命制综合性、应用性、创新性题目。

（二）**素养层面双向细目表（高阶双向细目表）**

情境是学科素养考查的载体，所以数学科生活实践情境活动与学科领悟情境活动体系是素养层面双向细目表的关键要素，且命题中应该使用新的、有较高仿真程度的问题情境。素养考查在问题情境中进行，问题解决必然涉及知识的综合运用，所以素养层面双向细目表在知识内容维度上使用知识板块（一级知识点）。由于素养考查在中等层面或复杂层面问题情境中进行，一般需要进行中阶、高阶认知操作，综合调用关键能力。素养层面双向细目表在认知操作维度上使用中阶、高阶认知操作。素养层面双向细目表（高阶双向细目表）见表 3-3-6。

表 3-3-6　素养层面双向细目表（高阶双向细目表）

知识内容	学科素养								
	学习掌握		实践应用				研究创新		
	数学阅读	数学抽象	数学推理	数学运算	直观想象	数据分析	数学建模	研究探索	批判质疑	发散创新
函数										
向量										
解三角形										
解析几何										
立体几何										
概率										
统计										
复数										
不等式										

备注 1：在表格相应位置处填写命题点。命题点包括但不限于：学科任务、任务要求（认知操作）、真实（仿真）背景、"四翼"维度、分值、题型等。

备注 2：命题应该具体参照表 1-2-5、表 3-2-1、表 3-2-13、表 3-2-14、图 3-3-2 进行学科任务、任务要求（认知操作）、真实情境界定。这里的认知操作是指中阶、高阶认知操作，包括概括与抽象、分析与推断、匹配与实施、计划与决策、检查与评论、生成与贯彻。

备注 3：在情境创设中需要参照表 1-1-3 融入核心价值考查元素，以体现高考立德树人的导向。

（三）知识能力层面双向细目表（低阶双向细目表）

知识能力层面的考查是衔接传统考试的部分，这一层面立足于基础性和一般综合性命题,在知识内容维度上使用二级或三级知识点,在认知操作维度上使用低阶、中阶认知操作。知识能力层面的命题可以是仅仅基于高中数学知识逻辑关联的命题,不特别强调情境,也可以使用简单问题情境或学生熟悉的问题情境。知识能力层面双向细目表(低阶双向细目表)见表3-3-7。值得关注的是,数学高考中存在大量的知识能力层面的问题,属于"四翼"维度中的"基础性""综合性"维度。当区分了"知识能力层面"与"素养层面"考查后,"知识能力层面"的考查可以是简单的或学生熟悉的情境,也可以是去情境的(即数学内部知识性问题)。

表3-3-7 知识能力层面双向细目表(低阶双向细目表)

知识内容		认知操作					
		信息提取	转译与释义	举例与实证	归类与分类	概括与抽象	关联与整合
函数	函数概念						
	函数表示法						
	函数单调性						
	函数奇偶性						
	幂函数						
	指数函数						
	对数函数						
	拟合法						
	三角函数						
	……						
向量	平面向量的概念						
	平面向量运算						
	平面向量基本定理						
	……						
……							

备注1：在表格相应位置处填写命题点，包括但不限于关键能力、"四翼"考核目标、分值、题型等。

备注2：为达到知识能力测评的目的，需要关注题目对三大能力群中的某一项有突出的针对性，以有别于素养层面测评。第一方面是知识获取能力群，主要包括数学阅读理解能力、信息获取整理能力、数学抽象能力。第二方面是实践操作能力群，主要包括数学语言表达能力、数学运算求解能力、数学推理论证能力、数形结合能力、数据分析能力、数学建模能力。第三方面是思维认知能力群，包括数学逻辑思维能力、数学抽象概括能力、空间想象能力、批判性思维能力、创新思维能力。

（四）数学科高考"二层双向细目表"结构

先设定素养层面双向细目表，据此制定知识能力层面双向细目表，整合成为数学科高考"二层双向细目表"，见图3-3-7、图3-3-8。

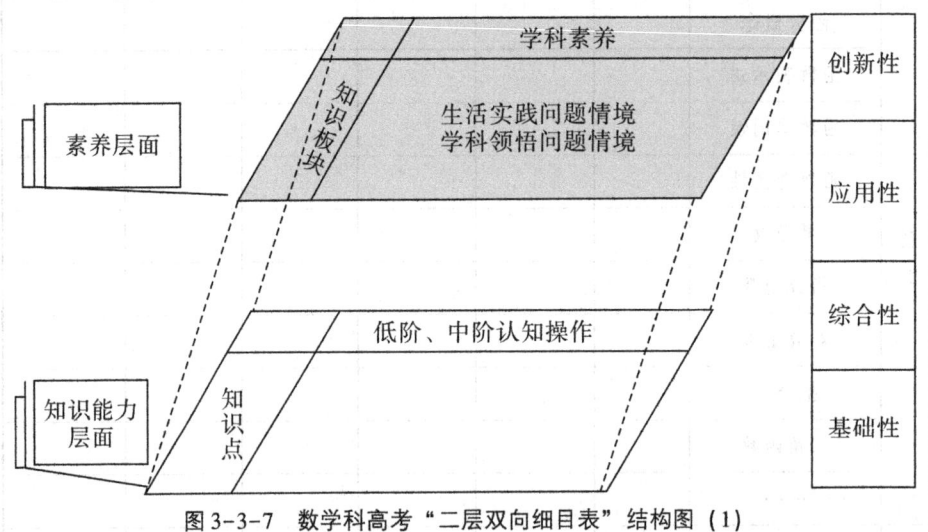

图3-3-7　数学科高考"二层双向细目表"结构图（1）

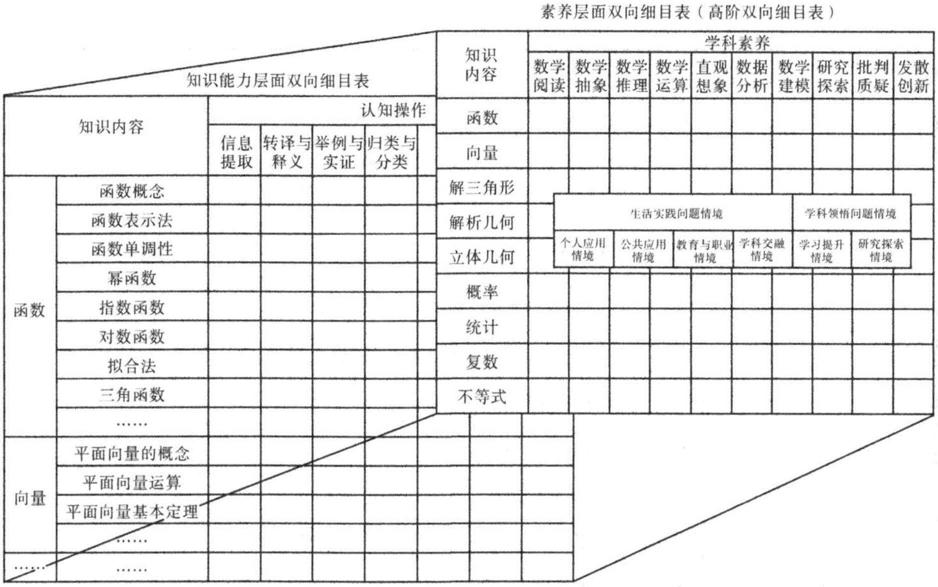

第三章 框架：数学科高考改革命题方案"二层双向细目表"的构建

图 3-3-8　数学科高考"二层双向细目表"结构图（2）

第四节　数学科高考命题与组卷流程建议

为保障高考命题的信度与效度，需要高度关注命题与组卷流程的规范性，减少命题人员的主观影响，并从每一环节严格把控质量。结合整个命题与组卷过程，我们提出以下四个命题与组卷步骤。

步骤一：编写命题计划，如填写试卷编制的原则及框架要求（表 3-4-1）。

表 3-4-1　试卷编制的原则及框架要求

序号	项目	内容
1	考试（测验）的目标	
2	考试（测验）的内容范围	
3	考试（测验）的方法和类型	

（续表）

序号	项目		内容
4	难度及其分布	较低难度题（难度系数：0.8）占比	
		中等难度题（难度系数：0.4~0.6）占比	
		较高难度题（难度系数：0.2）占比	
5	试卷的题型结构	客观题（题数、分数）	
		客观题中：单项选择题（题数、分数）、多项选择题（题数、分数）、填空题（题数、分数）……	
		解答题（题数、分数）	
6	层面分数占比	素养层面的分数占比	
		素养层面中学习掌握、实践应用、研究创新各部分的占比	
		知识能力层面的分数占比	
		知识能力层面中各知识板块的占比	
7	核心价值考查体现		
8	知识能力层面的各内容板块占比		

步骤二：编制"二层双向细目表"。

（1）编制素养层面双向细目表（高阶双向细目表），见表3-4-2。

表 3-4-2

知识内容	学科素养									
	学习掌握			实践应用				研究创新		
	数学阅读	数学抽象	数学推理	数学运算	直观想象	数据分析	数学建模	研究探索	批判质疑	发散创新
函数										
向量										
解三角形										

（续表）

知识内容	学科素养								
	学习掌握			实践应用				研究创新	
	数学阅读	数学抽象	数学推理	数学运算	直观想象	数据分析	数学建模	研究探索	批判质疑	发散创新
解析几何										
立体几何										
概率										
统计										
复数										
不等式										

（2）编制知识能力层面双向细目表（低阶双向细目表），见表3-4-3。

表 3-4-3

知识内容		知识操作					
		信息提取	转译与释义	举例与实证	归类与分类	概括与抽象	关联与整合
函数	函数概念						
	函数表示法						
	函数单调性						
	函数奇偶性						
	幂函数						
	指数函数						
	对数函数						
	拟合法						
	三角函数						
	……						
向量	平面向量的概念						
	平面向量运算						
	平面向量基本定理						
	……						
……	……						

步骤三：实施命题与组卷，可按照图 3-4-1 中的流程进行操作。

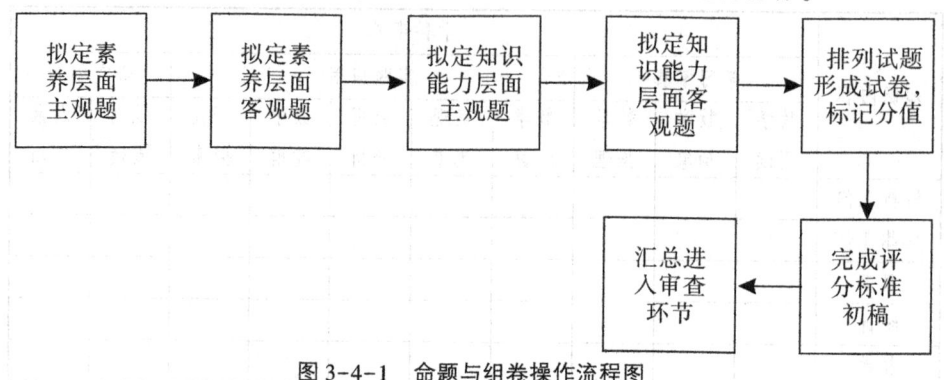

图 3-4-1　命题与组卷操作流程图

审查环节的项目如下所示。

（1）审查试卷细目，如填写表 3-4-4。

表 3-4-4　试卷基本审查细目表

审卷人姓名					
题序	科学性	准确性	简明性	参考答案正确性	修改意见
1					
2					
3					
4					
……					

（2）审查试卷难度分布，如填写表 3-4-5。

表 3-4-5　试卷难度分布表

审卷人姓名		
题序	难度	试卷难度分布曲线图
1		
2		
3		
4		
……		

(3) 审查人员复填二层双向细目表，检查对标情况，如填写表3-4-6。

表3-4-6 素养层面、知识能力层面对标情况检查表

审卷人姓名		
项目	对标情况	考查总分数
素养层面		
知识能力层面		

(4) 审查"四翼"考查维度覆盖情况，如填写表3-4-7。

表3-4-7 "四翼"考查维度覆盖情况表

审卷人姓名		
项目	相应题号	考查总分值
基础性		
综合性		
应用性		
创新性		

(5) 审查核心价值考查情况，如填写表3-4-8。

表3-4-8 核心价值考查内容表

审卷人姓名	
试卷核心价值考查内容汇总	

(6) 填写试卷整体修改意见汇总表（表 3-4-9）。

表 3-4-9　试卷整体修改意见汇总表

审卷人姓名	
试卷修改意见	

步骤四：命题组填写试卷修改校正记录（表 3-4-10）。

表 3-4-10　试卷修改校正记录表

审卷人姓名		
序号	修改、校正内容	责任人签名
1	整卷修改校正情况：	
2	第×题修改校正：	
3	第××题修改校正：	
……	……	

第四章
基于情境体系的命题分析

第一节 数学科情境化题目（问题情境）设计基本原理

一、情境化题目（问题情境）设计的参数

从命题或审题的角度出发，需要更有针对性地细化情境性命题的结构及一般命题工作流程。罗日叶在《为了整合学业获得：情景的设计和开发》中提出，在问题情境设计时使用"参数"可使设计者考虑所有可能性，把握一些参照点，弄清问题情境之间的差别。建立一个完整的情境化题目（问题情境）参数体系往往是让设计者不局限于某些类型的问题情境的有效手段。罗日叶还在书中提出了辨别参数（涉及这是什么样的情境，包括情境的自然或建构特征、学科领域、教学目标、任务类型、已知条件的性质、情境的开放等级）、内容参数（包括所追求的目标、被运用的知识技能和知存态度、问题的解决方法、问题的独立性或解决问题的步骤）、装扮参数（包括情境的图表形式呈现、情境的表述框架、要对已知条件和信息进行的处理）。

以一个"参数"体系厘清情境化题目（问题情境）的架构，为情境化题目（问题情境）的设计提供参照点，这是罗日叶给出的重要启示。但罗日叶指出，书中的设计参数体系需要与其情境相匹配，且如何构建一个适合我国高考命题设计的参考体系，使之能与高中数学内容相结合，同时符合我国高中教学特点，这是接下来需要深入考虑的问题，即需要在数学学科化、本土化方面下

功夫，以构建出与"一核""四层""四翼"高考评价体系相适应的有效体系。建立情境化题目设计的参数体系后，哪些因素会影响问题情境的复杂性也就清晰了。

整合高考评价体系中"四层""四翼"的要求以及罗日叶在书中的观点和 PISA 数学测试的命题特点，整理出七个情境化题目设计参数，包括情境参数、综合性参数、认知操作参数、开放程度参数、装扮参数、题型参数、核心价值观参数。

（一）情境参数

情境参数包括背景参数。背景参数是指问题情境的类别、问题所在的环境（物理的、生理的、生态的、社会的、信息的，等等）、问题的出处等，也涉及问题情境是真实自然存在的还是人为仿真建构的，仿真程度、问题情境的新旧程度等。

问题情境分为生活实践问题情境和学科领悟问题情境。其中，生活实践问题情境包括个人应用情境、公共应用情境、教育与职业情境和学科交融情境；学科领悟问题情境包括学习提升情境和研究探索情境。

在命题过程中，为考查学生的关键能力、学科素养，需要高度关注问题情境与真实世界的联结，关注数学内部合乎逻辑的真实拓展需要。我们把真实世界存在的问题情境和数学内部合乎逻辑的真实拓展需要的问题情境称为自然的问题情境。在教学和评价过程中，为适应数学教学的需要和学生认知水平的需要，往往需要对复杂的自然问题情境信息理想化，构建一个人为仿真的问题情境，我们把这类问题情境称为构建的问题情境。构建的问题情境就有仿真程度高低的区别。

为了准确评估学生的关键能力、学科素养的水平，需要考查学生解决新问题的能力。

（二）综合性参数

综合性参数主要包括：（1）知识点数，主要是指解决问题所要运用的知识、技能、思想方法的数量；（2）关卡数，主要是指推理或运算操作的步骤数量。

（三）认知操作参数

认知操作参数主要体现题目的认知操作维度，该参数包括信息提取、理解、分析与推断、应用、创造等，见表 4-1-1。

表 4-1-1　认知操作参数表

水平层析	一级参数	二级参数
水平一	信息提取	识别与执行
水平二	理解	转译与释义、举例与实证、归类与分类、概括与抽象
水平三	分析与推断	归纳与猜想、类比与猜想、关联与整合
水平四	应用	匹配与实施、计划与决策、检查与评论
水平五	创造	生成与贯彻

（四）开放程度参数

开放程度参数主要包括：

1. 封闭的情境

封闭的情境拥有一个明确而唯一的解决方案。学生拥有解决这个情境的所有必要条件，不管选择哪种方法，最终都要得出这个解决方案。这类情境要求所有学生给出相同的答案。主要特征：在情境表述中呈现全部的条件信息，解决方案是唯一的。

2. 开放的情境

开放的情境拥有多个解决方案，这些解决方案理论上具有相同的价值。

3. 半开放的情境

半开放的情境是指具有封闭的情境两个特征之一的问题情境，或者所有条件都给出，或者解决方案是唯一的。

Rietman（里特曼）（1965）（引自李同吉、吴庆麟《论解决结构不良问题的能力及其培养》，华东师范大学学报，2006）首次从认知心理学的角度区分了结构良好问题和结构不良问题。前者是初始状态、目标状态和算子状态都很明确的问题，后者则是上述三者至少有一个没有明确界定的问题。封闭的问题情境属于结构良好的问题。而半开放的问题情境和开放的情境中初始状态、目标状态和算子状态中至少有一种不明确，故这两种问题情境均属于结构不良问题。

（五）装扮参数

装扮参数是弥补自然的问题情境与构建的问题情境表述之间差别所用的参数。自然的问题情境是完全"原始的"或"赤裸裸的"，即完全真实的自然问题情境。构建的问题情境是对自然的问题情境进行加工后所得的问题情境。在闭卷考试中，为适应封闭、限时的特点，通常会对自然的问题情境进行加工。学生处理这种问题时需要理解问题情境、需要引导，此时必须给出一些条件，弥补自然的问题情境与建构的问题情境之间的差距。装扮参数具体包括：

1. 表现与问题情境的呈现有关的屏障和帮助的参数

（1）问题情境的表述以图表的形式呈现。

（2）问题情境的表述框架，包括两方面：一是命令或问题的摆放位置；二是问题解决步骤的明确程度。

（3）对信息和已知条件进行处理（如干扰信息）。

2. 条件参数

条件参数包括数字或非数字已知条件、真实或想象出的已知条件、个性化的或集体性的已知条件、固定的或可变化的已知条件等。

（六）题型参数

题型是试题的形式，一般有单项选择题、多项选择题、填空题、解答题等。命题过程中需要合理配置题型，发挥各种题型的功能。

不同的题型需要有不同的表述方式。例如，选择题需要有题干与备选项。对于选择题，必须精心安排题干与备选项的连接和切割，使其阅读通畅；必须安排正确项与诱误项，使其在形式上尽量协调并有同类性；需要使正确项有一定的隐蔽性，诱误项有一定的迷惑性。类似地，填空题、解答题的表述方式有各自的特点。因此，不同题型对应的信息繁简度会有差异，问题的逻辑结构有差异，设问的方式有差异。因此，题型参数不仅是形式参数，其实也是一种考试内容敏感参数。

（七）核心价值观参数

"一核""四层""四翼"高考评价体系是核心价值观统领下的评价体系。核心价值观是学生在面对现实问题情境时应当表现出的正确的情感态度价值观的综合。我们在第三章第一节对核心价值观考查有详细的论述。

例4.1 以一组近似计算类型的题目为例

（1）2002年全国高考理科数学第12题

2002年3月5日九届人大五次会议《政府工作报告》："2001年国内生产总值达到95 933亿元，比上年增长7.3%."如果"十五"期间（2001—2005年）每年的国内生产总值都按此年增长率增长，那么到"十五"末我国国内生产总值约为（　　）.

A. 115 000亿元　　　　　　　　B. 120 000亿元

C. 127 000亿元　　　　　　　　D. 135 000亿元

分析：不难得到"十五"末的年生产总值为$95\,933\times(1+7.3\%)^4$亿元，接下来就是对它进行估算。

估算1：$95\,933\times1.073^4\approx96\,000\times1.15^2\approx96\,000\times1.323\approx127\,000$。

估算2：一方面，

$95\,933\times1.073^4=95\,933\times(1+4\times0.073+6\times0.073^2+4\times0.073^3+0.073^4)$

$\qquad\qquad>95\,000\times(1+4\times0.07)>121\,600$，

另一方面，

$95\,933\times1.073^4<100\,000\times(1+4\times0.073+6\times0.08^2+4\times0.08^3+0.08^4)$

$\qquad\qquad<100\,000\times(1+0.292+0.05)<135\,000$，

与备选答案对照，选C。

(2) 2019 年高考全国 I 卷理科数学第 4 题

古希腊时期，人们认为最美人体的头顶至肚脐的长度与肚脐至足底的长度之比是 $\dfrac{\sqrt{5}-1}{2}$ ($\dfrac{\sqrt{5}-1}{2}\approx 0.618$，称为黄金分割比例)，著名的"断臂维纳斯"（如图 4-1-1）便是如此. 此外，最美人体的头顶至咽喉的长度与咽喉至肚脐的长度之比也是 $\dfrac{\sqrt{5}-1}{2}$. 若某人满足上述两个黄金分割比例，且腿长为 105 cm，头顶至脖子下端的长度为 26 cm，则其身高可能是（　　）.

图 4-1-1

A. 165 cm　　B. 175 cm　　C. 185 cm　　D. 190 cm

(3) 2020 年高考山东卷数学第 6 题

基本再生数 R_0 与世代间隔 T 是新冠肺炎的流行病学基本参数. 基本再生数指一个感染者传染的平均人数，世代间隔指相邻两代间传染所需的平均时间. 在新冠肺炎疫情初始阶段，可以用指数模型：$I(t)=e^{rt}$ 描述累计感染病例数 $I(t)$ 随时间 t（单位：天）的变化规律，指数增长率 r 与 R_0，T 近似满足 $R_0=1+rT$. 有学者基于已有数据估计出 $R_0=3.28$，$T=6$. 据此在新冠肺炎疫情初始阶段，累计感染病例数增加 1 倍需要的时间约为（　　）($\ln 2\approx 0.69$).

A. 1.2 天　　B. 1.8 天　　C. 2.5 天　　D. 3.5 天

分析：由 $R_0=1+rT$ 得 $3.28=1+6r$，$r=0.38$，$e^{0.38t}=2$，从而 $0.38t=\ln 2$，所以 $t=\dfrac{0.69}{0.38}\approx 1.8$，故选 B。

(4) 2020 年高考北京卷数学第 10 题

2020 年 3 月 14 日是全球首个国际圆周率日（π Day）. 历史上，求圆周率 π 的方法有多种，与中国传统数学中的"割圆术"相似. 数学家阿尔·卡西的方法是：当正整数 n 充分大时，计算单位圆的内接正 $6n$ 边形的周长和外切正 $6n$ 边形（各边均与圆相切的正 $6n$ 边形）的周长，将它们的算术平均数作为 2π

的近似值. 按照阿尔·卡西的方法，π 的近似值的表达式是（　　）．

A. $3n\left(\sin\dfrac{30°}{n}+\tan\dfrac{30°}{n}\right)$ B. $6n\left(\sin\dfrac{30°}{n}+\tan\dfrac{30°}{n}\right)$

C. $3n\left(\sin\dfrac{60°}{n}+\tan\dfrac{60°}{n}\right)$ D. $6n\left(\sin\dfrac{60°}{n}+\tan\dfrac{60°}{n}\right)$

分析：设单位圆内接正 $6n$ 边形的边长为 a，周长为 A，外切正 $6n$ 边形的边长为 b，周长为 B。因为 $\dfrac{\frac{a}{2}}{r}=\sin\left(\dfrac{360°}{6n}\times\dfrac{1}{2}\right)$，所以

$a=2r\sin\dfrac{360°}{12n}=2\sin\dfrac{30°}{n}$。因为 $\dfrac{\frac{b}{2}}{r}=\sin\dfrac{30°}{n}$，所以 $b=2\tan\dfrac{30°}{n}$，从而

$2\pi\approx\dfrac{6na+6nb}{2}\Rightarrow\pi\approx\dfrac{12n\sin\dfrac{30°}{n}+12n\tan\dfrac{30°}{n}}{4}=3n\left(\sin\dfrac{30°}{n}+\tan\dfrac{30°}{n}\right)$。

（5）2022 年新高考全国 I 卷数学第 4 题

南水北调工程缓解了北方一些地区水资源短缺问题，其中一部分水蓄入某水库．已知该水库水位为海拔 148.5 m 时，相应水面的面积为 140.0 km^2；水位为海拔 157.5 m 时，相应水面的面积为 180.0 km^2．将该水库在这两个水位间的形状看作一个棱台，则该水库水位从海拔 148.5 m 上升到 157.5 m 时，增加的水量约为（　　）（$\sqrt{7}\approx 2.65$）．

A. 1.0×10^9 m^3 B. 1.2×10^9 m^3 C. 1.4×10^9 m^3 D. 1.6×10^9 m^3

评析：以上五例基于不同的情境参数设计了不同的参数估计问题情境。在情境参数方面，以上五例分别为公共应用情境、个人应用情境、公共应用情境、数学内部情境和公共应用情境。在开放程度参数方面，题（1）需对 95 933×(1+7.3%)^4 进行估算，估算目标明确，推理步骤少，方法种类多，因此属于半开放性问题；题（2）需估计断臂维纳斯的身高，情境丰富，推理步骤较多，但涉及的方法不明确，属于开放性问题；题（3）、题（4）、题（5）分别为模型求解计算、模型推导、公式计算问题，并且题（3）、题（5）给出了

估算对象的近似值，目标明确，推理步骤少，方法单一，均属于封闭性问题；题（2）的问题解决需要学生具备一定的创造性，并且是完全真实的问题情境，并未进行过多的加工；题（5）将水库近似为棱台，是一道典型的对开放的自然情境进行理想化加工而得到的较为封闭的问题情境的例题。

二、情境化题目（问题情境）设计的一般流程

罗日叶在《为了整合学业获得：情景的设计和开发》中提炼出如图4-1-2所示的关于问题情境的构成。

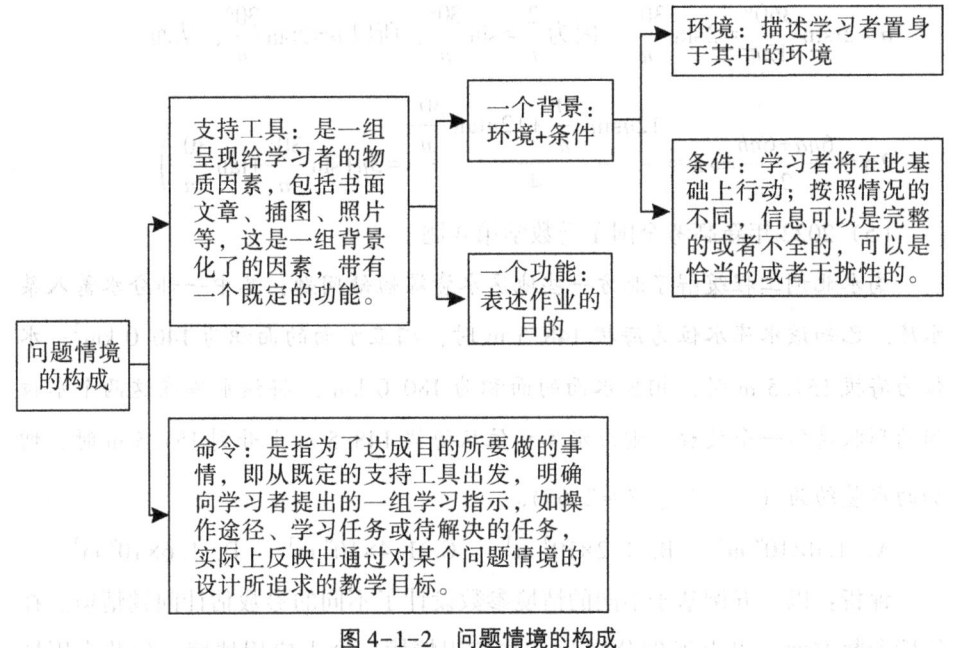

图 4-1-2　问题情境的构成

罗日叶使用的这种对问题情境的界定，比较细致地刻画了问题情境的构成要素，对情境化题目的命制有一定的指导意义。

任子朝等在《高考试题创新设计的研究与实践》中提出：情境化试题由试题立意、背景材料和情境任务三个要素构成。《命题设计与考核能力要求（Ⅲ）》中提出命题设计一般包括选材与立意、搭架与构题、加工与调整、审

核与复查等步骤。

结合一般命题流程和情境化命题的特点,参照情境化题目设计参数,构建了情境化题目设计一般流程,见图4-1-3。

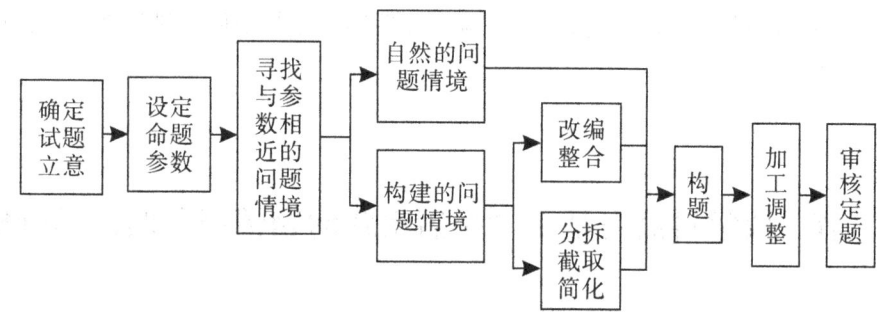

图 4-1-3　情境化题目设计一般流程

试题立意体现试题设计者的考查目标,是指导整个试题设计的基本思想,是背景材料选取和情境任务设置共同围绕的主题,主要包括"考查哪些知识?""考查哪些能力?""考查哪些素养?""考查哪种核心价值观?""预计试题难度怎样?"等。在七个命题参数中,重点设定情境、综合性、认知操作、题型、核心价值观等参数,以清晰、定向地反映试题立意。

命题选材是构题的基础,寻找与参数相近的问题情境是贯彻试题立意的起步阶段。一道题的背景材料是核心价值观考查的基础,也是考生运用知识和技能的基础,而且背景材料必须能容纳预设的认知操作。背景材料的选择是首要的,也是显性的。题材应该优先寻找自然的问题情境,这是真实世界存在的或数学内部合乎逻辑的真实拓展需要的问题情境。构建的问题情境一般有三类来源。第一类,从某些概念、性质或已有的基本问题出发(它们大多数来源于教材或相关资料),将它们与初步确定的考查目标联系起来,进行改编或整合。第二类,从生活实践问题出发进行编题。第三类,从数学研究中选取适当的素材,或从高观点出发物色素材;也可以从数学应用研究中选取素材,如从数学建模论文、数学跨学科应用中寻找素材。通常这类素材内容比较复杂抽象,需要分拆为子问题、截取片段、问题具体化或对问题作理想化改编才能入题。

构题是按照认知操作要求和题型的预设,从选材出发,拟定题设条件和提问方式，形成题坯。

加工调整是指为确保试题的科学性和难度，调节题干和设问，调节综合程度，安排好难点和陷阱分布，使"问题"臻于完善。

对每一题目都应反复推敲，严防疏漏和失误，尤其是杜绝科学性失误，最后审核定题。

第二节 数学科高考基于"生活实践问题情境"的命题分析

一、数学科高考"生活实践问题情境"的分类

数学科中的"生活实践问题情境"是指针对某个现实生活、生产背景中与数量关系或空间形式相关的待完成的任务，需要考生加以联结、整合的一组信息。数学科高考中"生活实践问题情境"可以分为四类，即个人应用情境、公共应用情境、教育与职业情境、学科交融情境，见表4-2-1。

表4-2-1 生活实践问题情境

个人应用情境	公共应用情境	教育与职业情境	学科交融情境
重点关注与个体自身、个体所在家庭、个体同伴等相关的日常活动。准确把握日常生活的各类数据信息，并能做出正确的判断和估算；恰当运用数学概念、规则、定理和思想方法描述、解释现象，制订计划，发现问题、提出问题并解决问题	重点关注的是个体所在社会的各项活动。在社会问题分析中，能够透过数据，借助推理，形成独到的社会问题视觉；恰当运用数学概念、规则、定理和思想方法描述、解释、预测现象，制订计划，发现问题、提出问题并解决问题	重点关注教育或生产、工作环境下的活动。准确把握学生学校生活或生产、工作环境中的各类数据信息，并能做出正确的判断、估算和评价；恰当运用数学概念、规则、定理和思想方法进行描述、解释、预测、制订计划等工作，协助完成产品设计及过程监控	重点关注数学在其他学科中的应用，恰当运用数学概念、规则、定理和思想方法，结合各学科规律进行描述、解释、预测、建模等工作

二、生活实践问题情境设计的要点

生活实践问题情境题目的设计，包括前文提及的七个情境化题目设计参数（情境参数、综合性参数、认知操作参数、开放程度参数、装扮参数、题型参数、核心价值观参数）的设计，但需要特别关注以下问题。

1. 核心价值观参数设置重点参照核心价值考查

鉴于高考限时的特点，数学科高考的生活实践问题情境题目重点围绕核心价值考查进行，是彰显高考"立德树人"的考查点。

2. 情境参数设置要特别关注公平性

问题情境的背景特征、问题所在的环境（物理的、生理的、生态的、社会的、信息的等）应该对所有学生是公平的，它不能是一个只对部分学生来说是熟悉的情境。

3. 需要修正传统应用题的缺陷

首先，应用题很少考虑实际需要，导致"学校数学教学"脱离实际需要；其次，应用题是经过研究者精心雕琢的结构良好的规则应用题，以至于其有规定好的一套模式（解题条件、解决方法和问题答案），而且通常要想解决这类数学应用题，只有一种途径；最后，应用题的解决往往是重温学过的知识，但缺失发现和提出问题的环节等。

对生活实践问题情境的设计应该贯彻以下基本原则：（1）应有真实的背景，可以适度仿真，但构建的问题情境应该符合常识和事物存在、发展的逻辑。（2）贴近学生的生活，以提高学生的学习兴趣。（3）帮助学生理解一般的社会知识和科学知识。（4）所涉及的数学知识不应超出课标的要求。（5）具有典型性，使学生形成一种科学的思维方式来解决问题，从而达到推理、横向渗透的目的。（6）将科学的、流行的、有趣的内容融为一体，用词流畅、准确，价值观正确。

三、"微建模"题的命题设计——各类参数较优的情境化题目

(一)"微建模"题的界定

课标要求数学教学应该达成"三会",必须加强数学应用教学。数学应用教学的主要载体是数学应用题。应用题教学当然是必不可少的,它在数学模型或思想方法应用方面有积极作用。但是传统应用题是经过深加工、结构良好的应用题,实际上已经略过了发现问题、提出问题、分析问题的过程(通常这才是解决实际问题最艰难的环节),所以数学应用教学不能停留在当前的应用题教学。新高考强调生活实践问题情境的命题,进一步提出了优化应用题命题与数学建模素养测评接轨的需求。

基于深入研究及开发带有"脚手架"的建模题的需要,我们作出以下界定:

"微建模"题是与开放性数学建模活动相对应的一种仿真性题目,用以辅助教学双方在建模教学过程中明晰数学建模步骤;用以支持在非开放实践调查环境、限时等条件限制下进行建模相关练习;适用于闭卷、限时的建模素养水平测试。"微建模"题,也可看作一种仿真应用性题目,即学生先接触"微建模"题,再过渡到完整数学建模的学习。2020年新高考全国Ⅰ卷数学中的日晷问题就是一道典型的"微建模"题。

例4.2 日晷问题(2020年新高考全国Ⅰ卷数学第4题)

日晷是中国古代用来测定时间的仪器(如图4-2-1),利用与晷面垂直的晷针投射到晷面的影子来测定时间。把地球看成一个球(球心记为O),地球上一点A的纬度是指OA与地球赤道所在平面所成角,点A处的水平面是指过点A且与OA垂直的平面。在点A处放置一个日晷,若晷面与赤道所在平面平行,点A处的纬度为北纬40°,则晷针与点A处的水平面所成角为( )。

图4-2-1

A. 20°　　　　B. 40°　　　　C. 50°　　　　D. 90°

（二）"微建模"题的命题设计必要性

1. "微建模"题是突破数学建模教学用时限制的重要助力

课标建议为数学建模与数学探究活动分配10课时，由于课时数相对有限，难以充分让学生深入理解和掌握数学建模的思想方法，因此数学建模教学需要采取课堂内外结合的方式，把数学建模思想融入日常教学的各个知识板块中。在每一知识板块的教学中增设"微建模"题，不仅能够加强教学双方的关注度，还能提供丰富的教学资源，从而提高学生对数学建模的理解和应用能力。

在日常测试、学业水平考试及高考这类限时、短时段且闭卷的考试中，由于无法执行开放的、实地的调查，且学业水平考试、高考不能使用计算器，选择"微建模"题作为建模素养测评是最好的选择。

2. "微建模"题与相应教学板块同步，可以融入日常数学课堂教学

数学建模教学需要结合具体的知识内容模块（按课标分类包括：函数、几何、代数、概率、统计等）讲授各数学分支领域中的基本模型并提取各数学分支领域的数学建模方法，以帮助学生建立必要的数学建模陈述性知识基础和程序性知识基础，这就要求建模练习与各知识模块的讲授同步进行，也意味着"微建模"题的设计与开发是必要的。

3. "微建模"题是帮助教师提升数学建模素养的阶梯

目前，大部分中学教师的数学建模教学水平尚未达到课标中提出的数学建模教学要求。另外，由于日常教学负荷繁重，教师对于数学建模思想的领悟和掌握需要在持续的教学实践中逐步内化。通过建立一个与日常教学同步的平台，可使教师在课堂教学设计、课后作业指导等日常工作环节中，通过实践不断提升自身的建模素养。由于"微建模"题与相应教学内容板块同步，所以它具备与日常教学同步的特质。

（三）"微建模"题的特征

"微建模"题包括情境化题目的七个设计参数，即情境参数、综合性参数、认知操作参数、开放程度参数、装扮参数、题型参数、核心价值观参数，同时

有以下主要特征：

(1) 有合理的仿真背景，问题的解决方案在现实中有一定的应用价值。

(2) 有一定的开放性。

(3) 考查建立现实模型（转换、诠释情境信息，完成假设、简化）、建立数学模型、解释数学模型、检验数学模型、优化模型五个步骤中的1个或2个步骤。

(4) 经合理假设后所建的模型是高中阶段知识、技能、思想方法能覆盖的类别。

（四）"微建模"题的设计原则

通过分析"微建模"题的编制依据和数学应用题的设计原则，可以总结得出"微建模"题的六大设计原则。

1. 真实性原则

真实性原则是指内容完整、真实可靠，尽量还原真实问题背景。"微建模"题的问题背景应当贴近高中生的真实生活，"微建模"题是与开放性数学建模活动相对应的一种仿真性题目，如新高考中出现的日晷、金字塔等问题，问题趋向开放性，需要筛选有效信息。"微建模"题要求尽量还原真实问题背景，通过数学打开世界的大门。

2. 开放性原则

开放性原则是指问题的多视角、全方位，考虑问题设计要有一定的开放性。题目设计开放性包括条件、解决方法、结论及多角度综合的开放性，这些都可以通过设置开放性提问形式呈现。对于学生而言，开放性的题目可以培养学生的创造性和创新性，但开放性题目设计应遵循学生的认知水平，搭建适当的"脚手架"循序渐进地进行"微建模"题教学。

3. 层次性和多样性原则

层次性原则是指题目难度由浅入深，而多样性原则要求题型丰富多样。"微建模"题考查建立现实模型（转换、诠释情境信息，完成假设、简化）、建立数学模型、解释数学模型、检验数学模型、优化模型五个步骤中的 1 个或 2 个步骤，每个建模片段都有一些有价值的考查点（表 4-2-2）。题型可以选用单项选择题、多项选择题、填空题、解答题。

表 4-2-2　按建模片段命题的考查点

建模片段	命题考查点
建立现实模型	合理提出问题
	对应现实问题的原理分析或对问题中一些关系的预见
	合理提出问题解决设想
	就相关因素进行设问
	辨识常量与变量
	提出假设
建立数学模型	基于现实条件及假设选择建模方法
	完成模型的数学表征
解释数学模型	推理论证、计算
检验数学模型	选择或设计检验方法
	能正确运用所选择或设计的检验方法
优化模型	审视模型的存在问题
	指出优化模型的方法
	完成优化任务
获得实际结果	解释模型，分析问题，获得实际结果

(1) 以选择题或填空题形式出现的"微建模"题的特点。

①问题真实，背景亲和；②阅读量不大；③涉及建模中的 1 个或 2 个步骤，特别地，如果涉及解释数学模型步骤，模型应该是新的，对模型的解读应该有一定的难度，以区别一般应用题；④平衡关系比较清晰，轮廓模型的假设不难完成；⑤运算量不大；⑥可以具有开放性。

(2) 以解答题形式出现的"微建模"题的特点。

①以涉及假设、简化环节的问题为佳；②为适当降低问题的难度，可以设计不同的条件开放程度或问题开放程度；③以递进的设问方式引导学生深入问

题情境。

4. 丰富性原则

丰富性原则是指题目的内容设计和思想方法是多样的。

（1）课标、教材涉及的基本模型。

面对简单的实际问题，能够综合运用已有模型解决问题。教材中可添加应用、建模的内容，见表4-2-3。

表4-2-3　教材中可添加应用、建模的内容

现有教材内容	可添加的建模、应用内容
幂函数、指数函数、对数函数	人口或其他生物增减变化的规律、旋钮或电位器中电阻随旋转角变化的规律等
等差、等比数列	银行的存款、借贷与投资收益问题等
直线方程	线性拟合与线性规划的问题等
二次曲线	桥拱曲线设计、油罐车、冷却塔、声差定位等
……	

（2）高中阶段课外拓展重要的数学建模方法。

刘来福在《高中数学建模》的基础篇中详细解释了以下三种建模方法。

①机理模型和平衡关系。

对于一个实际问题，如果在建模过程中，我们的注意力集中在使用数学语言描述问题中的主要因素之间的相互关系和相互制约关系，这样建立的模型一般称为机理模型。刘来福认为发掘实际问题中的平衡关系是机理模型组建过程中的一个关键问题。

不难发现课标、教材中的模型基本是机理模型。在教学过程中融入建模思想，学生就能够掌握机理模型的建立方法，这是一个建模考查的重要方向。

②拟合模型。

在函数应用章节，建立拟合模型是对现有模型的一种推广应用。这种模型已经引入教材，并将长时间进入高中的习题演练环节。

③轮廓模型。

在建模教学成熟的阶段可以加入轮廓模型的考核。轮廓模型的运用来自合理的假设和简化，建模教学未深入时，要掌握这种模型有相当难度。在初级阶段，可以在条件中用类比的方式给出建模假设提示。例如，"包饺子""王婆卖瓜""牙膏出厂价"问题清晰讲述了轮廓模型。

5. 循序渐进性原则

循序渐进性原则是指设计题目注重由简单到复杂。题目的建构成分不同，会导致"微建模"题的难度不同。为了符合学生的认知规律，提倡设置不同难度的"微建模"题，以满足循序渐进性原则，方便建模教学。与自然的问题情境相比，教学目标或考查目标越窄小，建构的（或人为构造的、设计的）成分越重，因此，同一个背景下的问题，会出现不同程度的建构。

6. 过程性原则

过程性原则是指题目设计应该具有规范的流程。数学建模有鲜明的过程性和步骤性，"微建模"题考查数学建模的1个或2个步骤，也充分体现了"微建模"题的过程性，相应的"微建模"题评价也属于过程性评价。因此在设计"微建模"题的过程中，应注重题目设计的过程性。

（五）"微建模"题的五种设计方法

有五种"微建模"题的设计方法可供参考，包括目标倒推法、改编法、截断法、支架法、引导法。值得注意的是，同一个背景下的问题会出现不同程度的建构，而且一道"微建模"题可能同时使用多种设计方法。

第一类　目标倒推法

目标倒推法遵循一般的情境化题目命制流程（图4-1-3），从大方向上看，主要把握试题立意、背景材料选取、情境任务设置三大部分，见图4-2-2。

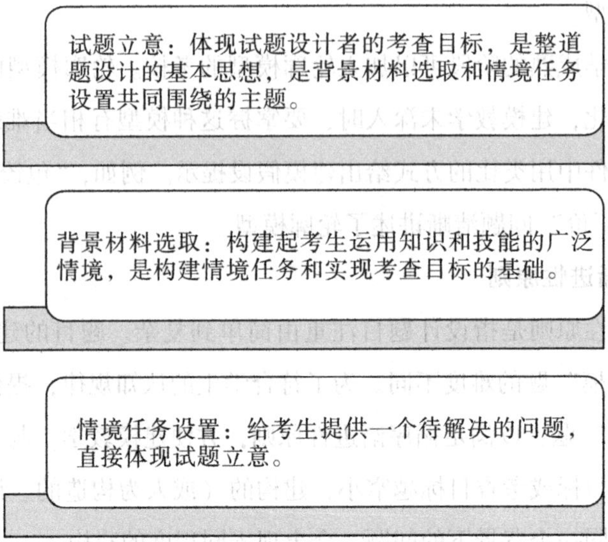

```
┌─────────────────────────────────────────────┐
│ 试题立意：体现试题设计者的考查目标，是整道  │
│ 题设计的基本思想，是背景材料选取和情境任务  │
│ 设置共同围绕的主题。                        │
└─────────────────────────────────────────────┘

┌─────────────────────────────────────────────┐
│ 背景材料选取：构建起考生运用知识和技能的广泛│
│ 情境，是构建情境任务和实现考查目标的基础。  │
└─────────────────────────────────────────────┘

┌─────────────────────────────────────────────┐
│ 情境任务设置：给考生提供一个待解决的问题，  │
│ 直接体现试题立意。                          │
└─────────────────────────────────────────────┘
```

图 4-2-2　目标倒推法一般流程图

例 4.3　一般流程下的目标倒推法问题

试题立意：在生活实践问题情境中考查估算能力。

背景材料：背景材料提供了估算的标准或方法，是一个真实情境，一个公平的问题情境，一个从情感态度价值观维度看有价值的问题情境。

2019 年全国Ⅰ卷理科数学第 4 题就是一道合适的满足试题立意的题目。问题面向生活中的审美（人的身高及各种比例），以与维纳斯比美为标准（估算的标准），引出黄金分割比例这一经典的审美标准，以此为基础完成估算。情境具有较好的公平性。

（2019 年高考全国Ⅰ卷理科数学第 4 题）古希腊时期，人们认为最美人体的头顶至肚脐的长度与肚脐至足底的长度之比是 $\frac{\sqrt{5}-1}{2}$（$\frac{\sqrt{5}-1}{2} \approx 0.618$，称为黄金分割比例），著名的"断臂维纳斯"便是如此. 此外，最美人体的头顶至咽喉的长度与咽喉至肚脐的长度之比也是 $\frac{\sqrt{5}-1}{2}$. 若某人满足上述两个黄金分割比例，

图 4-2-3

且腿长为 105 cm，头顶至脖子下端的长度为 26 cm，则其身高可能是（　　）.

A. 165 cm　　　　B. 175 cm　　　　C. 185 cm　　　　D. 190 cm

由于数学建模过程往往是非常复杂的，所以相较于一般的情境化题目设计，设计一道新的"微建模"题时，往往首先要明确考查哪些数学建模片段，即考查建立现实模型（转换、诠释情境信息，完成假设、简化）、建立数学模型、解释数学模型、检验数学模型、优化模型五个步骤中的 1 个或 2 个步骤；接着根据需要考的知识板块和涉及的数学建模方法，选择贴近高中生生活的问题情境；然后选择合适的建构开放程度（设置题目难度层次）；最后完成"微建模"题设计。目标倒推法的"微建模"题的设计流程图见图 4-2-4。

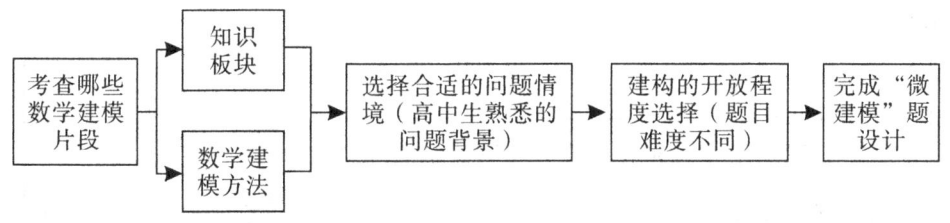

图 4-2-4　目标倒推法的"微建模"题的设计流程图

例 4.4　目标倒推法——"捆绑与缠绕"问题

（1）明确考查哪些数学建模片段。

考查建立现实模型（转换、诠释情境信息，完成假设、简化）、建立数学模型、解释数学模型、检验数学模型、优化模型五个步骤中的 1 个或 2 个步骤。

（2）考查的知识板块和涉及的数学建模方法。

知识板块：立体几何——圆柱。

数学建模方法：机理分析——平面展开求解最短路径。

（3）选择贴近高中生生活的问题情境。

生活中常见的缠绕问题（高中生能够胜任）。

（4）确定合适的建构开放程度（设置题目难度层次）。

设定题目难度大，趋于自然的问题情境，建构成分低。

（5）确定"微建模"题命题如下：

用胶带缠绕包裹一根实木撑衣杆，要求撑衣杆的侧面完全被包裹，那么最少需要胶带多少厘米？（提示：撑衣杆可以看成一个圆柱体）

第二类 改编法

遵循一定的原则改编传统应用题得到"微建模"题（传统应用题改编成"微建模"题的设计流程图见图 4-2-5），主要的工作流程包括：（1）尽量还原真实背景。（2）使提问具有一定的开放性。（3）对原题做一些改动，使其变成不良结构，如增加信息辨别的难度，或提供的信息不完整需要学生通过假设补充等。（4）对原应用题的问题进行延伸，使所得结论或问题解决方案的价值有提升。

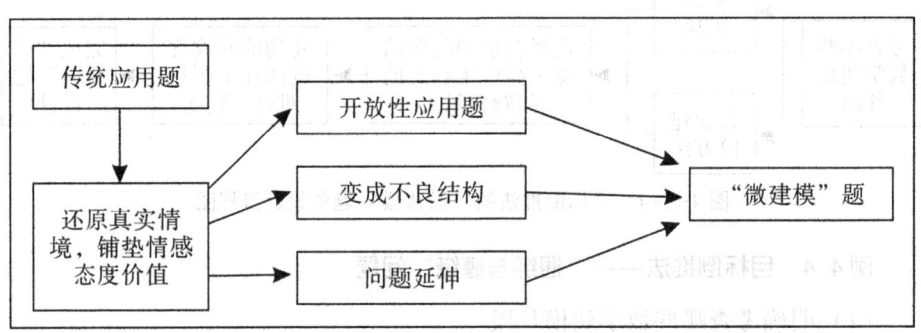

图 4-2-5 传统应用题改编成"微建模"题的设计流程图

例 4.5 传统应用题的改编——"电灯悬挂"问题

（1）原数学应用题。

圆 O 的半径是 $1\,\text{m}$，圆的边缘上有一点 B，此时 A 点与 B 点连线与圆 O 所在平面形成一个夹角 θ，并且满足 $I = \dfrac{k\sin\theta}{r^2}$，其中 $k = 0.5$，问：h 取何值时，I 值最大？

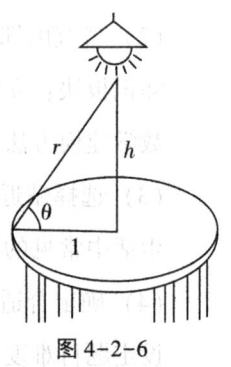

（2）还原题目的真实背景。

如图 4-2-6 所示，在一张大圆桌的正中央上空悬挂一盏电灯，大圆桌面是形如半径为 $1\,\text{m}$ 的圆，经实验可知，

图 4-2-6

桌子边缘上一点处的光照强度 I 和灯光射到桌子边缘处的光线与桌面的夹角 θ 的正弦值成正比，而恰好与这一点到光源的距离 r 的平方成反比，即 $I=\dfrac{k\sin\theta}{r^2}$，其中 k 是一个和灯光强度有关的常数，常数值为 0.5. 那么，如何设置电灯悬挂的高度才能使桌子边缘处最亮？

(3) 可采取以下三种改动方式。

①使提问更加具有开放性；

②对原题的结构做一些改动，使其变成不良结构；

③对原应用题的问题进行延伸，使所得结论或问题解决方案的价值有提升。

(4) 确定"微建模"题命题如下：电灯的悬挂问题。

①使提问更加具有开放性。

在一张大圆桌的正中央上空悬挂一盏电灯，经实验可知，桌子边缘上一点处的光照强度 I 和灯光射到桌子边缘处的光线与桌面的夹角 θ 的正弦值成正比，而恰好与这一点到光源的距离 r 的平方成反比，即 $I=\dfrac{k\sin\theta}{r^2}$，其中 k 是一个和灯光强度有关的常数，常数值为 0.5，试说明桌面的边缘处亮度和什么有关？详细说出你的思路.

②对原题做一些改动，使其变成不良结构。

在一张大圆桌的正中央上空悬挂一盏电灯，经实验可知，桌子边缘上一点处的光照强度 I 和灯光射到桌子边缘处的光线与桌面的夹角 θ 的正弦值成正比，而恰好与这一点到光源的距离 r 的平方成反比. 那么，怎样选择电灯悬挂的高度才能使桌子边缘处最亮？

③对原应用题的问题进行延伸，使所得结论或问题解决方案的价值有提升。

在一张大圆桌的正中央上空悬挂一盏电灯，经实验可知，桌子边缘上一点处的光照强度 I 和灯光射到桌子边缘处的光线与桌面的夹角 θ 的正弦值成正比，而恰好与这一点到光源的距离 r 的平方成反比. 试着想一想: 怎样才能使电灯发挥最大用处？

例 4.6 本案例选自周建锋的《例谈 "微建模" 问题的设计》

高中数学旧人教 A 版必修 4 第 3 章中有这样一道应用题: 在半径为 1, 圆心角为 60° 的扇形铁皮上裁剪一块矩形铁皮, 使矩形的一条边置于扇形半径上. 问: 如何裁剪使得矩形铁皮面积最大？

这是一道经过优化的应用题, 数据清楚, 裁法明确, 基本上只需要设出变量, 建立函数关系, 即可求解. 但这样的数学问题隐去了问题探索的过程, 与现实生活中的实际情境割裂开来.

(1) 还原问题情境.

设计情境问题: 张师傅手里有一块扇形的铁板 (圆心角不大于直角), 需要从中裁剪出一块矩形铁板, 请你帮张师傅设计裁剪的方法, 使得裁剪出的矩形铁板面积最大.

(2) 问题的探索.

首先可以考虑有哪些易于操作的裁法, 容易想到的裁法有如下两种 (图 4-2-7、图 4-2-8 分别记为裁法一、裁法二):

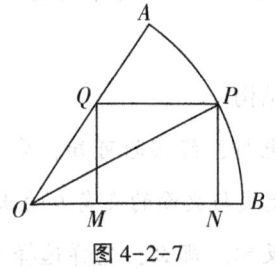

图 4-2-7

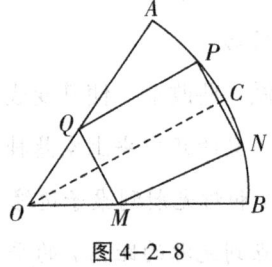

图 4-2-8

不妨设扇形半径为 1. 当圆心角 $\alpha \leqslant \dfrac{\pi}{2}$ 时, 在裁法一中,

如图 4-2-7 所示, 设 $\angle AOB = \alpha$, $\angle POB = \theta (0 < \theta < \alpha)$, 则

$PN = \sin\theta$, $MN = ON - OM = \cos\theta - \cot\alpha\sin\theta$,

$S_{MNPQ} = \sin\theta(\cos\theta - \cot\alpha\sin\theta)$

$$= \frac{1}{2}\sin 2\theta - \frac{1}{2}\cot \alpha(1-\cos 2\theta)$$

$$= \frac{1}{2}\csc \alpha\cos(2\theta-\alpha) - \frac{1}{2}\cot \alpha.$$

当 $\theta = \frac{\alpha}{2}$ 时，矩形铁皮面积达到最大值 $\frac{1}{2}\csc \alpha - \frac{1}{2}\cot \alpha = \frac{1-\cos \alpha}{2\sin \alpha} = \frac{1}{2}\tan \frac{\alpha}{2}$.

由此可得：当 $\alpha \leq \frac{\pi}{2}$ 时，裁法一的规律即为当 OP 平分圆心角时得到的矩形 $MNPQ$ 面积最大，最大值为 $\frac{1}{2}\tan \frac{\alpha}{2}$.

注意到裁法二中，沿 $\angle AOB$ 的平分线 OC 裁开，由对称性，每一部分均为裁法一中的情境，易得裁法二得到的矩形面积为

$$\tan \frac{\alpha}{4} < \frac{\tan \frac{\alpha}{4}}{1-\tan^2 \frac{\alpha}{4}} = \frac{1}{2}\tan \frac{\alpha}{2} \ (0 < \frac{\alpha}{4} < \frac{\pi}{4},\ 故有 0 < \tan \frac{\alpha}{4} < 1),\ 故当 \alpha \leq \frac{\pi}{2} 时,$$

裁法一均比裁法二得到的矩形面积更大.

另外，以上两种裁法位置都比较特殊，那更一般的裁法会如何呢？会不会有比前两种更优的裁法？

裁法三：更一般的裁法，如图 4-2-9 所示，假设 MQ 是定长，分别过 M, Q 两点作 MQ 的垂线，交扇形弧长于点 N, P。不妨设 $MN \leq PQ$，设

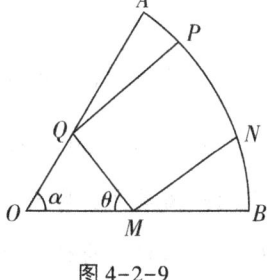

图 4-2-9

$MQ = a$, $\angle QMO = \theta \left(\frac{\pi}{2} - \alpha \leq \theta \leq \frac{\pi}{2}\right)$，由对称性，不妨设 $\frac{\pi}{2} - \alpha \leq \theta \leq \frac{\pi}{2} - \frac{\alpha}{2}$，

则 $\frac{OM}{\sin(\theta+\alpha)} = \frac{a}{\sin \alpha} \Rightarrow OM = \frac{a\sin(\theta+\alpha)}{\sin \alpha}$，

以 O 为原点，OB 为 x 轴建立平面直角坐标系，则

$MN: y = \cot\theta \left[x - \dfrac{a\sin(\theta+\alpha)}{\sin\alpha} \right]$，代入 $x^2+y^2=1$ 得：

$$y^2 + \dfrac{2a\sin(\theta+\alpha)\sin\theta\cos\theta}{\sin\alpha} y + \dfrac{a^2\sin^2(\theta+\alpha)\cos^2\theta}{\sin^2\alpha} - \cos^2\theta = 0,$$

$$y_N = \sqrt{\cos^2\theta - \dfrac{a^2\sin^2(\theta+\alpha)\cos^4\theta}{\sin^2\alpha}} - \dfrac{a\sin(\theta+\alpha)\sin\theta\cos\theta}{\sin\alpha},$$

则 $|MN| = \dfrac{y_N}{\cos\theta} = \sqrt{1 - \dfrac{a^2\sin^2(\theta+\alpha)\cos^2\theta}{\sin^2\alpha}} - \dfrac{a\sin(\theta+\alpha)\sin\theta}{\sin\alpha}$

$= \dfrac{a}{2\sin\alpha}\left\{ \sqrt{\dfrac{4\sin^2\alpha}{a^2} - [\sin(2\theta+\alpha)+\sin\alpha]^2} + \cos(2\theta+\alpha) \right\} - \dfrac{a}{2}\cot\alpha.$

设 $t = \sqrt{\dfrac{4\sin^2\alpha}{a^2} - [\sin(2\theta+\alpha)+\sin\alpha]^2} + \cos(2\theta+\alpha),$ ①

只需求 t 在 $\dfrac{\pi}{2} - \alpha \leqslant \theta \leqslant \dfrac{\pi}{2} - \dfrac{\alpha}{2}$ 时的最大值即可.

设 $x = \cos(2\theta+\alpha)$, $y = \sin(2\theta+\alpha)$,

则圆弧 C: $x^2+y^2=1(-1 \leqslant x \leqslant -\cos\alpha,\ 0 \leqslant y \leqslant \sin\alpha)$,

①式即为：

$(x-t)^2 + (y+\sin\alpha)^2 = \dfrac{4\sin^2\alpha}{a^2}.$

是以 $O'(t, -\sin\alpha)$ 为圆心，$\dfrac{2\sin\alpha}{a}$ 为半径的圆.

如图 4-2-10 所示，t 最大当且仅当 O, O' 两点间距离最大，即点 O' 在 $A'B'$ 中垂线右端且圆 O' 与圆弧 C 只有公共点 B' 时，t 最大.

此时 $\theta = \dfrac{\pi}{2} - \alpha$，即裁法一得到的矩形铁板面积最大.

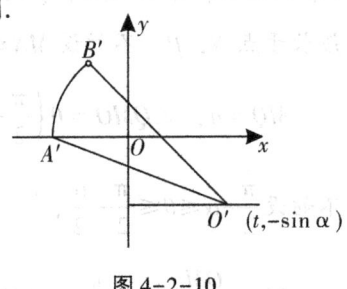

图 4-2-10

最后可以让张师傅这样裁剪：

①作出圆心角的平分线与圆弧交于一点 P.

②由 P 点向扇形其中一条半径作垂线（得到垂足 N），同时过点 P 作该半径的平行线，与另一条半径交于一点 Q.

③由点 Q 作第一条半径的垂线，得到垂足 M.

以上得到的四点 M、N、P、Q 即为要得到的矩形的四个顶点，裁剪工作完成，如图 4-2-7 所示.

(3) 问题的进一步设计

不满足于只求面积的最大值，再设计问题：在裁法一或裁法二中，为了充分利用剩下的边角料，在剩下的边角料中再裁出一个圆形铁板，加上刚才裁出的矩形，做成一个无盖的圆柱形铁桶. 那又该如何裁剪，使得到的铁桶容积最大？（不考虑损耗且只计算 $\alpha = \dfrac{\pi}{3}$ 时的情形）

问题的探索：考虑裁法一和裁法二，问题的关键在于能否在边角料中裁出圆形铁板，使其周长不小于矩形的一条边，这样就可以依据其中一边的周长裁出需要的圆形铁板.

在裁法一中，矩形一边 $PN = \dfrac{1}{2}$，另一边 $MN = \dfrac{\sqrt{3}}{3}$.

先尝试在边角料 OMQ 中裁一个内切圆（如图 4-2-11 所示），设其半径为 r，在 Rt$\triangle OMQ$ 中，

$$OM = \dfrac{\sqrt{3}}{6}, \quad OQ = \sqrt{\dfrac{1}{4} + \dfrac{1}{12}} = \dfrac{\sqrt{3}}{3}, \text{ 由等面积法易得：} r = \dfrac{\dfrac{1}{2} \times \dfrac{\sqrt{3}}{6}}{\dfrac{1}{2} + \dfrac{\sqrt{3}}{6} + \dfrac{\sqrt{3}}{3}} = \dfrac{3 - \sqrt{3}}{12},$$

此内切圆的周长为 $2\pi \times \dfrac{3 - \sqrt{3}}{12} > \dfrac{\sqrt{3}}{3} > \dfrac{1}{2}$，所以能裁出一个圆形铁板（把内切圆适当缩小），以 $MNPQ$ 为侧面组合成圆柱体. 以 MN 为底面周长时容积 $V_1 = \dfrac{\left(\dfrac{\sqrt{3}}{3}\right)^2}{4\pi} \times$

$\frac{1}{2}=\frac{1}{24\pi}$,以 PN 为底面周长时容积 $V_2=\frac{\left(\frac{1}{2}\right)^2}{4\pi}\times\frac{\sqrt{3}}{3}=\frac{\sqrt{3}}{48\pi}<V_1$,所以在裁法一中可以组合出以 MN 为底面周长的圆柱形铁桶,容积为 $\frac{1}{24\pi}$.

在裁法二中,矩形的边 $MN=PN=\frac{\sqrt{6}-\sqrt{2}}{2}$.

在等边三角形 OMQ 中(如图 4-2-12 所示),边长为 $\frac{\sqrt{6}-\sqrt{2}}{2}$,所以其内切圆半径 $r=\frac{\sqrt{3}}{6}\times\frac{\sqrt{6}-\sqrt{2}}{2}$,内切圆周长为 $\frac{\pi}{\sqrt{3}}\times\frac{\sqrt{6}-\sqrt{2}}{2}>\frac{\sqrt{6}-\sqrt{2}}{2}$,所以能裁出以 $\frac{\sqrt{6}-\sqrt{2}}{2}$ 为周长的圆形铁板,这样得到的圆柱形铁桶体积 $V_3=\frac{\left(\frac{\sqrt{6}-\sqrt{2}}{2}\right)^3}{4\pi}<\frac{1}{24\pi}$.

最终,在裁法一中利用剩下的边角料,可以裁出一个圆形铁板,和矩形铁板组合成圆柱形铁桶,最大容积为 $\frac{1}{24\pi}$.

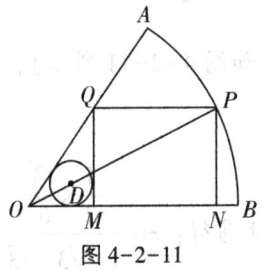
图 4-2-11

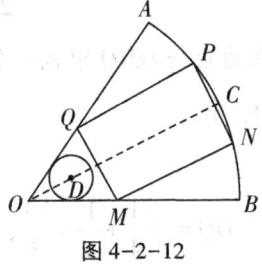
图 4-2-12

其实这个问题情境还可以进一步设计,如组合出棱柱形无盖铁桶,又该如何设计?留给读者去思考.通过创设真实、合理的情境问题,在不断的探索中寻求问题的真相.这样不仅有利于更深入地解决问题,也有助于提高学生运用数学知识解决实际问题的能力.同时,教师在这个过程中,不仅为学生的成长创造了条件,也享受了创作的乐趣.

第三类　截断法

从完整建模过程截断改编"微建模"题的设计流程图见图4-2-13。

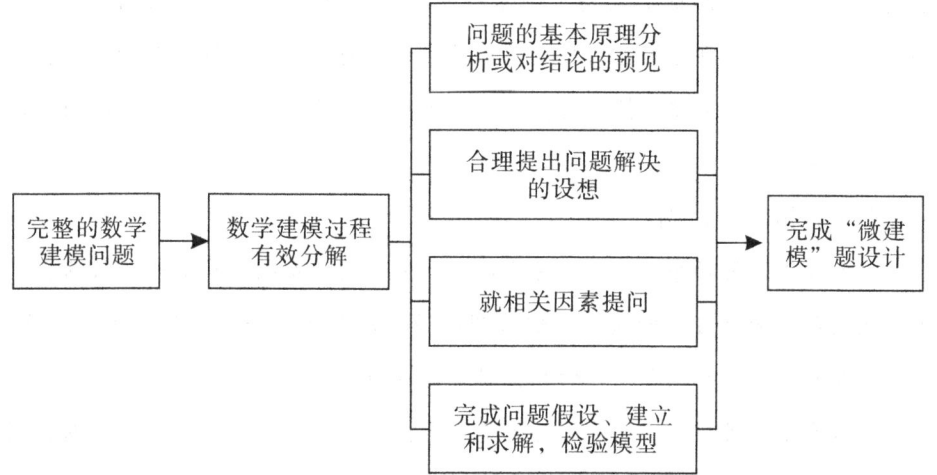

图4-2-13　从完整建模过程截断改编"微建模"题的设计流程图

首先选择一个完整的数学建模问题，然后将数学建模过程有效分解，分解角度如下：(1) 问题的基本原理分析或对结论的预见。(2) 合理提出问题解决的设想。(3) 就相关因素提问。(4) 完成问题假设、建立和求解，检验模型。最终完成"从完整建模过程截断改编'微建模'题"设计。

例4.7　从完整建模过程截断改编——"最佳楼层选择"问题

1. 选择一个完整的数学建模问题

我们都知道人们买房决策时受很多因素的影响，比如地段、朝向、绿化率、采光等。如果仅考虑采光因素，结合所学知识，如何选择最佳楼层？

2. 数学建模过程有效分解

(1) 问题的基本原理分析或对结论的预见。

某人在小区买新房，小区的房子是若干栋等高且互相平行的平顶楼房，现不想买最前面和最后面的楼房，但希望所买楼层全年正午都能晒到太阳，在这个问题背景下一个有价值的与数量相关的待研究问题可表述为_____．

(2) 合理提出问题解决的设想。

某人在小区买新房，小区的房子是若干栋等高且互相平行的平顶楼房，现不想买最前面和最后面的楼房，但希望所买楼层全年正午都能晒到太阳，已知：小区的楼距、每栋楼房的层数、每层楼房的高度、顶楼隔热层的高度，希望正午的太阳全年不被遮挡．问：挑选哪几层的房子？你建立模型解决问题的工作思路是_____．

(3) 就相关因素提问。

某人在小区买新房，小区的房子是若干栋等高且互相平行的平顶楼房，现不想买最前面和最后面的楼房，但希望所买楼层全年正午都能晒到太阳，问：挑选哪几层的房子？这个问题的相关因素列举如下_____．

某人在小区买新房，小区的房子是若干栋等高且互相平行的平顶楼房，现不想买最前面和最后面的楼房，但希望楼层全年正午都能晒到太阳，希望正午太阳全年不被遮挡，问：挑选哪几层的房子？这个问题的相关因素有（　　）（多选）．

A. 小区的楼距 B. 每栋楼房的层数
C. 每层楼房的高度 D. 顶楼隔热层的高度

(4) 完成问题假设、建立和求解，检验模型。

①完成假设并建立模型。

某人在小区买新房，小区的房子是若干栋等高且互相平行的平顶楼房，现不想买最前面和最后面的楼房，但希望所买楼层全年正午都能晒到太阳，已知小区的楼距、每栋楼房的层数、每层楼房的高度、顶楼隔热层的高度，希望正午的太阳全年不被遮挡．问：挑选哪几层的房子合适？

现假设：

小区的楼距是 L 米，每栋楼房有 N 层；

每层楼高为 h 米，顶楼有 n 米高的隔热层；

楼高为 H 和楼房在地平面的影长为 D．

请你补充需要的假设，说明假设的合理性，并建立相应的模型.

②在完整的假设情况下，建立和求解模型。

某人在小区买新房，小区的房子是若干栋等高且互相平行的平顶楼房，现不想买最前面和最后面的楼房，但希望所买楼层全年正午都能晒到太阳，已知小区的楼距、每栋楼房的层数、每层楼房的高度、顶楼隔热层的高度，希望正午的太阳全年不被遮挡. 问：挑选哪几层的房子合适？假设如下：

a. 小区的楼距是 L 米，每栋楼房有 N 层；

b. 每层楼高为 h 米，顶楼有 n 米高的隔热层；

c. 楼高为 H 和楼房在地平面的影长为 D；

d. 该地太阳高度角为 α，纬度值为 β，太阳直射纬度为 γ.

请你在完整假设情况下，建立相应的模型.

③模型的检验与完善。

某人在小区买新房，小区的房子是若干栋等高且互相平行的平顶楼房，现不想买最前面和最后面的楼房，但希望所买楼层全年正午都能晒到太阳，已知小区的楼距、每栋楼房的层数、每层楼房的高度、顶楼隔热层的高度，希望正午的太阳全年不被遮挡. 问：挑选哪几层的房子合适？有同学提供了以下的建模方法，请对模型进行分析，并提出进一步完善模型的方法.

④完整的数学建模过程。

某人在小区买新房，小区的房子是若干栋等高且互相平行的平顶楼房，现不想买最前面和最后面的楼房，但希望所买楼层全年正午都能晒到太阳，已知小区的楼距、每栋楼房的层数、每层楼房的高度、顶楼隔热层的高度，希望正午的太阳全年不被遮挡. 问：挑选哪几层的房子合适？

3. 完成"从完整建模过程截断改编'微建模'题"设计

第四类　支架法

支架法是高考等闭卷限时考查中不得不用的方法。由于真实的数学建模过程是一个综合的、糅合了多种芜杂信息的问题解决过程，闭卷考试使学生无法进行开放式的信息检索或调查，同时答题时间限制了学生的思考时间。因此，"微建模"题的设计需要根据预设的问题解决时长和学生对数学建模的认识水平为问题解决搭建必要的支架，通常也把搭支架称为"构建"。支架越充分、具体，构建程度越高，往往离原问题情境（自然的问题情境）越远。传统的应用题往往是构建程度极高的题，条件不多不少刚刚好以使结果是唯一的。"微建模"题往往有一定的构建程度，一般都带有必要的、恰当的支架，以解决限时及闭卷的限制。

例 4.2 出现了日晷这个现实模型，"把地球看成球"是重要的问题解决支架，引导学生完成以下重要的假设：把日晷的面看成平面，这个平面与球面相切，把日晷的指针看成直线；通过这种假设，学生可以构建"带经纬线的球+球的切平面+垂直于切平面的直线"的几何模型，以此为基础完成估算。

例 4.8 支架构建程度不同，题目难度差异较大

以下以一道测量河对岸两点间的距离的典型问题为例，可以看出不同支架下问题的难度差异。

问题 1 （旧人教 A 版必修 5，P24 第 6 题）. 如图 4-2-14 所示，为了测量河对岸 A，B 两点之间的距离，观察者找到一个点 C，从 C 点可以观察到点 A，B；找到一个点 D，从 D 点可以观察到点 A，C；找到一个点 E，从 E 点可以观察到点 B，C. 并测量得到图中的一些数据。此外，$\angle CDA = 72.3°$，$\angle CEB = 64.7°$，求出 A，B 两点之间的距离.

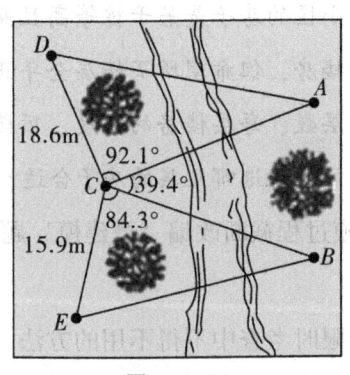

图 4-2-14

问题2 如图4-2-15所示,为了测量河对岸 A, B 两点之间的距离,观察者找到一个点 C,从 C 点可以观察到点 A, B;找到一个点 D,从 D 点可以观察到点 A, C;找到一个点 E,从 E 点可以观察到点 B, C. 问:观察者应该测量出哪些数据才可求出 A, B 两点之间的距离?试给出你得到的关于 A, B 两点之间距离的算式.

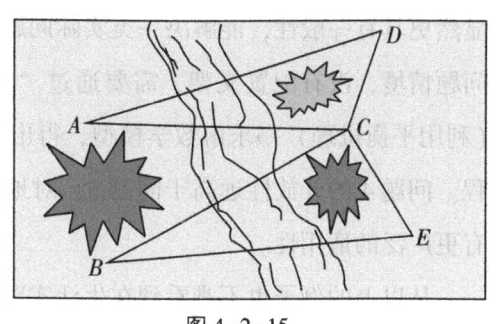

图 4-2-15

问题3 如图4-2-16、图4-2-17所示,试设计一个方案测量河对岸 A, B 两建筑物的距离(不可到达),这里 P_1, P_2, P_3 都是土丘和树丛. 要求给出基于测量方案的 A, B 两点之间距离的计算公式.

图 4-2-16

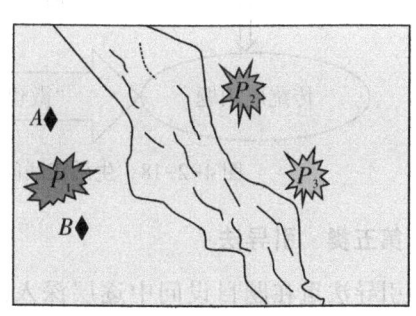

图 4-2-17

问题4 A, B 两建筑物均在河对岸(不可到达). 设计测量 A, B 之间距离的整体解决方案.

例4.8中设计了4个不同还原程度的问题情境,其中问题1是一个已经完成量化的问题,支架构建全部完整,学生只需要完成数学表征、求解就可以得到答案,是一道传统的应用题,构建的成分很高。问题2有一定的开放性,现实模型基本完成,相对于问题1来说部分支架被撤除,需根据问题背景甄别出常量与变量,但现实模型构建的难度不大,但相比问题1,问题2给出的结论显然更具有一般性，能解决一类实际问题。问题3及问题4是非常接近自然的问题情境，没有配置支架，需要通过"假设→建立现实模型→建立数学模型（利用平衡机理）→求解数学模型，得出数学结果→检验及解读结果"的全过程。问题4的开放性远高于问题3，对地形等要做更多的分类讨论，所建模型有更广泛的适用性。

从以上的例子也不难看到在生活实践问题情境下，传统应用题、"微建模"题、数学建模题有以下的对应关系（图4-2-18），把握好这种关系对完成"微建模"题的设计与开发是有助益的。

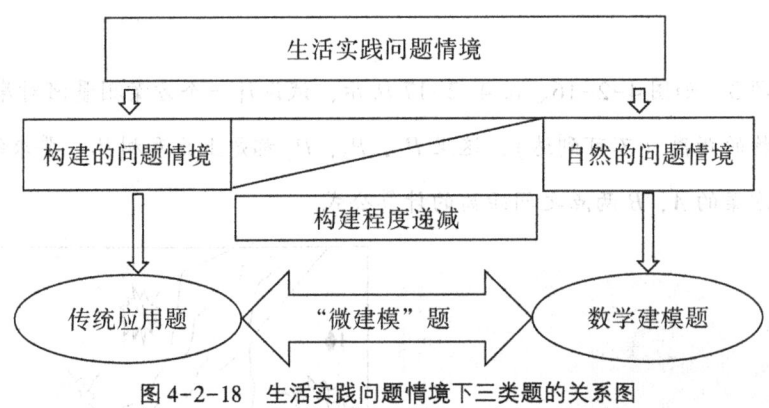

图4-2-18 生活实践问题情境下三类题的关系图

第五类 引导法

引导法重在题目设问中逐层深入，设置问题解决的路径，引导学生解决问题。

例4.9 [2021年全国高中数学建模（应用）能力测试题第3题]

每个人都是独特的，人与人千差万别。如果对所有的人用一个维度且区分度良好的方法去评价，可能只有个别人获得满分，不妨以满分作为优秀，就会导致优秀者寥寥。如果很多人都去争取优秀，因为机会很小，就不得不为小小的几分，甚至是为了1分的成绩，不惜代价拼命努力。即便如此，未必如愿。如果有甲、乙两个区分度良好的评价维度，基于人才选拔的需要，不仅在甲、乙维度上分别评出优秀者，还关注甲、乙兼得的优秀者，这样优秀者的数量就会增多. 在一个总分不超过正整数 p 的评价体系中，被评价者所得总评分可能是 $0, 1, 2, \cdots, p$，满分 p 即为优秀. 若只有一个评价维度，便有且只有一种总评分的得分方式；如果有甲、乙两个维度的评价体系，所得总评分是甲、乙两个维度各自得分之和，那么每个总评分的得分方式就不止一种. 定义评优率 r 为

$$r = \frac{获得总评分 p 为满分的得分方式的个数}{获得总评分不大于 p 的得分方式的个数}.$$

例如，若只有一个评价维度，则 $r = \dfrac{1}{1+p}$. 请回答以下问题：

(1) 在上述两个维度的评价方式中，评优率是多少？

(2) 如果用三个维度评价，类似于二维的评价方法，评优率是多少？

(3) 推测一下，如果评价维度 $n \geqslant 4$，评优率是多少？由前面这些结果可以得到什么启发？

以上设问采用了以一维为起点，从二维到三维直至 n 维的逐层追问，引导学生从特殊到一般挖掘规律，从而归纳出一般有用的结论。

第三节 数学科高考基于"学科领悟问题情境"的命题分析

一、数学科高考学科领悟问题情境的界定

学科领悟问题情境是指对接终身学习或掌握学科高级阶段知识需求时，所面临的学科知识掌握与运用的问题，它要求掌握与运用知识的思维方式，所形成的知识结构，以及知识学习的高度、广度和深度与学科高级阶段的知识学习相一致。这类情境基于真实的高阶学习过程或研究探索过程的仿真，涵盖高阶学习领悟与研究探索过程中所涉及的问题。学生在解决这类情境问题时，必须

启动已有知识开展智力活动，同时在解决问题的过程中运用创新的思维方式。

学科领悟问题情境源于真实的研究过程或实际的探索过程，涵盖学习探索与科学探究过程中所涉及的问题。这类问题情境界定的一个根源是基于知识的本源性的学习要求——不仅要学习人类千百万年来积累的知识，还要掌握学习新知、探索未知的方法。学科领悟问题情境界定的另外一个根源是高考必须关注高校选拔人才的标准。"会学习""肯钻研""能创新"是高校选拔人才重要标准，也是中国高考评价体系研制过程中面向全国高校调研时各学科专家的意见聚焦点，是"学习掌握""研究创新"成为高考评价体系学科素养一级指标的源头之一。这意味着学科领悟问题情境与学生在大学的课程学习与科学研究过程中遇到的问题有密切的关系，从通俗的角度来说，学科领悟问题情境可以界定为考查即将进入高校的学生是否具备与学科高级阶段学习相一致的学习方式与学习能力的问题情境，结合数学学科特点而言，这类问题情境是对大学数学学习问题情境的仿真❶。

任子朝在《基于高考评价体系的数学科考试内容改革实施路径》中将数学学习探索问题情境划分为数学课程学习情境和数学探索创新情境。其中，数学课程学习情境包括数学概念建构、数学原理习得、数学运算学习、数学推理学习等问题情境，关注已有知识的基础和准备程度；数学探索创新情境包括数学命题推演、数学探究、数据分析、数学实验等问题情境，关注与未来学习的关联和数学学科内部的更深入的探索。这样的界定将数学学习探索问题情境的外延划分成两类——学习和探索，这与大学数学学习既要学习新课程又要探索研究新问题的特点相契合。但文中提及"以课程学习情境为检验基础的基尺"，事实上是把"课程学习情境"放在"四翼"中的"基础性""综合性"维度，以弥补对数学内部情境（一般为纯数学情境）的基础性、综合性考查的情境刻画缺失，否则，高考中的这一大类考题将失去情境"标识"。但如果高考承认

---

❶ 冯伟贞. 数学科两类情境化命题的要点刍议 [J]. 中学数学研究（华南师范大学版），2019（21）：1-2.

"知识能力层面""素养层面"的"双层"考查结构,是不需要顾虑在"基础性""综合性"考查中的情境标识问题的,因为这两个类别基本属于"知识能力层面"考查,大部分属于数学内部问题情境。此外,文中并未对具体二级活动作进一步的描述,并且分类存在着交叉、重叠、遗漏等问题,例如,数学运算的学习离不开法则和公式的学习,而后者属于数学原理习得,数学推理学习也在概念建构和原理习得的过程中充分体现,但数学学习还应包含问题解决学习;对于数学探索创新情境,推演数学命题是数学探究的过程,而数学建模活动也应当是数学探索创新情境的重要活动之一。因此,仍需对数学学科领悟问题情境的外延作进一步细化分类。

综合以上分析,对于高中数学学科领悟问题情境的内涵界定为考查学生是否具备与学科高级阶段学习相一致的学习方式与学习能力的问题情境,也即,数学科中的"学科领悟问题情境"是指针对某个大学数学学习背景中的待完成的(仿真)任务,需要学习者加以联结、整合的一组信息,重点指向为高校选才提供关于学习者应对大学数学学习的准备程度的依据。对于其外延分类,一方面,"数学课程学习情境"这一表述未能体现对高阶学习的考查,因此将其完善为"数学学习提升情境",数学学习提升情境活动分类见表3-2-13;另一方面,大学的数学科研是问题探索与数学研究活动,这类活动的本质是探索与研究,但不完全具备创新性,因此将"数学探索创新情境"这一表述完善为"数学研究探索情境",数学研究探索情景活动分类见表3-2-14。

二、纯知识能力考查的情境活动与学科领悟问题情境的区别

正如前文提及的,以"学科素养"为定向的考试所界定的"学科领悟问题情境",就是考查学生掌握进入高级阶段学习必需的基础知识的程度,以及考查学生是否具备与学科高级阶段学习相一致的学习方式与学习能力的问题情境。因此,"学科领悟问题情境"是对大学数学学习问题情境的仿真。这也是

"学科领悟问题情境"与"纯知识能力考查的情境活动"的区别。下面用两组案例鉴别"学科领悟问题情境"与"纯知识能力考查的情境活动"的区别。

案例一　数学概念学习的评估——以函数板块为例

例4.10　（纯知识能力考查的情境活动）

分别判断 f 是否为 A 上的一个函数（函数值均为 $\mathbf{R}$）中的元素

(1) $A=\mathbf{R}$，f 为"加1"；

(2) $A=[0,+\infty)$，f 为"开平方"；

(3) $A=\mathbf{R}$，f 为"求倒数"；

(4) $A=[0,+\infty)$，f 为"求平方根".

评析：例4.10是学生可以基于对教师讲授知识的理解作出应答的，考查学生是否理解函数定义，但无法考查学生是否能独立自主地应对大学数学新概念学习。而学生在应对大学数学新概念学习时表现出来的素养正是高校选才时会高度关注的，是区分"优秀学生"和"一般学生"的重要判断依据。因此，为了考查学生是否能独立自主地应对数学概念学习，应设置仿真大学数学概念学习问题情境，将基于必备知识、运用关键能力解读"新概念""新定义"作为评估概念学习的一种"学科领悟问题情境"。

例4.11　（学科领悟问题情境）

对定义在区间 D 上的函数 $f(x)$，若存在 D 的子区间 $[a,b]$ 和常数 C，使得对任意的 $x\in[a,b]$，都有 $f(x)=C$，且对 D 中不属于 $[a,b]$ 的任意的 x 都有 $f(x)>C$ 恒成立，则称函数 $f(x)$ 在 D 上是一个 U 型函数.

(1) 求证：函数 $f(x)=|x-1|+|x-3|$ 在 $\mathbf{R}$ 上是一个 U 型函数；

(2) 设 $f(x)$ 是 (1) 中的 U 型函数，若不等式 $|t-1|+|t-2|\leqslant f(x)$ 对一切的 $x\in\mathbf{R}$ 恒成立，求实数 t 的取值范围；

(3) 若函数 $g(x)=mx+\sqrt{x^2+2x+n}$ 是区间 $[2,+\infty)$ 上的 U 型函数，求实数 m 和 n 的值.

评析：例4.11给出了一个教材中没有的"新定义"——U 型函数。第 (1)

问要求学生验证相应函数是 U 型函数，这就要求学生理解 U 型函数的定义；第（2）问要求学生运用 U 型函数的定义推断不等式成立的条件，第（3）问要求学生反溯新函数 $g(x)$ 成为 U 型函数的条件，都进一步考查学生对新定义内涵、外延的理解程度及运用新定义解决问题的能力。例 4.11 的设计符合大学数学概念学习的一般路径，学生基于高中的必备知识、关键能力能够进行解读，是一道对大学数学概念学习的仿真题。

案例二　数学运算学习的评估——以函数板块为例

例 4.12　（纯知识能力考查的情境活动）

用"二分法"求方程 $x^2+x-1=0$ 的近似解，给出前四步结果．

评析：只需要重复已学的"二分法"操作步骤就能完成。

例 4.13　（学科领悟问题情境）

研究一元二次方程 $x^2+x-1=0$ 的求解问题，这是经典的求黄金分割的方程式．令 $f(x)=x^2+x-1$，对抛物线 $y=f(x)$，持续实施下面"牛顿切线法"的步骤：

在点 $(1,1)$ 处作抛物线的切线，交 x 轴于点 $(x_1,0)$；

在点 $(x_1,f(x_1))$ 处作抛物线的切线，交 x 轴于点 $(x_2,0)$；

在点 $(x_2,f(x_2))$ 处作抛物线的切线，交 x 轴于点 $(x_3,0)$；

…………

得到一个数列 $\{x_n\}$．回答下列问题：

(1) 求 x_1 的值；(2) 设 $x_{n+1}=g(x_n)$，求 $g(x_n)$ 的解析式；(3) 用"二分法"求方程 $x^2+x-1=0$ 的近似解，给出前四步结果．比较"牛顿切线法"和"二分法"的求解速度．

评析：例 4.13 的任务包括读懂"牛顿切线法"（新算法）并进行操作；复述操作"二分法"（旧算法）；对两种算法比较并进行评估分析。在数学运算学习中，大学阶段的数学运算学习侧重点不在准确而快速的计算技能，而是在理解运算背后的数学原理的基础上，发现合理的运算方法和程序，对运算结果进行有效的估计并对运算方向进行准确把握。例 4.13 与大学数学学习中数学运算的学习路径一致，是对大学数学运算学习问题情境的仿真。

三、高中数学学科领悟情境问题设计案例

以下案例主要参照七个情境化题目设计参数，包括情境参数、综合性参数、认知操作参数、开放程度参数、装扮参数、题型参数、核心价值观参数，结合情境化题目设计一般流程（图 4-1-2）进行命题设计。

案例一　二元函数与等差等比数列——概念学习情境活动

1. 设定情境问题参数

设定的情境问题参数见表 4-3-1。

表 4-3-1　案例一情境问题参数

参数类型	情境	综合性	认知操作	开放程度	装扮	题型	核心价值观
具体内容	概念学习情境活动	知识迁移	理解、分析、推断	封闭	类比函数概念表述二元函数的概念，便于学生同化新概念	解答题	体会数学的辩证发展规律：从一元函数到二元函数的类比；能用联系的观点观察和分析问题，体会函数与数列的内在联系

2. 设计问题情境

为了设计关于"二元函数"的概念学习情境活动，类比高中教材对"一元函数"概念的叙述方式，给出"二元函数"的概念，使学生体会从一元函数到二元函数的类比思想，通过同化的方式获得新概念。

数列是特殊的一元函数，现将一元函数 $f(n)$ 类比推广到二元函数 $f(m,n)$ 后，若取定一个 m，$f(m,n)$ 也是关于 n 的数列。因此考虑将数列与函数进行知识交汇，将等差数列与等比数列的相关知识融入该问题情境中。假定首项 $f(1,1)=1$，给定 $n=1$ 后 $f(m,n)$ 关于 m 成等比数列，给定 m 后 $f(m,n)$ 关于 n

成等差数列，并用符号语言 [对任意 $m, n \in \mathbf{N}^*$ 都有：①$f(m,n+1)=f(m,n)+2$；②$f(m+1,1)=2f(m,1)$] 进行叙述，考查学生能否在新情境中识别出等差数列与等比数列等相关内容。

3. 设计情境任务

对于解答题，每一小问的设置应该具有一定的梯度，并且题干的任务应当帮助学生理解陌生的情境，并对问题解决有一定的帮助。

学生在阅读"二元函数"的定义后，面对陌生情境，需要通过特殊的例子进一步理解新概念。因此，在第（1）问中考查学生能否理解新概念的内涵，要求学生算出一个特殊的函数值 $f(4,3)$，并帮助学生在解决具体例子相关问题的过程中，识别出条件①②背后的本质——等差数列与等比数列，为下一个问题的解决做准备。

此外，为考查学生在新概念学习以及面对陌生情境的过程中，能否将二元函数的概念及相关条件与等差数列、等比数列关联、整合起来，让学生求出 $f(m,n)$ 的一般表达式是最好的办法。

4. 加工形成试题

通过以上分析，即可加工形成试题。

试题 1 类比一元函数定义二元函数：设 A 是 $\{(m,n)\mid m, n \in \mathbf{R}\}$ 的一个非空的子集，B 是非空的实数集。如果对于集合 A 中的任意一个元素 (m,n)，按照某种确定的对应关系 f，在集合 B 中都有唯一确定的数 y 和它对应，那么就称 $f: A \to B$ 为从集合 A 到集合 B 的一个二元函数，记作 $y=f(m,n)$，$(m,n) \in A$. 已知 $f(m,n) \in \mathbf{N}^*$（$m, n \in \mathbf{N}^*$），$f(1,1)=1$，且对任意 $m, n \in \mathbf{N}^*$ 都有：①$f(m,n+1)=f(m,n)+2$；②$f(m+1,1)=2f(m,1)$.

（1）求 $f(4,3)$ 的值；

（2）求 $f(m,n)$ 的表达式（用 m, n 表示）。

案例二 函数极限的 $\varepsilon\text{-}\delta$ 语言叙述——概念学习情境活动

1. 设定情境问题参数

设定的情境问题参数见表 4-3-2。

表 4-3-2 案例二情境问题参数

参数类型	情境	综合性	认知操作	开放程度	装扮	题型	核心价值观
具体内容	概念学习情境活动	知识理解	理解	半开放	用符号语言叙述新概念的定义	填空题	能用发展的观点分析问题，体会数学知识从低级到高级的发展

2. 设计问题情境

为了让学生体会数学知识从低级到高级的发展，设计关于"函数极限的 $\varepsilon\text{-}\delta$ 语言叙述"的概念学习情境活动，引入其定义，并用 $\varepsilon\text{-}\delta$ 语言进行叙述：对于任意给定的正数 ε，总存在正数 $G>0$，当 $x>G$ 时，有 $|f(x)-a|<\varepsilon$。

3. 设计情境任务

该问题对学生的认知操作要求在于理解层面，要求学生能根据给出的定义，结合具体的例子进行转译与释义。因此给出一个具体函数的极限 $\lim\limits_{x\to+\infty}\dfrac{x^2}{e^x}=0$，要求学生套用极限的定义，判断相关的命题。主要考查对定义中"任意"与"存在"等逻辑用词的理解以及不等式的相关知识。

4. 加工形成试题

试题 2 对于定义在 $(0,+\infty)$ 上的函数 $y=f(x)$，下面给出"极限 $\lim\limits_{x\to+\infty}f(x)=a$（$a$ 为常数）"的定义叙述：对于任意给定的正数 ε，总存在正数 $G>0$，当 $x>G$ 时，有 $|f(x)-a|<\varepsilon$。已知 $\lim\limits_{x\to+\infty}\dfrac{x^2}{e^x}=0$，则下列命题正确的是（   ）.

A. $\forall c>0$，$\exists x_0=1$，当 $x>x_0$ 时，有 $ce^x>x^2$

B. $\forall c>0$，$\exists x_0=1$，当 $x>x_0$ 时，有 $ce^x<x^2$

C. $\forall c>0$，$\exists x_0>0$，当 $x>x_0$ 时，有 $ce^x>x^2$

D. $\forall c>0$，$\exists x_0>0$，当 $x>x_0$ 时，有 $ce^x<x^2$

案例三 角谷猜想的子问题——原理学习情境活动

1. 设定情境问题参数

设定的情境问题参数见表4-3-3。

表4-3-3 案例三情境问题参数

参数类型	情境	综合性	认知操作	开放程度	装扮	题型	核心价值观
具体内容	原理学习情境活动	知识理解、知识迁移、知识创新	理解、应用、创新	封闭、开放	直接呈现角谷猜想的文字叙述,提出并引导学生用数列描述角谷猜想	解答题	树立科学精神;树立科学探索研究的信念与勇气,能研究著名猜想子问题,促进研究思维发展

2. 设计问题情境

为了使学生树立科学探索研究的信念与勇气,设计关于角谷猜想的原理学习情境活动。首先介绍角谷猜想的相关背景并直接给出其文字叙述,提出并引导学生用数列的语言描述角谷猜想。然后设数列$\{a_n\}$的首项为$a_1=k(k\in \mathbf{N}^*)$,当$n\geq 2$时,a_n表示a_1经过角谷猜想的规则运算$(n-1)$次得到的数。最后,在题干中补充一个具体的例子(当$a_1=5$时,$a_2=3\times 5+1=16$,$a_3=8$,$a_4=4$,$a_5=2$,…),帮助学生更清晰地理解角谷猜想的运算规则,体现了原理——例子型的原理学习方式。

接下来,挖掘研究角谷猜想过程中所涉及的子问题,为学生创设研究角谷猜想子问题情境。

子问题 若首项为2的正整数次幂,则角谷猜想成立,即若$k=2^m(m\in \mathbf{N}^*)$,则存在$n_0\in \mathbf{N}^*$,使得$a_{n_0}=1$,并且$a_1,a_2,\cdots,a_{n_0}$是公比为$\dfrac{1}{2}$的等比数列.

3. 设计情境任务

首先考查"理解"这一认知操作层次以及数学抽象的核心素养，要求依据角谷猜想的规则写出 a_{n+1} 与 a_n 的递推关系式，由此形成第（1）问。

接着在第（2）问中，依据上述子问题设置探究性任务，并考查等比数列的前 n 项和这一必备知识，即：若 $k=2^m(m\in \mathbf{N}^*)$，探究是否存在 $n\in \mathbf{N}^*$，使得 $a_n=1$？若存在，请求出使 $a_n=1$ 成立的 n 的最小值 n_0，并求出数列 $\{a_n\}$ 的前 n_0 项和；若不存在，请说明理由。

最后，为进一步考查学生的知识创新水平以及研究意识，要求学生分析（2）中的结论对角谷猜想的解决有何帮助，由此形成第（3）问。

4. 加工形成试题

试题3 数学界中有一个著名的猜想——克拉茨猜想（Collatz Conjecture），也称角谷猜想、"$3n+1$"猜想等，是指：任取一个正整数 k，如果它是奇数，就将其乘3再加1；如果是偶数，就将其除以2，得到的数再不断重复这个过程，最终结果一定会得到1。目前数学家们用计算机编程测试了超过五百亿个数，猜想都是正确的，但数学是一门严谨的学科，需要严谨的逻辑推理证明，才能证明它是正确的，然而至今无人成功地证明或证伪这一猜想。设数列 $\{a_n\}$ 首项为 $a_1=k(k\in \mathbf{N}^*)$，当 $n\geq 2$ 时，a_n 表示 a_1 经过角谷猜想的规则运算 $n-1$ 次得到的数，如：当 $a_1=5$ 时，$a_2=3\times 5+1=16$，$a_3=8$，$a_4=4$，$a_5=2$，….

(1) 请依据角谷猜想的规则写出 a_{n+1} 与 a_n 的递推关系式.

(2) 若 $k=2^m(m\in \mathbf{N}^*)$，探究是否存在 $n\in \mathbf{N}^*$，使得 $a_n=1$？若存在，请求出使 $a_n=1$ 成立的 n 的最小值 n_0，并求出数列 $\{a_n\}$ 的前 n_0 项和；若不存在，请说明理由.

(3) 请谈谈（2）的结论对角谷猜想的解决有何帮助.

案例四 基于 Jordan 分解定理的函数构造——问题解决学习与阅读分析数学文献情境活动

1. 设定情境问题参数

设定情境问题参数见表 4-3-4。

表 4-3-4 案例四情境问题参数

参数类型	情境	综合性	认知操作	开放程度	装扮	题型	核心价值观
具体内容	问题解决学习、阅读分析数学文献情境活动	知识迁移、知识创新	应用、创造	半开放	提出研究问题并模拟论文的形式给出相关问题的研究报告，为学生解决问题给予启发	解答题	树立理性精神和科学精神；树立科学探索研究的信念、态度与创新意识，体会数学科研中从特殊到一般的问题研究思路

2. 设计问题情境

为了让学生树立科学探索研究的信念、态度与创新意识，设计关于"基于 Jordan 分解定理的函数构造"的问题解决学习和阅读分析数学文献情境活动。首先，提出在数学研究中，构造例子是一项非常重要的能力，而该情境问题的核心任务之一就是构造例子。随后，提出该问题情境下需要研究的一般性问题："求证：对任意给定的函数 $y=f(x)$，$x \in [a,b]$，若 $f'(x)$ 存在且其图象在 $[a,b]$ 上是一条连续不断的曲线，则 $y=f(x)$ 总能表示成两个单调递增的函数之差."为了使学生体会数学科研中从特殊到一般的问题研究思路，在题干中先给出某学者对该问题的一个特殊情形的研究思路与研究过程。

然后，进一步给出该学者通过对特殊问题的研究所得到的对一般问题研究思路的启发以及展望。最后，要求学生阅读上述研究过程，参考学者给出的思路与方法，逐步解决一般性的问题。

3. 设计情境任务

在题干中给出学者对具体函数的分解案例，要求学生将其思想方法迁移并应用于新问题解决中。因此，在第（1）问中设计一个含参函数的分解任务，逐步将问题一般化。

完成具体不含参的函数以及含参函数的分解任务后，要求学生进一步将其中涉及的思想方法迁移到最一般性的问题解决中，充分体现了数学科研从特殊到一般的研究思路。

4. 加工形成试题

试题4 在基础数学研究中，构造例子是一项非常重要的能力，因为构造一个正例足以证明一个存在性的命题；构造一个反例足以证伪一个命题。在某些领域中，我们需要将一个函数分解成两个单调递增的函数之差。如：$f(x) = \cos x$ 可以分解为 $f(x) = (\cos x + x) - x$。

现在需要研究一个一般性的问题："求证：对任意给定的函数 $y = f(x)$，$x \in [a,b]$，若 $f'(x)$ 存在且其图象在 $[a,b]$ 上是一条连续不断的曲线，则 $y = f(x)$ 总能表示成两个单调递增的函数之差。"对于一般性问题，我们常常会先研究它的一些特殊情形，在特殊情形中找到问题解决的思路与方法，进而探索这些思路与方法能否应用到一般情形中。

某学者对这个问题的一些特殊情况进行了初步的研究，其研究过程如下：

问题：将函数 $f(x) = \cos x - e^x - x$，$x \in (0, +\infty)$，$a, b \in \mathbf{R}$ 分解成两个单调递增的函数 $y = f_1(x)$，$y = f_2(x)$ 之差，即 $f(x) = f_1(x) - f_2(x)$。

解答：对 $f(x) = f_1(x) - f_2(x) = \cos x - e^x - x$ 求导得

$$f_1'(x) - f_2'(x) = -\sin x - e^x - 1 \Rightarrow f_1'(x) = f_2'(x) - \sin x - e^x - 1.$$

要使 $f_1'(x) > 0$，$f_2'(x) > 0$，只需

$$\begin{cases} f_1'(x) = f_2'(x) - \sin x - e^x - 1 > 0, \\ f_2'(x) > 0. \end{cases}$$

由此可见，$f_2'(x)$ 只需比 $\sin x + e^x + 1$ 大且大于零即可，因此，令 $f_2'(x) = \sin x + e^x + 2$ 满足题意，此时 $f_2(x) = -\cos x + e^x + 2x$，$f_1(x) = x$，构造完毕。

解决完这个问题后，学者进一步思考：如果 $f(x)$ 含参，甚至是表达式未知的一般函数，如何构造 $f_2'(x)$ 才能保证 $f_1'(x) = f_2'(x) + f'(x) > 0$ 和 $f_2'(x) > 0$ 同

时成立？他给出的思路是探究能否做分段处理. 但学者并未给出最终的解答.

请你参考以上研究过程以及学者给出的思路与方法，解决以下两个问题：

(1) 将函数 $f(x)=(x-1)e^x-ax^2+b$，$x\in(0,+\infty)$，$a,b\in\mathbf{R}$ 分解成两个单调递增的函数 $y=f_1(x)$，$y=f_2(x)$ 之差，即 $f(x)=f_1(x)-f_2(x)$.

(2) 求证：对任意给定的函数 $y=f(x)$，$x\in[a,b]$，若 $y=f'(x)$ 存在且其图象在 $[a,b]$ 上是一条连续不断的曲线，则 $y=f(x)$ 总能表示成两个单调递增的函数之差.

案例五 结构不良问题之命题组合——推演新命题情境活动

1. 设定情境问题参数

设定的情境问题参数见表 4-3-5。

表 4-3-5 案例五情境问题参数

参数类型	情境	综合性	认知操作	开放程度	装扮	题型	核心价值观
具体内容	推演新命题情境活动	知识理解、知识迁移	分析推断、应用	半开放	直接给出若干个命题供学生分析它们之间的逻辑关系并进行组合	解答题	树立理性精神和科学精神：通过审慎思考后，辩证地分析各个命题之间的逻辑关系，推演出新的命题

2. 设计问题情境

为了设计关于"结构不良问题之命题组合"的推演新命题情境活动，首先研究了几个原始的命题之间的逻辑关系，得到以下四个命题。

命题 1 设 $\triangle ABC$ 的三个内角 A，B，C 所对的边分别为 a，b，c，$c=b(1+2\cos A)$ 成立且等价于 $A=2B$。

命题 2 $\triangle ABC$ 的三个内角 A，B，C 所对的边分别为 a，b，c，若 $A=2B$，则 $B\in\left(0,\dfrac{\pi}{3}\right)$。

命题 3 设 $\triangle ABC$ 的三个内角 A，B，C 所对的边分别为 a，b，c，若 $A=$

$2B$，且 $\dfrac{b^2+c^2}{a^2}$ 存在最小值，则 $\triangle ABC$ 为钝角三角形。

命题 4　设 $\triangle ABC$ 的三个内角 A，B，C 所对的边分别为 a，b，c，当 $\triangle ABC$ 为锐角三角形且 $A=2B$ 时，$\dfrac{b^2+c^2}{a^2}$ 不存在最小值。

其中，命题 2 实际上在已有条件 $A=2B$ 下分析角的范围，为研究 $\dfrac{b^2+c^2}{a^2}$ 的最值做准备。由此提取出若干个命题供学生辩证地分析各个命题之间的逻辑关系并推演出新的命题。最后，一共提取出六个命题：①$c=b(1+2\cos A)$；②$A=2B$；③$B\in\left(0,\dfrac{\pi}{3}\right)$；④$\triangle ABC$ 为锐角三角形；⑤$\triangle ABC$ 为钝角三角形；⑥$\dfrac{b^2+c^2}{a^2}$ 存在最小值。

3. 设计情境任务

首先考查"理解"这一认知操作层次以及逻辑推理的核心素养，要求学生在①②③中选取两个命题，分析它们之间的关系，由此形成具有一定开放性的第（1）问。

接着学生初步分析若干命题之间的关系后，第（2）问要求学生在给出的六个命题中，选取若干个充当条件，选取一个充当结论，组合成新的命题并证明。

最后为了使组成的新命题有一定的探究价值，需依据上面提到的四个真命题，对条件和结论选取的范围加上一定的限制：其中一个条件只能在①②中选，另一个条件只能在④⑤⑥中选，最后结论也应当在④⑤⑥中选。

4. 加工形成试题

试题 5　设 $\triangle ABC$ 的三个内角 A，B，C 所对的边分别为 a，b，c。下面给出六个命题：

①$c=b(1+2\cos A)$；②$A=2B$；③$B\in\left(0,\dfrac{\pi}{3}\right)$；④$\triangle ABC$ 为锐角三角形；

⑤$\triangle ABC$ 为钝角三角形；⑥$\dfrac{b^2+c^2}{a^2}$ 存在最小值.

(1) 请在①②③中选两个命题，分析它们之间的关系 q（只需选一组即可）；

(2) 请在①②中选取一个命题 p 作为条件一，在④⑤⑥中选取一个命题 q 作为条件二，并在④⑤⑥中选取一个命题 r 作为结论，将其组合成一个新的真命题并证明，即已知命题 p 和命题 q，证明命题 r.

案例六 数值验算研究函数性质——数学实验情境活动

1. 设定情境问题参数

设定的情境问题参数见表 4-3-6。

表 4-3-6 案例六情境问题参数

参数类型	情境	综合性	认知操作	开放程度	装扮	题型	核心价值观
具体内容	数学实验情境活动	知识理解	理解	封闭	给出需要用到的对数的近似值，模拟计算器进行数值运算	选择题	树立唯物求真的世界观：能在实践中检验真理

2. 设计问题情境

为了设计关于"数值验算研究函数性质"的数学实验情境活动，首先提出将数值验算作为数学实验最朴素的手段之一，其对于数学命题真伪验证十分重要，让学生在实践中检验真理，树立唯物求真的世界观。

在高中阶段，指数函数与对数函数均是重要的基本初等函数。首先，构造函数 $f(x)=\dfrac{\lg x}{x}+\dfrac{x^2}{2^x}$，希望学生能通过给出的近似值（$\lg 2\approx 0.301$，$\lg 3\approx 0.477$，$\lg 5\approx 0.699$）算出函数 $f(x)$ 的若干个函数值的近似值，以此判断若干个关于函数性质的命题的真假。

3. 设计情境任务

首先，算出 $f(x)$ 若干个函数值的近似值：$f(2)=f(4)\approx 1.1505$，$f(3)=1.284$，$f(5)\approx 0.9$，$f(6)=\dfrac{\lg 2+\lg 3}{6}+\dfrac{9}{16}\approx 0.692\,2$。接着为考查学生对函数性质

的理解，基于这些函数值，可以分别设计单调性、极值和最值，恒成立等相关命题。例如，由$f(4)>f(5)$知$f(x)$在$(4,5)$上不可能单调递增；由$f(6)\approx 0.6922$知，$x>1$时$f(x)>0.7$不可能恒成立（由于命题意图并非考查学生的数学运算，考虑到部分学生算$f(6)$时会四舍五入到0.7，因此设计命题$f(x)>0.75$恒成立给予学生判断真假）。而函数的极大值、极小值的存在性不能由有限个函数值进行判断，因此设置了$f(x)$在$(2,4)$内有极大值和$f(x)$在$(2,4)$内有极小值的干扰项，充分考查学生对极值的理解。

最终形成了四个命题，要求学生仅通过$f(x)$的若干个函数值判断该四个命题中必定为假命题的是哪几个。

4. 加工形成试题

试题 6 在数学研究中，我们常常会通过具体的数值运算进行实验从而验证一些命题的真伪，虽然在大多数情况下无法仅通过数值运算证明命题为真，但可以找到反例进而找到假命题。如果仅通过给出的近似值（$\lg 2\approx 0.301$，$\lg 3\approx 0.477$，$\lg 5\approx 0.699$）算出函数$f(x)=\dfrac{\lg x}{x}+\dfrac{x^2}{2^x}$的若干个函数值，可以判断下列命题中必定是假命题的是_____．

① $f(x)$在$(4,5)$内单调递增 ② $f(x)$在$(2,4)$内有极大值

③ $f(x)$在$(2,4)$内有极小值 ④ $\forall x>1$，$f(x)>0.75$恒成立

案例七 牙膏出厂价的变量选取——数学建模情境活动

1. 设定情境问题参数

设定的情境问题参数见表4-3-7。

表4-3-7 案例七情境问题参数

参数类型	情境	综合性	认知操作	开放程度	装扮	题型	核心价值观
具体内容	数学建模情境活动	知识迁移	分析推断	开放	将牙膏出厂价制定问题中的部分因素理想化，构建成牙膏质量与出厂价关系的问题情境	填空题	体会数学在现实生活中的应用价值

2. 设计问题情境

为了使学生体会数学在现实生活中的应用价值，设计了关于"牙膏出厂价的变量选取"的数学建模情境活动。首先提出了在商店购买商品时，买大包装比买小包装更划算这一问题背景，进而引出厂家对不同质量的牙膏出厂价制定问题。在题干中，分别给出了 60 g、150 g 装牙膏的出厂价格。

3. 设计情境任务

提出该情境下的任务为：该厂家根据客户的需求生产 180 g 装的牙膏，请你根据现有材料估算这款牙膏的出厂价格。在该问题中，仅要求学生完成数学建模的一步：基于研究问题选取合适的变量，形成研究思路。

其中涉及的变量可以是：牙膏的体积、牙膏的表面积、牙膏包装材料的表面积等。但在问题研究过程中，一般会考虑选取尽量少的变量建立模型。因此，要求学生选取一个变量并简述研究思路。

4. 加工形成试题

试题 7 日常生活中我们都有一些小常识，比如在商店购买商品时，买大包装比买小包装更划算，这是由商品的出厂价格决定的. 某厂家生产牙膏出售，其中 60 g 装的牙膏出厂价为每支 115 元，150 g 装的牙膏出厂价为每支 225 元. 现该厂家根据客户的需求生产 180 g 装的牙膏，请你根据现有材料估算这款牙膏的出厂价格. 为研究该问题，需要考虑与该问题相关的因素，并设相应的变量，为了保证设的变量尽可能少并且准确，下列变量中，你会考虑（　　）.

A. 牙膏的体积 B. 牙膏的表面积

C. 牙膏盒的体积 D. 牙膏包装材料的表面积

请简要叙述你的研究思路：

第四节 情境化命题的"教学评"可行性研究

《中国高考评价体系说明》中把"问题情境"作为"价值引领、素养导向、能力为重、知识为基"的载体。"载体"是能够承载其他事物的事物,则问题情境承载的是学科知识和运用学科知识的思维活动,情境化命题是适应学科素养"教学评"的产物。

一、情境化命题是评价学生综合能力及数学素养的有效方法——服务"评价"

现如今我国的试题存在这样一些问题:问题的情境材料与解题所需的信息分离,或者问题情境空洞,又或者问题情境虚假。因此,解决这些问题刻不容缓。姜南、张军朋在《PISA 情境化试题及其启示》中提出,评价的目的不仅仅在于考查学生掌握的知识数量,还在于了解学生运用已学的知识和技能解决实际问题的能力,而情境化命题正是检验学生能否运用已学的学科知识和技能解决实际问题的一种有效的方法。问题是来源于情境的,而情境则是来源于生活的。因此探讨情境化命题的设计框架是很有必要的。

许世红在《PISA 数学素养测评试题的情境设计探析》中提道:PISA 认为,体现数学素养的一个重要方面就是在现实问题情境中运用数学解决问题。除此之外,文章还提道:数学素养要求学生能够从各种现实问题情境中识别出数学问题,运用数学的方法来表述问题的解决过程和结果,最后还要对结果进行解释和检验,并能够将结果运用到现实生活中。因此情境化命题是评价学生数学素养的一种有效方法。

通过对 PISA 相关文章的分析,我们能从中体会到情境化命题的必要性,一是情境化命题能激发学生的兴趣和解决题目的主动性,且情境的多样性、开放性和复杂性能够让学生尝试运用所学的知识与技能、思想方法和经验,为问题寻找创造性的解决方案,这样才能培养出社会所需要的人才;二是使用情境化命题才能体现教育的公平性,特别是真实情境的数学问题,这里的真实情境也要考虑到情境的公平性;三是使用情境化命题才能考查学生的综合能力,情境化命题是检验学生运用数学学科知识解决问题能力的一种有效的方法;四是情境化命题能培养学生用数学眼光观察现实世界,用数学的思维分析现实世界,用数学的语言表达现实世界的能力。

二、罗日叶整合教学法的实践经验

罗日叶从 20 世纪 90 年代起在联合国儿童基金会（UNICEF）的支持下,在非洲、欧洲部分国家进行了多项实证研究,完善了整合教学法理论体系,积累了大量的情境化命题实践经验。罗日叶在《为了整合学业获得:情景的设计和开发》和《整合教学法:教学中的能力和学业获得的整合（第二版）》中指出传统评估方式不仅极易造成"功能性文盲"现象,还易导致"不当失败"和"不当成功"。其中"功能性文盲"现象是指:虽然经过几年的学习,但是年轻人没有办法将他们所学到的知识和技能应用到日常生活中。这种学习太理论化,脱离了他们的实际生活;"不当失败"是指:由于学校正式学业评估的设计和运用不合理,学生的真实能力并没有得到评估,学生会因一个无关紧要的错误而被判失败;"不当成功"是指一些学生之所以被认为是成功的,仅仅是因为他们掌握了一些不太重要的方面。罗日叶认为,所谓真实性评价,就是学生在现实世界中实际直面的、真正的问题解决情境中进行的性质评价的总称。罗日叶的情境化命题思想主张通过问题情境来考查学生的综合能力。在情境化命题中,知识的综合化是在有现实感的问题上下功夫,情境为知识的运用提供了支撑,知识是作为工具出现的。因此,情境化命题不仅可以引导学生不断地根据对自己有意义的情境来定位学习，还可以让学生学会如何将所学知识运用到情境中，从而在日常生活中应对自如，即情境化命题能够使学生在现实生活中，用数学的思维分析现实世界，用数学的视角看待世界。

三、生活实践问题情境下的教学实践案例

黄本荣在《情境化命题下的教学改革》中提出："情境化命题"是中考命题"素养立意"的集中体现，要让学生形成这种素养，日常教学就应该追求"情境化""问题化"。这里的情境化教学，不仅指创设有助于学生学习的客观环境，营造学习氛围，更重要的是指为学生设计"即时学习"的场景，让学生立足于问题，一边学习，一边解决问题；还指在综合化的生活场景中，让学生综合运用跨学科的知识，应对和解决实际生活中的复杂问题。之所以人们在工作岗位上学习要比在学校学习时效果好，是因为工作岗位上的学习是"情境化""问题化"的学习，学习过程非常艰辛，但学到的就是能解决问题的真本领。

情境化教学应该帮助学生积累应对情境化命题的经验，这就要求深入探讨"情境化""问题化"的教学应该如何设计。

案例　"微建模"题渗透式教学（生活实践问题情境）

1. 实验目的与假设

研究目的是将"微建模"题融入日常数学课堂教学，帮助学生更好地学习数学知识，并且提高学生的建模能力。根据实验目的，提出以下实验假设：

（1）实验班和对照班学生的立体几何"微建模"题测试成绩有显著差异。

（2）"微建模"题渗透式教学对学生学习立体几何相关知识略有帮助。

2. 研究对象选取

从广州市某重点中学选取 94 名学生参加测试，学生是新课改后第一届使用 2019 年高中数学人教 A 版的高一学生，具备高一上学期学习结束时的知识

水平［初中学习过平面几何知识，高中学习立体几何（新知识）］。此研究是在高一下学期开学一个月后学习立体几何章节时开展的，研究内容是 2019 年高中数学人教 A 版必修第二册第八章——立体几何初步。

两个班级学生的数学成绩见表 4-4-1。

表 4-4-1　两个班级学生的数学成绩

班级	高一上学期期末成绩（平均分）	高一下学期周测一（平均分）	高一下学期周测二（平均分）
05 班（对照班）	85.19	79.83	78.60
06 班（实验班）	85.36	79.94	78.48

3. 实验变量

自变量："微建模"题渗透式教学。

实验班进行持续三周的渗透"微建模"题的教学以及"微建模"题训练干预，而对照班仅进行常规的数学教学。

因变量：立体几何"微建模"题测试成绩、期中试卷"立体几何"测试成绩。

无关变量：为防止其他非相关因素干扰，本研究对以下无关变量进行控制。一是实验班和对照班高一上学期期末成绩和下学期周测一、周测二成绩具有同质性；二是学生均初步了解数学建模，学习过"茶温提香"专题，了解数学建模的完整步骤，两个班具有基本相同的建模基础；三是均由一名教师统一备课讲授，保证教学进度基本一致。

4. 研究内容及测量方法

本研究首先利用高一上学期的期末考试成绩和高一下学期最近两次的周测成绩证明 05 班（对照班）和 06 班（实验班）数学成绩的同质性，进而说明后期实验班和对照班数学建模能力差异可以归因于相应的渗透式教学干预。其次，实验班需要进行持续三周的渗透"微建模"题的教学干预。从学习立体几何第一周开始，实验班的日常数学课堂教学在新知探究环节多加入"微建模"

题讲解，每周单独给06班（实验班）学生加入两道题的"微建模"题训练以及在课后进行辅导（每周二晚辅修时间讲解上周布置的两道"微建模"题）直到结束学习立体几何课程，总共进行三周的"微建模"题训练，而05班（对照班）则仅进行常规的数学教学。教学结束后，笔者对实验班和对照班的数学建模能力进行一次后测，布置综合实践活动任务"球形糖果的包装设计"。根据立体几何能力后测的结果以及综合实践活动提交论文的结果进行有效评价，研究者试图探索将"微建模"题融入日常数学课堂教学可以帮助学生更好地学习数学知识以及经过系统的"微建模"题训练，学生的建模能力可以提高。

参考何小亚等在《数学教育研究与测量》中的单因素分析方法，把05班和06班两个班级分为两个小组（06班实施"微建模"题教学，05班未实施），如果两个小组成绩存在显著差异，则相信因变量的变化是由自变量引起的。

5. 测试题的编制和评价标准

（1）测试题编制目的。

测试目的一：学生经历渗透"微建模"题教学以及课后"微建模"题训练，后期检测学生对"微建模"题掌握情况的测试题，由四道大题构成，答题时间为60分钟，满分100分；测试目的二：分析学生在高一下学期期中考试中关于立体几何内容的学习情况，立体几何内容占36分，占整张试卷的36%，渗透"微建模"题教学可以帮助学生更好地学习数学；测试目的三：检测"微建模"题渗透日常数学课堂教学的可行性并提出后续的教学建议。

（2）测试题编制原则。

关于测试题的设计，笔者整理了硕博论文和期刊中提及的数学建模问题，发现数学建模能力测试大部分都是简答题，题数设置为1~5个。测试题编制原则如下：

①问题语言通俗易懂；

②所涉及的数学知识为学生已学过的，模型简单不复杂；

③问题背景来自学生熟悉的生活情景。

以上三条测试题编制原则均出自一个理念：所有学生均可以着手进行数学建模，尽量避免测试题本身影响学生真实建模能力发挥。

（3）测试题编制内容选取。

立体几何"微建模"题的测试题都是简答题形式，笔者参考了历年北京高中数学知识应用竞赛真题中有关立体几何内容进行改编并综合考虑课标关于立体几何的学习要求，最后选择了易拉罐的设计、储油桶放置、电灯的悬挂、包装盒设计四个数学建模问题作为本次测试的题目，题目难度不大，它与三次练习干预题所考查的维度契合。题一"易拉罐的设计"测评学生能将实物抽象简化成熟悉的数学模型。题二"储油桶放置"测评学生模型假设、检验的能力。题三"电灯的悬挂"测评学生提出问题、建立模型、求解模型的能力。题四"包装盒设计"测评学生求解模型、最优化模型的能力。立体几何能力测试卷试题内容结构见表4-4-2。

表4-4-2 立体几何能力测试卷试题内容结构

时间	题目		知识点
第一周	问题一	遮阳棚的投影	投影问题
	问题二	楼房影子的范围	
第二周	问题一	蚂蚁路径	最短路径问题
	问题二	包裹晒衣杆方法	
第三周	问题一	户外帐篷设计	表面积与体积的计算
	问题二	球体屋	
后测	问题一	易拉罐的设计	表面积与体积的计算
	问题二	储油桶放置	
	问题三	电灯的悬挂	投影问题
	问题四	包装盒设计	最短路径问题

（4）评价标准。

①测试题的评分标准。

每道简答题根据"微建模"题评分标准进行评分，分别为：水平0得0分，水平1得5分，依次加5分……水平5得25分，其中"微建模"题评价水平划分原则见表4-4-3。

表4-4-3 "微建模"题评价水平划分原则

编码	描述
水平0	无法从实际情境中识别任何数量关系，无内容或不相关或无意义内容
水平1	尝试将实际情境结构化、提出问题，但无法找到数学模型，如文字叙述的某些变量、变量间关系
水平2	提出合理的假设，并找到数学模型，但数学模型不合理
水平3	找到现实模型，转化为合理的数学模型，但未能得到准确的数学解答或解答过程错误
水平4	提出合理的数学模型，得到准确的解答，但没有从实际情境解释结果
水平5	找到现实模型，转化为数学模型，得到准确解答，结合实际情境解释并检验解答，评价数学模型的合理性

②论文写作的评分标准。

参照北京师范大学主办的高中数学建模（应用）能力展示活动复赛环节的论文提交评分标准，建立高中生建模论文写作评分标准。

6. 预测试

由于试题是笔者自己设计和准备的，所以在学生正式测试前，笔者安排了两次预测试，并及时对测试题进行修正。第一次预测试的参与人员为8名同专业研究生同学和2名高级数学教师，考虑到这10人的数学知识水平明显高于高中生，故给予他们40分钟进行独立思考并作答。由于预测试对象不是高中学生群体，而且中学教师反映对此类题目较为陌生，在预测试结束后，笔者需要着重说明编制测试题的几条原则，并向大家详细阐述题目预设的期望解答，希望能够获得相关建议，以完善测试题并更加符合编制原则。大家的普遍意见为如下两条：①图片容易误导；②题意不清晰，应多加提示信息。

第二次预测试的对象为 15 名高一学生，测试时间加长了 20 分钟，为 60 分钟。同样在预测试结束后，有部分学生对于第一题易拉罐设计问题的使用材料减少到最小，没有想到利用基本不等式知识求取最值；第四题包装盒设计问题可以想到用平面展开图解决问题，但不少学生画不出平面图。总体上学生的解答与笔者设计题目时的预设基本符合，因此决定采用此份测试卷进行正式测试。

最后，笔者对 94 名高一 05 班、06 班的学生（初步接触过数学建模，但是没有经过系统学习）进行了正式测试，测试时间均为 60 分钟。测试要求学生独立思考，并在规定时间内完成题目解答。在测试卷的简短描述中，提醒学生使用数学语言解决问题，并尽可能少使用文字描述或解释来解决问题。通过 3 次对"微建模"训练题（按照上述"微建模"题的设计方法命制）按照相同的方法进行修正，以完善"微建模"训练题并更加符合编制原则。

7. 测试题的信效度分析

虽然国内外关于中学生数学建模能力测评的研究已经有很多，但是关于数学建模能力测评工具的信效度研究却很少被提及，鉴于题目只有四道，因此内部信度研究对于这份数学建模测试题不太适用，随后笔者进行重测保证信度，该测试题的重测信度为 0.752，已经表明这份数学建模能力测试题的信度还可以接受。本研究中的数学建模能力测试卷进行了两次预测试并根据专家意见进行了有效修改，测试题均来自权威的高中数学建模能力竞赛和市面上的数学建模教材，并且测试题均由他人重复测试过，能够针对性地测出学生的数学建模能力，具有一定的信效度。

8. 研究的基本过程

本次教学实证需要进行课堂教学，由于笔者的教学经验较少，因此渗透

"微建模"题课堂教学均由经验丰富的数学教师进行。实验班在新知讲授探究环节多加入两道"微建模"题。周测作业中的"微建模"题均由笔者提供,如何进行讲解由该教师与笔者协商确定。与此同时,对 06 班(实验班)中对"微建模"题感兴趣的学生进行课外辅导。课外辅导重点如下:首先,为了不给科任教师增加额外的教学负担,课外辅导的课程均由笔者负责,若在讲授过程中遇到困难,会向数学建模教练请教并修正。其次,为了减轻学生的学业压力,特地在每周二的晚辅修抽出 20~30 分钟对学生进行辅导,一共辅导 3 次,持续 3 周。"微建模"题渗透式教学研究过程见图 4-4-1。

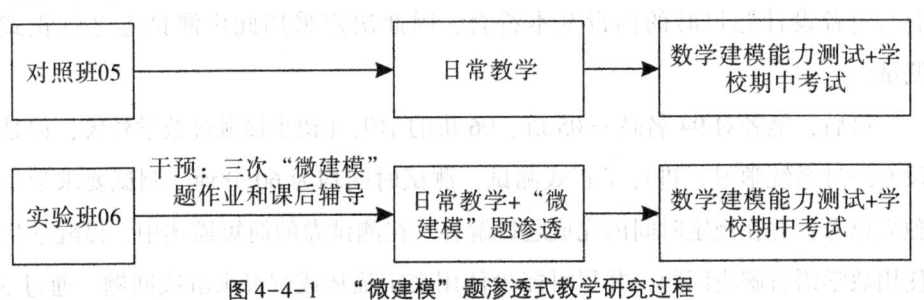

图 4-4-1 "微建模"题渗透式教学研究过程

立体几何能力测试卷共发放 100 份,回收 94 份,其中无效测试卷 0 份,有效测试卷 94 份,其中男生 50 份,女生 44 份,05 班(对照班)46 份,06 班(实验班)48 份。立体几何能力测试题一共四道简答题,每道题 25 分,答题时间为 60 分钟,满分 100 分。

① "微建模"题渗透式教学实证主要课题见表 4-4-4。

表 4-4-4 "微建模"题渗透式教学实证主要课题

章节	课题	知识点
立体几何初步	8.2 立体图形的直观图	投影问题
		最短路径问题
	8.3 简单几何体的表面积与体积	表面积与体积的计算

② "微建模"期末测试卷作业展示见图 4-4-2。

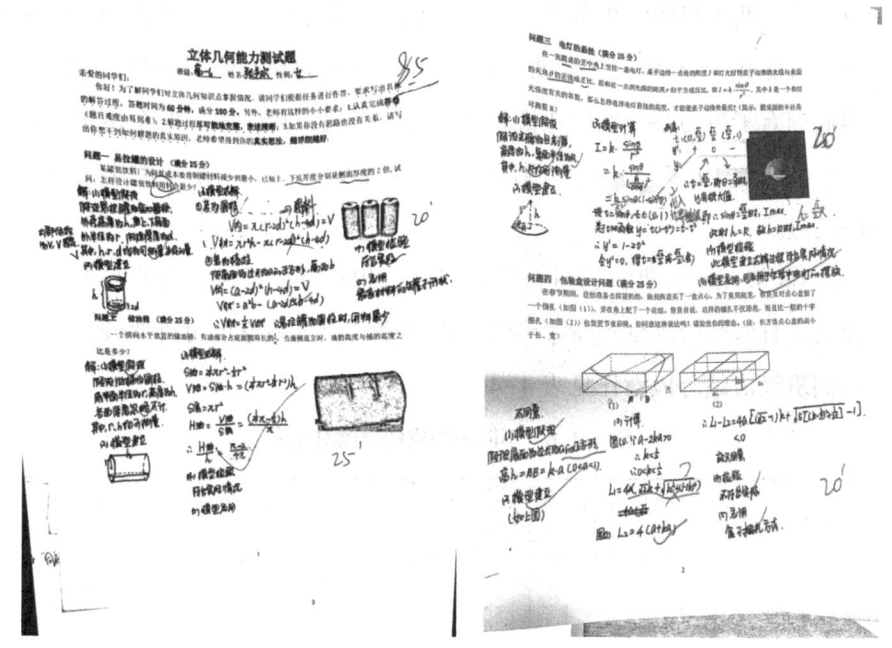

图 4-4-2 "微建模"期末测试卷作业展示

9. 对比实验的结果分析

（1）立体几何"微建模"题测试成绩分析。

根据学生在每道测试题中的表现，判断学生在每道测试题所处的层次，给予相应的分数，每道测试题分数相加得到卷面分数 x（百分制），即为学生的成绩。

总共对 94 名学生的测试卷进行分析。其中，高一年级 05 班（对照班）46 份，06 班（实验班）48 份，男生 50 份，女生 44 份。学生总体成绩分析见表 4-4-5。

表 4-4-5 学生总体成绩分析

班级	人数	总分	平均分	标准差	变差系数	最高分
05 班（对照班）	46	2480	53.91	15.25	0.283	80
06 班（实验班）	48	3170	66.04	18.82	0.285	100

分析：从表格中反映出 06 班（实验班）学生总体测试平均分更高，有一

个满分学生。两个班级学生数学学习基础相近,数学学习能力也相当,结果差异的原因可能在于06班(实验班)的学生正在经历系统的"微建模"题训练,这让他们拥有了更为系统性的建模思维能力。经过三周学习,两个班级建模能力测试成绩相差10多分。本次测试变差系数不太大,同一层次的学生之间成绩比较接近。

高一06班(实验班)通过自学能够获得相对好的成绩,说明只要有教与学的投入,日常数学课堂教学中渗透"微建模"题的教学的可行性较高。

不同班级成绩分段对比见表4-4-6。

表4-4-6 不同班级成绩分段对比表

班级	[75, 100]		[50, 75)		[25, 50)		[0, 25)	
	人数	占比/%	人数	占比/%	人数	占比/%	人数	占比/%
全部年级	22	23.4	53	56.38	17	18.09	2	2.13
05班(对照班)	5	10.87	30	65.22	9	19.57	2	4.35
06班(实验班)	17	35.42	23	47.92	8	16.67	0	0

不同班级成绩分段对比见图4-4-3。

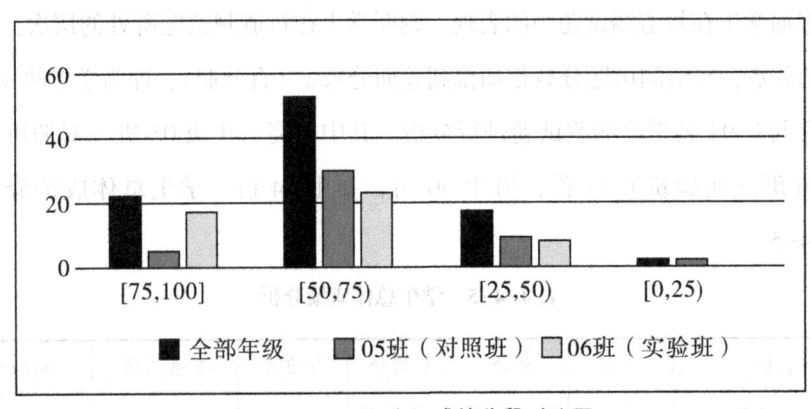

图4-4-3 不同班级成绩分段对比图

分析:从图表中反映出大部分学生成绩处于[50, 75),学生基本还是能够懂得将实际问题数学化;而06班(实验班)83.34%的学生处于[50,

100），没有处于 [0，25) 的学生，说明学生经历"微建模"题训练后成绩要优于 05 班（对照班）学生。

不同班级每道大题平均得分情况见表 4-4-7。

表 4-4-7 不同班级每道大题平均得分情况（单位：分）

题号	05 班（对照班）	06 班（实验班）	总均分
第一题	13.59	16.88	15.24
第二题	17.83	21.04	19.44
第三题	10.65	14.79	12.72
第四题	11.85	13.13	12.49

分析：从表 4-4-7 中反映出第二题"储油桶放置"问题平均得分最高，为 19.44 分，第三题"电灯的悬挂"得分和第四题"包装盒设计"得分相近，约 12 分，答题情况不够理想。第二题"储油桶放置"问题在平时的习题训练中出现过类似题型，侧重考查模型假设的能力，表明学生能够处理此类问题。第三题"电灯的悬挂"和第四题"包装盒设计"需要学生置身于问题情境之中，对问题背景有一定的了解，能够简化假设，建立数学模型，第三题和第四题答题情况不够理想说明学生对于现实模型的建立存在困难。

本次测试提示：学生能够解答"微建模"题。对三类基本的立体几何知识（表面积与体积的计算、投影问题、最短路径问题）有基本的解读。05 班（对照班）大题水平等级划分见表 4-4-8 及图 4-4-4。

表 4-4-8 05 班（对照班）大题水平等级划分表

题号	水平 0	水平 1	水平 2	水平 3	水平 4	水平 5
第一题	5	3	10	13	12	3
第二题	1	1	5	8	26	5
第三题	11	8	7	6	12	2
第四题	3	5	19	10	9	0

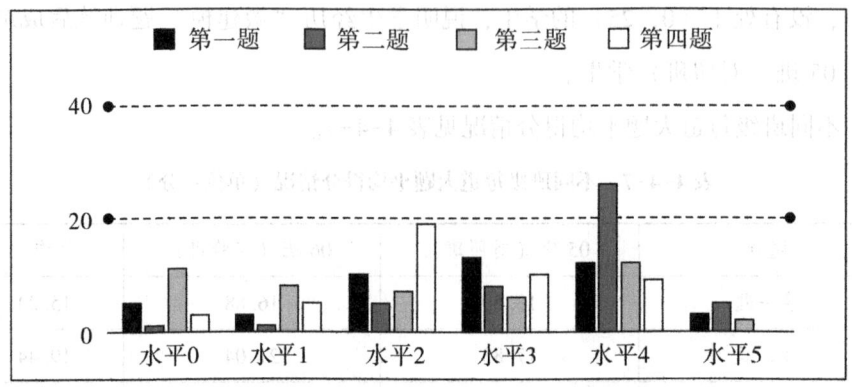

图 4-4-4　05 班（对照班）大题水平等级划分图

分析：第一题、第二题提示有 89% 以上学生处于水平 2 及以上，说明学生能够找到现实模型，并能够提出合理假设；第三题提示必须加强投影知识的学习，说明这一部分对于学生来说可能是个难点。5% 左右的学生能够达到水平 5，表明学生最终能够准确解答模型，结合实际情境进行有效检验证明了模型的合理性，但是数据表明进行数学建模学习对于学生来说有一定难度，能够达到水平 5 的学生极少。

06 班（实验班）大题水平等级划分见表 4-4-9 及图 4-4-5。

表 4-4-9　06 班（实验班）大题水平等级划分表

题号	水平0	水平1	水平2	水平3	水平4	水平5
第一题	0	3	9	11	17	8
第二题	0	0	5	4	16	23
第三题	6	3	5	14	13	7
第四题	8	3	11	9	11	6

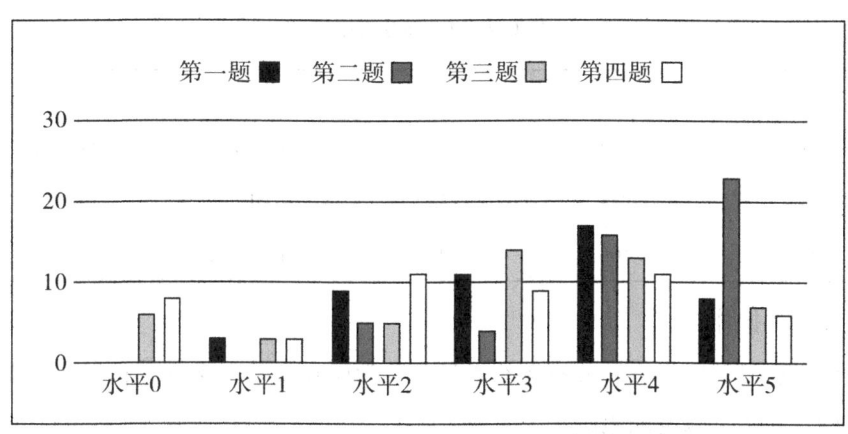

图 4-4-5　06 班（实验班）大题水平等级划分图

分析：第一题、第二题提示有 96% 以上学生处于水平 2 及以上，说明学生能够找到现实模型，并能够提出合理假设；第三题提示必须加强"投影"知识和几何体中"最短路径"知识的学习，说明这一部分对于学生来说可能是个难点。22% 左右的学生能够达到水平 5，表明学生最终能够准确解答模型，结合实际情境进行有效检验证明了模型的合理性，但是数据表明进行数学建模学习对大部分学生有一定难度，能够达到水平 5 的学生不多。

（2）05 班（对照班）和 06 班（实验班）测试成绩单因素方差分析。

原假设 H_0 为两总体均值之间不存在显著差异，在具体的计算中需要通过三步来完成。

①预分析。

在 SPSS（一种统计分析软件）中定义两个变量，一个是班级，数值型，取 05 班（对照班）为 5，取 06 班（实验班）为 6；另一个是数学建模成绩，数值型。利用 Means 过程进行预分析，可以看出两个班级的标准差相差不大，方差可能是齐次的。预分析报告见表 4-4-10。

表 4-4-10　预分析报告

班级	平均值	人数/人	标准差	方差
5	53.913 0	46	15.416 91	237.681
6	66.041 7	48	19.017 30	361.658
总计	60.106 4	94	18.301 22	334.935

②具体操作。

尝试通过单因素方差分析考查在日常数学课堂教学中渗透"微建模"题是否对结果产生了显著的影响。

班级两两比较的结果见表 4-4-11。

表 4-4-11　班级两两比较的结果

班级	人数	平均值	标准差	标准错误	平均值95%置信区间		最小值	最大值
					下限值	上限值		
5	46	53.913 0	15.416 91	2.273 10	49.334 8	58.491 3	5.00	80.00
6	48	66.041 7	19.017 30	2.744 91	60.519 6	71.563 7	20.00	100.00
总计	94	60.106 4	18.301 22	1.887 63	56.357 9	63.854 8	5.00	100.00

两个班级方差齐性检验见表 4-4-12，给出方差齐性检验结果，$P=0.174>0.05$，验证了预分析的假设检验结果，可以认为各样本所来自的总体满足方差齐性的要求。

表 4-4-12　两个班级方差齐性检验

Levene 统计量	df_1	df_2	显著性
1.877	1	92	0.174

两个班级单因素方差分析报告见表 4-4-13，检验统计量 $F=11.479$，显著概率 $P=0.001<0.05$，说明检验结果显著，拒绝原假设。对照班和实验班数学建模成绩均值有显著性差异，差异可能是来自"微建模"题渗透式教学和三次课后训练的影响，实验班学生的数学建模成绩更好。

表 4-4-13　两个班级单因素方差分析报告

类别	平方和	df	均方	F	显著性
组间	3 455.367	1	3455.367	11.479	0.001
组内	27 693.569	92	301.017	—	—
总计	31 148.936	93	—	—	—

（3）学生知识能力分析。

①缺乏模型简化假设意识。

对于第一道"易拉罐的设计"问题，大部分学生能够达到水平2，能够做出有效假设，并且能分清常量和变量，识别出圆柱体的表面积和体积问题。有部分学生不能做出有效假设，不能读懂题意，缺少模型假设意识，从实际问题抽象出数学模型存在困难。少部分学生认知出现偏差，没有读懂题意，没有解决问题的思路。对于第二题"储油桶放置"问题，大多数学生能够达到水平4，学生基本都能完成第一步假设。对于第三题"电灯的悬挂"问题，大部分学生不能完全解读问题情境，相关因素考虑不全，部分学生不能够达到水平1。对于第四题"包装盒设计"问题，大部分学生能够达到水平2，做出合理的模型假设，但是不能从平面展开图入手进行模型分析。

②不会建立和求解数学模型。

对于第一道"易拉罐的设计"问题，大部分学生能够完整抽象出数学模型，但是只有极少数学生能够进行模型求解。大部分学生能够建立模型，但是不会进行函数的最值求解，求解模型存在极大困难。对于第二题"储油桶放置"问题，学生能够表征出问题，相对于第一题的情况好很多，但是数学基础知识掌握不够牢固，不能够利用已学知识求解模型。第三题"电灯的悬挂"问题，对于学生而言难度最大，一方面，没有抽象出数学模型，另一方面不会利用正弦函数求最值，学生建立数学模型存在极大困难。对于第四题"包装盒设计"问题，有不少学生能够从平面图展开角度进行分析，但是并没有给出合理解释，文字叙述不够准确。

③没有回到现实情境解决实际问题。

对于第二道"储油桶放置"问题,大部分学生能够对最终结果进行检验,由于情境熟悉,学生可以回到现实情境去解决实际问题;对于其他三道题,学生未意识模型需要检验和应用,不能对模型进行分析,且不能提出进一步完善模型的方法。

(4)综合实践活动结果分析。

①实验设计。

某糖果厂生产一种半径为1厘米的球形糖果,外包装呈封闭的圆锥形状,为减少包装成本,要求外包装所用原料最省;为方便顾客携带,同时要求包装后每个糖果的体积最小,这种要求能达到吗?如果能,怎样设计这个圆锥的底面半径和高才符合要求?此时每个糖果的外包装用料为多少?体积为多少?若不能,请说明理由。

②实验实施。

经过一个月的"微建模"题训练和后测,随后布置综合实践活动,为了使理论与实践相结合,提高学生数学建模能力,最终以论文形式提交。要求学生将自己的思考过程以及问题解决过程书写在学案上。学生提交学案,最后根据学案汇编成数学建模论文,论文提交以小组为单位。

③实验结果。

学生用25~35分钟时间独立思考、分析并解决这个问题。此题总分为25分,按照等级划分为:水平0得0分,水平1得5分,依次加5分……水平5得25分。

不同班级题目平均得分情况见表4-4-14。

表4-4-14 不同班级题目平均得分情况(单位:分)

班级	05(对照班)	06(实验班)
分数	10.33	13.65
平均分	11.99	

从表 4-4-14 中反映出实验班学生得分情况比对照班好，原因是实验班进行了"微建模"题系统训练，实验班学生对于立体几何知识掌握情况也较好。

④论文结果分析。

不同班级的题目水平等级划分见表 4-4-15。

表 4-4-15　不同班级的题目水平等级划分

班级	水平 0	水平 1	水平 2	水平 3	水平 4	水平 5
05 班（对照班）	0	17	9	20	0	0
06 班（实验班）	0	3	12	28	5	0

总分 100 分，将全班学生分成 8 个小组，每个小组 6 人左右，一组提交一份论文，按照班级平均分统计如表 4-4-16 所示。

表 4-4-16　不同班级论文平均得分情况（单位：分）

班级	05 班（对照班）	06 班（实验班）
分数	76	82

小结：此论文是在教师讲解学案后完成的，论文格式比较规范。但不少学生在提出问题假设环节出现问题，表述不够全面，对问题的相关因素分析重复啰唆，模型构思不够新颖，结构不够严谨，语句不够精练。可喜的是，06 班（实验班）学生强调了检验的结果环节，对结果有解释说明，并且研究结论能够在实际中得到应用。

⑤期中试卷"立体几何"内容成绩分析。

根据相应评分标准所得的分数，然后相加得到卷面分数 x，再由期中考试立体几何内容的卷面总分数为 36 分，最后得到的分数按照 $\frac{100}{36}x = y$ 换算成百分制的分数。

不同班级期中考试总体成绩分析见表 4-4-17。

表4-4-17 不同班级期中考试总体成绩分析

班级	人数/人	总分/分	平均分/分	标准差	变差系数
05班（对照班）	46	3531	76.76	11.7	0.15
06班（实验班）	48	3770	78.54	10.3	0.13

分析：从表4-4-17中反映出高一06班（实验班）学生总体测试平均分更高。两个班级都是某重点高中的重点班，数学学习基础相差不大，学习能力也是相当的，出现此结果可能原因在于06班（实验班）学生正在经历系统的"微建模"题渗透训练，较系统性的建模思维帮助该班学生建构立体几何知识，最后经过三周学习，在最近一次期中数学考试的两个班级测试平均分相差近2分。

不同班级成绩分段对比见表4-4-18及图4-4-6。

表4-4-18 不同班级成绩分段对比

班级/分段	[80, 100]		[60, 80)		[40, 60)		[20, 40)		[0, 20)	
	人数	占比/%	人数	占比/%	人数	占比/%	人数	占比/%	人数	占比/%
全部年级	49	52.13	38	40.43	4	4.26	1	1.06	2	2.13
05班（对照班）	23	50.00	18	39.13	3	6.52	1	2.17	1	2.17
06班（实验班）	26	54.17	20	41.67	1	2.08	0	0	1	2.08

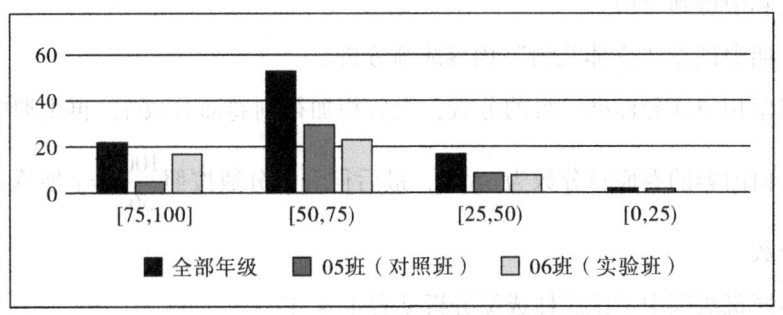

图4-4-6 不同班级成绩分段对比

总之，通过纸笔限时的"微建模"题测试和开放性的论文提交可综合评价学生的数学建模能力，期中测试结果也表明"微建模"题渗透式教学对学生立体几何相关知识学习略有帮助。

四、学科领悟问题情境下的教学实践案例

（一）"函数与导数：学科领悟问题情境"教学设计

1. 课标分析

《中国高考评价体系》构建了"一核""四层""四翼"的高考评价体系，其中"四层"要求考查学生的核心价值、学科素养、关键能力、必备知识；"四翼"要求评价学生素养的达成度，保证了高考命题水平。为实现《中国高考评价体系》的具体要求，新高考更加关注对数学探究能力、创新能力、关键能力与核心素养的考查，逐渐优化试卷结构，命制创新题型，数学新课程与新高考实现从"能力立意"到"素养导向"的转变，从"解题"到"问题解决"的转变。因此，命制灵活新颖、答题方式多样的试题，采取多样化的条件呈现方式与设问方式，创新设计试卷结构，是当今新高考的趋势。

2. 教学内容分析

本节习题课之前已经复习了导数的切线问题、单调性讨论，以及导数的综合应用问题，如恒成立问题、零点问题等，这些内容均为高考中导数专题的必备知识和常见问题。数学科新高考正逐渐强化对数学探究能力、创新能力、关键能力与核心素养的考查，同时不断优化试卷结构，命制创新题型。因此，本节课"函数与导数：学科领悟情境问题"作为高三一轮复习中导数专题的最后一讲，为学生呈现若干函数与导数的创新题，包括结构不良问题、例子构造问题，培养学生的数学创新性思维和灵活性思维，促进关键能力与核心素养的提升，使学生能灵活面对各类数学问题。试题见教学过程。

3. 学情分析

教学对象为某省某重点高中的学生，他们基础知识扎实、思维灵活，但面

对创新性问题时会出现畏难的心理，难以形成问题解决的一般思路。

4. 教学目标分析

（1）通过分析测试数据得到破解结构不良试题的策略，发展数据分析的核心素养。

（2）在问题串的引导下解决例题和练习题，形成创新问题解决的一般观念，发展逻辑推理的核心素养。

5. 教学方法

基于问题串的引导探究法。

6. 教学过程

（1）试题评讲。

【教师活动1】

教师评讲测试卷中的导数结构不良试题，通过设计问题串引导学生形成问题解决的思路。

试题 设 $f(x)=\dfrac{e^x}{x^\alpha}$，$\alpha>1$，$g(x)=\dfrac{\alpha}{x}+\ln x$，$h(x)=f(x)-kg(x)$，$k\in\mathbf{R}$. 且_____。

（1）求 α 的值；

（2）若函数 $h(x)$ 在 $(0,\alpha)$ 内存在两个极值点，求 k 的取值范围；

（3）设 $H(x)=\dfrac{e^x}{x^\beta}-k\left(\dfrac{\beta}{x}+\ln x\right)$，$\beta>1$，对于函数 $H(x)$，请你尝试提出一个类似于问题（2）的结论.（直接写出结论，不必写出推导过程）

注：①若 $k\neq e$，则 $h(x)$ 在点 $(1,h(1))$ 处切线斜率为 $\dfrac{k-e}{2}$；②若 $k\leqslant 0$，则 $h(x)$ 的最小值为 $h(2)$；③若 $k\leqslant 0$，则 $h(x)$ 的极值点为 $x=3$。这三个条件中，任选一个补充在横线中，并求解此题。

问题1 选哪个条件？→追问1-1 导函数如何处理？→追问1-2 存在两个极值点如何转化？→追问1-3 零点问题如何研究？→追问1-4 哪个方法

比较好？→追问1-5 如何推广？

【学生活动1】

学生在教师的引导下，思考并回答问题以及追问，形成问题解决的思路。

【设计意图1】

以问题串的形式引导学生形成问题解决的思路，暴露问题解决的思维过程，渗透一般观念，将高阶思维融入课堂。

【教师活动2】

以表格（表4-4-19）的形式呈现选取不同条件时每个小问的得分情况，引导学生对表格进行数据分析。

表 4-4-19 选取不同条件时每个小问的得分情况

选取条件	人数/人	第（1）问/分	第（2）问/分	第（3）问/分	总分/分
①	182	2.83	2.68	0.46	5.97
②	3	3.00	4.67	1.67	9.34
③	13	2.92	4.69	0.77	8.38
汇总	198	2.84	2.84	0.49	6.17

问题1 你能从表4-4-19中得出什么结论？

选条件①的人数最多，但总分最低；选条件②③的人数较少，但总分远高于条件①。

以选取条件②和③的两位同学为例，他们曾在考场上选取条件①作答第（1）问，求导时发现运算量过大，马上进行了策略调整，改选条件②或③，最终较好地完成了作答。

由以上分析知，我们在面对选条件的试题时，应当从全局考虑，适当调整，寻求最优的条件进行作答。

【学生活动2】

对表格的数据分别进行横向、纵向分析，选取不同条件时每小问的得分情况，进而总结出结构不良问题解决的关键点。

【设计意图2】

引导学生对测试的数据进行分析，得到"选取不同条件时对不同小问的得分有影响"的结论，渗透数据分析核心素养。

(2) 例题精讲。

【教师活动】

例题 试将定义在$[0,+\infty)$的函数$f(x)=\cos x$表示成两个单调递增的函数之差。

问题2 能否猜一下有哪些函数是单调递增的？

追问2-1 能否验证你的猜想？

追问2-2 能否从目标出发，翻译条件，寻求一般性的解决方法？

预设2-1 $y=x$，$y=e^x$等函数都是单调递增的，可以尝试：$f(x)=(x+\cos x)-x$或$f(x)=(e^x+\cos x)-e^x$等，只需求导证明$y=x+\cos x$或$y=e^x+\cos x$在$[0,+\infty)$上单调递增即可。因此，在解决创新性问题时，大胆猜想，小心求证很关键。

预设2-2 只需找到在$[0,+\infty)$上单调递增的函数$y=f_1(x)$，满足$y=f_1(x)+\cos x$在$[0,+\infty)$上也单调递增即可，由此我们可以从目标出发，翻译条件，寻求一般性的解决方法：设$f(x)=(f_1(x)+\cos x)+f_1(x)$，满足$y=f_1(x)$，$y=f_1(x)+\cos x$均在$[0,+\infty)$上单调递增，于是有$\begin{cases}f_1'(x)-\sin x\geq 0,\\ f_1'(x)\geq 0,\end{cases}$从而可以令$f_1'(x)=1$，即可满足题意，此时$f_1(x)=x_1$，于是$f(x)=(x+\cos x)-x$。

总结：在解决创新性问题时，需要大胆猜想，小心求证。还可以从更一般的目标出发，翻译条件，寻求解决方法。

【学生活动】

学生在问题串的引导下，探索创新性试题（例题）的多种解决思路，初步形成创新性问题解决的思想方法。

【设计意图】

通过问题串的设计，在课堂中渗透高阶思维，形成创新问题解决的一般观念——从特殊到一般、大胆猜想小心求证、从目标出发翻译条件，发展逻辑推理的核心素养。

(3) 变式练习。

【教师活动1】

变式 试将定义在$[0,+\infty)$的函数$f(x)=\cos x$表示成两个单调递增且存在零点的函数之差.

问题3 能否借助例题的结果，稍加调整，解决问题？

预设 例题中已将$f(x)=\cos x$分解为两个单调递增的函数，令$f_1(x)=x+\cos x$，$f_2(x)=x$，另外要使这两个函数在$[0,+\infty)$上存在零点，则考虑零点存在定理：由于$f_1(0)=1>0$，$f_2(0)=0$，只需将$f_1(x)$，$f_2(x)$都向下平移1个单位长度即可，从而本题的答案可以为$f(x)=(\cos x+x-1)-(x-1)$.

总结：在解决创新性问题时，还需要将问题拆解成一些小问题一步一步进行研究，不断调整得到结果。

【学生活动1】

学生完成变式题，思考变式题与例题之间的异同，并探索问题解决的策略。

【设计意图1】

通过变式题，渗透转化与化归的数学思想，引导学生解决创新性问题时应有意识地寻求问题与问题之间的联系。

【教师活动2】

练习 （改编自2021年新高考全国Ⅱ卷数学第22题）已知函数$f(x)=(x-1)e^x-ax^2+b$，$a,b\in\mathbf{R}$. 当$x\in(0,+\infty)$时，将$f(x)$写成两个单调递增且存在零点的函数之差.

问题4 能否先猜一下？→追问4-1 如何调整？→追问4-2 如何保证两个函数单调递增→追问4-3 如何保证两个函数存在零点→追问4-4 还有其

他方法吗？

【学生活动2】

学生在问题串的引导下，探索创新性试题（练习）的解决思路，进一步深化理解创新性问题解决的思想方法。

【设计意图2】

通过练习题和问题串的设计，进一步加深学生对创新性问题解决的一般观念的理解，发展逻辑推理的核心素养。

(4) 课堂小结。

【教师活动】

总结解决创新性问题的一些要点：

①面对"挖空选条件"问题要选择自己最擅长的、最简单的，还需拥有大局观，考虑所有小题。

②将创新性问题转化为熟悉问题；掌握研究导数问题的一般观念。

③将创新性问题转化为熟悉问题后，采取熟悉问题的一般解决方法。

④大胆猜想，小心求证；从结论出发，翻译条件。

【设计意图】

为学生总结在测试、例题和练习评讲过程中形成的一般性的解题经验。

(5) 作业布置。

(必做题)

1. 写出一个同时具有下列性质①②③的函数 $f(x)$：_____.

①$f(x_1 x_2) = f(x_1) f(x_2)$；②当 $x \in (0, +\infty)$ 时，$f'(x) > 0$；③$f'(x)$ 是奇函数.

2. 写出一个最小正周期为2的奇函数 $f(x) =$ _____.

3. 能否将定义在 $[0, +\infty)$ 的函数 $f(x) = \cos x$ 表示成两个周期为 2π 的函数之差？

4. 能否将定义在 $[0, +\infty)$ 的函数 $f(x) = \cos x$ 表示成两个周期为 π 的函数之差？

5. 能否将定义在 $[0,+\infty)$ 的函数 $f(x)=\cos x$ 表示成一个周期为 π 与一个周期为 2π 的函数之差?

6. 你能否编制与第 3,4,5 题相类似的题目? 给同学们做一做.

7. 已知函数 $f(x)=\ln x+\dfrac{1}{x}$, 且_____, 设 $h(x)=f(x)+kg(x)$, $k\in\mathbf{R}$.

(1) 当 $k\geq 0$ 时, 求 $f(x)$ 的单调区间;

(2) 若 $\forall x\in(0,+\infty)$, $h(x)\geq 1$ 恒成立, 求 k 的取值范围.

在①$g(x)=(x-1)^2$; ②$g(x)=\dfrac{e^x}{x}$; ③$g(x)=(x-2)e^x$ 这三个条件中任选一个补充在横线中, 并求解此题.

(选做题) 证明: 对于任意给定的多项式函数 $f(x)=\sum\limits_{k=0}^{n}a_k x^k$, 总能表示成两个单调递增的多项式函数之差.

7. 评价量表 (表 4-4-20)

表 4-4-20

四个层面	水平一	水平二	水平三	能够达到的水平 (填 "一" "二" 或 "三")
情景与问题	在解决本节课的题目时, 能联想到熟悉的问题或尝试从特殊情况入手, 探索问题解决的思路	在解决本节课的题目时, 能联想到熟悉的问题或尝试从特殊的情况入手, 探索并形成问题解决的思路, 最终解决问题. 并且能够将问题解决的方法迁移到新的问题情境中	在水平一、二的基础上, 能在解决问题后提出一些新的数学命题或对原问题进行推广并对其进行探究	

(续表)

四个层面	水平一	水平二	水平三	能够达到的水平（填"一""二"或"三"）
知识与技能	通过例题的学习能掌握相应的解题方法，体会其中的数学思想	能通过例题的学习，将方法迁移到练习和作业中，并通过问题串的探究形成一类问题解决的一般思路	在水平一、二的基础上，解决本节课的题目时，能提出不同的解题思路，用不同的方法解决问题，并且能对比不同方法之间的异同	
思维与表达	能理解本节课解题过程中的推理过程，体会创新题解决过程中所蕴含的数学思维和思想方法	能理解并用规范的数学语言对本节课的题目进行推理和论证，并理解其中的数学思维和思想方法，并迁移到其他问题解决中	在水平一、二的基础上，对于不同创新题的探究，能掌握创新问题解决的总体思想方法。对本节课的题目，能抓住题目的本质，能用数学语言进行命题的推广	
交流与反思	能与同学、教师交流自己的想法，并初步形成解题思路	在与同学、教师交流的过程中，能准确地用数学语言表达自己的想法，并解决问题。解决问题后还能总结解题的思想方法	在水平一、二的基础上，还能探索题目的数学本质，对题目进行推广变式，并用数学语言清晰准确地表达，最后能给教师、同学讲解自己的想法	

（二）高中数学学科领悟问题情境问题解决的测试分析

1. 研究过程

（1）测试卷设计。

基于数学情境问题解决水平框架，借助数学学科领悟情境问题设计的方法与命题技巧，按照问题设计的一般流程，设计了 7 个学科领悟情境问题共 12 道题目组成测试卷。其中，4 道题目属于一级水平（知识理解），5 道题目属于二级水平（知识迁移），3 道题目属于三级水平（知识创新）。7 个问题包含了学习提升情境和研究探索情境，涵盖了 7 类情境活动。全卷总分 100 分，其中知识理解、知识迁移、知识创新三个水平的满分分别为 28 分、42 分、30 分。测试卷设计的双向细目表见表 4-4-21。

表 4-4-21 测试卷设计的双向细目表

题号	情境活动类型	必备知识	考查水平	分值/分
1	数学建模	数学建模	知识迁移	8
2	概念学习	常用逻辑用语、不等关系	知识理解	6
3	数学实验	函数的性质、指数函数、对数函数	知识理解	8
4（1）	概念学习	数列	知识理解	6
4（2）			知识迁移	8
5（1）	推演新命题	三角函数、正弦定理、余弦定理	知识理解	8
5（2）			知识创新	12
6（1）	原理学习	数列	知识迁移	6
6（2）			知识迁移	10
6（3）			知识创新	8
7（1）	问题解决学习、阅读分析数学文献	一元函数导数及其应用	知识迁移	10
7（2）			知识创新	10

测试卷初步设计完成后，由课程与教学论方向的教授和高中数学高级教师进行专家论证，并进行小范围的预测试，最终修订成稿。全卷共 7 道大题，12 道小题，满分 100 分，限时 75 分钟完成。

(2) 测试对象。

在广州市范围内，通过目的抽样，在 H 中学选取 34 名高三学生，Z 中学选取 42 名高三学生，共 76 人。

(3) 测试卷的指标分析。

①测试卷的项目分析。

总样本量 $N=76$。首先依据总分高低将样本分为高分组、中间组和低分组，其中，高分组和低分组的人数分别约占总人数的 26%、29%，计高分组为总分大于或等于 77 分的样本，共 20 人，计低分组为总分小于或等于 59 分的样本，共 22 人。对高分组和低分组在每个题项上做独立样本 t 检验，规定显著水平为 0.05，并计算每个题项得分与总分的相关系数，结果见表 4-4-22。

结果表明在项目分析中除 2、4（1）、4（2）以外的题项均达到显著水平，说明这些题项具有良好的区分度，2、4（1）、4（2）三题的区分度低，但这些题项与测试卷的测试目标一致，因此可以保留所有题项［包括 2、4（1）、4（2）三题)］，后面将进一步通过学生答卷分析其区分度低的原因。

表 4-4-22　测试卷的项目分析（区分度）结果及题项得分与总分的相关系数

题项	组别（平均值±标准差）		决断值 (CR)	p 值 (CR)	与总分的相关系数	p 值（相关系数）
	低分组 ($n=22$)	高分组 ($n=20$)				
1	3.25±1.54	6.50±1.58	4.862**	0.000	0.644**	0.000
2	4.50±2.71	6.00±0.00	1.915	0.082	0.579**	0.000
3	1.33±3.11	6.80±2.70	4.350**	0.000	0.591**	0.000
4（1）	5.25±1.36	5.80±0.63	1.251	0.229	0.540**	0.000
4（2）	6.33±3.17	7.20±2.53	0.698	0.493	0.418**	0.009
5（1）	4.33±2.53	8.00±0.00	5.011**	0.000	0.608**	0.000
5（2）	4.00±4.35	11.00±1.70	5.126**	0.000	0.607**	0.000
6（1）	4.50±1.73	5.80±0.63	2.414*	0.030	0.353*	0.030
6（2）	6.67±4.10	9.60±1.26	2.349*	0.035	0.380*	0.018
6（3）	2.17±2.62	6.80±1.93	4.630**	0.000	0.610**	0.000

(续表)

题项	组别（平均值±标准差）		决断值 (CR)	p 值 (CR)	与总分的相关系数	p 值 (相关系数)
	低分组 ($n=22$)	高分组 ($n=20$)				
7（1）	4.92±2.57	8.10±3.07	2.647*	0.015	0.568**	0.000
7（2）	1.00±1.60	6.40±2.63	5.932**	0.000	0.632**	0.000
L1	15.42±5.93	26.60±2.67	5.498**	0.000	0.820**	0.000
L2	25.67±7.18	37.20±3.49	4.913**	0.000	0.867**	0.000
L3	7.17±4.13	24.20±4.85	8.904**	0.000	0.840**	0.000
SUM	48.25±13.21	88.00±7.42	8.446**	0.000	1.000**	0.000

*$p<0.05$, **$p<0.01$

②测试题目的难度与鉴别度分析。

刻画题目难度的公式为 $D=\dfrac{\bar{x}}{x_{\max}}$，其中 $\bar{x}$ 为全体样本在某题上的平均得分，$x_{\max}$ 为该题的满分。难度的参考范围为 $D<0.4$ 为高难度题；$0.4 \leqslant D<0.7$ 为中等难度题；$D \geqslant 0.7$ 为低难度题。分别计算每一题项、三个水平维度及总成绩的难度系数，测试卷的难度分析见表 4-4-23。

表 4-4-23　测试卷的难度分析

题项	难度系数	题项	难度系数	题项	难度系数	题项	难度系数
1	0.62	4（2）	0.91	6（2）	0.8	水平一	0.76
2	0.92	5（1）	0.78	6（3）	0.55	水平二	0.77
3	0.47	5（2）	0.51	7（1）	0.67	水平三	0.45
4（1）	0.95	6（1）	0.90	7（2）	0.3	总分	0.67

根据表 4-4-23，除第 7（2）题以外，其他题目的难度系数均大于 0.4，知识理解、知识迁移、知识创新的难度系数分别为 0.76，0.77，0.45，总分难度系数为 0.67。总的来说，测试卷难度合理，中等难度及低难度的题目较多。

测试卷的鉴别度采用每题题项得分与总分的相关系数，数据见表 4-4-22。相关系数越高，鉴别度越高。题目的鉴别度在 0.353~0.644，均大于 0.3，说明该测试卷的鉴别度较佳。

③测试题目的克伦巴赫 α 系数。

将三个水平内的题目得分相加，得到各个水平的总得分，分别计算三个水平内部及总测验的克伦巴赫 α 系数，测试卷的克伦巴赫 α 系数见表 4-4-24。

表 4-4-24　测试卷的克伦巴赫 α 系数

测试题	克伦巴赫 α 系数
知识理解（水平一）	0.817
知识迁移（水平二）	0.795
知识创新（水平三）	0.789
总测试	0.841

克伦巴赫 α 系数大于 0.8，说明信度高，如果该值介于 0.7~0.8，则说明信度较好。根据表 4-4-24 可知，该测试卷的信度高。

④测试卷的结构效度分析。

以测试卷各水平及总测试得分间的相关系数刻画测试卷的结构效度，测试卷的结构效度分析见表 4-4-25。

表 4-4-25　测试卷的结构效度分析

水平	水平一	水平二	水平三	总测试
水平一	1	—	—	—
水平二	0.661**	1	—	—
水平三	0.478**	0.566**	1	—
总测试	0.820**	0.867**	0.840**	1

*$p<0.05$,**$p<0.01$

根据表 4-4-25，三个水平之间的相关系数小于每个水平与总测试的相关系数，表明该测试卷的结构效度良好。此外，水平一和水平三之间的相关系数小于水平一与水平二的相关系数，同时也小于水平二与水平三的相关系数，这表明将情境问题解决划分为三个水平是合理的。

2. 数学情境问题解决水平分析框架

情境问题的解决除了考查学生掌握的知识以及所具备的能力以外，还指向素养的考查❶。因此，对情境问题解决水平的界定与划分采取数学核心素养的

---

❶　喻平. 发展学生数学核心素养的教学与评价研究 [M]. 上海：华东师范大学出版社，2021.

水平划分。将数学核心素养分为知识理解、知识迁移和知识创新三级水平❶，数学情境问题解决水平分析框架见表4-4-26。

该框架用于定量评价学生学科领悟问题情境解决的能力水平表现以及定性分析学生答卷错误所反映出来的核心素养水平缺失情况。

表4-4-26 数学情境问题解决水平分析框架

水平	内涵	样题（角谷猜想情境）
知识理解（一级水平）	1. 了解知识产生的缘由，有基本的演绎和归纳推理能力。 2. 理解知识形成的结果。能够掌握基本的事实和结论；掌握蕴含在知识中的数学基本方法。 3. 能使用简单知识、基本规则和基本方法解决简单的数学问题	（1）请依据角谷猜想的规则写出 a_{n+1} 与 a_n 的递推关系式
知识迁移（二级水平）	1. 有基本的类比推理能力，能将知识迁移到不同情境中去解决问题。 2. 能够理解知识之间的逻辑关系，掌握知识结构，掌握与知识相关的数学思想方法。 3. 能够解决需要多种知识介入、多种方法运用的常规性复杂问题	（2）若 $k=2^m$（$m\in \mathbf{N}^*$），探究是否存在 $n\in \mathbf{N}^*$，使得 $a_n=1$？若存在，请求出使 $a_n=1$ 成立的 n 的最小值 n_0，并求出数列 $\{a_n\}$ 的前 n_0 项和；若不存在，请说明理由
知识创新（三级水平）	1. 能够灵活运用知识和方法解决探究性、开放性等非常规问题。 2. 生成超越教材规定内容的数学知识；能够对数学问题进行变式、拓展和推广，提出数学猜想，并能证伪和证实猜想。 3. 能够用数学的思维方式去观察和分析事物，形成严谨的数学思维	（3）请谈谈（2）的结论对角谷猜想的解决有何帮助

3. 测试结果分析

从学生在每小题的得分以及答卷情况两个角度分别对学生解决学科领悟情

---

❶ 喻平. 数学核心素养评价的一个框架 [J]. 数学教育学报，2017，26（2）：19-59.

境问题的表现进行量化分析和质化分析。

（1）学科领悟情境问题解决的总体情况分析。

根据表4-4-27，该测试的平均分为67.05分，标准差为17.39，最高分、最低分分别为98分和22分。取测试满分的中位数50作为参照，表明就总体而言，H校和Z校高三学生解决数学学科领悟情境问题的能力是中等偏上水平。

知识理解、知识迁移、知识创新三个水平的最高分分别为28分、42分、30分，三个层次对应的平均分为21.29分、32.29分、13.47分，难度系数分别为0.76、0.77、0.45，对应的标准差分别为6.14、6.50、8.00。结果表明，H校和Z校高三学生解决数学学科领悟情境问题时，知识理解和知识迁移能力较强，但知识创新能力有所欠缺。

表4-4-27 学科领悟情境问题解决的描述性分析

水平	N	均值/分	标准差	最低分/分	最高分/分	难度系数
知识理解	76	21.29	6.14	3	28	0.76
知识迁移	76	32.29	6.50	15	42	0.77
知识创新	76	13.47	8.00	2	30	0.45
总测试	76	67.05	17.39	22	98	0.67

（2）学科领悟情境问题解决的三个水平与总分的相关性分析。

各水平与总测试得分的相关系数见表4-4-28，各水平与总成绩的相关性均较高，且具有较高的显著性。对于三个水平之间的相关性，知识理解与知识迁移的相关性最高，知识理解与知识创新的相关性最低，知识迁移与知识创新的相关性处于中间位置。这表明，在解决数学学科领悟情境问题时，知识理解与知识迁移的关系最紧密，因为知识迁移是在知识理解基础上，理解各知识之间的逻辑关系及思想方法，并将其迁移到不同的情境问题解决中；而知识创新与另外两个水平相关性较低是因为它需要学生在知识理解和知识迁移基础上，面对非常规数学问题时，充分运用问题探究能力，形成数学思维，像数学家一样思考和解决问题，这是数学核心素养发展的最高表现。

表 4-4-28　各水平与总测试得分的相关系数

水平	水平一	水平二	水平三	总测试
水平一	1	—	—	—
水平二	0.661**	1	—	—
水平三	0.478**	0.566**	1	—
总测试	0.820**	0.867**	0.840**	1

*$p<0.05$, **$p<0.01$

(3) 学科领悟情境问题解决的典型错误分析。

以学生答卷为分析对象，分析学生在解答测试卷中各问题时出现的典型错误，依据数学情境问题解决水平的评价框架，揭示学生的数学核心素养缺失情况。

题 1：牙膏出厂价的变量选取——数学建模情境活动

本题满分 8 分，平均分 4.92 分，难度系数 0.62，指向数学抽象和数学建模核心素养的知识迁移水平的考查。

本题得分率中等，考查了数学建模的上游阶段：选取合适变量，形成研究思路。大部分学生都能排除无关变量进而选取正确变量，而在阐述研究思路的过程中，主要有两类错误：一类是建模经验的缺乏，忽略了问题假设这一重要步骤，导致无法形成正确的研究思路；另一类是数学表达规范性不足，用了较多不规范的自然语言，无法用数学语言严谨规范地表达研究思路。这两类错误指向数学抽象和数学建模核心素养的知识迁移水平不足。

题 2：函数极限的 $\varepsilon\text{-}\delta$ 语言叙述——概念学习情境活动

本题满分 6 分，平均分 5.53 分，难度系数 0.92，指向数学抽象和逻辑推理核心素养的知识理解水平的考查。

本题得分率较高，仅有 6 名学生出错，其中 4 名学生选择了 A 选项，2 名学生选择了 D 选项。选择 D 选项的学生可能因为粗心或对不等关系的性质不熟悉而出现运算错误，这类错误指向数学运算核心素养的知识理解水平不足；选择 A 选项的学生不理解极限定义中的"任意""存在"等逻辑用语以及基本概念之间的逻辑关系，导致在逻辑推理的过程中，无法判断$\exists x_0$是否需要被赋值，进而出现推理错误，这类错误指向逻辑推理核心素养的知识理解水平不足。

除了这 6 名学生以外，其他学生均选出正确答案，这表明学生在解决指向知识理解水平的概念学习情境活动的问题时表现较好。

题 3：数值验算研究函数性质——数学实验情境活动

本题满分 8 分，平均分 3.78 分，难度系数 0.47，指向逻辑推理和数学运算核心素养的知识理解水平的考查。

本题的典型错误分成两类：一类是运算错误导致答案不全，另一类是①、④归纳推理逻辑不清，出现①③④、①③、②③、③④。其中，第一类错误占了错误人数的 18%，这类学生可能保守起见只选择一个正确答案便完成作答，或者没能根据问题的特征形成合适的运算思路并进行正确运算导致答案不全，这类错误指向数学运算核心素养的知识理解水平不足；另一类错误占错误人数的 82%，且错误学生中恰有 50%学生的答案为①③④，事实上对于函数$f(x)=\frac{\lg x}{x}+\frac{x^2}{2^x}$而言，性质①③④均为假命题，但无法仅通过算出有限个关于$f(x)$的函数值判断其为假命题，这表明这类学生对"归纳推理得到的结论是或然成立"的这一原理理解不清导致解题出错，这类错误指向数学逻辑推理的知识理解水平不足。

题 4：二元函数与等差等比数列——概念学习情境活动

本题第（1）问满分 6 分，平均分 5.71 分，难度系数 0.95，指向逻辑推理和数学运算核心素养的知识理解水平的考查；第（2）问满分 8 分，平均分 7.26 分，难度系数 0.91，指向数学抽象、逻辑推理和数学运算核心素养的知识迁移水平的考查。

本题第（1）问得分率较高，主要错误是没能完全理解条件中①②两条运算规则，导致学生将 $f(4,3)$ 转化为 $f(4,1)$ 后，未能进一步转化为 $f(1,1)$，这类错误指向数学运算核心素养的知识理解水平不足。而由于该小问涉及的运算较简单，未出现纯运算错误的学生。

本题第（2）问得分率较高，该问满分的学生在第（1）问均满分，而该问出现错误的学生大部分第（1）问能顺利解决，但未能进一步将第（1）问特例的解题思路归纳迁移到第（2）问的一般性问题解决中。例如，编号为 18 的学生第（1）问能充分利用①②递推关系将 $f(4,3)$ 转化成 $f(1,1)$ 进而解决问题。但在解决第（2）问时又误用条件②（18 号学生解决第 4 题的答卷见图 4-4-7），对 m,n 等抽象符号理解不够深刻，无法完成从特殊到一般的思路迁移，导致解题失败。这类错误指向数学抽象核心素养的知识理解水平不足以及只能达到逻辑推理的知识理解水平。

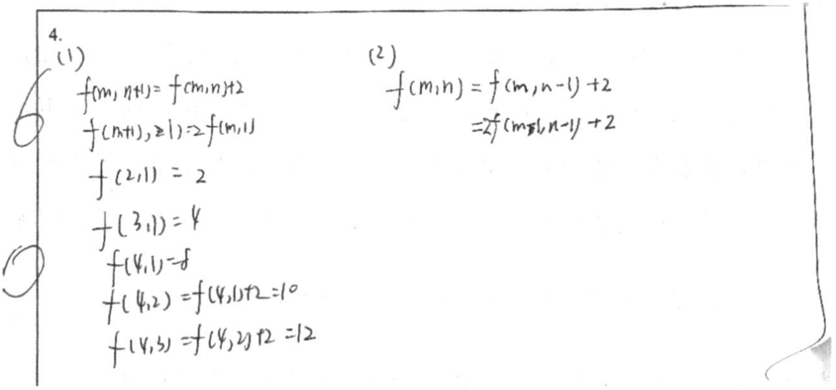

图 4-4-7　18 号学生解决第 4 题的答卷

题 5：结构不良问题之命题的组合——推演新命题情境活动

本题第（1）问满分 8 分，平均分 6.26 分，难度系数 0.78，指向逻辑推理核心素养的知识理解水平考查；第（2）问满分 12 分，平均分 6.11 分，难度系数 0.51，指向逻辑推理和数学运算核心素养的知识迁移水平的考查。

本题第（1）问的主要错误为对命题间的关系理解不深刻导致逻辑关系分析不全。例如，部分学生在分析②③时，仅考虑了由②可推出③，即②是③的充分条件，忽略了其作为必要条件的分析；在第（1）问错误的学生中，52%的学生在分析①②时，只能分析出①是②的充分条件或②是①的充分条件，或能识别出它们互为充要条件，但无法严谨地对其进行表达，这指向逻辑推理核心素养的知识理解水平不足。

本题第（2）问的典型错误分成三类。一是无法形成推演新命题的正确思路：部分学生在①②条件下，缺乏研究关于边的代数式求最值的经验，无法分析条件与结论的联系进而形成研究$\dfrac{b^2+c^2}{a^2}$的最值的正确思路，这类错误指向逻辑推理核心素养的知识迁移水平不足。二是能形成推演新命题的正确思路但运算出错：部分学生能从条件出发结合余弦定理或正弦定理，将$\dfrac{b^2+c^2}{a^2}$转化为关于$\dfrac{b}{c}$的代数式或转化为关于$\cos^2 B$的代数式进而研究其最值。但在推理过程中出现了各类运算错误（如算法选择不对、运算出错等），导致无法得到正确的结论，最终导致解题失败。这类错误指向数学运算核心素养的知识迁移水平不足，但在逻辑推理核心素养上达到了知识迁移水平，但由于运算出错，无法评价其逻辑推理能否达到知识创新水平。三是能形成推演新命题的正确思路，但无法依题意组合成真命题。部分学生能形成推演新命题的正确思路，并能求得$\dfrac{b^2+c^2}{a^2}$的最小值为$2\sqrt{2}-2$，但不知如何分析和判断选择④锐角三角形还是⑤钝角三角形作为条件组合成真命题，即忽视了对取等条件的分析，导致最终无法完整地解决问题，这类错误指向逻辑推理核心素养的知识迁移水平不足。

编号为 26 的学生在第（1）问中能正确并完整地分析②③两个条件的逻辑关系，在第（2）问中能形成正确的推演新命题的思路，并选择较优的算法研究$\dfrac{b^2+c^2}{a^2}$的最值，最后依据取等条件考虑最值能否取得，进而完整地证明了组合的新命题"①⑤⇒⑥"（26 号学生解决第 5 题的答卷见图 4-4-8），说明该学生在数学运算和逻辑推理核心素养上达到了知识迁移水平。

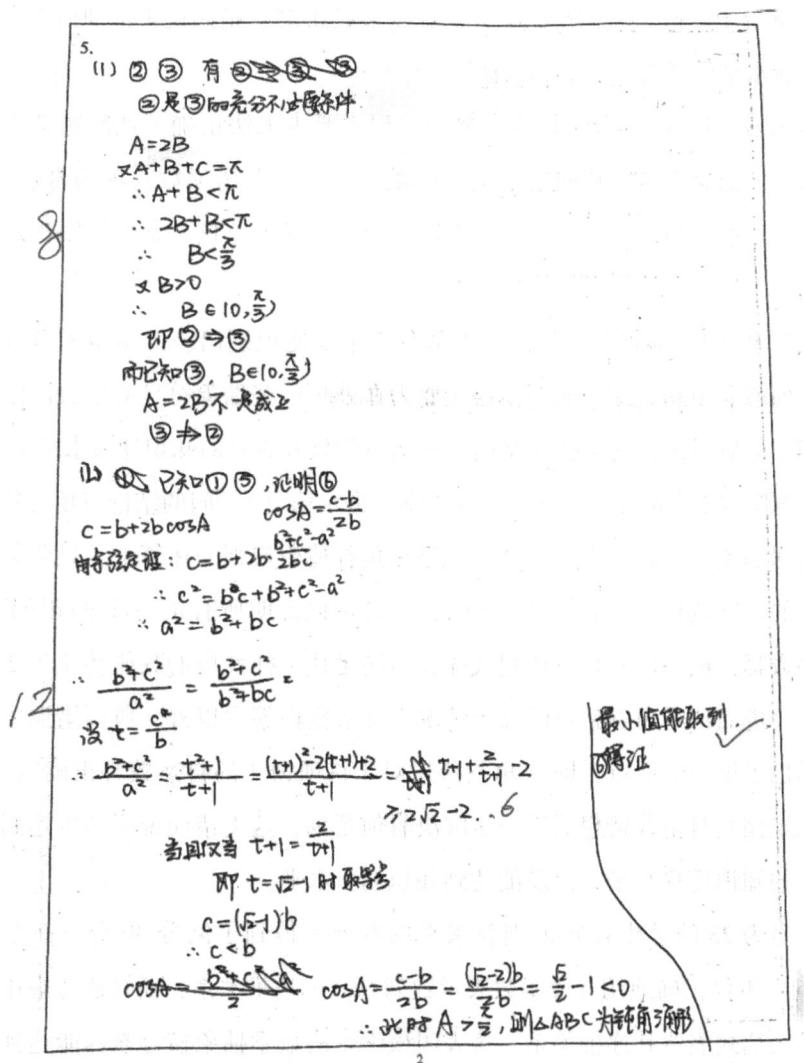

图 4-4-8　26 号学生解决第 5 题的答卷

题 6：角谷猜想的子问题——原理学习情境活动

本题第（1）问满分 6 分，平均分 5.42 分，难度系数 0.90，指向数学抽象核心素养的知识理解水平的考查；第（2）问满分 10 分，平均分 8.00 分，难度系数 0.8，指向逻辑推理和数学运算核心素养的知识迁移水平的考查；第（3）问满分 10 分，平均分 4.37 分，难度系数 0.55，指向逻辑推理核心素养的知识创新水平的考查。

本题第（1）问得分率较高，典型错误主要为无法正确地从问题情境中的自然语言中抽象出关于数列递推关系的数学语言，混淆项数与项的奇偶关系，导致在数学抽象的过程中出错，这类错误指向数学抽象核心素养的知识理解水平不足。

本题第（2）问得分率较高，大部分学生都能识别出该问本质上考查的是等比数列前 n 项和公式，典型错误主要为在处理一些抽象符号的指数四则运算时出现了运算错误，这类错误指向数学运算的核心素养的知识迁移水平不足。

本题第（3）问得分率较低，要求学生揭示第（2）问的结论与角谷猜想的解决之间的关系，其要点有两个：一是在角谷猜想规则的运算下，只要某一项出现 2 的正整数幂，则必定能得到 1；二是可以证明所有正整数都能转化为 2 的正整数幂，进而证明角谷猜想或探究出满足什么样性质的数能转化为 2 的正整数幂，进而证明角谷猜想的部分情况。除去空白答卷以外，典型错误主要为只揭示出了第一个要点，即"角谷猜想对于首项为 2 的自然数幂正确"，但没有深入挖掘其对角谷猜想的进一步解决有何帮助，这类错误说明学生达到了逻辑推理的知识迁移水平，但没能达到知识创新水平。

编号为 23 的学生在知识创新水平的题项中得到了满分 30 分。在本题第（1）问中不仅正确地用分段函数表示数列 $\{a_n\}$ 的递推关系，而且还考虑用一条统一的表达式表达其递推关系，这表明该学生的数学抽象核心素养能达到知识创新的水平；该学生在第（3）问中不仅指出了上面提到的两个要点，还能在有限的测试时间内，对于角谷猜想，提出不同的假设前提，合理地推断相关结论，并能够通过假想与构建过渡性的命题，探索角谷猜想证明的途径（23 号学生解决第 6 题的答卷见图 4-4-9），这表明该学生的逻辑推理素养达到了知识创新的最高水平。

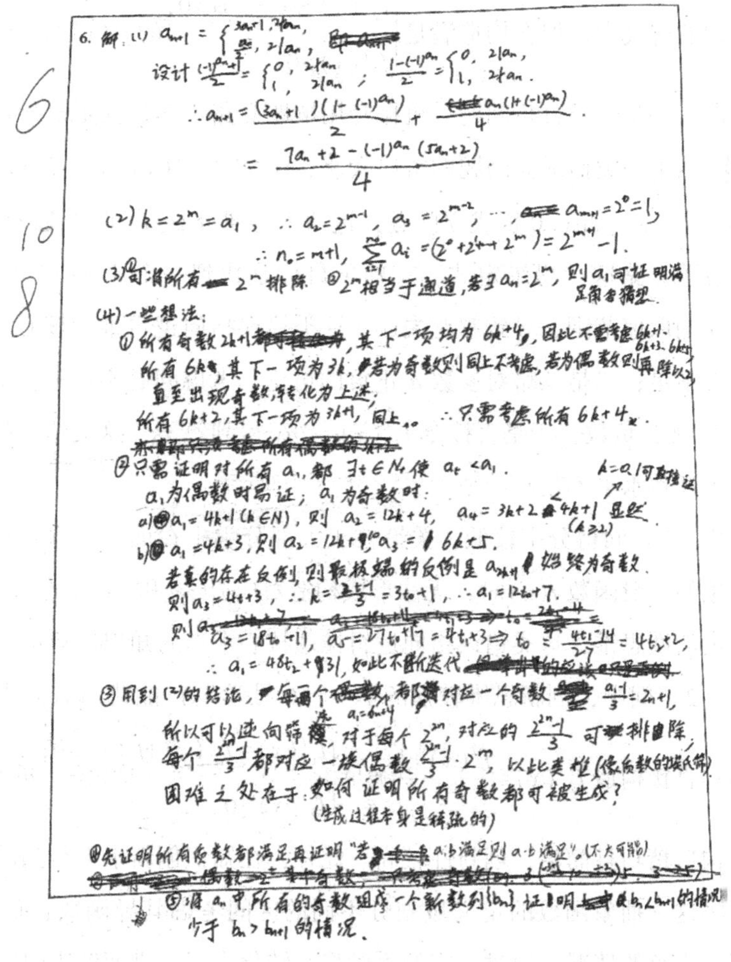

图 4-4-9　23 号学生解决第 6 题的答卷

题 7：基于 Jordan 分解定理的函数构造——问题解决学习与阅读分析数学文献情境活动

本题第（1）问满分 10 分，平均分 6.68 分，难度系数 0.68，指向逻辑推理和数学运算核心素养的知识迁移水平的考查；第（2）问满分 10 分，平均分 3 分，难度系数 0.3，指向逻辑推理核心素养的知识创新水平的考查。

本题第（1）问得分率中等，大部分学生都能将问题情境中的解题思路迁移到这一问的解决中,但在构造满足 $\begin{cases} f_2'(x)+xe^x-2ax>0, \\ f_2'(x)>0 \end{cases}$ 的 $f'(x)$ 时,学生出现了典型错误。一是缺乏分析问题,机械套用解题套路:学生在平时导数题训练的过程中总结了一类恒成立问题的解决套路,于是将 $f_2'(x)+xe^x-2ax>0$,转化为函数 $g(x)=-xe^x+2ax>0$ 恒成立问题,进而求导研究 $g(x)$ 的最值或值域,最终陷入了解题套路这一思维定式,忘却了目标是找到一个比 $g(x)$ 大的函数,而不是求 a 的取值范围,导致解题失误,这类错误指向逻辑推理核心素养的知识迁移水平不足;二是忽略对参数 a 正负的讨论,考虑问题不严谨:部分学生直接将 $-2ax$ 视为负数,于是直接令 $f_2'(x)=2ax$ 得到答案,这类错误指向逻辑推理的知识迁移水平不足。

本题第(2)问得分率较低,关键在于大部分学生在面对不含任何表达式且高度抽象的一般函数 $f(x)$ 时,无法形成构造对应 $f_1(x)$ 和 $f_2(x)$ 的思路,缺乏抽象性与灵活性思维,这类错误指向逻辑推理核心素养的知识创新水平不足。

在第(2)问中,创新思维较强的学生(6号学生)能跳出 $f(x)$ 具体表达式的限制,直接构造 $f_2'(x)=\dfrac{f^2(x)+1}{2}$ 满足 $\begin{cases} f_1'(x)=f_2'(x)+f'(x)>0, \\ f_2'(x)>0, \end{cases}$ 进而证明原命题,该构造精巧且简洁,创新性较高。此外,在知识创新水平得到满分的29号学生能将这一抽象函数的定义域划分不同的区间考虑其导函数正负的问题,对于导函数为负的情况,通过一定的手段将其转化为正,进而解决问题(29号学生解决第7题的答卷见图4-4-10)。

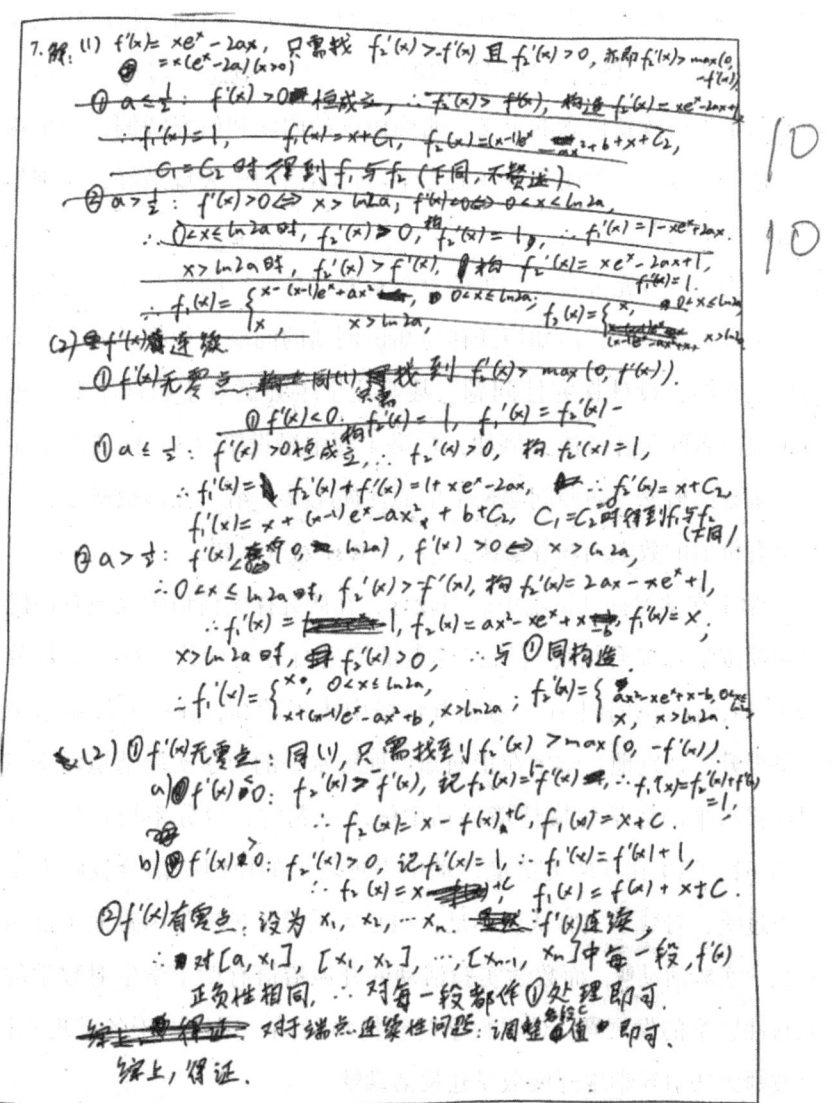

图 4-4-10　29 号学生解决第 7 题的答卷

4. 讨论

（1）学生在概念学习情境活动中表现最好，特别是指向知识理解水平的问题。

测试卷的 12 道题项中，难度系数从高到低排序，前 3 题排列顺序分别为 4

（1）、2、4（2），难度系数分别为 0.95、0.92、0.91，前两题指向知识理解水平的考查，第 4（2）题指向知识迁移的考查，均为概念学习情境活动。这类问题均要求学生阅读新概念的定义，明确概念的内涵和研究特例，学生均能很好地完成这项工作。这表明学生在概念学习情境活动中表现最好，特别是指向知识理解水平的问题。

因此，为进一步充分考查学生的核心素养，在今后的概念学习情境活动的命题中，可以大胆设计指向知识迁移与知识创新的问题，如将新概念与旧概念进行对比、联结，设计探究性问题。甚至让学生尝试自主将新学概念进行推广，自主提出新问题并解决，例如，在第 4 题中增设第（3）问要求学生类比写出三元函数的概念，仿照问题情境中的性质①②，给三元函数赋予性质①②③，提出有价值的数学问题并解决。

（2）学生在学习提升情境中表现较好，在研究探索情境中表现有待提升。

将题项按学习提升情境与研究探索情境进行分类计分，难度系数分别为 0.72 和 0.55，这表明学生在学习提升情境中表现较好，在研究探索情境中的表现有待提升。特别地，学生在指向知识理解水平的数学实验情境活动以及指向知识迁移水平的数学建模情境活动中解决问题时，得分率均较低，分别为 0.47 与 0.62。学生在这两类情境活动中表现较差的原因是部分教师囿于应试教育压力过重、对数学实验认识不足，担心影响教学进度等因素而未能引导学生开展数学实验活动❶，而数学实验活动的开展恰恰有助于学生对数学的理解以及创新性思维的发展❷；对于数学建模情境活动，同样囿于各类现实困窘，大多数教师无法引导学生开展数学建模活动❸。

因此，教师除了开展概念教学、原理教学和问题解决教学等日常教学活动

---

❶ 董林伟，孙朝仁. 初中数学实验的理论研究与实践探索［J］. 数学教育学报，2014，23（6）：20-25.

❷ 董林伟. 数学实验：促进初中生数学学习的一种有效方式［J］. 中国数学教育，2012（9）：2-5.

❸ 李凯. 高中数学建模教学：现实困境与突围路径［J］. 中学数学月刊，2021（10）：7-9.

以外，应当引导学生开展数学实验、数学建模、数学文献阅读等研究探索型情境活动，提升学生的数学应用意识和创造性思维。

（3）知识理解与知识迁移得分率接近，相关性较高，适当的问题铺垫有助于促进知识迁移的解决。

由前文数据分析知，知识理解与知识迁移得分率接近，相关性较高，其中的原因可能是指向知识迁移水平的题项中，除了第1题以外，4（2）、6（2）以及7（1）这个题项均有适当的问题铺垫，可以帮助学生形成问题解决的思路。例如，4（2）求$f(m,n)$的表达式前一问4（1）让学生求$f(4,3)$，帮助学生从特例入手，熟悉新概念的内涵以及题目中较为抽象的条件，这有助于学生依据从特殊到一般的思维，将特殊问题解决的思路迁移到一般问题解决中；6（2）的解决也依赖于6（1）递推关系数学表达；而7（1）虽然作为问题的第（1）问，但作为问题解决学习情境活动，其问题情境中也给出了一个相关的特殊问题解决的思路，学生只需在学习理解后，将其迁移到7（1）中解决即可。

学科领悟情境问题的设计不仅服务于评价与选材，还服务于对学生思维的培养。因此，通过有层次性地设计学科领悟情境问题，适当给予问题铺垫帮助学生更好地分析问题、解决问题，引导学生形成分析和解决创新性问题的一般思路，学会像数学家一样研究数学问题，加强灵活性、创新性思维的培养。

（4）情境的陌生度越高，学生在问题解决过程中的认知负荷越大。

测试卷中难度系数较低的题1，题3，题5（2），题6（3），题7（2）并非全是指向水平的素养考查，而是有一个共同的特点：情境陌生度高。例如，大部分学生在开展数学建模情境活动时大多数情况下都是面对高度理想化的封闭性问题，并且问题情境已经给出数学模型，学生只需按部就班地建立模型和求解模型即可，很少被要求对一个自然的未被理想化的建模问题（如题1）进行选取合适变量并阐述问题假设与研究思路，导致学生很少会思考"涉及什么样的数学知识？应该作出什么样的假设？如何形成研究思路？需要将什么变量考虑进来？"等问题。这些问题的思考需要学生同时搜索并关注大量的信息，在这个过程中认知负荷被加重，影响了图式的获得，进而产生错误❶。又如在解决题 5（2）时，学生需要在 6 个命题中选取 3 个组合形成新的真命题，学生在面对这一问题时，需要综合分析这 6 个命题两两之间的关系，即理论上需要进行 A_6^2 次判断，以其中两个作为条件，一个作为结论组合成新命题时，理论上又有 $C_6^2 C_4^1 = 60$ 种选法，在这个过程中还需要分析哪些作为条件较为合适，哪些作为结论更合理，最后需对组合成的新命题的真伪进行验证，这些过程环环相扣，任何一个环节没有作出准确的分析与判断，将会影响解题效果。因此，在这些陌生度较高的问题情境中，学生容易出现认知负荷超载的情况，导致解题错误的发生。

因此，在学科领悟情境问题设计时，采取两条原则"自由目标效应"和"样例效应"以降低学生的认知负荷❷。对于前者，可以在一些难以理解的语句或图表中，尽量增加更多的说明性语言加以阐述，以减少学生对这些内容意义的不必要猜测，从而降低认知负荷，减少错误的发生❸；对于后者，可以将样例与习题进行搭配，如设计问题解决学习情境活动等。

---

❶ 陈燕，罗增儒，赵建斌. 从认知负荷理论看数学错误[J]. 数学教育学报，2009，18（4）：19-22.

❷ TUOVINEN J E, SWELLER J. A comparison of cognitive load associated with discovery learning and worked examples [J]. Journal of Educational Psychology, 1999, 91 (2): 334-341.

❸ SWELLER J, CHANOLER P. Why some material is difficult to learn [J]. Cognitive and Instruction, 1994, 12 (3): 185-233.

第五章
基于"二层双向细目表"的命题编码与考卷分析

第一节　数学科高考试题编码系统建构

一、基于数学科高考试题编码的题库建设

试题编码是对试题所测内容维度与深度的一种描述，其目的是指导题目编写、方便题目存储和调用。数学科高考可以基于"命题框架"进行试题编码，以检查命题质量并完成考情分析。

数学科高考试题编码包括"内容属性编码"和"测量属性编码"两个部分。根据"一核""四层""四翼"评价体系确定各个试题的内容属性，包括层面、情境、知识内容、认知操作、考核目标、核心价值、学科素养、关键能力等八个指标。根据测量学的要求确定各个试题测量属性，包括题型、权重、难度、区分度等四个指标。

依据以上八个内容属性指标和四个测量属性指标，把经过编码的试题录入题库，在不同的工作阶段能发挥不同的作用。

（一）命题组卷阶段

命题组卷阶段主要完成四项工作：（1）对要命制的题目进行指标预设，调出题库中与题目指标吻合度较好的题目作为命题的参考。（2）对要命制的试卷进行指标预设，从题库调出与预设指标匹配的试卷，作为整卷命制的参考。（3）把命制的题目编码入库，与题库中的题目进行指标匹配，检查题目是否为陈题，是否需要进行调整以防止机械刷题，保障题目的信度、效度。（4）把试

卷初稿全部编码，完成初步的试卷质量定量分析，检查命制的试卷与预设目标的吻合度，检查整卷是否存在内容属性、测量属性不平衡，某些方面考查过重或过轻等问题。

（二）考后分析阶段

考后分析阶段主要完成两项工作：（1）把学生得分情况与原预设指标对照，检查试卷的命题质量，完成命题工作反思报告；（2）教师获取学生各方面发展的关键数据，定量分析学生存在的问题，从而更精准地推送学习资源，有效地对学生实施个性化指导，同时更精准地设计和实施教学，最终促成以素养为导向的教学设计与实施。

二、数学科高考试题编码系统建构示例

（一）编码总表

编码总表共设 12 个属性标签，其中属性 1~8 为内容属性，属性 9~12 为测量属性。数学科高考编码属性总表见图 5-1-1。

```
         数学科8（内容属性）+4（测量属性）编码表
```

属性1：层面	属性2：情境	属性3：知识内容	属性4：认知操作	属性5：考核目标	属性6：核心价值	属性7：学科素养	属性8：关键能力	属性9：题型	属性10：权重	属性11：难度	属性12：区分度
A：知识能力层面 B：学科素养层面	C：简单情境（或数学内部情境） D：生活实践情境 E：学科领悟情境	G：函数 H：向量 K：立体几何 I：平面解析几何 J：数列 g：概率 h：统计 i：集合 j：常用逻辑用语 a：复数 b：不等式 d：解三角形	L：识别与执行 M：转译与释义 N：举例与实证 O：概括与抽象 q：归纳与猜想 m：类比与猜想 n：关联与整合 e：匹配与实施 f：计划与决策 F：检查与评论 I：生成与贯彻	R：基础性 S：综合性 T：应用性 U：创新性	W	X	Y	P：客观题 Q：主观题			

图 5-1-1 数学科高考编码属性总表

（二）分表

属性2：情境见表5-1-1。

表5-1-1　属性2：情境

一级情境	一级情境识别码	二级情境	二级情境识别码
简单情境（或数学内部情境）	C		0
生活实践情境	D	个人应用情境	1
		公共应用情境	2
		教育与职业情境	3
		学科交融情境	4
学科领悟情境	E	学习提升情境	1
		研究探索情境	2

属性3：知识内容见表5-1-2。

表5-1-2　属性3：知识内容

一级知识	一级知识识别码	二级知识	二级知识识别码	三级知识	三级知识识别码
集合	i	集合的概念与表示	1	—	0
		集合的基本关系	2	—	0
		集合的基本运算	3	集合的并、交、补	1
				Venn 图	2
常用逻辑用语	j	必要条件、充分条件、充要条件	1	—	0
		全称量词与存在量词	2	—	0
不等式	b	不等式的概念及基本性质	1	—	0
		基本不等式	2	—	0
		一元二次不等式	3	—	0

（续表）

一级知识	一级知识识别码	二级知识	二级知识识别码	三级知识	三级知识识别码
函数	G	函数的概念与表示	1	函数的概念	1
				函数的表示	2
				分段函数	3
		函数的性质	2	函数的单调性	1
				函数的奇偶性	2
				函数的最值	3
				函数的周期性	4
		幂函数	3	—	0
		指数函数	4	—	0
		对数函数	5	—	0
		三角函数	6	—	0
		二分法	7	—	0
		零点存在定理	8	—	0
		导数及其应用	9	导数的概念	1
				导数运算	2
				利用导数研究函数单调性	3
				利用导数求函数极值或最值	4

（续表）

一级知识	一级知识识别码	二级知识	二级知识识别码	三级知识	三级知识识别码
向量	H	平面向量概念及表示	1	—	0
		平面向量运算及应用	2	平面向量加、减、数乘运算	1
				平面向量线性运算性质	2
				平面向量数量积	3
				平面向量投影	4
				平面向量共线	5
				平面向量垂直	6
		平面向量基本定理及其应用	3	平面向量基本定理	7
				平面向量的正交分解	8
				平面向量线性运算坐标表示	9
				平面向量数量积坐标表示	10
		空间向量概念及表示	4	—	0
		空间向量运算及应用	5	空间向量线性运算	1
				空间向量数量积	2
				空间向量投影	3
		空间向量基本定理及其应用	6	空间向量基本定理	1
				空间向量的正交分解	2
				基于坐标的空间向量加、减、数乘、数量积运算	3
				空间线线、线面、面面关系的向量表述及判断	4

（续表）

一级知识	一级知识识别码	二级知识	二级知识识别码	三级知识	三级知识识别码
解三角形	d	余弦定理	1	—	0
		正弦定理	2	—	0
复数	a	复数的概念及表示	1	—	0
		复数的运算	2	复数的四则运算	1
				复数加、减运算的几何意义	2
立体几何	K	基本立体图形	1	柱、锥、台、球及简单组合几何体的结构特征	1
				球、棱柱、棱锥、棱台的表面积公式	2
				球、棱柱、棱锥、棱台的体积公式	3
				斜二测画法	4
		基本图形位置关系	2	四个基本事实	1
				线线平行的性质与判定	2
				线线垂直的性质与判定	3
				异面直线所成角	4
				线面平行的性质与判定	5
				线面垂直的性质与判定	6
				线面所成角	7
				面面平行的性质与判定	8
				面面垂直的性质与判定	9
				二面角	10

（续表）

一级知识	一级知识识别码	二级知识	二级知识识别码	三级知识	三级知识识别码
平面解析几何	I	直线	1	倾斜角与斜率	1
				直线方程	2
				两点间距离	3
				点到直线的距离	4
				直线与直线的位置关系	5
		圆	2	圆的方程	1
				直线与圆的位置关系	2
				圆与圆的位置关系	3
		椭圆	3	椭圆的定义	1
				椭圆的标准方程	2
				椭圆的简单几何性质	3
		抛物线	4	抛物线的定义	1
				抛物线的标准方程	2
				抛物线的简单几何性质	3
		双曲线	5	双曲线的定义	1
				双曲线的标准方程	2
				双曲线的简单几何性质	3

（续表）

一级知识	一级知识识别码	二级知识	二级知识识别码	三级知识	三级知识识别码
概率	g	随机事件	1	随机事件的概念	1
				样本点与样本空间	2
				随机事件的并、交与互斥	3
		古典概型的概率	2	—	0
		概率的性质与运算	3	概率的性质	1
				概率的运算法则	2
		用频率估计概率	4	—	0
		随机事件的独立性及其运用	5	—	0
		计数原理	6	加法计数原理	1
				乘法计数原理	2
		排列与组合	7	排列的概念	1
				排列数公式	2
				组合的概念	3
				组合数公式	4
		随机事件的条件概率	8	条件概率的概念	1
				独立性	2
				乘法公式	3
				全概率公式	4
		离散型随机变量及其分布	9	离散型随机变量的概念	1
				离散型随机变量的分布列	2
				离散型随机变量的均值、方差	3
				二项分布及其数字特征	4
				几何分布及其数字特征	5
		正态分布	10	正态分布的概念、特征	1
				正态分布的均值、方差	2

（续表）

一级知识	一级知识识别码	二级知识	二级知识识别码	三级知识	三级知识识别码
统计	h	获取数据的基本途径及概念	1	统计报表和年鉴	1
				社会调查	2
				试验设计	3
				普查和抽样	4
				总体、样本、样本量	5
		抽样	2	简单随机抽样	1
				分层随机抽样	2
		统计图表	3	—	0
		用样本估计总体	4	样本参数（平均数、中位数、众数）	1
				离散程度参数（标准差、方差、极差）	2
				百分位数	3
		相关系数	5	—	0
		一元线性回归模型	6	一元线性回归模型的含义	1
				最小二乘法	2
				一元线性回归模型参数的最小二乘估计方法	3
		2×2 列联表	7	2×2 列联表的统计意义	1
				独立性检验	2

（续表）

一级知识	一级知识识别码	二级知识	二级知识识别码	三级知识	三级知识识别码
数列	J	数列的概念及其表示	1	—	0
		等差数列	2	等差数列的概念	1
				等差数列的通项公式	2
				等差数列前 n 项和公式	3
		等比数列	3	等比数列的概念	1
				等比数列的通项公式	2
				等比数列前 n 项和公式	3

属性4：认知操作见表5-1-3。

表5-1-3　属性4：认知操作

一级认知操作	一级认知操作识别码
识别与执行	L
转译与释义	M
举例与实证	N
概括与抽象	O
归纳与猜想	q
类比与猜想	m
关联与整合	n
匹配与实施	e
计划与决策	f
检查与评论	F
生成与贯彻	l

属性5：考核目标见表5-1-4。

表5-1-4 属性5：考核目标

一级考核目标	一级考核目标识别码
基础性	R
综合性	S
应用性	T
创新性	U

属性6：核心价值见表5-1-5。

表5-1-5 属性6：核心价值

一级核心价值指标	一级核心价值指标识别码	二级核心价值指标	二级核心价值指标识别码
政治立场和思想观念	W1	理想信念	1
		爱国情怀	2
		法治意识	3
世界观和方法论	W2	唯物求真	1
		辩证发展	3
道德品质和综合素质	W3	理性思维	1
		科学精神	2
		健康意识	3
		高雅审美	4
		劳动精神	5

属性7：学科素养见表5-1-6。

表5-1-6 属性7：学科素养

一级学科素养指标	一级学科素养指标识别码
数学阅读	X1
数学抽象	X2
数学推理	X3
数学运算	X4

（续表）

一级学科素养指标	一级学科素养指标识别码
直观想象	X5
数据分析	X6
数学建模	X7
研究探索	X8
批判质疑	X9
创新发散	X10

属性8：关键能力见表5-1-7。

表5-1-7 属性8：关键能力

一级关键能力指标	一级关键能力识别码
数学阅读理解能力	Y1
信息获取整理能力	Y2
数学抽象能力	Y3
数学语言表达能力	Y4
数学运算求解能力	Y5
数学推理论证能力	Y6
数据处理能力	Y7
数学建模能力	Y8
数学逻辑思维能力	Y9
数学形象思维能力	Y10
批判思维能力	Y11
空间想象能力	Y12
创新思维能力	Y13

测量属性编码表见表5-1-8。

表 5-1-8　测量属性编码表

属性 9：题型，属性 10：权重，属性 11：难度，属性 12：区分度

一级题型指标	一级题型识别码	二级题型指标	二级题型识别码	三级题型指标	三级题型识别码	权重	难度	区分度
客观题	P	单项选择题	1	题序数	题序数	直接使用题目分数所占百分比	直接使用题目难度系数	直接使用题目区分度
		多项选择题	2					
		……	……					
主观题	Q	填空题	1					
		解答题	2					
		……	……					

第二节　应用编码系统对数学科高考题目的分析

基于以上编码系统，对一份试题编码后，除了可以对每一项内容属性和测量属性进行分析（如表 5-2-1 所示，可以包括总体分析表、基础知识能力考核表、综合学科素养考核分析表。）外，还可以按照分析目标的不同进行指标组合，由系统（题库）导出相关的分析报告。

表 5-2-1　应用编码系统对数学科高考题目的分析内容

	表序号	表内容
第一系列：总体分析表	1.1	考核基本情境知识能力与考核综合情境学科素养题目的权重比例及其题型与难度分布
	1.2	考核不同目标的题目比例及其题型与难度分布
	1.3	考核不同核心价值的题目比例及其题型与难度分布

（续表）

第一系列：总体分析表	表序号	表内容
	1.4	考核不同学科素养的题目比例及其题型与难度分布
	1.5	考核不同关键能力的题目比例及其题型与难度分布
第二系列：基础知识能力考核表	2.1	考核不同基础知识的题目权重比例及其题型与难度分布
	2.2	考核不同基础认知操作题目的权重比例及其题型与难度分布
第三系列：综合学科素养考核分析表	3.1	考核不同情境的题目的权重比例及其题型与难度分布
	3.2	考核不同认知操作的题目的权重比例及其题型与难度分布

例如，可以通过设计使系统（题库）做出如表5-2-2～表5-2-9所示的输出。

表5-2-2 知识能力层面题目与学科素养层面题目的分析

分析内容	题目（题号与题数）	比例（权重）	题型	难度
知识能力层面				
学科素养层面				

表5-2-3 各种学科素养的题目分析（一）

分析内容	题目（题号与题数）	比例（权重）	题型	难度
学习掌握				
实践应用				
探索创新				
……				

表 5-2-4　各种学科素养的题目分析（二）

题目	学习掌握			实践应用			探索创新			……		
	权重	题型	难度	权重	题型	难度	权重	题型	难度	权重	题型	难度
第1题												
第2题												
……												
合计												

表 5-2-5　学生不同学科素养的成绩分析

学生	总分		知识能力层面		学科素养层面	
	成绩	排名	成绩	排名	成绩	排名
张卫华						
李向东						
吴开成						
……						
平均分						

表 5-2-6　各种考核要求的题目分析（一）

题目	基础性			综合性			应用性			创新性		
	权重	题型	难度	权重	题型	难度	权重	题型	难度	权重	题型	难度
第1题												
第2题												
第3题												
……												
合计												

表 5-2-7　各种考核要求的题目分析（二）

分析内容	题目（题号与题数）	比例（权重）	题型	难度
基础性题目				
综合性题目				

(续表)

分析内容	题目 (题号与题数)	比例（权重）	题型	难度
应用性题目				
创新性题目				

表 5-2-8　学校（或区域）不同学科素养的成绩分析

学校	学习掌握		实践运用		探索创新	
	成绩	排名	成绩	排名	成绩	排名
广州华附						
肇庆一中						
深圳中学						
……						
平均分						

表 5-2-9　学校（或区域）不同考核要求题目的成绩分析

题目	基础性		综合性		应用性		创新性	
	成绩	排名	成绩	排名	成绩	排名	成绩	排名
广州华附								
肇庆一中								
深圳中学								
……								
平均分								

第三节 数学科高考试卷质量分析指标及分析报告

一、高考试卷质量分析报告基本结构

（一）高考试卷质量分析报告建议框架

数学科高考试卷质量分析报告需要从定性和定量两个方面挖掘、整合、表述信息，以通过学生的认知反映教学中存在的问题以及命题存在的问题，对试卷进行质量分析是实现"教学评"一体化的重要环节。数学科"四层"指标体系，包括核心价值指标体系、学科素养指标体系、学科关键能力指标体系、学科必备知识结构体系，是试卷内容结构分析的要点。测量属性指标体系，包括平均分、标准差、难度、区分度、信度系数等，是反映试卷信度、效度的关键计量。但量化指标不能细致刻画学生的认知反映，所以，基于计量各种指标的分析综述和考生答卷典型错误及分析是一份试卷质量分析报告必不可少的组成部分。

试卷质量分析报告一般包括试卷总体评价、试卷分析、试题分析、考生答卷分析四个部分，以下提供一个试卷分析报告框架。

1. **试卷总体评价**
2. **试卷分析**

（1）试卷结构（题型、题量结构和赋分表）。

（2）试卷二层双向细目表。

（3）考查分析。

结合以上内容，对试卷"一核""四层""四翼"情况进行分析。

3. **试题分析**

（1）试题特色。

（2）试题评价指标分析Ⅰ。

①试题总体评价指标分析见表 5-3-1。

表 5-3-1　试题总体评价指标分析

分类	人数/人	平均分/分	标准差	差异系数/%	难度	信度系数	与总分的相关系数

②单选题试题数据表见表 5-3-2。

表 5-3-2　单选题试题数据表

题号	平均分/分	中位数	标准差	差异系数/%	难度	区分度	选A人数百分比		选B人数百分比		选C人数百分比		选D人数百分比	
							高分组/%	低分组/%	高分组/%	低分组/%	高分组/%	低分组/%	高分组/%	低分组/%

③非单选题试题数据表见表 5-3-3。

表 5-3-3　非单选题试题数据表

分类	人数/人	平均分/分	中位数	标准差	差异系数/%	难度	区分度	高分组得分率/%	中间组得分率/%	低分组得分率/%

④试卷难度分布图、试卷区分度分布图。

⑤各题难度分布分析。

（3）试题评价指标分析Ⅱ。

在有条件（使用分析平台）时，可以参照本章第一节对试题完成八个内容属性的编码和四个测量属性的编码。从平台导出如本章第二节的各类分析报告。

4．考生答卷分析

（1）考生答卷反映其掌握核心价值、必备知识、学科素养、关键能力等情况及存在问题。

(2) 考生答卷典型错误及分析。

(二) 高考试卷质量分析报告样例——2021年新高考全国Ⅰ卷数学试卷评价

以下高考试卷质量分析报告样例选自《广东高考年报（2021年）》。按照有关要求，文中的学科素养指标和关键能力指标参照《基于数学科高考评价体系的数学科考试内容改革实施路径》和课标。

数学学科试卷分析

作者：数学科学学院　冯伟贞　副教授
数学科学学院　苏洪雨　副教授

1. 试卷总体评价

2021年新高考全国Ⅰ卷数学试卷根据《普通高中数学课程标准（2017年版2020年修订）》、《中国高考评价体系》和《新高考过渡时期数学学科考试范围说明》（教基厅函〔2019〕44号）进行命制。试题以立德树人、服务选才、引导教学为基本思想，考查内容为学生进入高等教育必备的数学知识、核心价值、关键能力和核心素养（"四层"）。考查内容既界限清晰明确，又相互连接贯通，始终突显核心价值在育人中的重要地位；既符合高中数学课程的基本要求，又具有前瞻意识，充分考虑了高校对学生数学学科核心素养要求。试题体现了"基础性、综合性、应用性、创新性"（"四翼"），既注重考查学生对数学基本概念、原理、技能和思维方法的掌握情况，将数学知识、能力和素养整合的能力，又考查其应用数学知识解决实际问题的能力及探究、创新能力；既落实了高考"服务选才"的功能，又发挥了高考"引导教学"的功能。

广东考生的数学平均分是62.45，试题难度系数为0.42，难度偏大；试题的标准差为28.14，表明学生成绩差异较大；试题信度达到0.90，与总分的相关系数为0.88，相关性较强。从数据分析来看，试题质量较高，能够对学生的数学学习水平进行较好的区分，合理考查了学生的数学学科核心素养，适用于高等院校人才选拔，同时也反映了当前中学数学教学中存在的问题。

2. 试卷分析

2021年新高考全国Ⅰ卷数学与2020年及以前的高考试题相比，在试题的题型和结构方面都发生了改变,充分体现了新高考的命题思想和新课程的理念。在题型方面,填空题出现了一题两空,多选题的评分规则发生改变,而主观题考查的知识领域顺序不固定。在考查的主干知识点分布方面,也适当进行了调整,知识点的考查难度和关键能力的考查也有所变化。

(1) 试卷结构。

2021 年新高考全国 I 卷数学试题题型主要包括单项选择题、多项选择题、填空题和解答题四种类型。2021 年新高考全国 I 卷数学试题题型结构与分值见表 5-3-4。

表 5-3-4 2021 年新高考全国 I 卷数学试题题型结构与分值

题型	题量	分值/分	属性	
			必做题	选做题
单项选择题	8	40	是	
多项选择题	4	20	是	
填空题	4	20	是	
解答题	6	70	是	
合计	22	150	是	

(2) 2021 年新高考全国 I 卷数学试卷多维细目表见表 5-3-5。

表 5-3-5 2021 年新高考全国 I 卷数学试卷多维细目表

题目序号	分值/分	知识模块	必备知识（一级知识点）	关键能力	学科素养	高考评价体系的学科素养
1	5	预备知识	集合	运算求解能力	数学运算	数学探索、理性思维
2	5	几何与代数	复数	运算求解能力	数学运算	数学探索、理性思维
3	5	几何与代数	立体几何	空间想象能力、运算求解能力	直观想象、数学运算	数学探索、理性思维

(续表)

题目序号	分值/分	知识模块	必备知识（一级知识点）	关键能力	学科素养	高考评价体系的学科素养
4	5	函数	三角函数	运算求解能力、逻辑思维能力	数学运算、逻辑推理	理性思维、数学探索
5	5	几何与代数	解析几何	运算求解能力、逻辑思维能力	数学运算、逻辑推理	理性思维、数学探索
6	5	函数	三角函数	运算求解能力	数学运算	理性思维、数学探索
7	5	函数	导数的应用	运算求解能力、逻辑思维能力	数学运算、逻辑推理	理性思维、数学探索
8	5	概率与统计	概率	运算求解能力、逻辑思维能力	数学运算、逻辑推理	理性思维、数学探索
9	5	概率与统计	统计	运算求解能力、逻辑思维能力	数据分析、逻辑推理	理性思维、数学探索
10	5	几何与代数、函数	平面向量、三角函数	运算求解能力	数学运算	理性思维、数学探索
11	5	几何与代数	解析几何	运算求解能力、逻辑思维能力	数学运算、逻辑推理	理性思维、数学探索
12	5	几何与代数	立体几何、空间向量	空间想象能力、逻辑思维能力	直观想象、逻辑推理、数学抽象	理性思维、数学探索
13	5	函数	函数的性质	逻辑思维能力、运算求解能力	逻辑推理、数学运算	理性思维、数学探索
14	5	几何与代数	解析几何	运算求解能力、逻辑思维能力	数学运算、逻辑推理	理性思维、数学探索
15	5	函数	绝对值函数的最值	运算求解能力、逻辑思维能力	数学运算、逻辑推理	理性思维、数学探索

（续表）

题目序号	分值/分	知识模块	必备知识（一级知识点）	关键能力	学科素养	高考评价体系的学科素养
16	5	函数	数列	数学建模能力、运算求解能力、逻辑思维能力	数学运算、逻辑推理、数学建模	数学文化、理性思维、数学应用、数学探索
17（1）	6	函数	数列	运算求解能力、逻辑推理能力	数学运算、逻辑推理	理性思维、数学探索
17（2）	4	函数	数列	运算求解能力、逻辑思维能力	数学运算、逻辑推理	理性思维、数学探索
18（1）	5	概率与统计	随机变量及其分布列	数学建模能力、运算求解能力、逻辑推理能力	数学建模、逻辑推理	数学应用、数学探索、理性思维
18（2）	7	概率与统计	数学期望	数学建模能力、数学求解能力、逻辑推理能力	数学建模、逻辑推理、数学运算	数学应用、数学探索、理性思维
19（1）	5	函数	三角函数	运算求解能力、逻辑思维能力	数学运算、逻辑推理	理性思维、数学探索
19（2）	7	函数	解三角形	运算求解能力、逻辑思维能力	数学运算、逻辑推理	理性思维、数学探索
20（1）	4	几何与代数	立体几何	空间想象能力、逻辑思维能力	直观想象、逻辑推理	理性思维、数学探索

（续表）

题目序号	分值/分	知识模块	必备知识（一级知识点）	关键能力	学科素养	高考评价体系的学科素养
20（2）	8	几何与代数	立体几何	空间想象能力、运算求解能力	直观想象、逻辑推理、数学运算	理性思维、数学探索
21（1）	4	几何与代数	解析几何	运算求解能力、逻辑推理能力	数学运算	理性思维、数学探索
21（2）	8	几何与代数	解析几何	逻辑推理能力、运算求解能力	逻辑推理、数学运算、直观想象	数学探索、理性思维
22（1）	4	函数	导数的应用	运算求解能力、逻辑思维能力	数学运算、逻辑推理	理性思维、数学探索
22（2）	8	函数	导数的应用、不等式	运算求解能力、逻辑思维能力	数学运算、逻辑推理	理性思维、数学探索

（3）考查分析。

① "一核"功能，优化评价。

高考具有两大功能：第一，为国家、高校选拔合格人才；第二，引导中学教学，助力优秀人才的培养。高考数学要发挥数学学科特点，以测试数学综合能力、发展数学核心素养为目标，通过创新试卷结构与试题形式，更好地实现高考立德树人、服务选才、引导教学的核心功能。高考数学具有良好的区分效果，其选拔功能历来被重视和认可，主要体现在数学学科的独特性，能够较好地考查学生的理性思维；除此之外，选择优秀的数学人才是国家科技发展的根本，而优秀的人才不仅要具备优秀的数学思维品质，还要具备良好的道德品质。因此，高考数学既要选拔德智兼备的人才，也要对高中数学教学有积极的导向。2021年新高考全国Ⅰ卷数学充分体现了高考"立德树人、服务选才、引导教学"的核心功能，合理考查学生的数学学科核心素养，为选拔优秀数学人才提供了依据，并且有效引导中学数学教学。

②聚焦"四层"，融会贯通。

根据高校人才选拔要求和课标，高考的目标内容为"核心价值、学科素养、关键能力、必备知识"的"四层"。2021年新高考全国Ⅰ卷数学试题聚焦"四层"，考查内容既界限清晰明确，又相互连接贯通，始终突显核心价值在育人中的重要地位；既符合高中数学课程的基本要求，又具有前瞻意识，充分考虑了高校对学生数学学科核心素养的考查要求。

a. 合理设置问题情境，充分体现核心价值。

问题情境是实现考查内容和考查要求的载体。高考数学的试题情境可分为课程学习情境、探索创新情境、生活实践情境三类。在2021年新高考全国Ⅰ卷数学试卷中，合理设置了三类问题情境，聚焦于考生的核心价值观、世界观与人生观，发挥数学科的独特价值引领作用。在生活实践情境中，合理运用我国社会经济建设中的学科素材，引导学生关注社会现实与经济、科技发展，增强国家认同。

2021年新高考全国Ⅰ卷数学试卷的课程学习情境主要考查学生对数学概念、原理的理解，对数学运算、推理的掌握与应用，如第1、2、3、13、14题，都是数学学习情境，考查了集合、复数、圆锥、函数性质及抛物线相关概念，这些问题情境简洁清晰，以学生比较熟悉的方式展现，有利于考查学生的数学"双基"；数学探索创新情境包括推演数学命题、数学探究、数据分析、数学实验等问题情境，如第7、11、12、17、19、20、21、22题。这类问题情境强调数学的推理与探究，是比较"纯"的数学问题，是数学的综合运用与发现；生活实践情境体现了数学应用的广泛性，需要考生将问题情境与学科知识、方法建立联系，应用学科工具解决问题，是考查考生数学应用素养、理性思维素养和数学文化素养的重要载体。这类问题可以结合思想品德教育，体现我国社会经济、科技、文化的发展，如第18题，通过"一带一路"知识背景，让学生关注我国经济发展和国际视野，增强学生的国家认同。

在高考试题中渗透数学文化，使学生充满民族自豪感与自信心。例如，第16题以学生研究民间剪纸艺术为背景，考查学生的动手操作、观察实验的能力，以及通过数学归纳猜想并解决数学问题的能力，培养其数学创新能力。此题结合剪纸艺术，从学生熟悉的情境出发，通过实验、观察、归纳、猜想，合情推理数学结论，使学生不仅可以在研究问题中发现数学，而且可以感受到文化的价值，增强民族自信。

b. 注重学科核心素养，强调数学关键能力。

课标提出数学抽象、逻辑推理、数学建模、直观想象、数学运算、数据分析六种数学学科核心素养，其实质就是具有数学基本特征的思维品质、关键能力以及情感、态度与价值观的综合体现，是在数学学习和应用的过程中逐步形成和发展的。这些数学学科核心素养既相对独立，又相互交融，是一个有机的整体。《中国高考评价体系》的学科素养包括"学习掌握""实践探索"和"思维方法"。在二者的基础上，任子朝等将高考数学考查的学科素养提炼为理性思维、数学应用、数学探索和数学文化，并分析了其与前二者的关系。2021年新高考全国Ⅰ卷数学试题通过设置综合问题考查学生数学核心素养，对学生的要求比以往有所提高。这也体现了试题的综合性，考查在各种数学情境中学生应用数学思维解决问题的综合能力。例如，在函数领域，全面考查学生对函数的单调性、最值、奇偶性等知识的理解，以及相应的数学抽象、数学运算、逻辑推理、直观想象等关键能力，同时也考查了数学思维的深刻性、灵活性、严谨性等。通过与导数相关内容的融合，结合不等式、方程等数学思想，综合考查学生的数学核心素养和数学情感价值，做到了必备知识与关键能力、学科素养、核心价值之间的融会贯通，互相关联。

c. 考查数学必备知识，重视概念原理本质。

2021年新高考全国Ⅰ卷数学试卷考查内容与分值分布见表5-3-6。

表 5-3-6　2021年新高考全国 I 卷数学试卷考查内容与分值分布

知识点内容	函数与导数	数列	三角	解析几何	立体几何	概率统计
分值/分	27	15	22	27	22	22
知识点内容	集合	复数	向量			
分值/分	5	5	5			

知识点及分值分布见图 5-3-1。

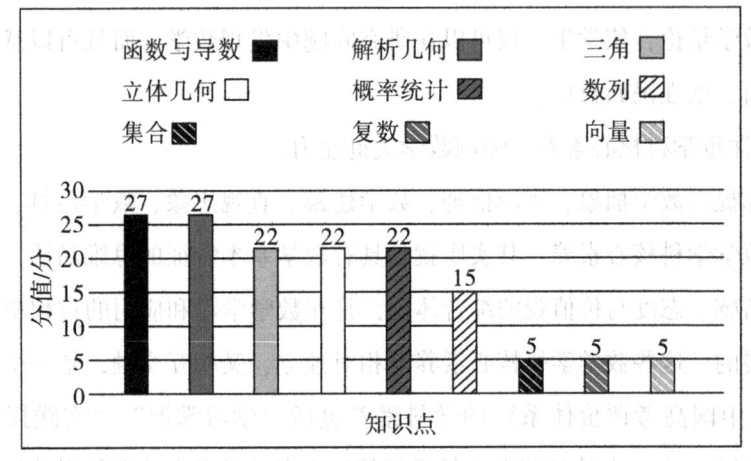

图 5-3-1　知识点及分值分布

备注：按照一级知识点归类。三角即为三角函数和解三角形。

从表 5-3-6 和图 5-3-1 可以看出，函数与导数、几何、三角、概率统计是此次考查的主干内容，分值为 120 分。尤其是几何方面，解析几何的分值是 27 分，立体几何是 22 分，如果把解三角形也归入几何领域，那么几何分值接近 61 分，占比大于全卷的三分之一。与 2020 年高考全国 I 卷理科试题相比，该试题中概率统计的分也有所增加，在单项选择题、多项选择题和解答题三种类型的题目中各有一题，考查的内容包括独立事件的判断和计算公式、用样本估计总体（样本平均数、中位数、标准差、极差）、离散型随机变量的分布列和数学期望，倾向于概率，统计内容减少。没有考查不等式、坐标与参数方程等相关的内容，试题降低了文字的阅读量，数学情境比较清晰。

2021 年新高考全国 I 卷数学试卷和 2020 年高考全国 I 卷理科数学试卷认

知结构考查指标比较见表5-3-7。

表5-3-7 2021年新高考全国Ⅰ卷数学试卷和2020年高考全国Ⅰ卷理科数学试卷认知结构考查指标比较

试卷	2021年新高考全国Ⅰ卷数学试卷			2020年高考全国Ⅰ卷理科数学试卷	
指标	题号	分值/分	百分比/%	分值/分	百分比/%
了解	1，13	10	6.7	10	6.7
理解	2，3，4，5，6，8，9，10，14，15，17，18	72	48	89	59.3
掌握	7，11，12，16，19，20，21，22	68	45.3	51	34

课标的课程理念之一是启发学生思考，引导学生把握数学内容的本质。数学内容表现为概念、法则、性质、公式、公理、定理等可呈现的数学事实，而数学本质则是这些丰富内容所共有的深层结构和实质思想。2021年新高考全国Ⅰ卷数学试题重视对数学内容本质，即数学所蕴含的重要的数学思想的考查，同时强调学生理解基本的数学概念、原理和方法，而不是浮于表面的技巧和套路。

试题主要从数学概念与原理的理解、数学方法的使用、重要的数学思想、数学知识的关联、数学应用与创新等方面体现了对于数学本质的考查。第一，强调概念和原理的内涵，揭示数学知识形成的过程。例如，第5题是关于椭圆的概念问题，所求的$|MF_1|\cdot|MF_2|$的最大值实际是回归到椭圆的定义，利用椭圆定义得到$|MF_1|+|MF_2|=2a=6$，再寻找已知与未知之间的关系；第8题是判断事件A，B是否独立的问题，也是要回到概率概念和独立事件定义。第二，数学方法的使用，例如，第7题和第22题，都可以使用构造的方法，通过求导分析函数的单调性；且向量的方法在立体几何和三角函数问题中发挥重要作用。第三，试题考查了多种重要的数学思想，例如，数形结合的思想（第3、11题）、字母表示数的代数思想（第16题）、函数与方程的思想（第19

题)、不等式思想(第5题)、分类与整合的思想(第15题)、转化与化归的思想(第20题)、特殊与一般的思想(第16、17题)、或然与必然的思想(第18题)等。第四,数学知识的关联也是数学本质的重要体现,例如,第5题把椭圆的定义与基本不等式相关联,第10题是向量与三角函数的结合。第五,数学应用问题和创新,是基于数学知识的应用,考查了学生对相关数学的本质理解和应用能力,例如,第16题和第18题,学生要从问题情境中识别出数学模型,并应用相关的数学知识解答。

特别地,试题从数学本质的角度考查学生对于数学概念、原理和方法的使用情况。例如,第8题和第9题,都是考查概率和统计中的核心概念;第6题,考查学生对于三角函数诱导公式的使用能力;第17题,考查学生对于数列通项公式的理解能力。这些内容都属于基础性的问题,试题并不是简单地重复相关的知识,考查学生机械使用基本的数学技能的水平,而是从数学的本质出发,多层次、多角度考查学生对数学概念与原理的掌握情况。这种命题在2021年1月八省联考的新高考适应性测试数学试题中有所体现,但是适应性测试试题的综合程度较高,运算复杂,而2021年新高考全国Ⅰ卷数学试题有所改进,计算难度降低,但是依然以考查数学本质为目标,考查学生对概念、原理的理解和方法的使用能力。

从表5-3-7可以看出,试卷的题目在"理解"层次的分值最大,为72分,占比48%,"掌握"层次的占比约为45.3%,而"了解"层次仅考查了两道题目,占比最低,仅约为6.7%。与2020年高考全国Ⅰ卷理科数学相比,"了解"层次的题目分值占比没有下降,而"掌握"层次的题目分值有较小的上升。如第16题是生活情境问题"折纸规律归纳与数列求和",该题要求学生在熟悉的生活情境问题中进行猜想、演绎、归纳,要求学生对错位相减法的适用情况了然于心,考查了学生的数学运算、逻辑推理能力,要求达到"掌握"的层次。与2020年高考全国Ⅰ卷理科数学试题相比,2021年新高考全国Ⅰ卷数学试题认知要求有所提高,对于考查基本知识"了解"层次的分值保持不变,除了第一道选择题和第一道填空题外，都达到了"理解"及以上的水平，加强了试题的综合性。而"掌握"水平的试题分值略有上调，减少了解题的技巧性，在数学运算、逻辑推理、直观想象等关键能力方面进一步加强，要求达到更高的认知水平。

③基于"四翼"，评价素质。

高考评价体系的"四翼"考查要求立足于素质教育应达成的内容表现与形式表现，是在高考中对素质教育进行评价的基本维度。2021年新高考全国Ⅰ卷数学试题基于"四翼"要求，也就是"基础性、综合性、应用性、创新性"，体现了素质教育在高考中的评价维度，既落实了高考"服务选才"的功能，又发挥了高考"引导教学"功能。

a. 基础考查通用典型，综合强化整体关联。

在2021年新高考全国Ⅰ卷数学试题中，基础性主要考查数学基础知识、基本技能和基本的思想方法，解法注重通用性和典型性；综合性主要体现在知识的交叉融合，多种关键能力的综合应用。数学的基础性指的是学生应掌握的数学基本概念、原理、技能、思维方法等。在试题的命制中，主要考查学生准确理解并熟练掌握主干数学内容，具备应对生活实践或学科领悟问题情境的基本知识、基本能力与基本素养。试题的综合性是指考查学生数学知识、关键能力、核心素养之间的整合能力及综合运用水平，也就是学生能够综合运用科学的思维方法，合理地组织、调动数学的相关知识与能力，高质量地应对生活实践或学科领悟中的复杂问题情境，能够触类旁通、举一反三，甚至融会贯通。

2021年新高考全国Ⅰ卷数学试卷，以集合、复数、几何、三角函数、椭圆、函数与导数、数列、概率等基础知识为载体，考查了学生的数学运算、逻辑推理、直观想象、数据分析等基本技能，而在基本的思想方法方面，主要是数学抽象、数形结合、函数与方程、特殊与一般、分类讨论、递推、化归与转化的思想方法。在基础性考查方面的处理，吸收了适应性测试中的经验，通过设计典型的基础问题，考查学生通用的方法，掌握基础知识和技能的情况，避免了思维层次要求过高、运算过于繁杂的情况。

在试题的综合性方面，能够把基础与综合合理结合，强化数学的整体性和关联性，在多选题、填空题、解答题中，通过设置综合性问题，突破单一或者固定知识与能力考查，全面评测了学生的数学核心素养。例如，第 19 题，第（1）问是比较基础的证明，只要使用正弦定理就可以解决；但是第（2）问，打破常规，出现多个三角形，既要使用余弦定理，又要使用平面几何知识判断不同的边和角的关系，而且数学运算素养要求较高，这就对学生的解题能力提出了挑战。

  b. 应用情境清晰易懂，数学模型学以致用。

《中国高考评价体系》认为应用性要求以贴近时代、贴近社会、贴近生活的生活实践或学科领悟问题情境为载体，2021 年新高考全国 Ⅰ 卷数学试题的应用情境大多都是结合学生的生活，选取了社会生活实践、国家经济社会发展、科学技术进步等紧密相关的内容与问题，通过这些问题的设计，考查学生使用相关数学模型解决问题的能力。例如，第 8 题，以取放标有数字的相同的球为应用情境，考查学生对"独立事件"这个数学模型的理解与应用；第 18 题，基于"一带一路"的背景，考查学生对离散型变量的分布列和数学期望的应用水平，评测学生把课堂知识迁移到实际、理论联系实际的能力。

  c. 倡导探索创新意识，突破思维定式束缚。

高考关注与创新密切相关的能力和素养，如独立思考能力、发散思维、逆向思维等，考查学生敏锐发觉旧事物缺陷、捕捉新事物萌芽的能力；考查学生进行新颖的推测和设想并周密论证的能力；考查学生探索新方法、积极主动解决问题的能力，鼓励学生摆脱思维定式的束缚，勇于大胆创新。在数学试题中，合理设计问题情境，适度进行题型改革，设置了多选题和一题两空，让学生进行操作实验，通过观察，主动思考，探索规律；通过归纳猜想，得到数学一般结论，培养学生的创新意识和创新思维。例如，在第 16 题的折纸问题中，学生甚至可以在考场进行折纸实验，通过 1 次、2 次的操作，得到特殊的结论，通过数学抽象，探讨一般的结论，得到结果；第 21 题圆锥曲线问题的第（2）问，探究直线 AB 的斜率与直线 PQ 的斜率之和，这也是让学生通过尝试、探究、大胆猜测，然后进行数学验证。

3. 试题分析

2021 年新高考全国 I 卷数学试题是广东首次使用文理不分科的数学试题，虽然和以往文理分卷考试有所不同，但是依然继承了以往全国卷试题的优点，并进行了改革，增加了多选题、一题两空的题型。试题兼顾文理考生数学学习的特点，注重基础性的考查和问题解决的通性通法，强调数学本质，降低运算难度，适度考查数学应用和创新，提升题目的区分度。

（1）试题特色。

①兼顾文理不分科，注重基础和区分。

试题在兼顾文理科不同的情况下，适度降低运算难度；题目重视考查学生对基础知识、基本技能和基本的数学思想的掌握情况；同时，适当设计问题的梯度，提高试题的区分度，能够合理考查学生的数学学科核心素养。

例如，单选题中，集合、复数、函数性质等基本问题属于基础性问题，而第 8 题却是考查独立事件的定义，难度不大，重点考查数学本质；多选题第 9 题考查基本的统计量，第 10、11、12 题的难度逐步增加，特别考查了直观想象的核心素养，同时隐含了参数方程、三角函数、平面几何等知识。填空题第 13 题不是简单的考查偶函数，还包括了幂指数的运算，考点较多；而第 14 题和第 15 题较为综合，较好地考查了抛物线相关概念和绝对值函数的最值；第 16 题包括两个问题，第一问比较直接，学生通过观察、操作或实验就可以得到结果，第二问则是考查学生的数学抽象能力，探讨数学模型，要求学生能够归纳、推理和运算，综合考查了学生的核心素养。在解答题中，第（1）问相对比较基础，但是考查能力，如数列通项的递推关系理解、离散型分布列求解、正余弦定理的应用、立体几何推理、圆锥曲线定义的理解、导数与函数单调性的分析等；第（2）问则具有一定的数学深度和高度，考查学生思维的深刻性、严谨性、广阔性等,学生要理解相关的数学思想,如数列中的函数思想、概率思想、方程思想、数形结合思想、化归思想等,同时,能够运用递推、类比、转化、构造等方法解决问题。这样的命题设计,不仅让学生能够较好地理解问题,而且需要进行多角度的探究,严谨细致的推导、准确的运算才能解决问题。这样的命题,既能考查文理不同倾向的学生的数学基础情况,又能对他们进行合理区分,有利于人才的选拔。

②基于新题型命题,强化梯度的设计。

在2021年新高考全国Ⅰ卷数学试卷中,比较合理地设计了多选题、一题多空题的新题型。这些新题型强化了试题的梯度,在考查数学知识和关键能力方面,能够使不同水平的学生获得不同的分数,提高了学生成绩的区分度,有助于学生更好地发挥数学潜能。

例如,多选题的第11题,题目的已知信息清晰简单,圆上有一点 P,另外有两个特殊的点 A,B 分别在 x 轴和 y 轴,选项 A 和 B 是属于同一层次的问题,也就是圆上的点到直线 AB 的距离问题,考点是圆与直线的位置关系;而选项 C 和 D 又是更高层次的问题,考查角、直线和圆的位置关系、勾股定理等,是考查动态几何的问题。这两个梯度针对不同的考生提出了不同的要求,比较全面地考查了学生的数学素养。

11. 已知点 P 在圆 $(x-5)^2+(y-5)^2=16$ 上,点 $A(4,0)$,$B(0,2)$,则（   ）.

A. 点 P 到直线 AB 的距离小于 10

B. 点 P 到直线 AB 的距离大于 2

C. 当 $\angle PBA$ 最小时,$|PB|=3\sqrt{2}$

D. 当 $\angle PBA$ 最大时,$|PB|=3\sqrt{2}$

再例如,第16题共有两个空,第一个空基于观察、实验、操作就可以得到答案,属于基础性的考查;第二个空是基于第一个的结果,进行归纳、探究规律,通过数学抽象,得到一般的数列模型,再通过数学运算才能获得最后的结果。问题的难度逐步上升,考查的学生核心素养也不同,后者更加注重数学思维的深度与广度，强调数学抽象、建模和运算。

16. 某校学生在研究民间剪纸艺术时，发现剪纸时经常会沿纸的某条对称轴把纸对折，规格为 20 dm×12 dm 的长方形纸，对折 1 次共可以得到 10 dm×12 dm，20 dm×6 dm 两种规格的图形，它们的面积之和 $S_1 = 240$ dm^2，对折 2 次共可以得到 5 dm×12 dm，10 dm×6 dm，20 dm×3 dm 三种规格的图形，它们的面积之和 $S_2 = 180$ dm^2，以此类推，则对折 4 次共可以得到不同规格图形的种数为 _____；如果对折 n 次，那么 $\sum_{k=1}^{n} S_k = $ _____ dm^2.

不仅仅是新题型的问题有着梯度的划分，在解答题中，第（1）问和第（2）问也有着比较清晰的梯度。一般地，第（1）问都是考查最基本的数学概念、原理或方法，第（2）问所要求的数学思维层次加深，综合考查学生的数学核心素养。

③淡化命题的形式，注重数学的本质。

从 2021 年新高考全国 I 卷数学试卷整体分析，命题的形式比较平实，即使是新增的多选题和一题两空题，也都是学生日常练习过的类型；而解答题也没有超出学生的预期，数列、概率统计、三角函数、立体几何等依然是解答题的主要内容，解析几何和导数的应用问题作为最后的压轴。

尽管试题形式比较常规，但是试题重点考查了数学的本质，通过这些问题的考查，也恰恰体现了学生数学学习的薄弱环节，也揭示了数学教学的不足之处。

2021 年新高考全国 I 卷数学试题除了增加多选题和一题两空的新题型之外，其他题目在形式上与往年的高考题没有太大区别，都是学生比较熟悉的"类型"，这给人一种错觉：试题与往年的高考题没有太大改变，甚至不如 2020 年山东省使用的新高考试题新颖（除了多选题，还有开放性问题）。然而，在考查概念、原理和方法方面，2021 年新高考全国 I 卷数学试题确实考查了数学本质问题，如同许多教师说的，"考到了学生的'痛点'"！什么是学生的"痛点"？当前，为了应对高考，许多学校把高中三年的课程压缩为两年完成，这就造成了

"概念照本宣科，原理记忆就过，方法只为结果"的结果。在高三复习阶段，暴露的很多问题都是对概念理解不深刻，对数学公式、定理不求甚解，解题方法倾向套路。针对这样的现象，试题从基本概念、原理出发，考查学生是否掌握了其思想与方法。

7. 若过点(a,b)可以作曲线$y=e^x$的两条切线，则（　　）.

A. $e^b<a$ B. $e^a<b$ C. $0<a<e^b$ D. $0<b<e^a$

此题设问简单，函数模型也是学生熟悉的常用指数函数，考点是切线问题。这道题目看似比较常规，却隐含着多个概念问题，如指数函数的图象、性质、切线、导数、斜率等。解答此题，一种解法可以从函数图象直观获得信息，并且要理解指数函数图象的性质特征，理解切线的含义及a，b，e^x对应的几何意义；另一种解法是写出切线的方程，讨论a，b的取值，要用到导数的概念，甚至极限的思想，有可能"小题大做"。此题考查的数学本质就是指数函数性质、图象和切线概念（水平渐近线）。

多选题中的第10题，考查的是向量数量积的坐标表示及两角和差公式，也是基本的数学公式；填空题的第14题和第15题，前者考查的是抛物线的概念，后者考查的是分段函数的概念与最值问题。

解答题中的数列、概率、解三角形等，虽都是常见的题型，考查的却是数学的本质。例如，第17题数列问题的题干简洁清晰，问题也不难理解，其中第（2）问要求前20项的和，看似比较基础，考查的却是数列的基本概念和递推关系。题目给出的a_{n+1}与a_n的递推关系是奇偶项的交叉递推关系，这和往常试题的奇偶项分别讨论不同，也为学生制造了解题的障碍，但试题本质还是考查等差数列的概念，体现了数列是一类特殊的函数。

④动点动线重直观，归纳猜想强探究。

在2021年新高考全国Ⅰ卷数学试题中，"变化"的数学随处可见，很好地体现了高中"变量"数学的特征；另外，在考查学生逻辑推理能力的同时，注重考查学生观察、实验、列举、归纳和猜想的能力。

从动态研究数学是 2021 年新高考数学的显著特点。例如，第 3 题，已知圆锥的底面半径为 $\sqrt{2}$，其侧面展开图为一个半圆，求该圆锥的母线长。这个题目要求学生头脑中有圆锥侧面展开的直观表象，发现圆锥母线和底面圆周的关系，问题也就容易解决；第 7 题，点 (a,b) 是动态的，切线也是动态的，一旦确定了位置，则可求得 a 和 b 的值；第 11 题，考查直线与圆的位置关系，以及 $\angle PBA$ 的大小变化，也是动直线的问题；第 12 题将二维空间转换到三维空间，根据两个参数，考虑 P 点的运动轨迹，既要考虑二维平面上点的动态过程，也要讨论三维空间的直线的变化；解答题第 20 题为立体几何问题，同样也是动态的点和线，最后拓展到二面角的问题；第 21 题，设点 T 在直线 $x=\dfrac{1}{2}$ 上，求直线 AB 的斜率与直线 PQ 的斜率的关系，通过动点给出两条割线的关系，探讨最后的结论。

除了几何的变化之外，数量的变化也比较常见，如三角函数的诱导公式、正余弦定理、韦达定理的应用、量的代换和构造等。正是由于形和数的"变"，提高了试题的质量，改变了学生死记硬背地套用公式或"模式"的解题方式。

试题的另一个特点是注重考查学生归纳猜想和数学探究能力。在第 16 题中，通过折纸的特殊情况对折 1 次、2 次、3 次，让学生发现其中蕴含的数字规律，归纳猜想数列通项：由第 n 次对折后的图形面积为 $120\times\left(\dfrac{1}{2}\right)^{n-1}$，猜想 $S_n=\dfrac{120(n+1)}{2^{n-1}}$，继而求得结果。这个归纳猜想的数学探究过程，考查了学生对特殊与一般的数学思想的理解，也考查了数学抽象的素养。第 21 题的第（2）问，也可以先从特殊入手，猜测出结论，然后再进行严格的论证。

这样的命题方式使试题变得比较灵活，既注重了数学的理性思维，强调逻辑推理，同时也注重了类比、归纳和猜想，培养学生的数学创新意识。

⑤情境设置较合理，数学阅读恰适当。

高考评价体系中的"四层"考查内容和"四翼"考查要求，是通过情境载体来实现的。在高考数学试题中，主要包括课程学习情境、探索创新情境、生活实践情境三类，合适的情境可以有效地考查学生的数学基础、应用和创新。相对于 2020 年高考全国 I 卷理科数学试题，2021 年新高考全国 I 卷数学试题中的情境设计比较合理，体现了课程学习情境、探索创新情境、生活实践情境。数学学科与其他学科显著不同，即高度的抽象性，过于复杂的情境可能干扰考查学生的数学理解，不一定能够评测学生的数学学科核心素养。除了第 16 题和第 18 题两个具有一定特殊生活实践情境的试题，其他都是学生熟悉的学习、探索创新情境，这有助于学生正确地理解问题。

试题在数学阅读方面也适当降低了难度，学生能够比较快速地读懂问题，并且转化为数学语言，表征为数学符号。阅读难度的降低也有利于学生在短时间内应用合适的数学知识、技能解决问题，展现真实的数学能力。

⑥落实新高考政策，加强教学的导向。

新高考是新课程改革以来的检验方式，落实新高考政策，有助于推进新课标和新教材的实施。新高考结合新课标和《中国高考评价体系》进行命题，对未来的数学教学起到引导作用。

课标在命题建议中指出：考查内容应围绕数学内容主线，聚焦学生对重要数学概念、定理、方法、思想的理解和应用，强调基础性、综合性；注重数学本质、通性通法，淡化解题技巧；融入数学文化。命题时应有一定数量的应用问题，重点考查学生的思维过程、实践能力和创新意识，适度增加试题的思维量；关注内容与难度的分布、数学学科核心素养的比重与水平的分布；努力提高试卷的信度、效度和公平性。

从以上分析可以发现 2021 年新高考全国 I 卷数学试题落实了相关的政策，严格按照教育部提出的"要优化情境设计，增强试题开放性、灵活性，充分发挥高考命题的育人功能和积极导向作用，引导减少死记硬背和'机械刷题'现象"。这对于未来的数学教学有着良好的引导作用。

(2) 试题评价指标（试题的平均分、难度、中位数、区分度、标准差、差异系数）分析。

从 2021 年新高考全国 I 卷数学试题总体评价指标分析（表 5-3-8）发现，60 多万考生的平均分是 62.45 分，试题难度偏大；试题的信度较高，整体信度达到了 0.90，标准差较大，说明数学成绩差异较大。

分类评价指标提示，对普通（物理）类考生而言，平均分达到 74.78 分，难度中等，但对普通（历史）类考生而言，平均分为 51.84 分，试题难度偏大，对体育类、艺术类考生而言，平均分不到 40 分，试题难度较大。

表 5-3-8　2021 年新高考全国 I 卷数学试题总体评价指标分析

分类	人数/人	平均分/分	标准差	变异系数	难度	信度系数	与总分的相关系数
数学	607 153	62.45	28.14	0.45	中	0.90	0.88
普通（物理）数学	327 348	74.78	25.34	0.34	中	0.88	0.91
普通（历史）数学	204 831	51.84	24.92	0.48	中	0.88	0.86
体育数学	18 170	39.61	18.73	0.47	难	0.79	0.75
艺术数学	56 804	36.97	17.76	0.48	难	0.78	0.73

① 各题评估指标分析见表 5-3-9、表 5-3-10。

表 5-3-9 选择题试题数据表

题号	平均分/分	中位数	标准差	差异系数	难度	区分度	选A人数百分比		选B人数百分比		选C人数百分比		选D人数百分比	
							高分组	低分组	高分组	低分组	高分组	低分组	高分组	低分组
1	4.66	5.00	1.26	27.10	易	0.20	0.07%	1.41%	99.28%	80.92%	0.12%	3.10%	0.53%	14.51%
2	4.25	5.00	1.79	42.04	易	0.41	1.40%	9.47%	0.35%	19.08%	97.83%	59.62%	0.43%	11.75%
3	3.53	5.00	2.28	64.57	易	0.53	3.78%	16.75%	90.92%	45.10%	0.93%	14.19%	4.35%	23.83%
4	3.28	5.00	2.38	72.56	中	0.73	93.66%	30.15%	0.64%	15.65%	1.68%	33.21%	4.04%	20.87%
5	3.20	5.00	2.40	75.10	中	0.69	2.21%	23.85%	2.55%	24.67%	91.55%	31.82%	3.65%	19.53%
6	2.77	5.00	2.49	89.60	中	0.66	2.98%	22.89%	4.24%	29.61%	85.61%	27.10%	7.13%	20.10%
7	2.34	5.00	2.49	106.65	中	0.58	5.11%	10.73%	6.61%	18.38%	13.95%	48.24%	74.17%	22.33%
8	0.34	0.00	1.26	371.18	难	-0.04	46.94%	47.32%	6.41%	8.83%	1.51%	8.20%	45.09%	35.51%
9	3.43	5.00	2.04	59.60	中	0.60	2.71%	16.37%	3.68%	22.03%	95.38%	56.62%	95.62%	40.72%
10	2.49	2.00	1.99	80.14	中	0.64	89.49%	29.30%	4.97%	31.47%	82.05%	37.87%	4.68%	15.98%
11	1.49	2.00	1.25	83.46	中	0.22	79.81%	32.27%	19.66%	43.89%	29.61%	21.54%	36.75%	15.54%
12	1.35	2.00	1.27	93.89	难	0.16	12.54%	16.68%	69.49%	28.41%	17.34%	32.50%	25.67%	29.98%

表 5-3-10 非选择题试题数据表

题号	人数/人	平均分/分	中位数	标准差	差异系数	难度	区分度	高分组得分率	中间组得分率	低分组得分率
13	607 153	3.26	5.00	2.38	73.11	中	0.60	0.91	0.70	0.35
14	607 153	0.95	0.00	1.96	205.88	难	0.54	0.44	0.12	0.02
15	607 153	2.65	5.00	2.50	94.35	中	0.45	0.76	0.53	0.31
16	607 153	1.09	2.00	1.07	98.89	难	0.20	0.26	0.21	0.18
17（1）	607 153	2.26	2.00	1.75	77.40	中	0.60	0.55	0.38	0.21
17（2）	607 153	1.35	0.50	1.54	114.67	中	0.53	0.55	0.32	0.14
18（1）	607 153	2.78	4.00	2.10	75.38	中	0.76	0.86	0.60	0.22
18（2）	607 153	3.84	5.00	3.07	79.87	中	0.78	0.88	0.58	0.20
19（1）	607 153	2.35	3.00	1.73	73.59	中	0.68	0.68	0.50	0.23
19（2）	607 153	0.57	0.00	1.31	230.59	难	0.53	0.19	0.05	0.01
20（1）	607 153	2.68	4.00	1.62	60.36	中	0.74	0.94	0.73	0.35
20（2）	607 153	1.59	0.00	2.51	157.25	难	0.68	0.44	0.14	0.02
21（1）	607 153	1.84	3.00	1.43	77.80	中	0.73	0.70	0.49	0.19
21（2）	607 153	0.29	0.00	0.80	272.76	难	0.49	0.09	0.02	0.00
22（1）	607 153	1.73	1.00	1.84	106.78	中	0.73	0.78	0.42	0.10
22（2）	607 153	0.11	0.00	0.45	412.23	难	0.38	0.04	0.00	0.00

2021年新高考全国Ⅰ卷数学难度分布见图5-3-2。

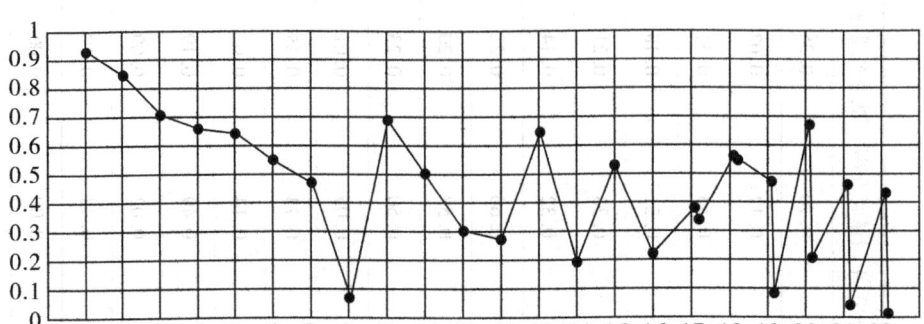

图5-3-2　2021年新高考全国Ⅰ卷数学难度分布

2021年新高考全国Ⅰ卷数学区分度分布见图5-3-3。

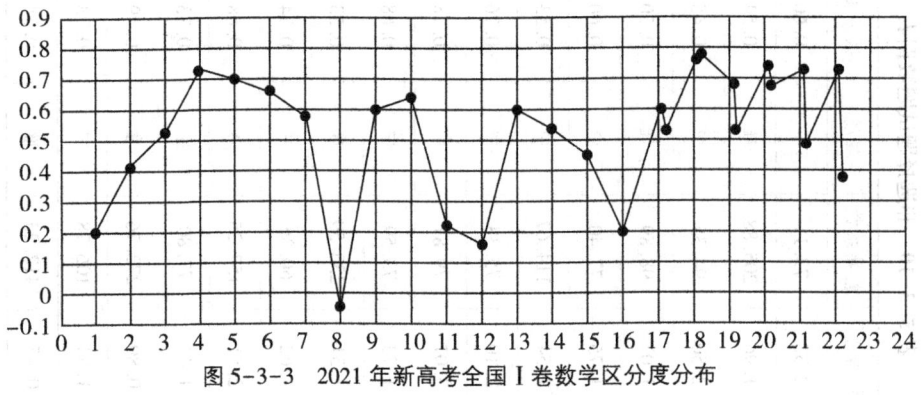

图5-3-3　2021年新高考全国Ⅰ卷数学区分度分布

从表5-3-9、表5-3-10、图5-3-2和图5-3-3可以发现，试题难度分布比较合理，基本按照从易到难的顺序安排试题；大部分试题的区分度比较高，区分度低于0.2的试题有2题，分别是单项选择题第8题和多项选择题第12题，其中第8题的区分度是-0.04，说明试题没有能够对考生做出有效的区分，试题难度也偏大，大部分学生没有得分。

8. 有6个相同的球，分别标有数字1，2，3，4，5，6，从中有放回的随机取两次，每次取1个球，甲表示事件"第一次取出的球的数字是1"，乙表示事件"第二次取出的球的数字是2"，丙表示事件"两次取出的球的数字之和是8"，丁表示事件"两次取出的球的数字之和是7"，则（　　）。

A. 甲与丙相互独立　　　　　B. 甲与丁相互独立

C. 乙与丙相互独立　　　　　D. 丙与丁相互独立

从试题考查的内容分析，其本质考查的就是事件 A、B 是否独立，是概率统计的基本概念。这是一道基础的数学概念问题，但是大部分学生理解出现了偏差，说明当前高中概率教学存在一定的问题。

②各题难度分布分析。

从2021年新高考全国Ⅰ卷数学各题的难度分析发现，简单题共有3题，分值为15分，占全卷的10%，占比较低；难题共有8题，分值为51分，占全卷的34%；中等难度的题目分值为84分，占全卷的56%。难题比例偏大，中等难度适中，简单题偏少。难度较大的试题主要集中于各种题型的最后，其中填空题第14题难度偏大，有些出乎意料，该题以基础知识考查为主，无论是求点 P 的坐标，还是求抛物线的方程及准线方程，都是抛物线的常规问题。

14. 已知 O 为坐标原点，抛物线 C：$y^2 = 2px(p>0)$ 的焦点为 F，P 为 C 上一点，PF 与 x 轴垂直，Q 为 x 轴上一点，且 $PQ \perp OP$. 若 $|FQ| = 6$，则 C 的准线方程为 _____．

另外，解答题第17题为数列问题，难度也比较大，超过了其他解答题的第（1）问的难度，这对考生答题产生了一定的影响。

4. 考生答卷分析

（1）考生答卷反映其在核心价值、学科素养、关键能力、必备知识等方面的情况及存在问题。

①必备知识层面存在的问题。

知识板块全省得分情况见表5-3-11。

表 5-3-11　知识板块全省得分情况

地市	知识板块	分值/分	平均分/分	标准差	差异系数/%
全省	预备知识（必做）	5.00	4.66	1.26	27.10
	几何与代数（必做）	54.00	21.18	10.24	48.34
	函数（必做）	64.00	23.74	12.68	53.40
	概率与统计（必做）	22.00	10.39	6.20	59.70
	几何与代数、函数（必做）	5.00	2.49	1.99	80.14

从知识板块全省得分情况看，考生在几何与代数、函数得分情况差异不太显著，且得分均较低。概率与统计得分稍高且差异系数稍大，说明考生在各板块必备知识掌握情况不太理想，日常教学在"双基"方面有待加强。

选择题第 1 题和第 2 题比较简单，但是从第 3 题开始，题目增加了难度，需要从动态的角度研究问题，综合性也有所提高，很少对单一知识点进行考查。第 7 题和第 8 题都是考查学生对数学概念的理解，是对数学本质的考查；多选题第 9 题相对简单，但是第 10、11、12 题的难度逐步增大，综合程度较高。

填空题的得分率仅有 0.4 左右，难度稍大。其中 0 分卷达到了 11%，5 分卷 17% 左右，7 分卷也在 17% 左右，10 分卷在 14% 左右，这说明做对 2 题的学生不到 50%；15~18 分卷在 13% 左右；满分卷仅为 0.7%。第 13 题考查学生对奇偶函数的理解与掌握，但是问题不是直接问函数是否为偶函数，而是求一个参数，增加了思维的难度；第 14 题是抛物线的概念问题，但是考查数学运算和逻辑推理较多，要求求 C 的准线方程，而不是抛物线方程，给学生设了一个陷阱；第 15 题的绝对值函数要分段讨论，且为函数单调性讨论，复杂程度较高；第 16 题是属于操作、实验、归纳和猜想的问题，考查学生的数学创新能力。

解答题一共 6 道，都是学生熟悉的数列、三角、概率等问题，并没有出现看似"新颖"的问题。但是除了概率与统计问题之外，其他类问题的得分率都不算高，但是标准差都不大。

第 17 题考查数列通项和求和，看似普通，实则暗藏"机关"。奇偶项互为递推关系，难倒许多考生，零分的考生达到近 20%，4~6 分的学生达到 25%，说明能够完成第（1）问的学生不到一半，7 分以上的学生也只有 22%，满分的学生仅有 2.5% 左右。这个题目的运算比较简单，但是递推关系是奇数项和偶数项互换，而通项公式是特殊的函数，很多学生对自变量 n 理解不清晰，虽然懂得题意，但是答案却是错误的。

第 18 题的概率问题是比较简单的问题，但是得分也不是十分理想，学生差异较大，有 20% 的考生得了 0 分，10% 的学生只得到 1 分，4~9 分的考生各有 2% 左右，得到 11 分以上的占到了 40%，相对比较好。这个题目的问题比较清晰，计算也不算复杂，相较往年的概率与统计问题，属于比较基础的问题。

第 19 题是解三角形的问题，第（1）问是证明，第（2）问求角的余弦。第（1）问主要考查正弦定理的应用，第（2）问考查余弦定理的应用。第（1）问是比较简单的代数证明，实际就是代数的变换，比较容易推导出来；第（2）问要结合图形，应用余弦定理建立方程，运算相对较多，但是也不是十分复杂。但是，从学生答题来看，近 30% 的学生得到了 0 分，得 3 分的学生达到了 32%，得 10 分以上的学生不到 2%。此题的难度超过了预期，正如数列问题一样，由于学生对基本概念理解不够透彻，相关数学运算素养不高，因此对于这类数学思维层次并不高的问题，不能顺利解答。

第 20 题也是常规的立体几何问题，第（1）问逻辑推理证明，第（2）问求体积，把以往文理科的考点进行了综合。此题得 4 分的学生最多，占到了 20% 左右，得 0 分的有 18%，得 1 分和 2 分的学生较多，而得到 6~11 分的学生相对比较平均，都在 3%~4%，得满分的学生达到了 7%。此题的区分度较好。

第 21 题考查双曲线，第（1）问是求双曲线的标准方程，第（2）问是探究一个定值。学生的得分集中在 3 分，达到了 38%，有 33% 的学生得到了 0 分，得到 10 分以上的学生仅有 0.2%。

第 22 题是难度较大的导数应用问题。第 (1) 问是讨论函数的单调性,第 (2) 问是难度较大的不等式证明,也就是所谓的"极值点偏移问题"。此题的零分率达到了 43%,得分最多的是 4 分,达到了 35%,即三分之一以上的学生解答出了第 (1) 问;得到 10 分以上的学生仅有 0.07%,高分比较少。

②关键能力层面存在的问题。

关键能力全省得分情况见表 5-3-12。

表 5-3-12　关键能力全省得分情况

地市	关键能力	分值/分	平均分/分	标准差	差异系数/%
全省	运算求解能力（必做）	20.00	14.17	4.91	34.65
	空间想象能力、运算求解能力（必做）	13.00	5.12	3.79	74.05
	运算求解能力、逻辑思维能力（必做）	91.00	31.42	16.37	52.09
	空间想象能力、逻辑思维能力（必做）	9.00	4.03	2.18	54.19
	数学建模能力、运算求解能力、逻辑思维能力（必做）	17.00	7.71	5.20	67.50

从表 5-3-12 可以发现,考生在独立的运算求解能力方面表现较好,差异系数也不算高,但是当运算求解能力与其他能力同时考查的时候,差异系数变大;空间想象能力与运算求解能力,平均得分不高;运算求解能力与逻辑思维能力的综合考查也不尽如人意,而且标准差较大,表明学生差异较大;在空间想象能力和逻辑思维能力两者方面,以及数学建模能力、运算求解能力、逻辑思维能力综合表现,都是在中等偏下水平,差异系数也偏高。

③学科素养层面存在的问题。

学科素养全省得分情况见表 5-3-13。

表 5-3-13　学科素养全省得分情况

地市	学科素养	分值/分	平均分/分	标准差	差异系数/%
全省	数学探索、理性思维（必做）	133.00	54.74	24.13	44.08
	数学文化、理性思维、数学应用、数学探索（必做）	5.00	1.09	1.07	98.89
	数学应用、数学探索、理性思维（必做）	12.00	6.63	4.98	75.15

在学科素养方面，考生在数学应用、数学探索和理性思维方面表现较好，如第 18 题的概率与统计问题，平均得分达到 6.62 分，差异性不太大；但是在数学文化、理性思维、数学应用与数学探索方面，如第 16 题，得分率不高，通过率只有 21.8%，差异系数达到了 98.89%，说明考生在数学应用、理性思维、数学应用与数学探索方面的数学素养水平不高，并且差异较大；而在大部分的理性思维和数学探索的素养方面，表现较为一般，并且标准差较大。

（2）考生答卷典型错误及分析。

从数据分析可以发现，2021 年新高考全国Ⅰ卷数学试卷难度接近 2019 年全国Ⅰ卷文科数学卷难度，但是学生在数列、三角、解析几何、导数的应用等问题上表现不佳。下面结合学生答卷典型错误进行分析。

①填空题典型错误及分析。

13. 已知函数 $f(x)=x^3(a\cdot 2^x-2^{-x})$ 是偶函数，则 $a=$ _____。

【试题分析】本题主要考查偶函数的定义：$f(x)=f(-x)$。考查的学科素养：数学运算。本题难度较低，考查基础知识，学生答题难度不大。从解题方法上看，有多种方法都能完成，从运算难度上看，是一道常规的基础题。

【典型错误】-1，±1，1 或-1。

【错因分析】数学运算能力较差，或者粗心大意。

14. 已知 O 为坐标原点，抛物线 $C: y^2=2px(p>0)$ 的焦点为 F，P 为 C 上一点，PF 与 x 轴垂直，Q 为 x 轴上一点，且 $PQ\perp OP$. 若 $|FQ|=6$，则 C 的准线方程为 _____。

【试题分析】本题主要考查抛物线焦点的定义、直角三角形中的线段关系、抛物线准线的定义；考查了学生的数学运算、直观想象、逻辑推理素养。本题以基础知识考查为主，无论是求点 P 的坐标，还是算出抛物线的方程，以及求准线方程，都是抛物线的常规考点。本题做了以上知识点的综合考查。

【典型错误】y^2+6x；$x=\frac{3}{2}$；$-\frac{3}{2}$；$y=-\frac{3}{2}$；$x_0=-\frac{3}{2}$；$y=-\frac{3}{2}x$。

【错因分析】审题不仔细，看错题目，答非所问；对抛物线准线定义不清楚，或者审题不仔细，画图出现错误。

15. 函数 $f(x)=|2x-1|-2\ln x$ 的最小值为 _____。

【试题分析】本题综合考查了分段函数，用导数研究函数的内容与最值。本题有创新性，考查"陌生"函数的最小值问题，而求该函数最小值时的难点是绝对值函数，解决难点的方法是常规的分段函数的思想：分类讨论。本题做了以上知识点的综合考查。

【典型错误】$-2\ln\frac{1}{2}$。

【错因分析】求不出 $x=1$ 时函数有最小值，错误认为 $x=\frac{1}{2}$ 时，函数有最小值。

16. 某校学生在研究民间剪纸艺术时，发现剪纸时经常会沿纸的某条对称轴把纸对折。规格为 20 dm×12 dm 的长方形纸，对折 1 次共可以得到 10 dm×12 dm，20 dm×6 dm 两种规格的图形，它们的面积之和 $S_1=240$ dm^2，对折 2 次共可以得到 5 dm×12 dm，10 dm×6 dm，20 dm×3 dm 三种规格的图形，它们的面积之和 $S_2=180$ dm^2，以此类推，则对折 4 次共可以得到不同规格图形的种数为 _____；如果对折 n 次，那么 $\sum_{k=1}^{n} S_k =$ _____ dm^2。

【试题分析】本题考查了枚举、数列求和；综合考查了长方形按某种规则折叠的创新问题；考查了学生数学观察、实验、枚举和数学归纳、猜想的能力。在第二空的解答中，利用不完全归纳法可以解决问题，如果要证明猜想的结论，要用枚举法，刚好是按照矩形长边乘 $\frac{1}{2}$ 的降幂排列的，很容易得到 $(n+1)$ 种结论，而第一空刚好是折叠 4 次的特殊情况，第一空的结果完全是符合猜想结论的。

【典型错误】第一空答题情况较好，从考生答题情况的抽样结果看，这一空的得分率为 0.7。第二空难度较大，从考生答题情况的抽样结果看，有大约 50% 的考生没有作答这一问，在作答的考生当中，有如下典型错误：

写出答案是一个常数，如 1 000；$240(n+1) \cdot \left(\frac{1}{2}\right)^n$；$480 - \frac{120(n+3)}{2^{n-1}}$；$720 - \frac{120(n+1)}{2^{n-1}}$；$240\left(3 - \frac{n+3}{2n}\right)$；$240\left(3 - \frac{k+3}{2^k}\right)$。

【错因分析】没有读懂题意，不能理解结果和折叠次数 n 有关；求出 S_n 的表达式，但没有求和，审题不仔细；计算出错，常数项不是 720；2 的幂指数不正确；书写不规范，将幂运算写成了乘积运算形式；将 n 的表达式错误写成 k 的表达式，不熟悉数列前 n 项和的定义。

②数列问题典型错误及分析。

17. 已知数列 $\{a_n\}$ 满足 $a_1 = 1$，$a_{n+1} = \begin{cases} a_n + 1, & n \text{ 为奇数}, \\ a_n + 2, & n \text{ 为偶数}. \end{cases}$

(1) 记 $b_n = a_{2n}$，写出 b_1，b_2，并求数列 $\{b_n\}$ 的通项公式；

(2) 求 $\{a_n\}$ 的前 20 项和.

【试题分析】本题考查了分段函数表达式、数列递推公式求通项、等差数列通项公式、求和公式等重要知识点。试题主要以文字题的形式呈现，结构以分段函数的形式给出，较为复杂，综合性强。试题情境为课程学习情境，突出了对学生理性思维、数学应用、数学探索等学科素养的考查。考查的关键能力为逻辑思维能力、运算求解能力。

第（1）问：

【典型错误】

错误 1：递推两步不完整或者完全没有递推，由合情推理（归纳推理）得到

$a_{2n} - a_{2n-2} = 3$，$d = 3$.

或者得到

$$a_n = \begin{cases} \dfrac{3}{2}n - \dfrac{1}{2}, & n \text{ 为奇数}, \\ \dfrac{3}{2}n - 1, & n \text{ 为偶数}; \end{cases}$$

错误 2：当 n 为奇数时，$a_n = 3n - 2$；当 n 为偶数时，$a_n = 3n - 1$；

错误 3：$\{b_n\} = 3n - 1$ 或 b_n 是以 $b_1 = 2$ 为首项，公差为 3 的等差数列；

错误 4：把题目中的奇数项加 1，偶数项加 2 颠倒过来。

【错因分析】数学符号语言表达的能力欠缺；通项和项数 n 之间的对应关系搞不清楚，本质上是对于数列的函数特征理解不透彻，搞不清楚自变量（项数 n）与函数值（对应的通项 $f(n)$）之间的对应关系。

第（2）问：

【典型错误和错因分析】

错误 1：采用全部罗列出来的方法，没有罗列完整。

错因分析：时间紧，项数多，没有耐心列举完，又想不到更好的方法。

错误 2：计算前 20 项时出现计算错误。

错因分析：计算能力不足，公式记忆错误。

错误 3：$a_1 + a_2 = 3$，$a_3 + a_4 = 9$，…，不完全归纳得到 $a_n + a_{n+1} = 6n - 3$。

错因分析：逻辑推理、数学抽象以及数学符号语言表达的能力欠缺。

错误 4：分类奇数项和 145，偶数项和 155，计算 145 和 155 都易出现计算错误。

错因分析：计算能力不足或者计算方法不对、公式记忆错误。

错误 5：当 n 为奇数时，$a_n = 3n - 1$，当 n 为偶数时，$a_n = 3n - 2$。

错因分析：项数与通项对应关系错误。

错误 6：当 n 为奇数时，$S_n = \dfrac{3n^2}{2} - \dfrac{n}{2}$，当 n 为偶数时，$S_n = \dfrac{3n^2}{2} + \dfrac{n}{2}$。

错因分析：项数与前 n 项和对应项之间的关系错误，n 应该取 1，2，…，10。

两问的错因分析：①不完全归纳得出结论；②下标与项数对应关系错误；③跳步太严重，推导过程不完整；④书写规范性问题；⑤计算错误；⑥公式记忆错误。

③概率问题典型错误及分析。

18. 某学校组织"一带一路"知识竞赛，有 A，B 两类问题．每位参加比赛的同学先在两类问题中选择一类并从中随机抽取一个问题回答，若回答错误则该同学比赛结束；若回答正确则从另一类问题中再随机抽取一个问题回答，无论回答正确与否，该同学比赛结束．A 类问题中的每个问题回答正确得 20 分，否则得 0 分；B 类问题中的每个问题回答正确得 80 分，否则得 0 分．

已知小明能正确回答 A 类问题的概率为 0.8，能正确回答 B 类问题的概率为 0.6，且能正确回答问题的概率与回答次序无关．

（1）若小明先回答 A 类问题，记 X 为小明的累计得分，求 X 的分布列；

（2）为使累计得分的期望最大，小明应选择先回答哪类问题？并说明理由．

【试题分析】本题第（1）问是求出小明先回答 A 类问题时累计得分 X 的分布列，考查学生对离散型随机变量的分布列的理解；第（2）问明确提出以"为使累计得分的期望最大"为评价指标，判断小明应选择先回答哪类问题。本题主要考查学生的离散型随机变量期望的求解和简单应用。题目设计了"一带一路"知识竞赛情境，在考查考生对概率统计基本知识的理解与应用的同时，达到让学生关注社会与经济发展的目的。

【典型错误和错因分析】

第一大类：基本概念理解错误。

错误 1：$P(X=0) = C_2^2 \times 0.8^0 \times (1-0.8)^1 = 0.2$。

错因分析：把两个不同的"两点分布"合在一起，误认为是二项分布，同时又错误运用二项分布概率计算公式 $P(X=k) = C_n^k p^k (1-p)^{n-k}$，$k=1$，2，…，$n$

求相关概率。

错误 2：$E(X) = np$。

错因分析：错误运用二项分布期望计算公式求相关期望。

第二大类：基本符号使用错误或者不规范。

错误 1：符号理解错误或者有偏差，如将概率中的期望 $E(X)$ 写成统计中的样本均值 $\bar{X}$，期望比较大小直接简写为 "A 类 < B 类"，不理解 "$P(X=0)$" "$P(X=20)$" "$P(X=100)$" 本质是函数，而写成 "P_0" "P_{20}" "P_{100}" 等。

错因分析：没理解符号所代表的本质概念。

错误 2：使用各种不规范符号与格式，如 $\bar{P}(A)$，$AE(X)$，$E'(X)$，$P'(X=0)$，分布列格式不规范等。

错因分析：没养成规范数学表述的良好习惯。

错误 3：未进行定义就直接使用新引进的字母，如 "未定义 A 就写出 $P(A)$" "未定义 Y 就使用 Y" "未定义就出现 $E(X_A) < E(X_B)$，$E(A) < E(B)$ 或 $E_1 < E_2$"。

错误 4：同一字母 X 在一道题中多处使用，但表示不同的含义。

错误 5：定义不明确或者有误，如定义 "$P(A)$ 回答 A 类问题正确" 等。

第三大类：不认真审题，没明确题目要求。

错误：没进行期望大小的比较就下结论。

错因分析：不认真审题，没明确题目要求，逻辑推理缺乏依据，不够严谨。

第四大类：计算错误或不懂得利用性质检验。

错误 1：随机变量可能取值、随机变量对应概率或者期望计算错误。

错因分析：题目理解不到位，基本计算方法掌握还不牢固或者计算时不够专注。

错误 2：不懂得利用分布列性质中 "概率和为 1" 进行检验或者计算。

错因分析：分布列性质不熟悉，缺乏应用相关性质的意识。

第五大类：省略关键运算步骤。

错误1：第（1）问直接写 $P(X=0)=0.2$，没有必要的运算过程，没有体现互斥事件概率的计算。

错因分析：思维跳跃，数学表达不够严谨、细致。

错误2：省略期望的必要运算过程。

错因分析：思维跳跃，数学表达不够严谨、细致。

④三角函数问题典型错误及分析。

19. 记 $\triangle ABC$ 的内角 A，B，C 的对边分别为 a，b，c。已知 $b^2=ac$，点 D 在边 AC 上，$BD\sin\angle ABC = a\sin C$.

（1）证明：$BD=b$；

（2）若 $AD=2DC$，求 $\cos\angle ABC$.

【试题分析】从通性通法的角度看，本题考查了三角函数的正弦定理、余弦定理、三角形面积公式、定比分点、诱导公式、等量代换、构造方程、分类讨论、结果检验等内容。试题结构的表现形式单一，但两个问题的设问方式并不常规，与往年的三角函数解答题相比，有一定的创新性。

【典型错误与错因分析】

错误1：不能正确写出（或省略不写）正弦定理的表达式。

错因分析：这与知识的熟练程度、平时训练的书写习惯、教师的教学示范都有关系。

错误2：盲写定理公式（不包含0分卷）。

错因分析：没有掌握解答本题的相关方法，只能尽可能写出与本题相关的定理公式，碰运气看能否写中采分点。

错误3：认为 $a=\sin A$。

错因分析：平时训练时多数是根据齐次等式两边同时进行边角互化，由此产生误解。

错误4：计算错误。

错因分析：第（2）问中根据余弦定理构造出三元方程以后，需进行数字及多符号的混合运算，过程比较复杂，没有扎实的运算能力，导致代换化简计算出错。

错误5：证明题逻辑错误。

错因分析：把证明的结论当作已知条件，混淆了分析法和综合法。

错误6：∠ABC 写成∠B，不对舍根的原因做出判断说明（漏写 cos∠ABC =$\frac{7}{6}$>1），构造方程后跳步严重等。

错因分析：书写表达不规范，不能辨析关键步骤，解答过程有瑕疵。

⑤立体几何问题典型错误及分析。

20. 如图 5-3-4 所示，在三棱锥 $A-BCD$ 中，平面 $ABD⊥$ 平面 BCD，$AB=AD$，O 为 BD 的中点。

(1) 证明：$OA⊥CD$；

(2) 若△OCD 是边长为 1 的等边三角形，点 E 在棱 AD 上，$DE=2EA$，且二面角 $E-BC-D$ 的大小为 $45°$，求三棱锥 $A-BCD$ 的体积。

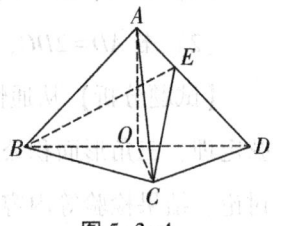

图 5-3-4

【试题分析】本题主要考查解三角形、面面垂直的性质、线面垂直的性质、利用向量法求二面角或利用二面角的平面角定义找二面角的平面角、求几何体的体积。按照课标要求命题，对学生的逻辑推理能力、探究能力（向量法找原点、坐标轴建系，几何法找角）和对平面几何知识以及运算能力的考查提出了较高的要求。

【典型错误与错因分析】

错误1：由平面 $ABD⊥$ 平面 BCD，直接证得 $OA⊥OC$，从而证出 $OA⊥$ 面 BCD。

错因分析：错误运用面面垂直的性质。

错误2：以 O 为原点，以 OA，OB，OC 为轴建系求解。

错因分析：OA，OB，OC 两两不互相垂直，建系出错。

错误3：将 $\vec{BC}$，$\vec{BE}$，$\vec{CE}$ 求错，导致法向量求错。

错因分析：点的坐标求错。

错误4：体积求错。

错因分析：公式不熟。

错误5：用几何法时找错二面角。

错因分析：对二面角的定义不熟。

⑥解析几何问题典型错误及分析。

21. 在平面直角坐标系 xOy 中，已知点 $F_1(-\sqrt{17},0)$，$F_2(\sqrt{17},0)$，点 M 满足 $|MF_1|-|MF_2|=2$，记点 M 的轨迹为 C.

（1）求 C 的方程；

（2）设点 T 在直线 $x=\dfrac{1}{2}$ 上，过 T 的两条直线分别交 C 于 A，B 两点和 P，Q 两点，且 $|TA|\cdot|TB|=|TP|\cdot|TQ|$，求直线 AB 的斜率与直线 PQ 的斜率之和.

【试题分析】本题第（1）问考查的是双曲线的定义、双曲线的方程以及轨迹方程的求解，注意轨迹只是双曲线的右支；第（2）问在线段等积式条件下，考查直线方程、定值问题。试题以文字形式呈现，需要考生运用数形结合的思想将题目信息进行转化。

【典型错误与错因分析】

第（1）问：

错误1：由 $b^2=4$ 得 $x^2-\dfrac{y^2}{4}=1(x\geq 1)$。

错因分析：误将 $b^2=4$ 代入了曲线方程。

错误2：写成椭圆方程或双曲线方程。

错因分析：不理解双曲线的定义。

错误3：没有表示出右支，或直接对 $\sqrt{(x+\sqrt{17})^2+y^2}-\sqrt{(x-\sqrt{17})^2+y^2}=2$

两边平方。

错因分析：对双曲线的定义表达式没有深刻的认识。

第（2）问：

错误1：直线设成 $x=my+\dfrac{1}{2}$ 代入曲线方程进行消元。

错因分析：将 $T\left(\dfrac{1}{2},\ t\right)$ 求错。

错误2：$|TA|\cdot|TB|=\sqrt{\left(x_1-\dfrac{1}{2}\right)^2+y_1^2}\sqrt{\left(x_2-\dfrac{1}{2}\right)^2+y_2^2}$。

错因分析：把 T 的坐标写成 $\left(\dfrac{1}{2},\ 0\right)$ 进行长度运算。

错误3：第（1）问方程出错导致第（2）问运算错误。

错因分析：计算能力不过关。

错误4：韦达定理出错。

错因分析：直线代入曲线方程中消元、化简出错，或者由 $ax^2+bx+c=0$ 得两根之和 $x_1+x_2=\dfrac{b}{a}$。

错误5：$|TA|\cdot|TB|=\dfrac{(k^2+1)\ (t^2+12)}{16-k^2}$ 同理得：

$|TP|\cdot|TQ|=\dfrac{(m^2+1)\ (t^2+12)}{16-m^2}$。

错因分析：将韦达定理代入目标表达式化简时分母出错。

错误6：只写了 $k_1=-k_2$ 而没有写出 $k_1+k_2=0$ 的结论。

错因分析：审题不仔细。

错误7：利用曲线系解题时，曲线系方程写错（写成 $\left(x^2-\dfrac{y^2}{16}-1\right)+\left[y-t-k_1\left(x-\dfrac{1}{2}\right)\right]\cdot\left[y-t-k_2\left(x-\dfrac{1}{2}\right)\right]=0$），或过程不完整。

错因分析：对曲线系掌握程度不够，答题不规范。

⑦导数的应用问题典型错误及分析。

22. 已知函数 $f(x)=x(1-\ln x)$.

（1）讨论函数 $f(x)$ 的单调性；

（2）设 a，b 为两个不相等的正数，且 $b\ln a-a\ln b=a-b$，证明：$2<\dfrac{1}{a}+\dfrac{1}{b}<e$.

【试题分析】第（1）问是考查利用导数工具讨论具体函数（不含参数）的单调性问题，比较简单，属于基础送分题；第（2）问是考查利用函数性质（单调性）证明不等式问题（涉及双变量问题），即"极值点偏移问题"，属于难题，具有较好的区分度，可达到一定的预期选拔功能。

【典型错误】

第（1）问典型错误：

①求导法则错误；

②求导过程运算错误；

③函数定义域错误；

④单调性与函数导数关系混乱导致函数单调性错误。

第（2）问典型错误：

①对等式条件 $b\ln a-a\ln b=a-b$ 不会分离变量，运算处理混乱，导致解题时与第（1）问给定的函数脱节，而另起炉灶构造函数，增加解题难度；

②对两个变量 a，b 范围缺乏讨论或者不能结合函数图象给出其正确的范围；

③在确定两个变量范围的情况下，运用综合法和分析法构造函数时未考虑函数定义域问题。例如，当设 $\dfrac{1}{e}<a<1<b$ 也即 $0<\dfrac{1}{b}<1<\dfrac{1}{a}<e$ 时，$\dfrac{1}{a}+\dfrac{1}{b}>2\Leftrightarrow\dfrac{1}{b}>2-\dfrac{1}{a}\Leftrightarrow f\left(\dfrac{1}{b}\right)>f\left(2-\dfrac{1}{a}\right)$（此处虽然 $\dfrac{1}{b}\in(0,1)$，但是 $2-\dfrac{1}{a}$ 可能出现负数，与函数 $f(x)$ 的定义域矛盾，在这种情况下需要分类讨论），后面类似情况要分类讨论，

$\frac{1}{a}+\frac{1}{b}<e \Leftrightarrow \frac{1}{b}<e-\frac{1}{a} \Leftrightarrow f\left(\frac{1}{b}\right)>f\left(e-\frac{1}{a}\right)$；

④任意构造对解题无帮助的函数或错误使用待证明的经典不等式，如乱用或错用"对均不等式"；

⑤对构造的复杂函数求导运算错误，对解类似含"隐零点"方程问题处理不当；

⑥证明不等式时综合分析法运用逻辑混乱，出现循环论证或伪证；

⑦两小问隔离，单独对待，不能充分利用第（1）问的结论处理第（2）问。

5. 教学建议

根据 2021 年新高考全国 I 卷数学的命题，我们大致可以预测未来高考命题的方向，即注重考查学生数学基础的同时考查学生理解数学的水平，考查学生的数学学科核心素养和创新意识；过渡期的试题命题，承担着承前启后的重任，而高考改革创新的步伐会越来越坚定，这就需要我们在数学教学中进行适当调整，从而适应新高考。从广东考生的数学答题分析，我们也发现当前数学教学存在的问题，例如，学生对概念理解不清晰，代数运算能力不高，缺乏思维的灵活性，等等。因此，根据高考试题和学生答卷情况，我们提出下面六点教学建议。

（1）教学回归数学本质，注重数学学习过程。

现象是事物的外部联系，是本质的表层呈现，具有丰富性、多样性和表面性的特征，由感觉器官感知。本质是事物的内部联系，是现象的深层结构，能决定事物的性质和发展趋向，具有单一性、稳定性和深刻性的特征，运用抽象思维进行深入分析和理解。从 2021 年新高考全国 I 卷数学试题可以发现，考查数学的基本概念、原理、方法等将是一个重要的方向，命题者应尽量避免仅关注数学的表面形式，而要更加重视对数学本质的考查；另外，从学生答卷可以发现，很多学生常犯的错误的原因就是对概念、定理的理解存在偏差，只重视问题的表面现象，而不理解数学本质。所谓数学本质，张奠宙先生认为其主要是：数学知识的内在联系，数学规律的形成过程，数学思想方法的提炼，数学理性精神的体验。因此，数学教学体现数学本质就是要揭示知识的内在联系，让学生理解数学概念、命题的形成过程，掌握相关的数学思想方法，经历"做数学"再创造的过程。例如，函数的概念，其本质是数集之间的对应关系，是一类特殊的"映射"，那么学生学习函数必须理解"对应"的概念，与此紧密相连的还有集合、定义域、值域等，而其重要的思想就是"对应思想"，"函数思想"是建立在此基础上的，通过解决相关的问题，让学生建立函数概念，理解对应思想。通过函数概念教学"再创造"，帮助学生理解函数的本质特征，掌握函数的思想和方法，这必然会提升他们的数学学科核心素养。

回归数学本质的教学必须注重学生的数学学习过程，提高学生的数学思维水平。

首先，在数学概念、定理、公式、命题等学习过程中，注重形象思维、逻辑思维、分析思维等多种思维方式的培养，提高学生的运算求解能力、逻辑推理能力、空间想象能力、数学建模能力等关键能力。例如，在集合的概念和性质学习中，通过直观的例子，让学生感知集合的概念和运算过程，抽象出集合的定义、运算法则，建立集合运算的推理原则，形成关于集合的知识体系和认知结构，并能够和其他数学领域的知识（不等式、方程、函数、几何等）建立联系。

其次，在问题情境中，发现其中蕴含的数学关系，用数学的眼光找到合适的研究对象，用恰当的数学语言予以表达，并运用数学思维进行分析，提出数学问题；能够借助图形探索解决问题的思路；能够在得到的数学结论基础上形成新命题。问题情境是多方面的，可以是数学情境，如基本的数学习题；也可以是现实情境或科学情境，如以生活背景或者科学情境设计的问题。无论是哪种类型的问题情境，都要注重习题的层次性，由浅入深，帮助学生在掌握知识与技能的同时，进一步感悟数学的基本思想，积累数学思维的经验。思考题要关注情境和问题的创设，有利于学生理解数学知识的本质，提升数学学科核心素养。

最后，在数学建模和探究活动中，经历发现数学关联、提出数学问题、构建数学模型、完善数学模型、得到数学结论、说明结论意义的全过程。发现、提出问题和数学关联是数学抽象的核心过程，是形成理性思维的重要基础，反映了数学的本质特征，贯穿在数学产生、发展、应用的过程中。运用数学的逻辑推理得到数学结论，构建数学体系，是数学思维严谨性的基本保证，是学生在数学活动中进行交流的基本思维品质。直观想象是发现和提出问题、分析和解决问题的重要手段，是探索和形成论证思路、进行数学推理、构建抽象结构的思维基础。通过数据运算促进数学思维发展，培养规范化思考问题的品质，树立一丝不苟、严谨求实的科学精神。数据分析则是获取有价值信息并进行定量分析的意识和能力；适应数字化学习的需要，增强基于数据表达现实问题的意识，形成通过数据认识事物的思维品质；积累依托数据探索事物本质、关联和规律的活动经验。

（2）加强数学"四基"训练，培养学生关键能力。

当前，数学教学还是倾向于表面的方法传授，以训练学生的数学基础知识和基本技能为主，在培养学生基本的数学思想和基本的数学活动经验方面存在不足，在落实"四基"方面存在着一些问题，与"四基"关联的知识部分的教学、提高技能的教学设计、培养数学思维能力的意识等方面，都存在着问题。"四基"教学的不足导致学生仅仅记住了相关的数学名词或公式，没有掌握数学思维方法，从而无法形成数学关键能力。

基本的数学思想是指对数学事实与理论经过概括后产生的本质认识，是现实世界的空间形式和数量关系反映到人们的意识之中，经过思维活动而产生的结果。数学思想是数学教学的核心和精髓，数学教学中应该努力反映和体现数学思想，让学生体会和领悟数学思想，提高数学素养。数学思想也是数学本质的体现，在数学教学中，在学生熟练掌握基础知识和基本技能的同时，要让学生领悟数学思想，提炼数学思想，并运用数学思想学习新的数学知识和方法，训练数学思维，提高数学素养。

基本活动经验是指学生亲身或间接经历了活动过程而获得的经验。基本活动经验是个体在经历了具体的学科活动之后留下的具有个体特色的内容，既可以是感觉知觉的，也可以是经过反省之后形成的经验。数学教学是数学活动的教学，教师的教学应该体现数学活动的过程，并鼓励学生参与课堂、体验数学，经历数学发现、发生的过程，渗透基本数学思想，训练基本技能，掌握基础知识。在教学中，避免仅开展基础知识、基本技能训练，特别在学习数学概念、进行问题解决时，如解决数列或者函数问题，学生必然经历数学活动过程，通过研究特殊的数列或函数，探析数列的通项或者函数的共性内涵，形成建模、化归、数形结合等思想方法，提高数学建模、数学抽象、直观想象能力。

（3）关注高考数学改革，把握复习备考方向。

在高考改革的新时期，我们要时刻了解政策的实质，学习相关的文件，从而把握高考复习备考的方向。例如，在 2021 年 2 月，教育部发布的《教育部关于做好 2021 年普通高校招生工作的通知》（教学〔2021〕1 号）中，明确指明了深化考试内容改革。2021 年新高考命题要坚持立德树人，加强对学生德智体美劳全面发展的考查和引导。要优化情境设计，增强试题开放性、灵活性，充分发挥高考命题的育人功能和积极导向作用，引导减少死记硬背和"机械刷题"现象。

在高考数学复习中，我们主要依据的就是《普通高中数学课程标准（2017 年版 2020 年修订）》和《中国高考评价体系》，课程标准给出了考查的范围，并提出了基本的要求，虽然比以往的考试大纲复杂，但是在课程理念、教学建议、高考命题建议等方面都有明确的指导意见，尤其是高考命题方面，提出考查内容应围绕数学内容主线，聚焦学生对重要数学概念、定理、方法、思想的理解和应用，强调基础性、综合性；注重数学本质、通性通法，淡化解题技巧；融入数学文化。应有一定数量的应用问题，还应包括开放性问题和探究性问题,重点考查学生的思维过程、实践能力和创新意识,适度增加试题的思维量;关注内容与难度的分布、数学学科核心素养的比重与水平的分布;努力提高试卷的信度、效度和公平性。这对于高考复习备考有着一定的参考价值,也是未来高考的命题方向。而《中国高考评价体系》从具体的命题操作方面给出了思想与方法,这有助于我们了解未来高考试题的命题基础与策略。

(4) 文理不分科的数学,既重通法又有区分。

文理不分科是新高考命题的方向,为数学教学带来了挑战,不同数学层次的学生面对同一份试题,如何合理应对,并开展有效的复习?

针对新高考试题的特点,既要重视试题的基础性、通性通法,又要注意到试题的梯度和有效区分。对于试题的基础性我们在前文已有叙述,那么什么是通性通法?章建跃先生认为,"通性"就是概念所反映的数学基本性质,"通法"就是概念所蕴含的数学思想和方法。王明山、邰日昶两位认为:师生熟知、核心可广泛应用、明确的知识结论称通性;在知识结构相对稳定的时期内,由通性自然得到的,能解决一类问题的普通方法称通法。在高三复习备考中,教师要整理高中数学中每个专题内容中的"通性通法",帮助学生掌握数学基本性质,理解数学思想和方法,熟练应用常用的解题方法,为学生的专题复习指明方向。另外,教师应避免通过刷题让学生掌握"通性通法",学生组织归纳能力有限,疲于奔命的刷题只会让学生脑海中的碎片堆积得更多更快。不得当的、太过强势的重复刷题,会使学生形成思维定式。思维定式在应对熟悉问题情境时有效,但不利于变通。

在复习过程中,关注对数学知识脉络的完整性的考查,把握复习的节奏及问题梯度设置,提升学生的数学关键能力。学生在复习中,对于数学知识要有整体观念,注重数学的联系,建立系统的知识结构;遇到问题能够展开联想,从不同层次思考,能够深入浅出,稳扎稳打,从而能够快速思考,获得解决问题的方向。

（5）合理适量选择问题，掌握策略防止套路。

在复习备考中，选择合适的数学问题进行教学是至关重要的，同时学生所做的题目也要适量，过多过少都会影响复习的效果。在解题中，要掌握数学解题的策略，而不是解题的套路，套路容易导致思维的僵化，当面对新问题的时候，思维僵化的学生将"一筹莫展"。

选择合适的问题进行解题可以采取与微专题整卷练习相结合的方式。对于整卷练习，建议以"四翼"为命题基本维度，调整日常的测验、考试命题维度。微专题的设计可以是：①知识板块专题（第一轮复习常用）；②通性通法专题（重点突破）；③关键能力提升的专题；④针对题型的专题；⑤针对学生学习痛点的专题：符号运算能力提升专题、概念理解专题、数学阅读专题等；⑥拔尖学生专题：数学建模问题专题、探索创新性问题专题。

在解题策略方面，学生应学会审题，能够把文字、符号、图形转换，提升数学阅读能力。理解算法，选择有助于提升符号运算能力的专题，在运算有效性上下功夫。欣赏通性通法的优点，促进通性通法的内化，而不是陷在解题技巧或仅仅套路化地做题。在例题之后，练习题、测试题适量选择对学生而言是基于新模型或针对学生学习的薄弱的题目，教学上多使用最自然的问题解决方法（虽然不一定是最优的方法），提高分析问题的能力。练习"小题小做"技巧，在提高解题速度上下功夫。另外，要重视应用性和创新性。随着高考改革的稳步推进，对这两个维度的考查会逐步加强，将会逐步落实每套试题"四翼"考查维度全覆盖，使应用性、创新性考查真正成为区分人才层次选拔的"特征量"。关于这两个维度的备考应对，有两点建议：一是以数学建模片段题的方向设计生活实践问题情境，不应停留在传统应用题；二是以胜任新知识学习、具备基本数学探究发现能力的方向设计学科探索问题情境。

（6）学会规范解题方法，养成良好答题习惯。

从学生答卷可以发现，很多学生解题不规范，书写潦草。因此，在复习备考中，要加强学生数学语言的规范性，数学表述的逻辑性和清晰性。还有的学生习惯省略步骤，不习惯作图，这些对于解答的规范性和完整性都会有影响。这也要求教师在课堂教学中，以规范的数学书写为学生进行示范，避免误导学生使用简写或者自己创造的符号。

二、试题评价报告基本结构

（一）试题评价报告基本框架

试题评价报告是对试题信度、效度的分析报告。试题评价报告首先要对试题的命制技术作分析，包括命题思路及各种参数构成等；其次试题评价报告需要描述学生的答题情况以综合学生的认知反应；最后试题评价报告需基于分析对命题及教学提出合理化建议。以下给出一份试题评价报告框架。

1. 试题的基本描述

一般从以下七个方面对试题进行描述：

（1）知识点的考查。

（2）试题的呈现方式（文字题、图表文字题、图形文字题）。

（3）试题结构（单一、综合、应用、创新）。

（4）试题情境（课程学习情境、探索创新情境、生活实践情境）。

（5）考查的数学思想方法。

（6）考查的学科素养（理性思维、数学应用、数学探索、数学文化）。

（7）考查的关键能力（逻辑思维能力、运算求解能力、空间想象能力、数学建模能力、创新能力）。

2. 命题思路解读及试题的特点

可以参考但不局限于以下分析维度：

（1）题目的背景或来源。

（2）题目通过……设置了……。

任务1……，考查学生的……；

任务2……，考查学生的……；

（3）题目通过……分解了任务的难度。

（4）题目通过……带入了干扰信息，增加了信息分辨的难度。

（5）题目通过对……改造，把一道常规题变成不良结构题。

（6）题目设计了……情境，以期达到……目的。

……

3. 答题情况

（1）主要解法归纳。

解法一

（请说明采用此解法的大概比例）

解法二

（请说明采用此解法的大概比例）

……

（2）典型错误。

错误1：（占比）

错误：

错因分析：

错误2：（占比）

错误：

错因分析：

……

（3）答题情况描述。

①得分情况描述；

②题目的区分度描述；

③题目的难度描述。

4. 教师对本题的认可度分析

通过对阅卷教师个别访谈及网络舆情分析完成。

5. 本题与往年同类试题对比分析

6. 本题与课标、新教材的契合度分析

7. 同类问题的解题教学建议

可以参考但不局限于以下分析维度：

（1）提炼解决同类问题的通性通法。

（2）怎样落实"小题小做，大题巧做"。

（3）怎样提高同类问题的运算有效性。

（4）通过……方法提高学生的关键能力（如空间想象能力等），助力学生解决同类问题。

（5）变式教学建议。

（6）问题的拓展研究。

…………

8. 命题建议

（二）试题评价报告样例

17. 已知数列 $\{a_n\}$ 满足 $a_1=1$，$a_{n+1}=\begin{cases} a_n+1, & n\text{ 为奇数}, \\ a_n+2, & n\text{ 为偶数}. \end{cases}$

（1）记 $b_n=a_{2n}$，写出 b_1，b_2，并求数列 $\{b_n\}$ 的通项公式；

（2）求 $\{a_n\}$ 的前 20 项和.

1. 试题的基本描述

本题考查了分段函数表达式、数列递推公式求通项、等差数列通项公式、求和公式等重要知识点。试题主要以文字题的形式呈现，结构以分段函数的形式给出，较为复杂，综合性强。试题情境为课程学习情境，突出了对学生理性思维、数学应用、数学探索等学科素养的考查。考查的关键能力为逻辑思维能力、运算求解能力。考查了数学抽象、逻辑推理、数学运算等核心素养以及分类讨论、函数与方程、转化与归化的数学思想。本题比较新颖，以奇偶项穿插的分段函数形式给出，学生很少见。这就要求学生能够真正理解数列递推和通项公式的内涵，运用所学的知识去分析和解决问题。本题充分体现了新高考数学去套路化、去刷题化的命题方向。

2. 命题思路解读及试题的特点

本题第（1）问通过分段函数的形式呈现奇偶项数列的递推关系，考查了数列递推公式求通项、等差数列通项公式等知识点，考查了学生数学符号语言表达、数学抽象、逻辑推理、数学运算等能力。与以往出现过的常规题目不同的是，本题给出的是奇数项与偶数项之间的关系，这就需要学生通过演绎推理进行两次递推，得到偶数项与偶数项之间的递推关系，从而得到偶数项的通项公式。由于本题给出条件的形式新颖，带入了干扰信息，增加了学生通过演绎推理得到所需要的递推关系式的难度。很多学生只能通过观察猜想得到通项公式，而缺乏有效的递推关系的证明。

本题第（2）问的难度要低于第（1）问，重点考查了等差数列的求和公式。通过第（1）问分解了任务难度，在第（1）问求出偶数项通项公式的基础上，学生不难由奇偶项之间的关系得到奇数项的通项公式，从而进行求和，达到解题目的。本题设置求前20项和，项数不多，充分考虑到基础薄弱学生的得分情况。本题位于第17题的位置，入口很宽，在第（1）问无法解出的情况下，学生仍然可以通过递推关系式把前20项逐项求出，只是付出的时间成本不一样。解法之间的差异决定了耗时的区别，这也充分体现了本题的区分度和选拔功能。

3. 答题情况

（1）主要解法归纳。

第（1）问：

解法一：递推求 a_{2n} 通项

由题设得

$b_1 = a_2 = a_1 + 1 = 2$。

$b_2 = a_4 = a_3 + 1 = (a_2 + 2) + 1 = 5$。

$a_{2n+2} = a_{2n+1} + 1 = (a_{2n} + 2) + 1 = a_{2n} + 3$。

或写成：$\begin{cases} a_{2n} = a_{2n-1} + 1, \\ a_{2n-1} = a_{2n-2} + 2 \end{cases}$ $(n \geq 2)$，两式相加得 $a_{2n} = a_{2n-2} + 3$。

$\therefore b_n = b_{n-1} + 3$，

即 $\{b_n\}$ 是以 $b_1 = 2$ 为首项，公差为 3 的等差数列。

$\therefore b_n = 2 + 3(n-1) = 3n - 1$。

解法二：递推求 a_n 通项

$b_1 = a_2 = a_1 + 1 = 2$。

$b_2 = a_4 = a_3 + 1 = (a_2 + 2) + 1 = 5$。

当 n 为偶数时，$a_{n+2} = a_{n+1} + 1 = (a_n + 2) + 1 = a_n + 3$。

$\therefore a_n = a_2 + \left(\dfrac{n}{2} - 1\right) \cdot 3 = \dfrac{3}{2} n - 1$。

$\therefore b_n = a_{2n} = 3n - 1$。

解法三：累加法

$a_{2n} = a_{2n-1} + 1$。

$a_{2n-1} = a_{2n-2} + 2$。

……

$a_3 = a_2 + 2$。

$a_2 = a_1 + 1$。

累加得 $a_{2n} = a_1 + n + (n-1) \cdot 2 = 3n - 1$。

$\therefore b_n = a_{2n} = 3n - 1$。

或写成：

$a_{2n}-a_{2n-2}=3$。

$a_{2n-2}-a_{2n-4}=3$。

……

$a_6-a_4=3$。

$a_4-a_2=3$。

累加得 $a_{2n}-a_2=3(n-1)$。

$\therefore b_n=a_{2n}=3n-1$。

或写成：

$a_{2n}=a_{2n-1}+1=a_{2n-2}+2+1=\cdots=a_1+n+(n-1)\cdot 2=3n-1$。

解法四：数学归纳法

$b_1=a_2=a_1+1=2$。

$b_2=a_4=a_3+1=(a_2+2)+1=2+3=5$。

$b_3=a_6=a_5+1=(a_4+2)+1=5+3=8$。

猜想 $b_n=2+3(n-1)=3n-1$。

下面用数学归纳法加以证明：

①当 $n=1$ 时，$b_1=2=3\times 1-1$，显然成立。

②假设当 $n=k(k\geq 1,k\in \mathbf{Z})$ 时成立，即 $b_k=3k-1$。

则当 $n=k+1$ 时，

$b_{k+1}=a_{2k+2}=a_{2k+1}+1=(a_{2k}+2)+1=a_{2k}+3=b_k+3=3(k+1)-1$ 成立。

所以 $b_n=3n-1$。

解法五：利用等差中项证等差

$a_{2n}=a_{2n-1}+1=a_{2n-2}+3$。

$a_{2n}=a_{2n+1}-2=a_{2n+2}-1-2$。

$\therefore 2a_{2n}=a_{2n-2}+a_{2n+2}$。

$\therefore \{b_n\}$ 是以 $b_1=2$ 为首项，公差为 3 的等差数列，即 $b_n=3n-1$。

解法六：构造摆动数列

$$a_2 - a_1 = \frac{3}{2} + \left(\frac{1}{2}\right) \times (-1)^1。$$

$$a_3 - a_2 = \frac{3}{2} + \left(\frac{1}{2}\right) \times (-1)^2。$$

……

$$a_n - a_{n-1} = \frac{3}{2} + \left(\frac{1}{2}\right) \times (-1)^{n-1}。$$

得 $a_{n+1} - a_n = \frac{3}{2} + \left(\frac{1}{2}\right) \times (-1)^n$。

典型错误：

错误1：

递推两步不完整或者完全没有递推，由合情推理（归纳推理）得到

$a_{2n} - a_{2n-2} = 3$，$d = 3$。或者得到 $a_n = \begin{cases} \frac{3}{2}n - \frac{1}{2}, & n \text{ 为奇数,} \\ \frac{3}{2}n - 1, & n \text{ 为偶数。} \end{cases}$

错因分析：逻辑推理、数学抽象以及数学符号语言表达的能力欠缺。

错误2：

当 n 为奇数时，$a_n = 3n - 2$；

当 n 为偶数时，$a_n = 3n - 1$。

错因分析：不清楚通项和项数 n 之间的对应关系，本质上是对于数列的函数特征理解不透彻，不清楚自变量（项数 n）与函数值 [对应的通项 $f(n)$] 之间的对应关系。

错误3：

错写为 $\{b_n\} = 3n - 1$ 或 b_n 是以 $b_1 = 2$ 为首项，公差为 3 的等差数列。

错因分析：不理解数学符号的内涵。

错误4：

把题目中的奇数项加1，偶数项加2颠倒过来。

错因分析：读不懂题或者失误。

第（2）问：

解法一：

由（1）知 $a_{2n}=3n-1$，

$a_{2n-1}=a_{2n}-1=3n-2$。

所以 $\{a_n\}$ 的前 20 项和为

$$\sum_{k=1}^{20} a_k = \sum_{n=1}^{10}(3n-1)+\sum_{n=1}^{10}(3n-2)$$

$$=\sum_{n=1}^{10}(6n-3)=6(1+2+\cdots+10)-30=300。$$

解法二：

由（1）知 $a_{2n}=3n-1$，

$a_{2n-1}=a_{2n}-1=3n-2$。

设 $\{a_n\}$ 的前 20 项和为 S_{20}，

$S_{20}=(a_1+a_3+\cdots+a_{19})+(a_2+a_4+\cdots+a_{20})$.

$$=\frac{1+28}{2}\times 10+\frac{2+29}{2}\times 10$$

$$=145+155$$

$$=300。$$

解法三：

由（1）知 $a_{2n}=3n-1$，

$a_{2n-1}=a_{2n}-1=3n-2$。

易知 $a_{2n-1}+a_{2n}=6n-3$。

设 $\{a_n\}$ 的前 20 项和为 S_{20}，

$S_{20}=(a_1+a_2)+(a_3+a_4)+\cdots+(a_{19}+a_{20})$

$\quad\quad =3+9+15+\cdots+57=300$。

解法四：

$a_1=1$,$a_3=4$,$a_5=7$,$a_7=10$,$a_9=13$,$a_{11}=16$,$a_{13}=19$,$a_{15}=22$,$a_{17}=25$,$a_{19}=28$;$a_2=2$,$a_4=5$,$a_6=8$,$a_8=11$,$a_{10}=14$,$a_{12}=17$,$a_{14}=20$,$a_{16}=23$,$a_{18}=26$,$a_{20}=29$。

设 $\{a_n\}$ 的前 20 项和为 S_{20},

$$S_{20}=a_1+a_2+a_3+\cdots+a_{20}$$
$$=(1+4+\cdots+28)+(2+5+\cdots+29)$$
$$=\frac{1+28}{2}\times 10+\frac{2+29}{2}\times 10$$
$$=145+155$$
$$=300。$$

解法五:

$$S_{20}=a_1+a_2+a_3+\cdots+a_{20}$$
$$=b_1-1+b_1+b_2-1+\cdots+b_{10}-1+b_{10}$$
$$=2(b_1+b_2+\cdots+b_{10})-10$$
$$=300。$$

解法六:

$$S_{20}=a_1+a_2+a_3+\cdots+a_{20}$$
$$=a_1+a_1+1+a_2+\cdots+a_{19}+1$$
$$=20a_1+280$$
$$=300。$$

解法七:

$a_1+a_{20}=a_2+a_{19}=\cdots=a_{10}+a_{11}=1+29=30$。

$\therefore S_{20}=a_1+a_2+a_3+\cdots+a_{20}=\dfrac{a_1+a_{20}}{2}\cdot 20=300$。

典型错误:

错误 1:采用全部罗列出来的方法,罗列不全。

原因:时间紧,项数多,没有耐心列举完,又想不到更好的方法。

错误 2：计算前 20 项时出现计算错误。

原因：计算能力不足，公式记忆错误。

错误 3：$a_1+a_2=3$，$a_3+a_4=9$，…，不完全归纳得到 $a_n+a_{n+1}=6n-3$。

原因：逻辑推理、数学抽象以及数学符号语言表达的能力欠缺。

错误 4：分类奇数项和 145，偶数项和 155，计算 145+155 出现计算错误。

原因：计算能力不足或者计算方法不对、公式记忆错误。

错误 5：n 为奇数，$a_n=3n-1$，n 为偶数，$a_n=3n-2$。

原因：项数与通项对应关系错误。

错误 6：n 为奇数，$S_n=\dfrac{3n^2}{2}-\dfrac{n}{2}$，$n$ 为偶数，$S_n=\dfrac{3n^2}{2}+\dfrac{n}{2}$。

原因：项数与前 n 项和对应项之间的关系错误，n 应该取 1，2，…，10。

两问通病：①不完全归纳得出结论；②下标与项数对应关系错误；③跳步太严重，推导过程不完整；④书写规范性问题；⑤计算错误；⑥公式记忆错误。

（2）答题情况描述。

①得分情况描述：0~2 分段约 45%，3~5 分段约 25%，6~7 分段约 15%，8~9 分段约 12%，10 分约 3%。

②题目的区分度描述：无论从分数上还是答题方法的选择、答题时间上，本题都有很高的区分度，在甄别学生能力方面体现出很好的选拔功能。

③题目的难度描述：难度系数约 0.37，偏难，与近几年的高考数列题相比，得分率偏低。

4. 教师对本题的认可度分析

根据对评卷教师的个别访谈，大部分教师觉得题目奇偶项穿插，形式新颖。充分体现了去刷题化和套路化的命题思路，考查了数列递推公式、通项公式、求和公式等重要知识点，入口很宽，几乎所有的学生都能动笔，但却有很强的区分度。对学生的数学表达能力、逻辑推理能力、数学抽象能力、计算能力等关键能力与核心素养都进行了多方位考查，对学生综合应用知识解决问题的能力要求比较高。

5. 本题与往年同类试题对比分析

在往年数列题中，较少出现奇偶项穿插的题目。

2014年高考全国Ⅰ卷理科数学第17题

已知数列$\{a_n\}$的前n项和为S_n，$a_1=1$，$a_n\neq 0$，$a_n a_{n+1}=\lambda S_n-1$，其中$\lambda$为常数.

（1）证明：$a_{n+2}-a_n=\lambda$；

（2）是否存在λ，使得$\{a_n\}$为等差数列？并说明理由.

题目由a_n与S_n之间的关系得到a_n的奇数项或者偶数项的递推关系（奇偶项分别成等差），再通过先特殊后一般的方法，求使整个数列为等差数列的参数λ.

2019年高考天津卷文科数学第18题、2014年高考山东卷理科数学第19题均考查了奇偶项数列的求和，2021年新高考八省联考适应性测试数学的第17题是数列题，也可以转化为奇偶项数列的问题，但都不是奇偶项穿插的形式给出递推关系。本题在形式上、结构上都比较新颖，对学生的知识考查更加深入，对学生的能力提出了更高的要求。

6. 本题与课标、新教材的契合度分析

《中国高考评价体系》中指出，高考要突出立德树人、服务选才、引导教学的核心功能。命题理念从"知识立意、能力立意"向"价值引领、素养导向、能力为重、知识为基"转变。本题很好地体现了这个命题方向。课标中核心素养被划分为三个水平，其中水平二对应于学生参加高考应该达到的水平。数学抽象水平二的描述：能够用恰当的例子解释数学概念和规则，理解数学命题的条件和结论，能够把握研究对象的数学特征，并用数学语言表达推理和论证，能够提炼出解决一类问题的数学方法，理解其中的数学思想，能够用一般的概念解释具体现象。逻辑推理素养水平二的描述：能够对与学过的知识有关联的数学命题，通过对条件与结论的分析，探索论证的思路，选择合适的论证方法予以证明，并能用准确的数学语言表述论证过程。在通过运算解决问题的过程中，形成正确的运算思路是解决问题的关键。只有理解解决问题的思路，才能掌握一类问题的通性通法。数学运算素养水平二的描述：能够针对运算问题，合理选择运算方法、设计运算程序，解决问题。能够理解运算是一种演绎推理。本题在这三个方面的考查要求上，与课标非常吻合。

7. 同类问题的解题教学建议

（1）在教学中，奇偶项数列问题一直是学生认为比较困难的问题。掌握此类问题的通性通法，关键在于如何让学生理解项数与对应项之间的关系。函数的对应法则可以通过列表的形式呈现，同样，分析 a_{2k} 中 k 的含义，也可以通过列表来体现项数与对应项之间的关系，让学生理解 a_{2k} 中 k 的含义为在偶数列中的新排序。原数列中的第 $2k$ 项为偶数列中第 k 项，故当 $n=2k$ 时，原数列中的第 n 项在偶数列中排第 $\dfrac{n}{2}$ 项。

（2）通过变式教学强化对概念和知识的理解，例如，把偶数项换成奇数项，如 a_{2k-1}，a_{2k+1}，a_{3k} 等，通项公式 a_n 又会发生什么变化等。

（3）通过题组训练，强化对知识的应用，如奇数项递推求通项、含参数的奇偶项递推问题、奇偶项穿插问题、含参数的奇偶项穿插问题、奇偶项求和问题等。

（4）要提高学生分析题目的能力，注重对重要模型的识别和分析。注意引导学生寻找解题突破口，确定解题思路和最优解，加强对学生演绎推理能力、数学语言表达能力的培养，加强对数学命题证明严谨性的引导。在找不到解题思路的情况下，笨办法也是办法，尽可能多得分。

（5）本题的拓展研究。

本题可推广为

17A. 已知数列 $\{a_n\}$ 满足 $a_1=d$.

$$a_{n+1}=\begin{cases} a_n+p, & n\text{ 为奇数}, \\ a_n+q, & n\text{ 为偶数}. \end{cases}$$

(1) 记 $b_n = a_{2n}$，$c_n = a_{2n-1}$，写出 b_1，b_2，c_1，c_2，并求数列 $\{b_n\}$，$\{c_n\}$ 的通项公式；

(2) 求数列 $\{a_n\}$ 的前 n 项和 S_n。

17B. 已知数列 $\{a_n\}$ 满足 $a_{2n} - a_{2n-1} = 3^n - 1$，$a_{2n+1} + a_{2n} = 3^n + 5 (n \in \mathbf{N}^*)$，求数列 $\{a_n\}$ 的前 40 项和 S_{40}。

17C. 设首项为 1 的数列 $\{a_n\}$ 的前 n 项和为 S_n，且

$$a_n = \begin{cases} a_{n-1} + 3, & n = 2k, \ k \in \mathbf{N}^*, \\ 2a_{n-1} + 3, & n = 2k+1, \ k \in \mathbf{N}^*, \end{cases}$$

若 $S_m > 4\,042$，求正整数 m 的最小值。

8. 命题建议

本题得分率偏低，建议放在第 18 题的位置比较合适。

第六章
数学科高考改革对教学的启示

第一节 明确"立德树人"的工作路径

基于核心素养的考试改革,首先要以"立德树人"为统领,确定将评价人的"核心价值"放在首位,从强化记忆性知识到凸显"人的在场"。无论是高校人才选拔的需求还是基础教育人才培养的目标,在核心价值的要求方面是完全一致的。各学科都应该通过学科教学途径落实"立德树人"的责任,形成核心价值观养成的合力,优化育人环境。数学科高考核心价值指标体系的构建,旨在为落实核心价值观培养的数学学科教学指明方向。

数学科高考核心价值指标体系(图 1-1-1)指标内涵明确,本课题组通过问题情境创设的分析(表 1-1-3),较系统地解决了数学科高考中核心价值考查问题,也为日常课堂教学、课后练习中与核心价值观培养相关的教学情境创设指出了一些可行的路径。

值得关注的是,课标提出数学文化融入课程内容,并界定"数学文化是指数学的思想、精神、语言、方法、观点,以及它们的形成和发展;还包括数学在人类生活、科学技术、社会发展中的贡献和意义,以及与数学相关的人文活动",这种界定指出了数学学科的育人价值,也提醒注意数学文化教学与数学科高考核心价值观具有一致性。推进数学文化融入课堂的教学实践,开设数学文化选修课、举办数学文化节等活动均有助于核心价值观的渗透性培养。

1972 年,第二届国际数学教育大会成立了数学史与数学教学关系国际研究小组（简称 HPM），HPM 在国际上主要研究"为何"和"如何"、教育取向的数学史、历史相似性、教学设计与实践探究四个方面的内容。而 HPM 的研究目的，一是为数学课堂教学提供材料，二是获取相关知识点（概念、公式、定理等）的教学启示❶。结合国内外关于 HPM 的研究，余庆纯等在《中国 HPM 研究内容与方法》中提出了具有中国特色的 HPM 理论：一个视角（HPM 的视角），两座桥梁（沟通数学与人文、历史与现实的桥梁），三维目标（教师专业发展的三个维度——知识、信念和能力），四种方式（附加式、顺应式、复制式、重构式），五项原则（趣味性、科学性、有效性、可学性、人文性）和六类价值（呈现知识之谐、方法之美、探究之乐、能力之柱、文化之魅、德育之效）❷。与此同时，HPM 理论在教学实践方面也起着指导作用。因此，HPM 理论与实践的发展，也为数学文化融入教学提供了一定的理论基础和实际案例。

但数学文化不仅仅包含数学史一项内容，数学史只是数学文化的一个载体，因此教师在实施数学文化教学时，还要适当渗透数学思想方法、数学家背后的数学精神，并结合时事让学生体会数学在生活、生产中的实际运用，培养学生的数学精神，提升学生的数学修养。

第二节 明确"学科素养定向"的工作方向

学科素养（或学科核心素养）是核心素养在特定学科（或学习领域）的具体化，是学生学习一门学科（或特定学习领域）之后所形成的具有学科特点的目标组合能力和关键成就，是学科育人价值的集中体现。我们把高考数学学科素养界定为：数学科高考学科素养是学生经过高中阶段的数学学习后，面对

---

❶ 汪晓勤. HPM 的若干研究与展望 [J]. 中学数学月刊, 2012 (2): 1-5.
❷ 汪晓勤, 张小明. HPM 研究的内容与方法 [J]. 数学教育学报, 2006 (1): 16-18.

数学相关的现实的生活实践情境问题或学科领悟情境问题时，能够在正确思想价值观念指导下，运用数学学科的知识与能力、思维方式与方法高质量地认识问题、分析问题、解决问题的综合品质。数学科高考核心素养指标体系的建立重在揭示结合基础教育及高校人才选拔要求的关键学业成就的结构，见图1-2-8和表1-2-5。

倡导"学科素养定向"的考试实际上是运用目标倒推法，以"学科素养"期望的目标为基准，反推教学执行。从"知识能力定向"的考试转变为"学科素养定向"的考试需要实现三个转变。

一、实现从注重考核做题能力向注重考核做事能力的转变

这是一种要求师生从惯性的确定知识、明确内容和标准答案中走出来，从关注识记能力、机械刷题中走出来，而特别关注问题解决能力的重大转变。

素养（能力）需要在活动过程中（做事过程中）才能显性表现出来。例如，考查学生是只会刷题，还是真会解题——可以让学生去做新题；考查学生是否会读书——可以让学生做新材料阅读题；考查学生是否能处理实践中的数学应用问题——可以让学生做经改良带"脚手架"的数学建模题而不是传统应用题；考查学生是否能完成数学探究——可以让学生做开放性的问题，即不良结构问题。

"学科素养定向"的考试以学生是否能完成某项真实任务为考查原则，知识载体可以多样化，采用新的问题情境。从"确定的内容"到"不确定的问题"，这是"学科素养定向"考试区别于"知识能力定向"考试的主要特征。

二、从注重标量形态的学科水平向注重向量形态的学科水平的转变

在整个基础教育阶段，学生所学的知识很多，涉及的能力也很多。因此，

哪些知识是必备知识，哪些能力是关键能力，不同的角度就有不同的确定标准。要基于高考体系的"学科素养"，确定学科的必备知识与关键能力，这使得高考要求掌握的知识，是学科高级阶段必须学习的知识，它要求对知识的学习方式及形成的能力，是与学科高级阶段学习相一致的学习方式与能力。因此，必备知识就是目标知识，关键能力就是目标能力，学科素养是目标组合能力。

三、从注重单一解答的封闭题型向注重多种解答的开放题型的转变

数学科高考核心素养考查的是立足生活实践问题情境和学科领悟问题情境，问题情境的真实性以及对创新素养的关注通常带来题目的开放性以及复杂性，与之相应的就是开放题以及题目必定关联的高阶认知操作。对开放题的命制技术有较长的研究历史，但目前对数学问题中关联的高阶认知操作的关注度不够，这不但影响到命题技术，而且影响到日常教学中素养培养的任务（作业）的设计。"二层双向细目表"（图 3-3-7 和图 3-3-8）的使用有助于引导高考对认知操作的关注。

第三节　厘清"素养定向考试"与"四基""四能"的关系

一、知识、技能是学科系统的内容

知识以两种形式存在，一种是本源系统形式，另一种是学科系统形式。所谓知识的本源系统，是人类在实践过程中为了解决实践问题而将各种相关的知

识进行组合，成为与该实践过程相对应的知识系统。这种系统是"面向实践对象"的，是一种综合的、各方面属性与关系交错的知识系统。所谓知识的学科系统，是科学家为了更好地说明客观世界的现象与规律，人为地将相互交织、相互联系的现象与规律分离、割裂开来，按照一定的规则维度进行分类组织而形成的知识系统。这种系统是按照纯化的现象与规律组织起来的、以关键概念为核心组织的学科结构，即布鲁纳提出的学科基本结构。两种知识的存在形式是交互促进的，由此推进人类对世界认知的发展。

"四基"是指数学基础知识、数学基本技能、基本数学思想和基本数学活动经验。数学基础知识是指数学的概念、法则等数学事实；数学基本技能主要包括运算（估算）技能、测量技能、识图和画图技能、基本的证明技能、简单数据处理技能、数学语言表达技能等；基本数学思想是指现实世界的空间形式和数量关系反映到人的意识之中，经过思维活动而产生的结果，它是对数学事实与数学理论的本质认识，基本数学思想包括符号与变元表示的思想、集合思想、对应思想、公理化与结构思想、数形结合的思想、化归的思想、对立统一的思想、整体思想、函数与方程的思想、抽样统计思想、极限思想等；基本数学活动经验是指学习主体在数学活动过程中通过感知觉、操作及反思获得的具有个性特征的表象性内容、策略性内容、情感性内容以及未经社会协商的个人知识等❶。"四基"属于知识范畴，是学科系统的内容。

二、基本数学思想是学科系统的筋脉

我们需要深刻反思基本数学思想的内涵和地位。在生活、生产实践和数学内部发展需求的推动下，实数系的构建，经历了从"记号"到"符号"、建立"运算"、数系的扩充、从有限伸展到无限、建成公理化体系等一个漫长的过

---

❶ 朱黎生，沈南山，宋乃庆. 数学课程标准"双基"内涵延拓的教育思考 [J]. 课程·教材·教法，2012，32（5）：41-45.

程。每一次脚踏实地的进步，都是经验、知识、技能形成、积累、发展的过程。在这个过程中，数学思想——符号与变元表示的思想、集合的思想、极限的思想、公理化与结构的思想等也逐步形成。它们是在实践中反复凝练形成的，是学科系统内容的组成部分，但更重要的是，思想一旦形成，就成为分散在不同本源系统中的内容可以附着的筋脉、捆绑的纽带。思想筋脉的生长，一方面是学科系统本身的自生长，另一方面也吸引更多的不同本源系统中的内容附着其上，从而推动着学科系统的延伸和扩充。例如，数学分析、实变函数和泛函分析的内容源自五花八门的本源系统，包括生活与生产实践中的本源系统和数学内部自增长的本源系统，但其实从数学分析到实变函数，从实变函数到泛函分析，都是符号与变元表示的思想、对应的思想、极限的思想、公理化与结构的思想等基本思想筋脉生长的结果或这些思想延伸下增加的附着物。

学生进入学校学习，所使用的教材的编写都遵循学科知识系统的基本逻辑结构，因此，在教学中夯实"四基"，其实是夯实对数学学科系统的解读。

数学思想是现实世界的空间形式和数量关系反映到人的意识中，经过思维活动而产生的结果，它是经过反复提炼和实践证实的、对数学事实和数学理论的本质的认识。数学基础知识和基本技能主要表现为结论性知识。而学生的数学素养培养并非单纯地通过接受数学事实性知识来实现，更多是需要通过对数学思想的领悟、对数学活动经验的积累与条理化以及对数学知识的自我组织等活动来实现。美国心理学家布鲁纳的基本结构学说对数学思想方法教学的意义有三点积极提示：(1) 懂得原理使学科更容易理解。"由于认知结构中原有的有关观念在包摄和概括水平上高于新学习的知识，因而新知识与旧知识所构成的这种类属关系又可称为下位关系，这种学习便称为下位学习。"下位学习所学知识"具有足够的稳定性，有利于固定新学习的意义，使新知识顺利纳入学生已有的认知结构中去"。例如，如果在单调性学习中"符号与变元表示的思想""数形结合思想"得以建立，后面奇偶性、周期性的学习就会事半功倍。(2) 懂得原理有利于记忆。"除非把一件事情放进构造得好的模型里面，否则很快会忘记";"学习基本原理的目的,就在于保证记忆的丧失不是全部丧失,而是遗留下来的东西将使我们在需要的时候得以把一件事情重新构思起来。高明的理论不仅是现在用以理解想象的工具,而且也是明天用以回忆那个现象的工具"。例如,"数形结合的思想"有助于函数单调性、奇偶性、周期性概念的长效记忆。(3)有助于原理和态度的迁移。布鲁纳认为,"这种类型的迁移应该是教育过程的核心——用基本的和一般的观念来不断拓展和深化知识"。曹才翰认为,"只有概括的、巩固的和清晰的知识才能实现迁移"。

三、"四能"的提出是确立"问题解决"教学地位的标志

"四能"是指发现和提出问题的能力、分析和解决问题的能力。课标突出"四能"的本意是要强调数学教学应提倡以问题为导向,活动为载体,采用问题驱动式的教学方式,立足于问题发现、提出、分析、解决的全过程,在问题解决的过程中,引发、导引、深化学生的数学思考,锻炼学生的数学思维。因此课标提出"四能"本身就是为了提升"问题解决"在教学中的地位。素养层面的考试题是以情境为载体的问题解决任务,这与"四能"的本意是一致的。

四、核心素养是"四基""四能"的综合表现和评价的靶子

数学学科核心素养是数学学科育人价值的集中体现,是学生通过数学学科学习而逐步形成的。事实上相较于"四基""四能",素养指标的内涵具有操作性、综合性。例如,数学推理素养就是通过让学生解决"在复杂情境中由一个或几个已知判断得出一个新判断"的任务表现出来的,是基于必备知识网络的工作,以数学阅读能力、逻辑推理能力、数学运算能力等多种能力的综合调用为特征。又如,数学建模素养是对现实问题进行数学抽象,用数学语言表达

问题、用数学方法构建模型解决问题的素养。数学建模过程主要包括在实际情境中以数学视角发现问题、提出问题、分析问题、解决问题，是典型的"四能"综合表现过程。因此，数学学科核心素养是知识、能力的"综合表现"，是评价的"靶子"。核心素养作为"综合表现"的描述、"靶子"的刻画，是"四基""四能"的最终整合，核心素养的界定使学生的学业成就刻画更加清晰，从而使"四基""四能"发展指向及内涵更加清晰，并使教学及评价有更好的可操作性。

五、知识与能力层面是高考考查的基本层面

高考评价体系中的"四翼"指向"怎么考"，其中包括基础性、综合性、应用性、创新性。基础性、综合性维度的考查属于知识与能力层面考查（图 3-3-7 和图 3-3-8）。高考作为一场融合知识掌握程度分层、能力水平分层、素养水平分层等多维度要求的考试，必须在"四翼"结构完整的情况下才能保证测试的信度和效度。

第四节　促进学生对通性通法迁移与运用的策略

高考题综合程度较高，对多数考生而言是新的问题情境，这就涉及通性通法的迁移与运用问题。知识的运用主要是指将所学的一般性知识（原理、公式、定律、概念）用于具体的问题情境中去解决问题。知识的迁移也叫学习迁移，一般是指前一种学习对后一种学习的影响，在这里我们重点是指产生积极影响的迁移（正迁移）。知识运用阶段的迁移是一般性知识原理向具体的问题情境的迁移，是一种下位迁移。高考中的通性通法迁移一般属于下位迁移，即辨别出当前问题情境隶属于先前学习的哪一种概括性的规则或原理，从而能应

用先前学习的该规则或原理去解决当前的新问题。

莫雷等在《学习过程与机制研究——我国学习双机制理论与实验》中就知识的迁移与运用提出了六种策略：条件化策略、原型变异策略、专家模式策略、分解性策略、系统化策略和发散性策略。以下以高中解析几何教学为例，探讨这六种策略的原理和可行性。

一、条件化策略

要使所学知识在需要时能够迅速、顺利、准确地提取和执行，就必须为所学的知识建立一个"触发条件"，使之随时处于良好的备用状态。所谓条件化策略，是指教师在传授知识过程中，注重将学生的陈述性知识转化为程序性知识，建立起知识的"触发条件"，使之处于预备状态。

数学概念、原理属于"两栖性"知识，一方面，它们以陈述性知识形态存在，在教学中要让学生理解概念、原理的内涵和外延，把握它们"是什么"。另一方面，当运用数学概念判断出对象是否属于该概念的范畴，运用定义、定理、公式去计算、推演时，它们就以程序性知识的形态存在，此时必须让学生懂得把陈述性形态的知识转化为程序性形态的知识，即形成"如果……，那么……"的形态。换句话来说，就是把一个数学概念作为一个充要条件来用，或者把陈述性知识变成公式形态，就是将"触发条件"与行动序列结合起来的条件化知识，是活性知识。"不会用定义解题""画出很漂亮的章节思维导图也不会解题"等，其中一个重要的原因是教学中没有帮助学生建立起陈述性知识的"触发条件"。

例 6.1 （2020 年高考江苏卷数学第 18 题）

在平面直角坐标系 xOy 中，已知椭圆 $E: \dfrac{x^2}{4}+\dfrac{y^2}{3}=1$ 的左、右焦点分别为 F_1，F_2，点 A 在椭圆 E 上且在第一象限内，$AF_2 \perp F_1F_2$，直线 AF_1 与椭圆 E 相交于另一点 B.

(1) 求△AF_1F_2的周长；

(2) 在x轴上任取一点P，直线AP与椭圆E的右准线相交于点Q，求$\overrightarrow{OP} \cdot \overrightarrow{QP}$的最小值；

(3) 设点M在椭圆E上，记△OAB与△MAB的面积分别为S_1，S_2，若$S_2 = 3S_1$，求点M的坐标.

评析：在一定条件下，到两定点距离之和为定值的点的集合是一个椭圆；反之，椭圆上点到两定点距离之和为定值。第（1）问为更快更好地求出△AF_1F_2的周长，必须逆用椭圆的定义；第（2）问必须写出椭圆准线方程，这里使用的不是准线的定义，而是根据右准线的方程$x = \dfrac{a^2}{c}$的指引，求出a，c的值从而求出准线方程，在这个过程中，准线方程的形态是"触发条件"，可以与行动序列结合起来。

二、原型变异策略

刘增来在《构建中学数学知识网络的实践研究》中综合分析了心理学界对学习迁移领域的研究结果与各派理论之后，提出学习迁移发生最基本的因素之一是两个问题之间的共同元素（包括机能、表层内容、深层内容与策略）。所谓原型变异策略，是指教师在教学新的原理、公式及概念时，所列举的具体例证、例题要与原型有足够大的差异，以增强学生掌握新知识的概括能力。

原型变异策略的支撑点是使用足够大差异的举证能帮助学生深入辨识深层次的共同元素，反复演练问题通法，促进正迁移。原型变异策略惯用的说法是进行变式教学，教会学生使用类比方法，通过变式题组解决问题。

例如，圆锥曲线的焦点与准线的定义、计算及运用有通法，直线与圆锥曲线的位置关系判断有通法，对二元二次方程组消参简化计算有通法，求最值有通法，求（或证明）定值有通法。那么在练习中可以将各类通法通过条件模式变异或操作模式变异建立针对性的变式题组，使学生能够做到举一反三。就例6.1而言，可以考虑"如果把椭圆换成是圆、双曲线、抛物线又可以怎样提问？""如果还是定位在单参数最值问题，可以把点P在x轴上变式为什么条件？""是否可以变式为一个双参数的最值问题？"。

我们在第四章第二节讨论过"基于变式和组合的编题技巧"，这些技巧对在教学中落实原型变异策略有重要的应用价值，在此不再赘述。值得关注的是，面对高考评价体系，变式教学不应仅停留在条件变式、结论变式，需要重点关注情境变式，关注"基础性→综合性→应用性→创新性"的变式。

三、专家模式策略

现代心理学界的一个研究焦点就是剖析各学科领域内专家或"老手"在解决问题时所采用的思维模式，找出老手与新手的思维差异，然后训练新手形成老手的思维模式。所谓专家模式策略，是指教师深入研究同类专家解决同类问题的思维模式与策略，引导学生按照专家的思维去解决问题。

就例6.1而言，老手的解决问题模式就是"整道题只要做好形与数的对应（有教师称之为做翻译），中规中矩按定义列方程，用一般函数最值求法走，即按部就班就行"。教师讲授时必须讲解清楚解析几何解题的通法（按部就班的方法），而不是只给出答案。只给出答案而不给出老手的解题思路是高考复习课的通病，因为绝大部分学生无法自发地寻找到有效的思维模式，也没有能力提炼解题策略。

四、分解性策略

分解性策略是指教师在教学过程中注意将完成某类任务的完整的思维过程分解为几个阶段，总结出每个阶段的最优方法，然后训练学生分别掌握各个阶段的最优方法,并将它们连贯起来。

例如,李伟等在《素养立意的数学单元整体教学——以"圆锥曲线"单元教学为例》中提出解析几何的解题分解性策略"四步曲":(1)发现几何对象或问题;(2)几何对象或问题的代数表示;(3)代数运算;(4)代数结果的几何解释。

例6.2 (2021年新高考八省联考适应性测试数学第21题)

双曲线 $C: \dfrac{x^2}{a^2} - \dfrac{y^2}{b^2} = 1(a>0, b>0)$ 的左顶点为 A,右焦点为 F,动点 B 在 C 上. 当 $BF \perp AF$ 时,$|AF| = |BF|$.

(1) 求 C 的离心率;

(2) 若 B 在第一象限,证明:$\angle BFA = 2\angle BAF$.

题目讲解过程:

问题1:如何发现此题的几何特征?(意图:引导学生根据题意画图,加强几何特征的直观显现)。

问题2:能否结合图形及表述,把试题中蕴含的几何问题圈出来?

问题3:这些几何问题是否能够用代数式表示?(意图:引导学生找出几何问题,并对应转化成代数表示)

问题4:根据题意,这些代数式如何构建联系并运算?

问题5:代数式的运算结果表示什么几何性质?

五、系统化策略

心理学家认为,当学生运用知识解决问题时,首先要对头脑中相应的知识库进行搜索,在许许多多的知识组块的"触发条件"中找到与当前问题相同的条件,从而提取解决当前问题所需的知识。要使搜索成功,必须先厘清数学知识的前后、从属和因果关系,使各个知识点有合理的顺序,各就各位,也即对知识进行系统化梳理，完成知识网络的构建。

关于如何构建数学知识网络，有不少好的实践研究成果。刘增来在《构建中学数学知识网络的实践研究》中提出首先要从思想上重视，形成构建知识网络的意识。正如心理学家列昂节夫提出的一个原理："只有主体有目的地指向的对象，也就是在活动的系统中，那些占有内心或外表活动直接目的的结构地位的内容，才能被主体现实地意识到。"

王建国在《高三数学一轮复习中，促进学生知识网络构建的一些举措》中提出"多维思考，夯实网点""概念归类，横向对比""题组复习，题型归纳""课堂归纳，框架搭建""习题归档，丰富内容""编制章节知识框图，实现知识的模块集成"。田富德在《构建知识网络，进行知识辐射，站在中心点解题——高三数学解题教学的一点思考》中提出以试题条件或问题为中心，通过一题多解、多题一解、变式题组帮助学生构建知识网络。王朝璇在《解析几何之知识网络的构建》中通过运用举例的方法给出了"直线和圆锥曲线的位置关系""圆锥曲线的弦长问题""圆锥曲线的定点、定值问题""圆锥曲线中的范围与最值"和"圆锥曲线中的探索问题"等问题解决子网络。

六、发散性策略

发散性策略是指教师在指导学生运用知识解决问题的过程中，关注学生思维的发散性，鼓励学生从多个角度看问题，从多种独特的途径寻求问题的解答。

从数学解题教学的角度看，发散性策略基本与一题多解教学策略同义。教学中运用一题多解策略的作用主要包括三个方面。第一，进一步促进知识的网络化。这是因为不同的解法往往涉及知识点之间不同的连通方式，需要对知识点进行不同的组合运用。第二，促进学生克服不利的定式，寻找解决问题的路径。所谓不利的定式，是指在解决问题的过程中，只考虑一种思路，即使这种思路走不通，也无法跳出来，而是陷在里面不能自拔。第三，引导学生寻找问题的最优解法，例如算法的优化等，这方面的作用往往具有一定的再创造性，有利于发展学生的创造性思维。

发散性策略的运用需要关注学生的知识基础及思维能力。如果学生的基础比较薄弱，那么解题教学就应该首选立足通性通法，帮助学生建立一般性的解题图式，帮助学生形成必要的定式。

第五节 推进"优选式全程重复"的单元教学设计

学科素养的考查，主体定在"生活实践问题情境"和"学科领悟问题情境"，学理依据是"个体知识再生产过程（学习过程），从本质上看，是将人类千百万年形成的社会机能与经验化为个体的机能与经验的过程（也即学习首先是一个继承性的过程）"。因此，个体的学习过程应该大致重复前人知识生产过程。需要注意的是，重复前人知识生产中的任何环节的缺失，都有可能造成知识载体机能不能完全实现。但是，这种重复又不可能是全程回归，因为知识的再生产过程的根本目的是让个体在短短的十几年掌握人类千百万年形成的知识，这就决定了这个过程必须是浓缩的、简略的过程。让学生经历所有新知识的探索过程与新知识的理解整合过程，实际是不可能的。于是，一个很显然的矛盾摆在面前：一方面，缺失了人类知识生产的任何一个环节，就可能造成对这种经验继承的不完整；另一方面，全程重复前人知识生产过程，在时间上是不可行的。

莫雷等在《学习过程与机制研究：我国学习双机制理论与实验》中提出采用"优选式全程重复"的单元教学设计以解决前面提及的问题。

"优选式全程重复"的单元教学设计提出：新知识的学习包含知识的探索、知识的理解与整理、知识的综合运用三个环节（图6-5-1），一轮知识学习的成果会成为下一轮学习的基础以支撑新一轮的知识探索、知识理解与整理。因此，知识学习的三个环节在学生的学习过程中循环往复不断进行，从而使知识学习成果不断积累。

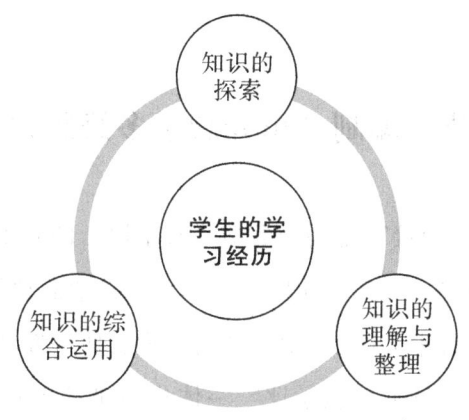

图 6-5-1　新知识学习的三个环节

"优选式全程重复"的单元教学设计提出：在学科的整体设计上必须让学生经历三个环节，但就每一项知识来说，并不需要一定经历这三个环节，应该根据知识的性质与特点确定该知识应该经历哪一个环节。这样，就学科的整体教学来看，学生经历了人类知识产生的三个环节，保证了生产过程各个环节能力的实现；同时，又不是每项知识的教学都需要经过三个环节，而是选择性地要经历一两个环节。"优选式全程重复"的单元教学设计在整个学科知识教学中让学生经历了三个环节，学生就可以内化出该学科知识蕴含的各种能力（素养）。

"优选式全程重复"的单元教学设计重要提示一：在单元教学设计中，并不需要每个知识点同等用力。可以把知识点分为：（1）学科支柱性的知识点。应该以问题为中心，按照发现法设计教学。(2) 学科一般性的知识点。这类知识在整个学科中占大部分，应该以课堂讲授与练习为主。(3) 学科中组合应用性知识点。这类知识点既可能是支柱性知识点，也可能是一般性知识点，应该以知识组合应用的活动形式开展教学。

"优选式全程重复"的单元教学设计重要提示二：数学建模与数学探究活

动作为以问题解决为核心的综合实践活动，属于知识组合应用环节，在单元设计中起到以"高阶学习"发展"高阶思维能力"的作用，教师应该为学生创造相关的学习机会。

第六节　编制"单元教学多维细目表"

"依标施教，教考衔接"是高中数学"教学评"的基本原则。"单元教学多维细目表"编制的意义在于使实际开展的单元教学活动与流程更具方向性，有利于在知识教学过程中关注数学核心素养指向，使得教育教学过程更有计划性、目的性与规范性。助力"教学评"一体化构建以达成"教学评"一致性是"单元教学多维细目表"编制的意义。因此，"单元教学多维细目表"的编制应该遵循以下七个基本原则。

一、合情原则

合情原则是指以"人人获得良好的数学教育，不同的人在数学上得到不同发展"为基本理念。"单元教学多维细目表"的编制应该符合本校（本班）学生数学核心素养水平发展要求，以知识的发生发展过程为逻辑线索，精选学习素材，构建学习情境，设计系列的数学学习活动。

二、"优选式全程重复"设计原则

为更好地落实"优选式全程重复"的单元教学设计，在多维细目表中需要体现知识点及其性质的分析，即先把知识点按照"学科支柱性的知识点、学科一般性的知识点、学科中组合应用性知识点"进行分类，以此酌情安排教学用时及合理取舍"知识的探索""知识的理解与整理""知识的综合运用"三个环节。

三、"通性通法"基本性原则

诸多的大教育新概念对教育教学改革有一定导向性作用，但同时也带来了一些教学改革过度形式化的倾向，不少大概念在数学教育中的应用方法和效用尚待更多的实证。目前的不少课题研究高度关注了大教育新概念，但缺少了对数学本质的关注，没有了"数学味"。"数学味"源于对数学通性通法的理解和教学执行。学生的认知障碍分析和排除仍然应该是教学设计的关键点。学生对数学通性通法的理解、掌握是评价的最基本维度。对数学通性通法的"教学评"应该贯穿一堂课的始终，贯穿单元的整个过程。

四、"大情境"设计原则

在我们的界定中，情境可以是数学内部的问题情境，也可以是数学与现实世界或其他学科关联的情境，在这种观点下，数学学习总是与情境相关的。我们在高考评价体系中界定的"生活实践问题情境"指向数学在生活实践中的应用情境，而"学科领悟问题情境"则是重点指向学生应对学科内部高阶学习任务的胜任程度。"数学知识应该根植于情境脉络之中""通过运用来理解数学""数学学习是一个文化浸润的过程"等观点也是情境认知理论对数学教学的重要启示。在单元教学过程中，为清晰揭示一个单元的数学知识发生发展脉络，帮助学生完成从知识的"识记与执行"开始循序渐进到"理解"，最终达到"分析推断""应用""创造"的高阶思维阶段，明晰单元的素养指向，则应该有1个或2个情境贯穿单元始终，以利问题逐步深入或横向拓展，也就是在一个单元中，除知识链外，这1个或2个情境应该成为单元的另一种发展主线，我们把这类情境称为"大情境"。

五、"四翼"结构原则

"四翼"对应高考评价体系"怎么考",同时也很好地界定了知识能力层面和素养层面的考查要求。因此,应该依照教学目标和"四翼"的要求完成单元作业的二次设计。其中需要特别关注作业设计中认知操作体系的指引作用(图 3-3-6)。

六、数学文化浸润原则

依照课标要求,重视数学文化融入课程内容,这是引导学生感悟数学的文化价值和审美价值必不可少的环节。

七、以高阶学习培养高阶思维的原则

高阶思维是指发生在较高认知水平层面上的心智活动或认知能力。它超越了表面的观察和分析,能够深入思考、综合分析和创新解决问题,并能够激发创造力。每一单元都应该通过综合实践活动或长作业环节配置高阶学习,这也是课标提出数学建模与数学探究活动主题的意义。

根据以上七个基本原则,编制"单元教学多维细目表"(表 6-6-1)。

表 6-6-1　单元教学多维细目表

单元目标	1. 2. ……											
	"四基" (通性通法)			素养指向及水平层次②					例题习题 "四翼"结构			
章节	知识点及其性质①	数学思想方法	认知障碍	数学抽象及水平层次	数学运算及水平层次	直观想象及水平层次	逻辑推理及水平层次	数学建模及水平层次	数据分析及水平层次	基础性	综合性	应用性	创新性	大情境创设	数学文化浸润	综合实践或成长作业	教学用时

注：①知识点性质是指：学科支柱性的知识点、学科一般性的知识点、学科中组合应用性知识点。②素养指向及水平层次依据课程标准执行。

"单元教学多维细目表"的运用方法：

（1）在单元设计之初，按照表 6-6-1 做好全盘考虑，确定"教学评"目标，运用目标倒推法进行教学设计，完善作业设计。

（2）在教学执行过程中以细目表为执行标准，通过课堂各环节评价、作业评价、小测验评价等记录目标执行情况。

（3）在单元测验中按照"单元教学多维细目表"进行命题，检查教学执行情况，并做好达标总结。

（4）根据本单元的执行情况进行补漏，并修订完善下一单元的多维细目表。

（5）各单元的多维细目表及执行总结是高考复习计划制订的重要依据，由此更好地支持教考衔接。

第七节　推进数学建模活动与数学探究活动

一、数学建模活动与数学探究活动

数学建模活动是对现实问题进行数学抽象、用数学语言表达问题、用数学方法构建模型解决问题的过程。主要包括在实际情境中从数学的视角发现问题、提出问题，分析问题、构建模型、确定参数、计算求解，检验结果、改进模型，最终解决实际问题。数学建模活动是基于数学思维运用模型解决实际问题的一类综合实践活动，是高中阶段数学课程的重要内容。

数学探究活动是围绕某个具体的数学问题，开展自主探究、合作研究并最终解决问题的过程。具体表现为：发现和提出有意义的数学问题，猜测合理的数学结论，提出解决问题的思路和方案，通过自主探索、合作研究论证数学结论。数学探究活动是运用数学知识解决数学问题的一类综合实践活动，也是高中阶段数学课程的重要内容。

数学建模活动与数学探究活动以课题研究的形式开展。课题可以由教师给定，也可以由学生与教师协商确定。课题研究的过程包括选题、开题、做题、结题四个环节。学生需要撰写开题报告，教师要组织开展开题交流活动，开题报告应包括选题意义、文献综述、解决问题思路、研究计划、预期结果等。做题是解决问题的过程，包括描述问题、数学表达、建立模型、求解模型、得到结论、反思完善等。结题包括撰写研究报告和报告研究结果，由教师组织学生开展结题答辩。根据选题的内容，报告可以采用专题作业、测量报告、算法程序、制作的实物、研究报告、小论文等多种形式。

从课标对数学建模活动和数学探究活动的内涵界定和教学提示可以看出，

数学建模活动和数学探究活动的目的是"通过高阶学习培养学生的高阶思维"，是促使师生积极应对真实生活实践问题情境以及深入理解学科领悟问题情境的关键途径，活动的开展是学生在高考时能够应对情境性命题的重要积累。

二、数学建模教学常态化的思考与实践

（一）广东省首届高中数学建模课堂教学设计优秀作品交流展示活动的提示

广东省教育研究院在 2020 年 4—6 月期间联合北京师范大学数学建模教育中心举办了首届高中数学建模课堂教学设计竞赛。竞赛定位于寻找数学建模进入高中日常教学的路径，寻找合适的教法，发现高中建模教学的重点、难点，发现建模教学存在的问题并致力于解决建模教学存在问题的过程，也是一种教师培训方式。竞赛通知发送到广东省全部 21 个地级市，共有 19 个地级市提交了参赛作品，参赛作品共计 172 份。

作品的总体情况：（1）选题丰富，贴近学生的生活实际，有积极的教育价值。（2）有以高中教材内容为基础进行开发设计的、具有高度原创性的优秀作品，也有对教材、课标案例进行二次开发的好作品，为建模教学融入日常教学的可行性提供了好的思路和实证。（3）有约 50% 的作品是应用题教学，也有未能从各题的关联性体现完整的建模过程。（4）有部分作品出现科学性错误，包括问题情境的合理性、假设的合理性、建模方法的运用等。（5）作品水平呈现较大地区差异性。（6）教师对建模的认识和建模技术的学习是高中建模教学推进的障碍之一。

结合 172 份作品，深入思考在教师和学生的知识基础、能力基础、教学时空等条件都远不如大学的情况下，对于高中生的数学建模教学应该"教什么""怎么教"，我们归纳出 8 个问题，提炼出一些认识及问题解决办法。

问题 1：什么是数学建模教学？应用题教学处于什么地位？

能否在实际情境中发现问题、合理提出问题是以数学角度认识真实世界的

起点，它关乎个体对数与形的视野广度与思考角度。分析问题、建立模型是数学化的能力，这是一个合情推理和演绎推理合力作用的过程，往往涉及信息获取与甄别，涉及跨学科知识的运用，有别于一般的数学解题。确定参数、计算求解是算法选择并整合运用的过程。因此，数学建模教学是一种在视野、视角、多种能力、知识及技能综合层面上的数学应用教学。

数学建模素养的养成需要持之以恒地让学生经历数学建模的全过程，建模过程某些环节在教学上的长期缺失会成为素养养成的障碍。例如，目前的应用题多数都已经是通过加工的问题，包括不良信息已经被排除、数量信息已经不多不少地提供好，所以问题相应的模型已经比较明晰，只需要作出数学表达式并求解即可。教学中应用题的教学当然是必不可少的，应用题的教学对于提示解答思路、熟练掌握数学模型或思想方法的应用有积极作用。但是应该看到，这种深加工过的应用题实际上已经略过了发现问题、提出问题以及分析问题的主要过程（往往这个才是解决问题最艰难的环节），所以数学应用教学不能停留在目前的应用题教学层面上。

问题2：怎样选择或创设建模教学的问题情境？

选题基本原则1：问题情境创设应有利于学生经历数学建模的全部环节。

选题基本原则2：融入日常教学的建模教学需要围绕大单元的"四基"目标创设情境任务，为大单元"四基"教学增效。

（1）从教学目标出发，基于要讲授或练习的模型特征寻找问题背景。例如，①联想数量关系或图形可能发生的情境；②旧有的应用题会提示合适的问题背景；③通过文献检索与阅读寻找问题背景。

（2）使用自然的问题情境。要让学生经历发现问题、提出问题以及分析问题的主要过程，必须提供自然的问题情境而不是经深加工的问题情境。对从旧有应用题中获得的问题应该做适当的情境还原，使学生经历在实际情境中发现问题、提出问题、分析问题的过程。

（3）选择对高中生而言具有亲和力的问题情境。选择一个高中生生活环境中或可理解的生产实践中有应用价值的问题情境，如茶文化、体重与健康、公车站定位、救生员奔跑的方向、商场中的定位系统、测高等。

（4）选择对积极的情感态度价值观养成有利的问题情境，如行车安全问题（生命教育）、校园贷问题（理性消费）等。

（5）课堂教学中应选择生动的、真实的问题情境呈现方式，可以使用文字描述、实物、图片、视频等呈现问题情境。

问题3：需要教会学生哪些分析问题的基本思路？

（1）排查相关因素，选择重点考虑的因素及研究目标（这是问题初步简化的过程）。

例如：茶文化——茶的口感问题。

此问题涉及多个因素，包括茶的类别、茶的质量、茶叶的存储时间、个人的偏好、泡茶的方法、泡茶的器具、茶的温度等。相关因素太多，想一次解决会很困难，所以先考虑简单的问题，例如，可以考虑热水泡茶后等多长时间口感最好、不同种植地红茶的口感哪种更优、不同年龄段人群对茶的种类的偏好等。当然在考虑这些简单问题的基础上可以逐步形成复杂的问题，例如，同时考虑不同年龄人群对茶的种类的偏好和对不同种植地红茶的偏好等。

（2）收集相关因素的信息。包括网络平台检索、文献阅读、实地调查、设计问卷调查、测量等。课堂教学时间紧凑，这个环节可以课外完成。

（3）确定相关因素，根据问题及相关因素的信息的特征考虑可能的建模方法。例如，存在某种平衡关系，拟建函数模型或方程模型。如果是一个与随机事件相关的问题，那么可能是概率模型；如果只有数据信息，那么尝试采用拟合方法、回归分析；如果是一个与"形"相关的问题，那么是一个平面上的图形或是空间图形；等等。

（4）根据初选的建模方法进一步收集相关因素信息。

问题4：让学生意识到可能需要通过假设以简化问题，需要讲授怎样的假设是合理的，怎样的假设为之够用了。（属于合情推理，是建模的难点。）

实际问题可能纷繁复杂，问题的干扰因素可能很多。假设是问题简化的重要过程，是实际问题数学化能否成功的关键。

哪些信息需要进入假设？

（1）在假设中，暂时不考虑某些因素，而专注于需考虑的关键因素。

（2）数据采集发生的条件、环境描述需要进入假设。例如，探索茶文化——茶水温度与时间的关系时，使用数据拟合的方法建模，茶水冷却过程数据采集是在当前环境下进行的，室温就是重要的假设。不同室温条件下，冷却进程显然不同，所得的函数关系及其能解释的现象显然也只在室温偏差不太大的范围内有效。又如，疫情的分析，疫情数据的采集时间及数据发生的一些前提条件，是在政府干预措施实施前采集的数据还是在政府干预措施实施后采集的数据，这些都会对所建立的模型产生影响。

（3）简化问题的需求必须进入假设。例如，把一个人体看成长方体，把河流看成线，把区域看成点，把非连续变化过程看作连续变化过程。

（4）将要使用的建模方法的适用条件进入假设。例如，数据拟合方法使用的前提条件、回归分析方法使用的前提条件、用样本估计总体方法使用的前提条件等。

怎样的假设是合理的？

（1）检查关键因素是否被忽略。（2）假设有发生的可能。（3）数学建模作为一种合情推理，是允许一定理想化的。例如把人体看作长方体，又如把一个问题情境本身会发生足够稠密的数据量的变化过程视作一个连续变化的过程。建议阅读刘来福的《高中数学建模》，书中对一些假设的合理性进行了解读，如为什么某些问题情境中把人体看作长方体是合理的。（4）已有条件和假设不矛盾，能够自洽。

怎样的假设为之够用了？

需要明白的是，能掌握到的信息连同假设一起要成为下一步建立模型的充分条件，这就是检查假设是否足够用的重要依据。

问题5：怎样选择建模方法？面向高中生，建模方法讲授到什么程度？

建模方法运用恰当是重要的科学性保证。需要依据问题的特征和所掌握的信息选择建模方法。高中阶段的知识基础还不是很深厚，在教学过程中，当设置与问题情境相关的建模任务时，学生通常不会面临太大的选择性困难。

值得关注的是，每一种建模方法都会有使用的前提条件和适用性，为讲授某种建模方法而在不恰当的问题情境中勉强使用该方法是不恰当的。教师需要对学生作适当的提醒。例如，建立函数模型，函数模型是一种基于等量关系的模型，高中的函数模型一般具有较好的连续性。建立函数模型的基本方法是寻找问题中的平衡关系，并通过数据分析方法确定模型参数。课标案例7（停车距离问题）是一个很好的范例。而选择数据拟合方法建立函数模型一般会是以下三种情形之一：（1）问题情境是一般相应连续变化的过程，如茶水的冷却过程、刹车过程；又如山峦曲线形状的描述等。（2）问题情境本身会发生足够稠密的数据量，以至用连续的函数模型去描述也合适，如人口量巨大地区的人口迁移问题、鞋码问题、身高和体重的关系等。（3）问题情境中的平衡关系难以把握，但通过实验或统计能够获得一定的数据。这时数据拟合是一种估计。

案例：茶文化——茶水温度与时间

茶文化案例中茶水温度与时间的关系分析，使用牛顿冷却定律建立模型是不错的选择，在本次竞赛中有教师基于这种考虑对教材作了改编。

案例：沐浴露型号和价格的关系

厂家和商家不会对同一种产品（商品）使用很多种型号，在这个问题中不存在大量的型号与价格对应数据。另外，生产成本、销售成本、销售价格的平衡关系是可以明晰的，因此选用数据拟合方法不恰当。

面向高中生，建模方法教学应该包括三个方面：（1）教材所涉及模型的整合运用；（2）课标中B类课程中的五类模型：线性模型、二次曲线模型、指数函数模型、三角函数模型、参变数模型；（3）渗透讲授三大原理（基本模型）：轮廓模型与量纲分析、拟合模型与最小二乘法、机理模型与平衡原理。

问题6：怎样保证所建模型是恰当的？

保证模型恰当应关注以下几个方面：(1) 假设的合理性。(2) 数据采集的规范性。(3) 建模方法选用恰当。(4) 模型准确性检验环节必不可少。模型准确性检验方法一般有两种：一种是建模方法本身链接检验方法，如回归分析法，可以借助残差进行检验；另一种是用事实进行检验。(5) 结论的适用性、可操作性。有些生活中的问题解决，容许有一定的准确性偏差，但是要有良好的可操作性。例如，何谓过度肥胖？如果给出的是一个很复杂的模型，则不易解读且计算复杂，那这样的模型在适用性和可操作性方面都会有欠缺。

问题7：怎样运用模型？

建立模型是从解释现象、做出选择、提供问题解决的可行性方案等任务出发进行的工作，从现实问题情境出发，最终解决现实问题。在解释现象、做出选择、提供问题解决方案时，必须立足假设，给出合情的回答，不夸大、不偏颇，包括"在……条件下，可以推断……"，或者"在……情形下，还未能确定……"等陈述。

问题8：怎样拓展模型的适用性？

(1) 把问题条件一般化、某些常量参数化（有些书把这种过程称为代数化）。根据一般化的条件重新调整模型或讨论参数变动对结论的影响，这种工作会拓展模型的适用性。

(2) 挖掘出不同背景下的同类问题，对于这些问题该数学模型都有同等适用性。

数学模型具有高度概括性。例如，房贷问题解决了，这个模型是否适用于其他投资问题；台风预测问题解决了，这种模型对其他如沙尘暴、寒流等问题是否也同等适用等。

（二）在日常课堂内外用好用足"微建模"题

"微建模"题是与开放性数学建模活动相应的一种仿真性题目，用以课堂辅助，使教学双方在建模教学过程中分段明晰数学建模步骤；支持在非开放实践调查环境、限时等条件限制下进行建模相关练习；适用于闭卷、限时的建模素养水平测试。迷你版数学建模题，也可看作一种仿真应用性题目，即学生先接触"微建模"题，再过渡到完整数学建模的学习。"微建模"题的设计见本书第四章第三节。

（三）研发数学建模校本研修课

按照课标及教材开展 10 学时的数学建模活动与数学探究活动是不能满足有学习兴趣和潜能的学生的学习需求的。虽然课标也作出了选修课程建议，但与学校学生学情不一定能契合。选修课是真正校本的工作，基于调查研究，给出以下数学建模校本研修课开发框架。

某重点高中的高一学生数学学习现状调查

（1）研究对象选取。

从现有的文献调查来看，高中生的数学建模能力水平较低，作为选修课开设的前期工作，对某重点高中的高一年级学生数学建模能力进行调查是十分必要的。调查广州市某所重点高中的高一学生数学学习基础以及对数学建模的理解、动机。向开学第二周的高一年级学生发放调查问卷，调查的学生都没有经历过数学建模系统学习。

（2）研究的基本过程。

为了初步了解高中生对数学建模学习的看法，以及是否愿意学习数学建模以更好推进数学建模教学，特进行此项调查。本次调查从学生熟知的数学应用题切入，拉近学生与数学建模之间的距离，以消除陌生感。

正式的问卷调查工作开展时间是在 2021 年 3 月 9 日周二的数学晚辅修课前 10 分钟（即高一下学期刚开学两周）。开展调查工作之前，笔者通过与导师讨论，进一步优化了调查问卷内容，与此同时向校领导和教师说明了此次问卷调查的目的和意义，最后在学校领导的支持和协助下成功开展。笔者在高一年级发放调查问卷 283 份，回收有效调查问卷 252 份，据统计愿意学习数学建模的问卷有 220 份，男生 115 份，女生 105 份。最后从 220 份调查问卷中按照男女比例分层随机抽样52人组成数学建模兴趣班进行系统数学建模教学，以此为基础开展数学建模选修课教学实验。调查问卷收集情况见表6-7-1。

表6-7-1 调查问卷收集情况

问卷总数/份	实际回收/份	有效问卷/份	回收率/%	有效率/%
283	252	252	89	100

调查问卷基于刘儒德等在《小学生数学学习观调查研究》中的有关数学观、学习观测量的问卷进行改编，并在广州市某重点高中的高一年级进行预测试的基础上不断修改加以完善，问卷经过了预测试，主要改动是删减2道题目，增加第11题关于"是否愿意学习数学建模"来抽样选择出愿意学习数学建模的学生，保证组成数学建模班级学生学习态度同质性。问卷由两部分构成：第一部分为4道有关数学观和学习观的半结构性的问题，考查对数学学科与学习数学的认识；第二部分为7道题，其中5道单选题，考查学生学习基础以及对数学应用题的掌握与兴趣点，最后2道题是半结构性多选题，考查学生对数学应用题难点的认知和数学建模的学习动机，每道半结构性多选题设有5个选项。该部分可分为两个维度，维度一包括3个项目："数学基础""学习态度""数学应用题的学习状态"；维度二包括1个项目："数学建模学习动机"。鉴于问卷是非量表的半结构性开放题，可以通过专家意见法和预测试进行反复修改来保证信度、效度。

(3) 问卷调查结果与分析。

①不同维度分析。

a. 对数学观和学习观的认识。

笔者对高中生数学学习基础调查问卷中第1~4题的结果进行统计（统计图见图6-7-1）。

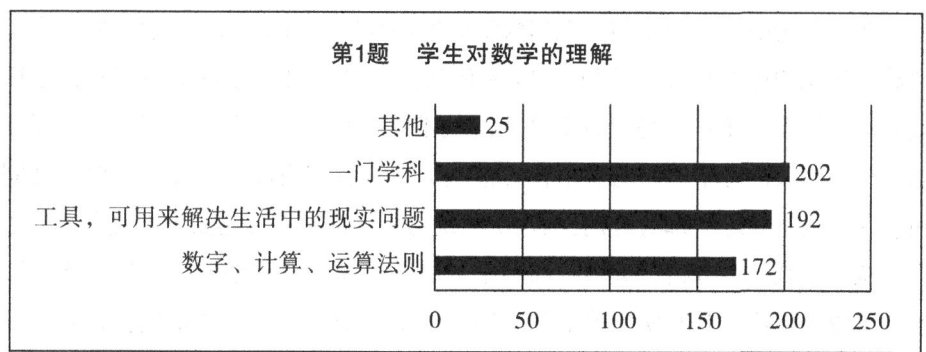

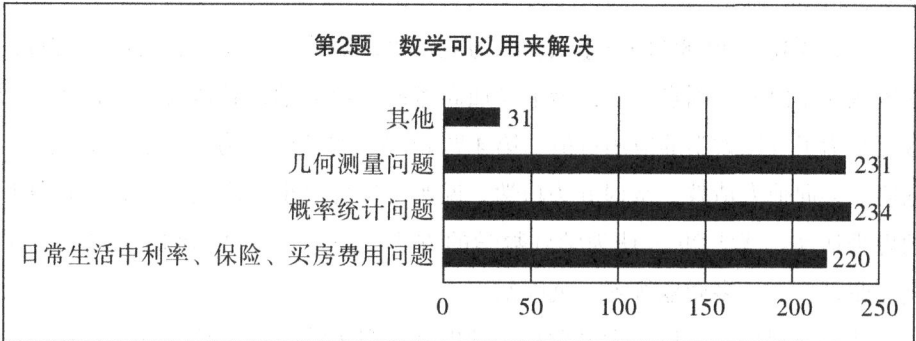

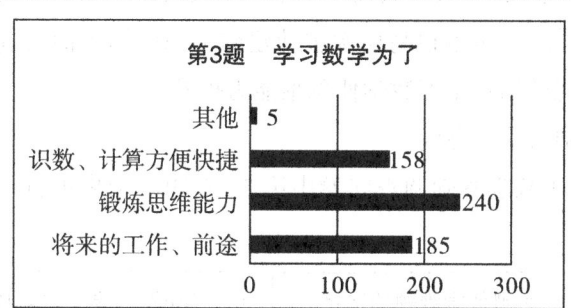

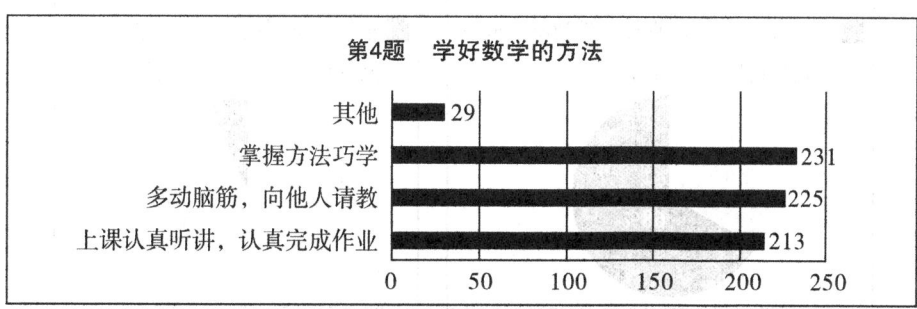

图 6-7-1　第 1~4 题结果统计图

在第 1 题中，学生能够意识到数学的实用功能，且 61.6%的学生能够意识到数学知识的操作特征；其他仅 25 人认为：一是，数学是科学的基础，帮助人类探索世界奥秘；二是，数学是一门艺术；三是，数学是哲学的基础。第 2 题分析出绝大部分学生认为数学在日常生活中具有实用性，以及在概率统计问题、几何测量问题中都有应用，有 31 人认为数学能够很好地解决最优化问题。

从数学观角度分析，大多数高一学生数学认知是没有偏差的，他们认为数学是来源于生活、具有实用价值的，同时数学也是其他学科的基础，它是一门学科，也是一种工具。

第 3 题高达 40.8%的学生认为学习数学可以锻炼思维能力，其次 58.3%的学生认为是由外部因素驱动，为了参加高考而学习数学；其他仅 5 人认为学习数学是为了发挥数学的应用价值。第 4 题 65.3%的学生认为学习数学应该多动脑筋，多向他人请教，掌握方法巧学，说明学生普遍重视高层次主动建构知识的思维活动；其他 29 人认为学好数学的方法：一是多总结归纳、反思；二是兴趣驱动；三是多做题练习、巩固知识。

从学习观角度分析，大多数高一学生既重视传统的被动接受学习过程（如上课听讲和练习等），也重视高层次主动建构知识的思维活动（如动脑筋思考等），同时希望能够通过学习数学使思维能力提升。

b. 数学基础与学习态度。

笔者对高中生数学基础调查问卷中第 5、6 题的结果进行统计（统计图见图 6-7-2）。

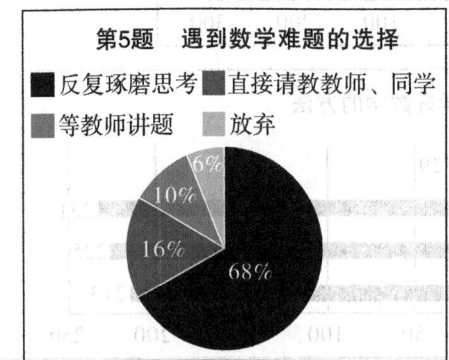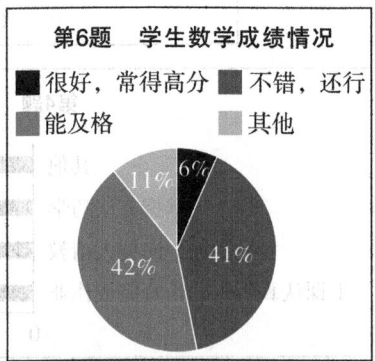

图 6-7-2　第 5、6 题结果统计

从第 5 题的统计结果发现，大约 68% 的学生遇到难题会选择自己反复琢磨思考，大约 16% 的学生会主动请教教师、同学，大约 10% 的学生持被动学习态度，习惯于等教师讲题；仅 15 人会果断选择放弃。这说明学生的学习态度端正，遇到难题能够主动想办法去解决，而不是消极被动地逃避问题。

从第 6 题的统计结果发现，大约 89% 的学生成绩不错、还行或能及格，极少数学生能够保证常拿高分，说明此学校的高一学生数学学习基础是处在中间水平居多。

从学生的数学基础与学习态度两个角度分析，可以发现学生的学习态度与数学学习基础是有关联的。

c. 数学应用题的学习状态。

笔者对高中生数学应用题的学习状态调查问卷中第 7~10 题的结果进行统计（统计图见图 6-7-3~图 6-7-5）。

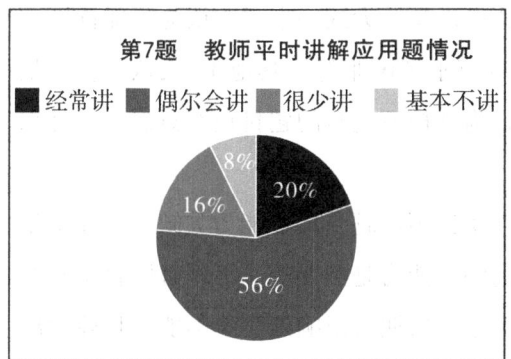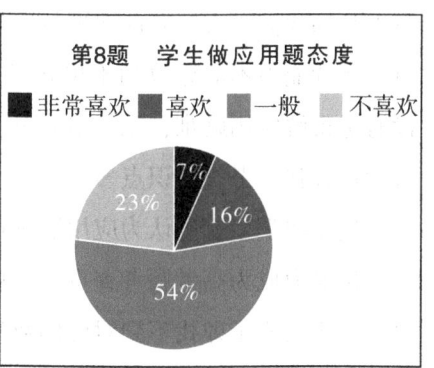

图 6-7-3　第 7、8 题结果统计

从第 7 题统计结果可以看出只有 20% 教师会经常讲数学应用题，大约 80% 的学生提到教师平时上课讲数学应用题比较少。这说明数学应用题教学用时比较少，教师在平时课堂上还是不太重视数学应用性教学。

从第 8 题的统计结果发现大约一半的学生对于数学应用题喜欢程度是一般，不喜欢也不讨厌，处于中立态度；23% 的学生不喜欢做数学应用题；仅 18 名学生非常喜欢做数学应用题，并认为没有任何难度。这说明绝大部分学生是不讨厌进行数学应用题练习的。

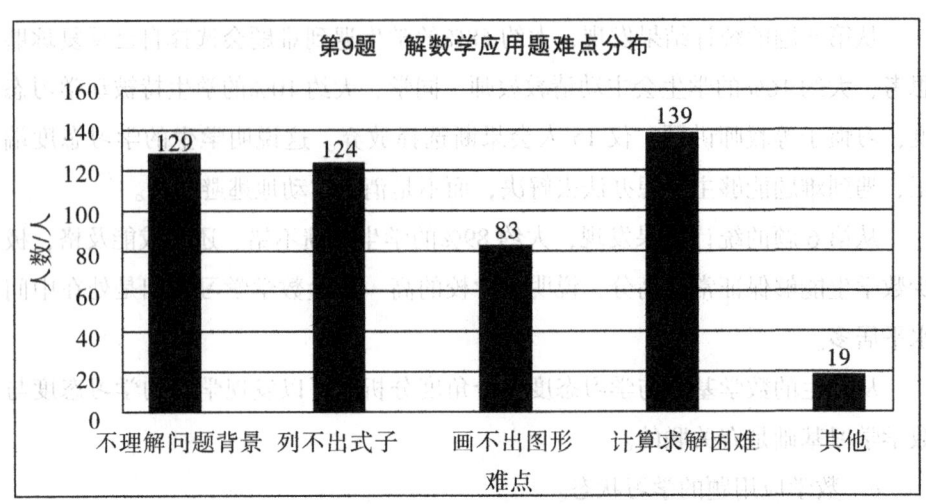

图 6-7-4　第 9 题结果统计

从第 9 题统计结果了解学生在解决应用题时，在哪一环节容易出现问题，可以帮助我们更有针对性地进行数学建模教学。大约一半学生认为不能读懂题意，阅读能力不够导致列不出式子、计算求解困难等。其他 19 人认为：一是没有觉得解应用题难，觉得很简单，认为结构不完整的题目更有意思；二是综合性比较强、考查知识点多。

这说明学生普遍认为应用题难点在于读不懂题，理解能力欠缺。现在学生的阅读能力成为高考题考查重点，提高阅读能力是必要的。不理解题目实际背景，列不出式子即找不到对应的数量关系，后期会影响到学生不能够构建解决数学问题的框架。从学生熟悉的数学应用题入手，分析解数学应用题的难点，可以帮助教师以后在数学建模中更有针对性地进行教学。

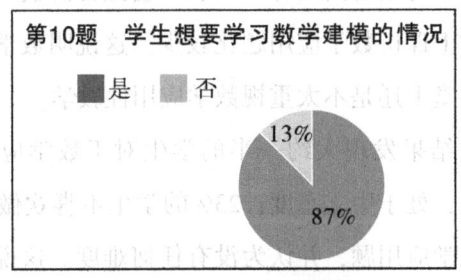

图 6-7-5　第 10 题结果统计

第 10 题统计了愿意学习数学建模的学生人数，从这些学生中随机抽取 52 人，组建成数学建模兴趣班，进行系统的数学建模教学。

d. 数学建模学习动机。

笔者对高中生数学建模学习动机调查问卷中第 11 题的结果进行统计（统计图见图 6-7-6）。

注意：第 10 题选择"是"，则第 11 题需要继续填写

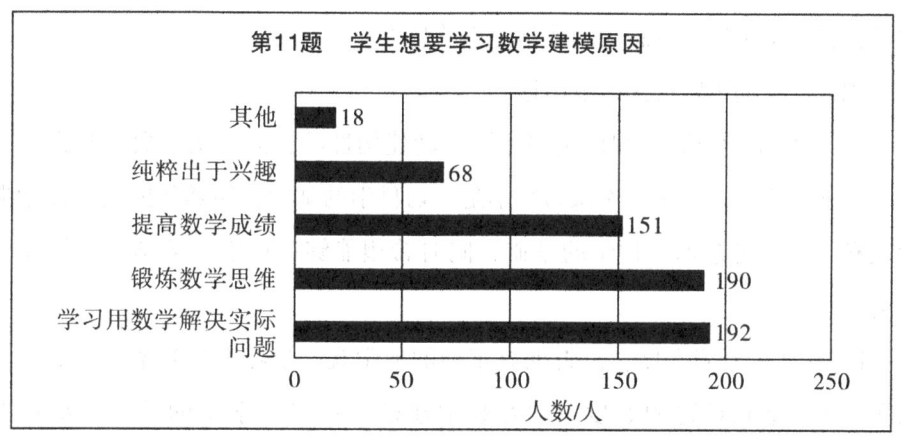

图 6-7-6　第 11 题结果统计

从第 11 题知道 61.7% 学生认为学习数学建模可以用数学解决实际问题，同时锻炼数学思维，说明大部分学生对数学建模有正确的认知；24.4% 的学生是因为学习成绩驱动来学习数学建模，说明学生的数学建模学习动机还是比较强烈的，它是外部因素驱动主动建构学习建模的过程；11.0% 的学生因兴趣爱好驱动来学习数学建模，这些学生或多或少了解过数学建模，学生心中感受到建模的魅力，知道数学建模的应用性，擅长用数学去解决实际问题。但是大部分学生没有感受到建模魅力，希望通过后面的数学建模科普课，能够喜欢上数学建模。

其他 18 人认为：根本不了解数学建模，为了凑齐选修课学分，另外也对数学建模新事物充满好奇。这说明数学建模的普及性不够，给学生科普数学建模知识是有必要的。

②总体分析。

通过分析数据可以发现，成绩 75 分以上的学生有 118 人，其中 92.3%的学生具备正确的数学观、学习观，说明学生的数学学习成绩和数学观、学习观是有关联的；当成绩 75 分以上的学生遇到数学难题时，大约 84%的学生会选择反复琢磨思考，请教教师、同学，主动解决问题，表明学生的学习态度与学习成绩有关；数学学习成绩 75 分以上的学生占 93.3%，他们愿意去学习数学建模，说明学生们可以感受到数学建模的魅力。

因此，我们可以得到以下结论。

a. 高中生学习数学知识是趋向于主动建构性的，他们认为数学知识是相对的、非确定的。更深层次认为数学是一切科学的基础，能够帮助人类探索世界奥秘，数学是艺术、哲学的基础，同时希望能够通过学习数学使思维能力提升。

b. 学生的学习态度，是否拥有正确的数学观、学习观与数学学习成绩是有关联的；遇到难题的态度、学习数学建模的动机与学生的学习成绩也有关联。

c. 教师在平时课堂上还是需要重视数学应用性教学，学生多数反映对练习数学应用题处于中立态度。

d. 学生在题目背景阅读理解、列出式子、计算求解等方面面临挑战。

e. 此学校大部分高一学生的数学学习基础处于中等偏上水平，具备正确的数学观和学习观，普遍认同数学的应用价值，大部分学生有正确的学习态度，且大部分学生有强烈的学习数学建模的动机。

(4) 数学建模教与学的现状取证。

①广东省首届高中数学建模作品交流展示活动，涉及 21 个地级市，有 2 个地级市没有成功提交作品，总共成功提交 172 份作品，有大量作品不符合要求并且不是关于数学建模的教案设计。

②某重点高中高一年级有 13 个教学班，调查得知有 6 个班级按照教材要

求开展数学建模活动教学,例如,对必修一的"茶温提香"问题进行教学,此学校还开办了数学建模选修课。

③"微建模"题测试选取 5 所学校参与调研,对学生的测试成绩进行了分析,发现高三学生比高二学生的测试成绩平均分要高 4 分左右。

④2020 年北京师范大学主办的高中数学建模(应用)能力展示活动初赛,笔者参与阅卷工作,可以了解到广东省高中生数学建模能力现状,满分 100 分,但平均分只有 40.3 分。

⑤2021 年北京师范大学主办的高中数学建模(应用)能力展示活动初赛从 10 个省市收集数据得知平均分为 24.50 分(广东省 28.64 分),标准差为 16.34,最高分为 91 分,大部分学生成绩在 45 分以下,高二比高一学生成绩略好,北京地区的参加学校及参赛人数明显多于其他省市(北京为 5120 人,广东为 599 人)。

(5)教学案例开发和使用情况。

2022 年 3 月 2 日在 CNKI 对期刊数据库进行检索,输出结果见表 6-7-2。

表 6-7-2　CNKI 期刊数据库有关案例开发的期刊论文收录情况统计表

数据库 (1997—2022)	案例	教学案例开发	案例教学	中学数学建模教学	数学建模教学案例	数学建模教学案例开发
特色期刊关键词检索	2324 (395)	1(22)	3871(352)	1	0	0
特色期刊主题检索	8.66 万 (1.15 万)	1(0)	9348(727)	207	148	0
学术期刊关键词检索	9.74 万 (426)	11(0)	1.62 万 (596)	2	0	0
学术期刊主题检索	326.32 万 (1.14 万)	513 (12)	3.67 万 (1081)	117	247	1

备注:括号中的数值是以"数学教学"为主题检索得到的论文数量。后同。

与此同时在"CNKI 硕博学位论文数据库"中检索到相关论文，输出结果见表 6-7-3。

表 6-7-3　CNKI 硕博学位论文数据库有关案例开发的论文收录情况统计表

数据库 （1997—2022）	案例	教学案例开发	案例教学	中学数学建模教学	数学建模教学案例	数学建模教学案例开发
硕博学位论文数据库	14.19 万 （6935）	160 （21）	1459 （78）	93	64	0

鉴于真实性是教育教学改革的基本要求，对某重点高中两位教师进行访谈，问题如下：

问题 1：请问您讲授过数学建模课吗？

问题 2：您认为数学应用题教学和数学建模教学的区别在哪？

问题 3：请问您会借鉴市面上优秀的数学建模教学案例吗？

问题 4：请问后期您有没有进一步研究数学建模教学的想法？是否会进行数学建模教学案例的开发？

访谈观点分类：

关于问题 1，教龄长的教师没有讲授过数学建模课，教龄短的教师讲授过数学建模课；关于问题 2，两位教师都能够有效区分数学应用题教学和数学建模教学，且都认为数学建模教学难度会更大；关于问题 3，两位教师都会借鉴市面上的建模教学案例，且提到市面上相关书籍较少；关于问题 4，两位教师都有想法，表达了自己后期的努力方向。

结果分析：

访谈反映出目前此两位高中数学教师虽然讲授过数学建模课，但是对于数学建模教学仍然比较迷茫，不清楚数学建模教学的重难点；可以把数学应用题教学和数学建模教学有效区分，但没有找到好的数学建模讲授方法以及优秀的数学建模教学案例可以借鉴；对于数学建模教学还是比较感兴趣的，有进一步致力于数学建模教学案例开发的想法。

(6) 小结。

①目前高中数学教学不太重视数学应用性，学生现有的知识水平和能力素养难以适应建模需要，学生存在应用意识和能力不均衡的情况。

②部分教师没有系统地学习过数学建模，对于数学建模教学十分迷茫。

③市面上数学建模教学案例开发资源匮乏，通过访谈得知数学建模教学案例使用情况也不容乐观，没有找到好的数学建模讲授方法以及优秀的数学建模教学案例得以借鉴。

总结以上现象：一是，建模教学也应该遵循"由易到难、层层深入"的规律，尤其对于部分数学学习基础不好的学生，建模学习可能会比较吃力；二是，高中数学建模教学课程时间安排不够，中学数学建模教学资料缺乏，优秀的建模教学教案设计较少。以上两个方面可以充分说明开发高中数学建模教学案例是非常有必要的，需要强调数学建模方法教学，而且需要执行比马芬在《高中数学建模分层次教学案例探究》中提出的"三阶段"教学流程更为细致的教学流程——"五阶段"教学流程开展数学建模教学。

(7) 数学建模选修课"五阶段"教学流程。

根据最近发展区理论以及上述调查结果，遵循典型性、适时性原则来选择合适的主题内容，遵循契合性、循序渐进性原则设计"五阶段"教学流程，分解建模难度，通过搭建"脚手架"帮助学生学习数学建模，开发出适合高中生认知水平的数学建模教学流程，如图 6-7-7 所示。

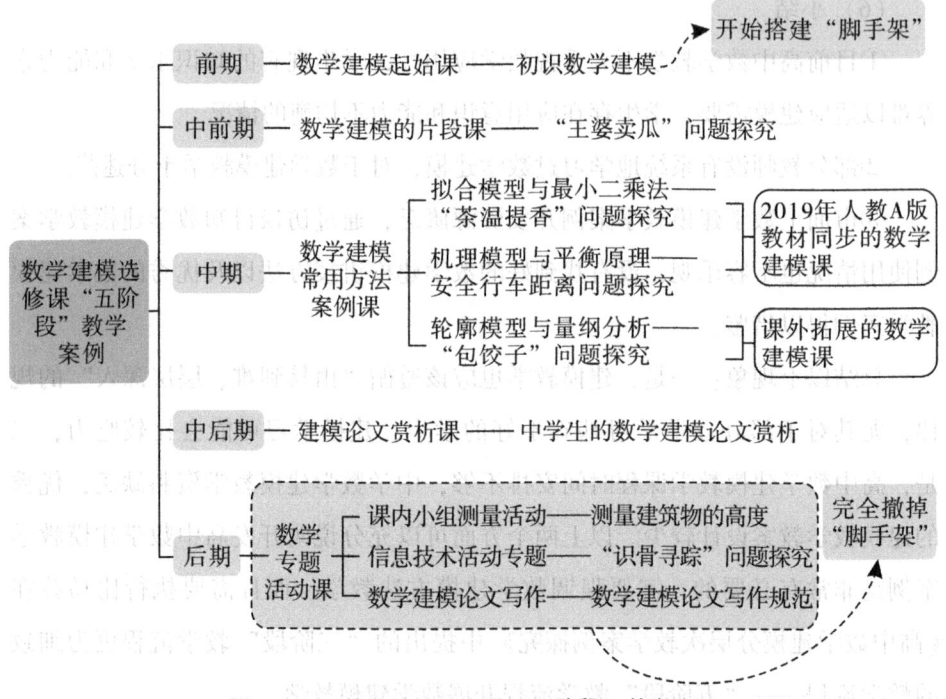

图 6-7-7 数学建模选修课"五阶段"教学流程

"五阶段"教学实证的主要课型和主题如表 6-7-4 所示。

表 6-7-4 "五阶段"教学实证的主要课型和主题

阶段	课型	主题
前期	数学建模起始课	1. 初识数学建模
中前期	数学建模的片段课	2. "王婆卖瓜"问题探究
中期	数学建模常用方法案例课	3. 拟合模型与最小二乘法——"茶温提香"问题探究 4. 机理模型与平衡原理——安全行车距离问题探究 5. 轮廓模型与量纲分析——"包饺子"问题探究
中后期	建模论文赏析课	6. 中学生的数学建模论文赏析
后期	数学专题活动课	7. 课内小组测量活动——测量建筑物的高度 8. 信息技术活动专题——"识骨寻踪"问题探究 9. 数学建模论文写作——数学建模论文写作规范

课型的开发依据：数学建模起始课遵循循序渐进性原则，设置数学建模初始课让学生初步了解数学建模，通过科普形式打开数学建模大门；数学建模的片段课遵循契合性原则，为突破建模教学的难点，可以开发与建模五个步骤中某个步骤单独对应的教学案例；数学建模常用方法案例课、建模论文赏析课、数学专题活动课均遵循循序渐进性原则，以讲解数学建模重要的思想方法、突破数学建模论文写作重点和难点、提交学案，从而完成数学项目活动。以上课型对应开发的教学案例均满足实践性要求，内容主题均满足适时性和典型性要求，教学流程设计满足契合性要求，整个"五阶段"教学流程满足循序渐进性要求。

（四）构建中学数学建模教学评价体系，落实以评促教

构建全维度的数学建模教学评价系统，落实"以评促教"是中学数学建模教学落地的关键保障。从"教学评"的角度看，可以分设"中学数学建模教学工作评价机制""中学数学建模论文评价机制""中学数学建模素养测评机制""学考、高考建模命题研究机制"（图 6-7-8），辅以相应的测评资源库以保障测评落地。

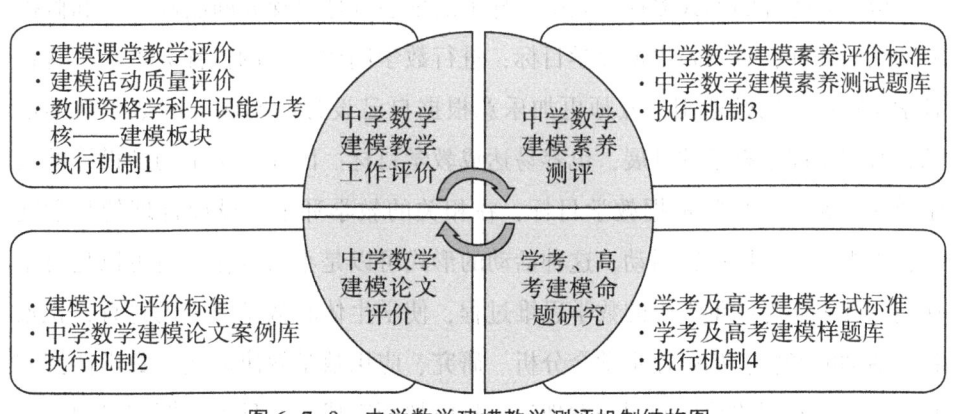

图 6-7-8　中学数学建模教学测评机制结构图

三、合理运用"数学微探究"丰富学生数学探究活动的经历[1]

（一）数学微探究

数学微探究是在课堂中实施的数学探究片段。所谓微探究，就是在发现、提出、分析、解决问题等环节中，进行有指导的探究发现活动。这种数学微探究既有数学探究的特色，又比数学探究更灵活。数学探究强调问题的发现和提出，问题的解决与应用；微探究属于数学探究的某些片段或教学的某个环节，可以是课堂引入、概念获得、原理分析、问题解决、归纳总结，也可以是某个活动过程，如发现问题的活动、交流互动的活动、汇报活动，等等。在这个探究过程中，教师是主导，学生是主体，数学是载体，思维是形式，以此培养学生的主动性、创造性、应用意识和实践意识。由于教师的主导作用，学生减少了发现问题的盲目性，增强了问题研究的有效性，但是学生依然有体验数学再创造的过程，这也就体现了"探究"的本质意义。

（二）基于问题设计的数学微探究

数学微探究的形式多样，教师主导下的核心就是"探究问题确定"和微探究活动的设计，也就是根据教学目标，进行数学问题设计的微探究教学。这在教学实践中也比较适用，教师更加乐意根据自己设计的问题开展数学教学活动，有利于课堂教学的开展，也容易达成教学目标。因此，基于问题设计的数学微探究就是：教师根据教学目标，在相关的教学环节，设计合理的数学问题，组织学生开展探究活动。这种活动的形式可以是小组合作，也可以是自主探究，其本质是注重学生的数学思维过程，使学生体验数学研究的过程，积累数学活动的经验，从而逐步学会分析、研究、应用数学解决问题。数学微探究和数学探究不同的是，问题的发现环节是由教师完成，并且整个探究过程在教师的监控或者指导下完成，这就弥补了"提出问题"过于发散的不足（对于学

---

[1] 苏洪雨. 基于问题设计的数学微探究评价体系构建［J］. 数学教育学报，2019，28（1）：19-24.

生发现问题能力的培养，可以通过其他方式培养）；数学微探究注重的是组织学生开展数学问题探究，教师必须参与其中，但是以学生为主体，教师是辅助，或者是同等地位的互助；最终的探究一定有一个比较明确的结论，教师做出总结，并进入下一个教学环节。整个数学微探究活动由师生共同完成，其过程如图 6-7-9 所示。

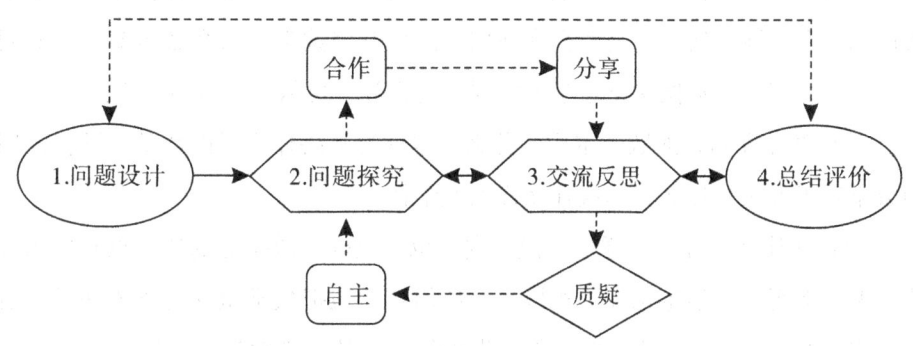

图 6-7-9　数学微探究活动流程图

在数学微探究中，问题设计至关重要，这个环节主要由教师完成，并由此设计微探究活动。但并不是所有的问题都适合探究，因此，教师在数学教学设计中，首先要甄别探究问题，其次设计问题引发学生在课堂进行探究。例如，一些运算法则、新定义、公理，由于这些数学对象比较直观或者抽象程度较高，在课堂中并不一定适合探究。对于适合探究的问题，可以从数学直接引发讨论，也可以设计相关的情境激发学生探究的兴趣。

探究例题

（1）如图 6-7-10 所示，在平面直角坐标系中，画出通项公式为 $a_n=3n-5$ 的数列的图象．这个图象有什么特点？

（2）在同一平面直角坐标系中，画出函数 $y=3x-5$ 的图象．你发现了什么？据此说一说等差数列 $a_n=pn+q$ 的图象与一次函数 $y=px+q$ 的图象之间有什么关系．

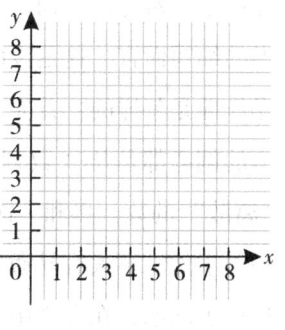

图 6-7-10

这是人教版的普通高中数学教科书必修 5 的一个探究问题，是给出等差数列的基本概念之后的"探究"，其目的是希望通过这样的探究让学生理解等差数列通项公式与图象之间的关系，并且探究等差数列和一次函数之间的联系，促进学生从函数的角度理解数列。

那么，这个"探究"设计合理吗？能否达成相应的教学目标？在课堂中是否适用？有效性如何？这是我们在使用该问题开展数学微探究必然要思考的问题。数学微探究要根据课堂教学的需要进行设计，可从三个方面思考：

(1) 微探究问题的数学本质是什么？也就是解决什么样的数学问题，运用的数学思想方法是什么，达成什么样的教学目标。

(2) 在什么地方、怎样切入微探究？也就是确定微探究的切入点和切入方式，考虑能否激发学生探究的积极性。如何合适地把数学微探究渗入课堂，也是探究的时机，要和课堂教学比较和谐地结合，从而激发学生参与探究。

(3) 用什么组织形式开展数学微探究？是小组合作还是自主探究，或者教师引导下的探究？不同的内容和课堂教学形式要采用合适的探究方式。

单纯对问题而言，关注的要点是：①问题的发问方式；②问题的层次性；③问题的方向性。在整个数学微探究活动中，问题设计不仅是整个活动的实施蓝图，还是课堂环境、学生、教师、数学内容深度融合的桥梁。

分析本探究可以看出，这是一个有意义的探究问题，其本质就是理解数列是一类特殊的函数，通过作图让学生观察数列通项公式和函数关系式的差异，促进学生对等差数列通项公式的理解，体会数列中蕴含的函数思想。对于教科书的编写而言，这是没问题的；然而，从教学设计的角度分析，其微探究的可操作性是怎样的？首先，这个问题是放在等差数列定义和通项公式之后，其前面的例题都是从"数列"的角度探讨等差数列，学生此时解决的问题依然是"离散"的数，再和一次函数进行比较分析，感觉有些突兀；其次，问题结论一目了然，不太容易激发学生探究的兴趣；最后，如何开展探究？教科书只是提供了问题，在课堂中如何实施，是小组合作还是学生自主探究，这都要进一步设计，从而完善教学。从问题本身来分析，本探究的发问方式过于直接，问题比较简单，启发性不足；问题有一定的层次性，并且指明了探究的方向，但是整个问题设计不适合微探究：前后知识的衔接不够紧密、探究方式不清晰。从知识结构来看，数列的函数特性在数列求和公式中体现得更为显著，并能进一步帮助学生理解数列的这种特性。因此，本探究可以在学生学习等差数列求和公式之后，结合 $S_n = pn^2 + qn + r$，设计微探究活动，帮助学生使用函数的思想方法解决数列问题。探究方式可以根据学生的学习能力，进行小组合作或者自主探究。

"问题设计"可以从两个角度开展，首先是问题或情境的提出与设计，其次是探究方式的设计。问题或情境的提出可以基于数学教学目标，以等差数列求和公式的学习为例，其教学目标之一是：掌握等差数列求和公式，解决数列和的最值问题。因此，当课堂教学完成求和公式的推导之后，开始公式的应用，那么数列的函数特性凸显，这时候增加一个微探究，对于学生对求和公式的理解、掌握以及应用都有很好的帮助，也让学生能够体会其中的函数思想。这是探究的方向。

怎样设问呢？事实上，教材已经提供了一个很好的思路：特殊到一般再到特殊。我们只要把资源稍加整合。

整合后：

（1）已知数列 $\{a_n\}$ 的前 n 项和为 $S_n = n^2 + \dfrac{1}{2}n$，请探究这个数列的通项公式，是等差数列吗？如果是，它的首项与公差分别是什么？

（2）如果这个数列的前 n 项和为 $S_n = pn^2 + qn + r$，其中 p, q, r 为常数，且 $p \neq 0$，其结果是怎样的？

（3）已知等差数列 $5, 4\dfrac{2}{7}, 3\dfrac{4}{7}, \cdots$ 的前 n 项和为 S_n，求使得 S_n 最大的序号 n 的值.

当然，这三个问题可以根据学生的学习能力进行调整，例如，学习能力较强的班级，可以直接从第二个问题进行探究；稍差一些的班级可以从具体问题入手。

另外，在探究方式上也可以因人而异。独立探究适合学习能力较强的班级，小组合作可以在中等水平的班级开展，学习能力稍差的班级可以在教师的指导下开展小组合作。

通过"问题设计"，就可以开展比较深入的数学微探究活动，然后进行交流反思，最终进行总结与评价。

（三）数学微探究的评价体系

数学微探究是一种在课堂内开展的教学活动，因此，评价的重点是课堂的教学效果，而不仅仅是学生的探究能力。从评价的维度来看，教师行为、学生行为、课堂环境等都是评价的重点。基于问题设计的数学微探究可以从微探究的设计目标、方式、实施、效果等进行分析，正如上述中的评价指标所示：问题设计体现目标，问题探究的方式体现实施的具体路径，交流反思、总结评价反映了数学微探究的实际效果。

我们可以使用图 6-7-11 展示这个过程，以及相关的指标所体现的评价方向。

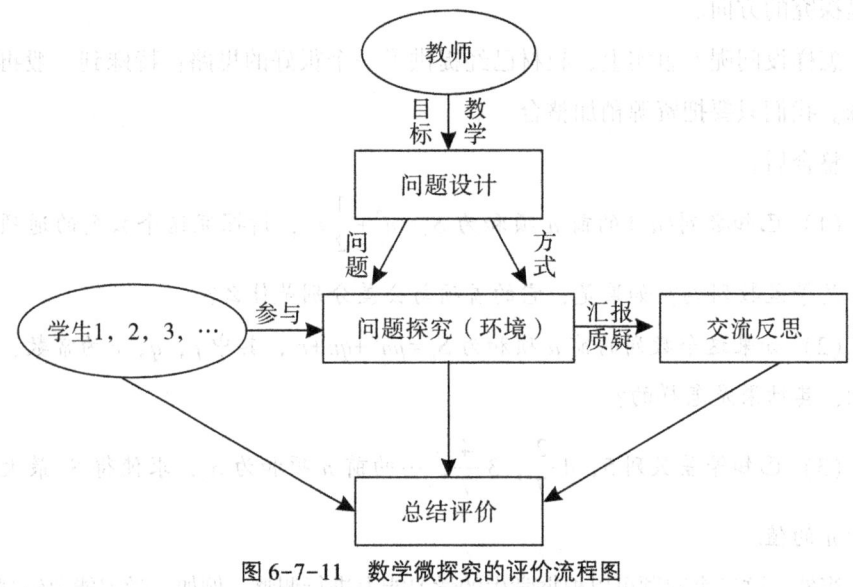

图 6-7-11　数学微探究的评价流程图

根据图 6-7-11 及数学微探究评价指标，我们构建了如表 6-7-5 所示的评价体系。

表 6-7-5　数学微探究评价体系

一级指标	二级指标	二级指标概述	评价关键词	评价标准（高→低）对应（A→C）	观察对象
1. 问题设计	1.1 问题、情境	根据教学目标设计相关的探究问题或情境，体现重要的数学思想方法	设问方式、层次性、方向性	A：问题或情境紧密结合教学目标，方式合理，具有清晰的层次，有明确的方向性； B：问题或情境符合教学目标，方式可行，具有一定层次，有方向性； C：问题或情境与教学目标不够紧密，设问方式、层次性或方向性有明显不足	教师
	1.2 探究方式	结合教学辅助工具和环境，设计合理的探究方式	自主、合作	A：根据内容、目标、教具等，设计合理的自主探究或小组合作的方式； B：设计基本的探究方式，没有说明原因； C：设计中未提及探究方式，随意性较强	教师
2. 问题探究	2.1 理解对象	通过观察、阅读或交流，对问题进行表征，联系以往的知识，理解探究的情境或问题	观察、表征、联系	A：学生积极观察、阅读或者讨论问题，联系前后知识，对问题重新表征，从数学的角度理解问题或情境； B：学生能够分析情境或问题，基本理解问题，直接解决问题； C：学生被动接受情境或问题，对问题有疑问，或者不能和已有知识建立联系	学生
	2.2 提出假设	比较已知与未知，预估方向，提出假设	已知、预估	A：在已知与未知之间建立联系，根据数学表征，比较准确地预估问题解决的方向，提出研究假设； B：了解已知与未知关系，大概预判解决问题方向，未提出研究假设；或者预估错误的方向，提出错误的假设； C：对已知和未知关系不清晰，无问题解决方向和研究假设	学生

（续表）

一级指标	二级指标	二级指标概述	评价关键词	评价标准 （高→低）对应（A→C）	观察对象
2.问题探究	2.3方案设计	将问题转化为任务，注重逻辑关系及探究方式的选择	任务、逻辑、方式	A：选择自主探究或者小组合作的探究方式，能够按照逻辑关系设计操作的数学任务并提出具体解决方案； B：自主探究或者小组合作，能够设计数学任务，但是对各任务关系不清晰，解决方案比较简单或者方向不清晰； C：按照教师安排进行探究，不清晰数学任务，未能提出解决方案	学生
	2.4操作实施	选择数学模型实施方案，具体操作包括：运算、推理、实验、数据处理、制作实物等，并得出结果	建模、结果	A：根据任务和探究方案，能够熟练运用运算、推理、实验等方式，选择合适的数学模型解决问题，得到探究结果； B：能够运用运算、推理、实验等方式进行探究，建立数学模型但不一定合理，比较困难地得到结果； C：数学运算、推理、实验等方式运用不够熟练，数学模型应用混乱，未能得到结果	学生
3.交流反思	3.1汇报交流	探究成果的展示，汇报交流	分享、交流、赏析	A：熟练展示汇报自己的探究成果，赏析他人成果，与其他同学分享交流； B：能够讲清楚自己的探究结果，与他人交流较少； C：对自己的探究结果讲解不清，不与他人交流	学生
	3.2质疑反思	回顾探究过程，表达自己的观点、质疑、反思	回顾、质疑、反思	A：深入回顾并清晰梳理探究过程，反思自己的数学方法和模型的合理性，对他人的探究进行鉴赏、质疑； B：能够简单梳理探究过程，反思较少，对他人的探究很少质疑； C：不清晰自己是如何探究的，无反思，无质疑	学生

(续表)

一级指标	二级指标	二级指标概述	评价关键词	评价标准（高→低）对应（A→C）	观察对象
4. 总结评价	4.1 归纳总结	整理、归纳、总结探究过程与结果	整理、归纳、总结	A：教师带领学生整理探究，善于归纳、总结所得的数学结果，使学生清晰掌握完整的探究过程和结果； B：归纳探究结果，使学生了解过程和结论； C：重视结果，没有整理、归纳、总结	教师和学生
	4.2 评价分析	对探究进行评价分析，强调思想方法、问题解决策略	评析、提升	A：对学生的微探究进行分析评价，促进学生对数学思想方法、解题策略的掌握，提升学生数学核心素养； B：对学生的微探究简单评价，强调最终的探究结论； C：不做评价，指出正确结论	教师和学生

从表 6-7-5 可以看出，数学微探究共有四个大部分，除了问题设计之外，其余的学生都要参与其中，并发挥积极主动性，其中强调的探究方式不仅仅是自主学习，还包括合作交流、动手实验、观察阅读等。四个部分包含 10 个二级指标，这些指标可能不能包含数学探究的所有内容，尤其是在开展微探究方式方面有些欠缺，但是基本反映了微探究活动的完整过程。至于数学微探究的层次划分，在此我们不深入讨论，因为不同的学段、不同的数学内容可能对于 10 个指标的要求不太一致。

（四）总结与反思

1. 数学微探究评价的核心

无论是哪个学段的数学课堂，都提倡以学生为主体的教学环境。然而，从实际的教学来看，课堂中教师的讲授依然占了很大比重；也有一些学校开展数学课堂教学的改革，如先学后教、精讲多练、导学展示等，并且所教授的学生在学业方面取得了不错的成绩。这些改革措施实际是增加了学生探究数学的机会，激发了学生的数学学习积极性。因此，传统的数学讲授式课堂必须有数学探究环节。

从调查的 147 名教师的观点来看，82% 的教师认为，体现数学过程和完善学生的数学认知结构是课堂开展数学微探究的核心。78% 的教师认为，数学微探究就是要理解数学的本质。当然，也有部分教师认为探究也要体现学生活动和组织形式。

实际上，数学微探究是一种在课堂开展的模拟探究活动，其核心是教师将数学的研究进行整合、转化，设计为让学生可接受的数学情境或问题，并指导学生开展相关的探究活动。在探究情境或问题过程中，学生展现出主体性，模拟数学研究方法，理解数学对象、提出研究假设、使用数学的方法开展讨论分析，制订研究方案，从而获得相关的结论，并能进行验证，与他人交流分析，互相评价。而教师对学生的探究活动进行合理指导，做好辅助工作，并对学生的工作进行归纳、总结、评价，展现其中的数学思想方法，帮助学生完善其数学认知结构，提高学生解决问题的能力。数学微探究活动不过分强调学生的自主学习，而是把教师的教和学生的学进行融合，从而促进学生数学素养的提升。

在数学微探究活动中，教师的工作至关重要，教师要想方设法将"微探究"自然地在课堂中推出，时刻以学生为课堂核心。从任务布置、探究问题到交流反思，教师是学生的引导者、辅助者，以"少讲"为根本，以"启发"为纲领。但在探究的最后，教师的总结评价又为学生的数学探究指明方向。从这个角度来说，教师的教学行为是微探究评价的一个重要指标。

2. 数学微探究开展的关键

课堂中开展数学微探究活动是促进学生参与课堂，学会数学地思考，并体验数学再创造的过程，积累基本的数学活动经验，提高数学素养。在数学课堂教学中，开展微探究活动有以下几个需要注意的关键点：

第一，问题情境的选择与设计。在课堂教学中，数学微探究问题或情境选择与教学环节和其功能有很大关系。根据功能，可以是引入新知、承上启下、归纳总结、巩固应用。这就决定了微探究在教学中的阶段，那么设计也要随之而确定，因为不同的阶段，其教学要求并不相同。在设计过程中，还要考虑问题的类型是封闭的还是开放的，问题情境是数学的、个体的、生活的还是科学的。

第二，探究方式的选择与组织。在开展数学微探究活动中，可以采取个人自主探究，也可以采取小组合作的方式探究。课前要选择好探究方式，课上要合理组织学生开展探究，例如，小组合作，是2人一组的伙伴关系，还是3~6人组成的合作关系，同时要注意多人小组的分工。

第三，探究过程中的启发与引导。在问题探究过程中，主要活动对象是学生，学生自主探究或者合作交流，教师也需要参与其中。教师是课堂的组织者和管理者，更是学生学习的引导者。涂荣豹认为，这种引导主要靠启发，而启发的最主要也是最基本的方法是运用"元认知提示语"的暗示功能。我们认为，启发与引导的形式可以灵活多变，但是不能喧宾夺主，不能将相关的结果或者探究方向告知学生，使学生失去了探究的欲望。

第四，探究总结评价的指导性。在许多课堂探究的活动中，学生开展完探究，交流汇报结果之后，探究任务就结束了。其实，完整的数学微探究活动应包括教师的归纳总结与评价。这个环节可以不用长篇大论，但是对于学生的数学学习有着重要的指导作用，是带领学生梳理知识、提高技能，指引学生形成正确的数学思维习惯，掌握数学思想方法的关键。

数学微探究是一种新的教学方式，是对常见的课堂探究的一种补充。这种探究的本质是在当前课堂环境的情况下，最大限度地推动学生参与课堂教学，同时促进学生学会数学地思考数学、研究数学；这也将促进教师的专业发展，例如，提高教师对数学的理解，提高教师的教学设计、问题解决、课堂控制等能力。尽管我们提出了这样的教学方式，但是在实践方面需要更多的尝试与探索。我们将在初中和高中针对某些数学教学内容，结合某些教学方法，开展数学微探究的教学实验，以期获得更多有效的教学策略。

第八节　推进考试评分方法的研究

素养评价是一个新问题，对一道素养题怎样给分是素养评价的关键问题，也是高考阅卷时必须解决的问题。在对满意原则、加分原则、阿兰·熊菲尔德多重计分法、等级评分法、沃特曼的问题解决评分体系、基于数学建模步骤的评价方法等评分方法（或原则）综述的基础上，本课题组对生活实践问题情境的主要试题——"微建模"题的评分方法进行了研究，提出一种糅合了满意原则、加分原则、基于数学建模步骤的评价方法、阿兰·熊菲尔德多重计分法和等级评分法的评分方法。

一、几种重要的评分方法的综述

（一）满意原则与加分原则

满意评价方法起源于经济组织中的实际决策研究。梅志红在《满意评价方法及其应用研究》中引述了诺贝尔经济学奖获得者赫伯特·A. 西蒙（H. A. Simon）给出的一个生动的例子：在地里摘玉米，如果要找到一个最大的玉米，那是很麻烦的，需要把玉米地里所有的玉米都测量一下再加以比较才能确定。而且，这个工作量和玉米地面积成正比，玉米地面积越大，工作量越大。但是，如果找的玉米不要求最大，而是比较大，即按通常的说法，到地里去摘个大玉米，问题就简单多了。这时，工作量甚至与玉米地面积基本无关。在难以获得最优解的情况下，寻求以满意解代替最优解是人们解决这类优化问题时普遍使用的策略。只是在各自的优化问题中，对满意解的定义方式、评价体系、求解方法等方面处理的方法各不相同。H. A. Simon 提出的"令人满意原则"是对这种求解策略的概括。

课标提出了素养问题评价的两个原则——满意原则和加分原则。达到测试的基本要求视为满意，有所拓展或创新可以根据实际情况加分。只要学生的逻辑能够支持其结论，其回答就是正确的，就可以得满分；如果有些学生分析得更深刻，答得更好，那么可以采取加分原则。课标这种素养评价原则的制定首先是肯定了素养评价的困难，因为素养是一种综合品格，相关因素往往不止一个，因此一个人在面对问题情境时的表现往往是多因素共同作用的结果，刻意偏颇某方面是不科学的。满意原则提出的另一个方面是承认素养测试是一个问题情境的解决过程，问题的解决方法可能不唯一，甚至可能存在不唯一的结果。对于这种具有开放性、可能伴随不良结构的问题解决，结合评价对象（学生）的知识基础、能力基础，采用满意原则是合情合理的。但需要看到课标同时给出了一个难题，就是满意原则是需要根据具体问题制定的，课标并没有给出可操作性的定义。

（二）开放题的评分标准制定方法

1. 阿兰·熊菲尔德多重计分法

田鹏的《数学开放题的评价》和周超的《浅析数学开放题的几种评价方法》两文中引述了美国学者阿兰·熊菲尔德（Alan. H. Schoenfeld）的多重计分法。阿兰·熊菲尔德在《数学问题解决》（*Mathematical Problem Solving*）一书中设计了一套多重计分方法工具体用以评价：（1）学生提出问题解决途径的频率和数目。（2）学生采用这些途径的程度。（3）运用这些途径成功的情况。计分大致是：设 P 是测验中的一个问题，首先列出所有的至少一名学生采用过的解题方法，然后针对所列的每一种解法考虑下面的问题：

（1）证据：学生有无注意过这种方法？若有得 1 分，若无得 0 分。

（2）追溯：学生有无采用这种方法？若有得 1 分，若无得 0 分。

（3）进展：学生在采用这种方法后取得的进展情况，其进展情况又可以分

4 种水平：

①很少或几乎没有。如计算了几个特例，但没有给出猜想，或者计算有误；

②有一些进展，但不足以宣称已经胸有成竹；

③几乎完成，与结果很相近，但中间有一些计算错误；

④完整的解答。

学生的进展情况属于哪种水平就在该水平上加1分。

如下例：

假设某学生解决某个问题，正确运用了第一种方法，对第二种方法有一些进展，提到第三种方法但没采用，那么他所得分数如表6-8-1所示。

表6-8-1 多重计分表格

证据	追溯	进展			
		很少	有一些	几乎完成	完全
3	2	0	1	0	1

周超在《浅析数学开放题的几种评价方法》中对以上多重计分法作出了以下的评述：阿兰·熊菲尔德的这套多重评分方法的优点是比较注重学生的思维过程，能比较具体地评析不同学生的思维水平，不失为数学开放题评价的一种好方法。但是此评分标准也有其不足之处：它要求阅卷人根据学生不同的思维水平和解题程度分别加分，这在选拔性考试中每道题分数固定的情况下很难操作。当然，在平时开放题测试中还是可以运用的。此外，此评分标准没有体现出不同解题策略的价值差异性，对不同的解题思路同样加分。

2. 等级评分法、满意原则和加分原则的糅合

基于对多重计分法的辩证思考，周超在《浅析数学开放题的几种评价方法》提出了一种等级评分法，并在其中糅合了对问题解决策略独创程度的加分原则；可以从三个维度（即根据学生对问题解决策略的数目、策略的实施情况、得到的答案）分成六个等级分别给予相应的得分。因为在开放题编制的时候，我们可以事先估计出大多数学生所能采用的问题解决策略（方法），所以评分标准可设置如下：如果开放题满分为 10 分，学生得 10 分，说明该学生采用了大部分策略，而且正确地实施了策略得到完美的答案（具有独创性）；学生得 8 分，说明该学生几乎采用了大部分策略，而且策略的实施基本正确，得到较好的答案；学生得 6 分，说明该学生采用了一半左右的策略，而且策略的实施部分正确，得到合理的答案；学生得 4 分，说明该学生采用了一部分策略，得到部分合理的答案；学生得 2 分，说明该学生采用了一小部分策略，策略的实施基本不正确，得到不合理的答案；学生得 0 分，说明该学生没有实施策略，没有给出答案。在基本确定分数等级的前提下，阅卷人可以根据学生所采用策略的独创性的程度相应加分。例如，学生基本等级是 6 分，即该学生采用了一半左右的策略，但其中某个策略很有独创性，阅卷人可以给予相应加分，如 7 分或 8 分。

当然，在开放题作为选拔性考试的评价中是很难照顾到学生的客观基础以及克服困难程度等情感目标的，这也是此评分标准的缺陷所在。

周超的等级评分法及其加分策略是对课标中满意原则及加分原则的具体补充，有较好的可行性，值得进行进一步的实证检测。

3. 沃特曼的问题解决评分体系

周超在《浅析数学开放题的几种评价方法》中引述了沃特曼（Kristie Waltrman）的问题解决评分体系。沃特曼把问题解决的评价分成五个维度来进行，即根据学生对问题的理解、计划、实施情况、答案、对内容的理解，分成六个等级分别给予 0~5 分。

（三）基于数学建模步骤的评价方法

鲁小莉等在《学生数学建模素养的评价工具研究》中引述 Blum 和 Kaiser 提出的建模过程 5 个子能力结构，如表 6-8-2 所示，这种对建模过程性、步骤性的解剖是进行命题的重要依据。

表 6-8-2 数学建模 5 个子能力结构表

建模循环阶段中的子能力	描述
结构化情境，理解现实问题情境，建立现实模型	就问题作出假设，能简化情境； 确认影响情境的量，定义关键变量； 建立变量之间的关系并结构化； 寻找信息，辨别相关与无关信息
数学化，从现实模型建立数学模型	将相关量和它们之间的关系数学化； 简化相关量，如有需要简化相关量之间的关系，减少变量个数及复杂程度； 选择合适的数学术语、图表表示情境
处理模型，求解数学模型，得到数学结果	使用探索策略，如将问题分解成若干小问题，或者转化为熟悉的或已解决的问题，重述问题，以不同形式看问题，改变量和变量的数据； 用数学知识解决数学问题
转译，数学结果返回真实情境，进行解释	在数学以外的情境中解释，转译数学结果； 特殊结论普遍化； 用恰当的语言解释结论，交流解答
检验、反思、分析、批判模型和模型结果	从现实情境出发，批判性地看待结果； 当结果不适合情境时，回顾模型的某部分，或者再次经历建模过程，完善模型； 若存在不同解法，尝试其他解法； 质疑模型的一般化水平

5 种子能力推动建模过程，但它们不是并列的，是递进的关系。鲁小莉等在《学生数学建模素养的评价工具研究》中基于此结合实证研究提出了一种建模能力水平划分（表 6-8-3），该水平划分有较好的信度和效度。

表 6-8-3 数学建模能力水平的划分

编码	描述
水平 0	无法从实际情境中识别出任何数量关系，无内容，或不相关、无意义内容
水平 1	尝试将实际情境结构化、提出问题，但无法找到数学模型，例如文字叙述的某些变量、变量间关系
水平 2	提出合理的假设，并找到数学模型，但数学模型不合理
水平 3	找到现实模型，转化为合理的数学模型，但未能得到准确的数学解答或数学解答过程错误
水平 4	提出合理的数学模型，得到准确的解答，但没有从实际情境解释结果
水平 5	找到现实模型，转化为数学模型，得到准确解答，结合实际情境解释并检验解答、评价数学模型的合理性

二、数学建模作品及"微建模"题评分方法构想

需要看到的是，表 6-8-3 的描述在具体执行评分时尚有需要斟酌处，特别是假设的合理性及对所建数学模型的满意程度的判别，需要评分标准制定人根据高中学生的学情和课标的水平刻画，根据满意原则对表 6-8-3 的描述加以细化或约定，才能保证评分标准的科学性和可行性。另外，表 6-8-3 未建立评分方法。

糅合满意原则、加分原则、阿兰·熊菲尔德多重计分法、等级评分法、沃特曼的问题解决评分体系、基于数学建模步骤的评价方法等的要点，给出一个关于数学建模作品及"微建模"题评分标准范式（表 6-8-4），其信度、效度尚需进一步实证。拟采用专家意见法及实测进行进一步修正。

表 6-8-4 数学建模作品及"微建模"题评分标准范式

策略		执行建模步骤的证据	进展程度				加分条款：问题解决有创新性，或更能深刻揭示问题的规律，或模型有更广泛的拓展应用价值等	备注
			进展程度1：作出说明或论证（论述）或计算，但说明或论证或计算合理（或正确）程度很低	进展程度2：说明或论证（论述）或计算有些合理（或正确）	进展程度3：说明或论证（论述）或计算基本合理（基本正确）	进展程度4：说明或论证（论述）或计算完全合理（正确）		进展程度的判断分5种等级，评分给在相应等级，其他等级计分为0。为区别进展程度，对5种等级予以不同计分，其中"进展程度1"计1分，"进展程度2"计2分，"进展程度3"计3分，"进展程度4"计4分，"加分条款"计加1~3分。
环节1	假设（构建现实模型）	有1，无0						
环节2	建立数学模型	有1，无0						
环节3	求解数学模型	有1，无0						
环节4	解释数学结果	有1，无0						
环节5	讨论并检验模型	有1，无0						
得分/分							本题总分：A	

备注1：表6-8-4给出了一种计分比例。依据表6-8-4，连同加分最高分数是28分，如果一道考题最高只有15分，则可以参照本题得分 = $\left[\frac{15}{28} \times 总分 A\right]$（取整）的方法对总分进行折算。

备注2：根据"微建模"题涉及的建模环节裁剪表6-8-4。例如，一道"微建模"题如只涉及环节1及环节2，则裁剪上述表格只留环节1及环节2评分部分；如果只涉及环节3至环节5，则裁剪上述表格只留环节3至环节5评分部分；余者类推。

备注3："进展程度4"符合满意原则下的合理性或正确性标准，需要由评分小组根据学情和限时、闭卷等情况进行界定。

备注4："加分条款"是加分原则下设定的环节。这个加分环节，需要通过多评（二评、三评或会评等）确定。

三、问题与展望

本书重点运用文献分析法和思辨研究方法，部分内容辅以教学实践（实验）进行实证。今后较长一段时间需要通过更充分的定量研究及质性研究进一步完善各类指标体系，在命题实践中完善"二层双向细目表"，在教学实践中积累"引导教学"的命题方法，在教学实践中积累"教考衔接"的经验。

参考文献

[1] 教育部考试中心. 中国高考评价体系 [M]. 北京：人民教育出版社，2019.

[2] 任子朝，赵轩. 基于高考评价体系的数学科考试内容改革实施路径 [J]. 中国考试，2019（12）：27-32.

[3] 中华人民共和国教育部. 普通高中数学课程标准：2017 年版 2020 年修订 [M]. 北京：人民教育出版社，2020.

[4] 教育部考试中心. 以真情实景落实"五育并举" 以理性思维践行"立德树人"：2019 年高考数学试题评析 [J]. 中国考试，2019（7）：7-10.

[5] 任子朝，赵轩. 创设真实情境 突出学科特点 落实"五育"要求：数学高考加强体美劳考查 [J]. 数学通报，2019，58（7）：23-27.

[6] 教育部考试中心. 以评价体系引领内容改革 以科学情境考查关键能力：2020 年高考数学全国卷试题评析 [J]. 中国考试，2020（8）：29-34.

[7] 教育部考试中心. 聚焦核心素养 考查关键能力：2021 年高考数学全国卷试题评析 [J]. 中国考试，2021（7）：70-76.

[8] 教育部教育考试院. 创设情境 发挥育人作用 深化基础 考查核心素养：2022 年高考数学全国卷试题评析 [J]. 中国考试，2022（7）：14-19.

[9] 张奠宙. 数学学科德育的基点和层次 [J]. 数学教学，2006（6）：1-2.

[10] 任子朝，赵轩. 论高考数学的育人功能 [J]. 数学通报，2020，59（11）：14-52.

[11] 王尚志，胡凤娟. 数学教育的育人价值 [J]. 人民教育，2018（Z2）：40-44.

[12] 赵晓琳. 数学中的辩证唯物主义思想系统 [D]. 信阳：信阳师范学

院，2014.

[13] 马翠萍. 数学概念中的辩证关系及其教学研究［D］. 兰州：西北民族大学，2010.

[14] 何小亚. 学生"数学素养"指标的理论分析［J］. 数学教育学报，2015，24（1）：13-20.

[15] 何小亚. 数学核心素养指标之反思［J］. 中学数学研究（华南师范大学版），2016（13）：1-4.

[16] 胡典顺，雷沛瑶，刘婷. 数学核心素养的测评：基于PISA测评框架与试题设计的视角［J］. 教育测量与评价，2018（10）：40-64.

[17] 訾雪旻. 初中生高成效数学阅读能力的实验研究［D］. 天津：天津师范大学，2003.

[18] 李宝瑞. 数学文化融入高中三角函数的教学设计研究［D］. 哈尔滨：哈尔滨师范大学，2022.

[19] 王国江，彭家麒，任升录. 高中数学探究与创新性问题：思想·探究·迁移·展望［M］. 上海：华东理工大学出版社，2014.

[20] 任子朝，赵轩，郭学恒. 基于高考评价体系的关键能力考查［J］. 数学通报，2020，59（8）：15-24.

[21] 喻平. 数学关键能力测验试题编制：理论与方法［J］. 数学通报，2019，58（12）：1-7.

[22] 中华人民共和国教育部. 义务教育数学课程标准：2022年版［M］. 北京：北京师范大学出版社，2022.

[23] 武亮英. 克鲁捷茨基数学教育思想研究［D］. 呼和浩特：内蒙古师范大学，2013.

[24] 胡中锋，莫雷. 高中生数学能力结构研究［J］. 华南师范大学学报（自然科学版），2001（2）：24-30.

[25] 胡中锋. 中小学生数学能力结构研究述评［J］. 课程·教材·教法，

2001（6）：45-48.

[26] 孙以泽. 数学能力的成分及其结构 [J]. 南京晓庄学院学报，2003，19（2）：97-99.

[27] 史亚娟，华国栋. 中小学生数学能力的结构及其培养 [J]. 教育学报，2008，4（3）：36-40.

[28] 杜先存，普粉丽. 中学生数学能力成分及结构研究 [J]. 新课程研究（下旬刊），2009（9）：84-85.

[29] 喻平. 数学学科核心素养要素析取的实证研究 [J]. 数学教育学报，2016，25（6）：1-6.

[30] 程靖，孙婷，鲍建生. 我国八年级学生数学推理论证能力的调查研究 [J]. 课程·教材·教法，2016，36（4）：17-22.

[31] 任子朝，赵轩. 高考数学逻辑思维能力测评研究 [J]. 中国考试，2019（6）：32-36.

[32] 张露露. 小学数学教学中学生创新思维能力的培养：以 HBT 寄宿制小学为例 [D]. 太原：山西大学，2021.

[33] 任子朝，陈昂，单旭峰. 高考加强创新能力考查的研究 [J]. 教育理论与实践，2017，37（1）：29-32.

[34] 何小亚. 数学学与教的心理学 [M]. 广州：华南理工大学出版社，2011.

[35] 莫雷，等. 学习过程与机制研究：我国学习双机制理论与实验 [M]. 北京：经济科学出版社，2012.

[36] 喻平. 知识分类与数学教学 [J]. 数学通报，2000（12）：12-14.

[37] 孙朝仁，臧雷. "数学思想方法研究"综述 [J]. 中学数学教学参考，2002（10）：28-30.

[38] 章建跃. 注重通性通法才是好数学教学 [J]. 中小学数学（高中版），2011（11）：50.

[39] 齐威娜. 对中学数学解题通法的研究 [D]. 长春：东北师范大学，2008.

[40] 蔡上鹤. 数学思想和数学方法 [J]. 中学数学，1997（9）：1-4.

[41] 盛群力，褚献华. 布卢姆认知目标分类修订的二维框架 [J]. 课程·教材·教法，2004（9）：90-96.

[42] 陈友芳. 必备知识情境化：核心素养下思想政治学科命题的关键技术 [J]. 基础教育课程，2023（Z1）：4-9.

[43] 陈智猛. 福建省教育厅重点课题《课标课程背景下高考数学命题改革》研究成果（三十九）：基于知识交汇的"双基"考查研究 [J]. 福建中学数学，2010（1）：5-8.

[44] 人民教育出版社，课程教材研究所，中学数学课程教材研究开发中心. 普通高中教科书：数学：必修：第一册 [M]. 北京：人民教育出版社，2019.

[45] 刘小宝，刘仲林. 跨学科研究前沿理论动态：学术背景和理论焦点 [J]. 浙江大学学报（人文社会科学版），2012，42（6）：16-26.

[46] 徐阳. 基于高中生物学背景下的数学建模与教学实践研究 [D]. 武汉：华中师范大学，2022.

[47] 黄清亮. 数学方法在高中生物遗传学中的应用举例 [J]. 中学生物学，2021，37（12）：57-59.

[48] 欧阳群壮，欧阳双. 高中数学在解决物理化学问题中的具体应用 [J]. 广西教育，2021（10）：131-133.

[49] 王坤. 数学建模方法在高中物理化学学科解题中的应用 [J]. 高中数理化，2022（20）：40-42.

[50] 任子朝，于福生. 应用诊断识别模型评估高考数学试卷难度：二 [J]. 数学通报，1995（4）：32-35.

[51] 吕效国. 数学编题中的逻辑方法 [J]. 琼州大学学报，1994（1）：

168-173.

[52] SILVER E A, MAMONA-DOWNS J, LEUNG S S, et al. Posing mathematical problems: an exploratory study [J]. Journal for Research in Mathematics Education, 1996, 27 (3): 293-309.

[53] MARTÍNEZ-CRUZ A M, CONTRERAS J N. Changing the goal: an adventure in problem solving, problem posing, and symbolic meaning with a TI-92 [J]. Mathematics Teacher, 2002, 95 (8): 592-597.

[54] SONG S H, YIM J H, SHIN E J, et al. Posing problems with use the 'what if not?' strategy in NIM game [C]//Proceedings of the 31st Conference of the International Group for the Psychology of Mathematics Education. Seoul: PME, 2007, 4: 193-200.

[55] KILPATRICK J. Problem formulating: where do good problems come from [M]//SCHOENFELD A H. Cognitive science and mathematics education. Hillsdale: Lawrence Erlbaum Associates, 1987: 123-147.

[56] WEISS M K. Mathematical sense, mathematical sensibility: the role of the secondary geometry course in teaching students to be like mathematicians [D]. Ann Arbor: The University of Michigan, 2009.

[57] 陈俊阳. 高观点下导数取点问题的多解归一 [J]. 中学数学研究（华南师范大学版）, 2021 (23): 29-30.

[58] 陈梅. 小学数学应用题的改编研究 [D]. 温州：温州大学, 2015.

[59] 陈海岩. 初一学生解决数学应用问题的认知研究 [D]. 广州：广州大学, 2012.

[60] 傅赢芳, 张维忠. 中英初中数学教材中应用题的情境文化性 [J]. 外国中小学教育, 2007 (2): 29-32.

[61] 孙欣. 高考数学应用题的评价研究：从数学建模和表征的视角 [D]. 苏州：苏州大学, 2015.

[62] 张奠宙，戴再平. 中学数学问题集 [M]. 上海：华东师范大学出版社，1996.

[63] 上海市中学生数学知识应用竞赛委员会编写组. 中学数学知识应用精编 [M]. 上海：华东理工大学出版社，1995.

[64] 上海市中学生数学知识应用竞赛组织委员会. 中学数学建模与赛题集锦 [M]. 2版. 上海：复旦大学出版社，2014.

[65] 吴长江，任升录，李英，等. 高中数学应用性问题：建模·单元·题组·典型 [M]. 上海：上海大学出版社，2001.

[66] 刘来福. 高中数学建模 [M]. 北京：北京师范大学出版社，2019.

[67] 吴忠伟. 核心素养视角下的高中应用题新特点及教学策略：以新人教A版高中数学必修第一册为例 [J]. 中学数学研究（华南师范大学版），2021（14）：39-41.

[68] 任子朝. 创设应用情境 考查学生素质：谈高考数学应用题的考查 [J]. 中学数学教学，1998（1）：1-6.

[69] 胡亚雅. 我国高考数学应用题特点和变化规律的研究 [D]. 长春：东北师范大学，2008.

[70] 张翠伟. 初中数学开放式应用题编制研究 [D]. 沈阳：沈阳师范大学，2011.

[71] 黄英芬，颜宝平，龙红兰. 从应用题到建模问题的回译：一种开发数学建模素材的新思路 [J]. 数学通报，2019，58（9）：34-37.

[72] 杨昌红，颜宝平. 高中数学新教材中数学建模内容的处理：以人教A版和北师大版为例 [J]. 数理化解题研究，2021（12）：32-33.

[73] 教育部考试中心. 中国高考评价体系说明 [M]. 北京：人民教育出版社，2019.

[74] 戴再平. 开放题：数学教学的新模式 [M]. 上海：上海教育出版社，2002.

[75] 张劲松. 论"高观点下的初等数学"及其在新课标中的体现 [J]. 数学教学研究, 2008 (4): 2-5.

[76] 张夏强. "高观点"数学试题的编制研究 [D]. 福州: 福建师范大学, 2009.

[77] 朱亚丽. 基于高等数学背景下的高考数学试题命题方法研究 [D]. 广州: 广州大学, 2011.

[78] 吴联荣. "高观点"下的初等数学不等式考题分析与探究 [D]. 西安: 西北大学, 2015.

[79] 张佳沈. 高观点下的高中几何问题及教学研究 [D]. 大连: 辽宁师范大学, 2018.

[80] 王雅倩. 高观点下高考数学试题的研究: 以数学分析、高等代数背景为例 [D]. 扬州: 扬州大学, 2022.

[81] 王蕾. PISA 对学生数学素养的评价 [J]. 数学通报, 2009, 48 (7): 15-58.

[82] 梅松竹. PISA2012 数学素养精熟度水平评价研究 [J]. 教育测量与评价 (理论版), 2014 (3): 25-30.

[83] 曹一鸣, 朱忠明. 变与不变: PISA2000—2021 数学测评框架的沿革 [J]. 数学教育学报, 2019, 28 (4): 1-5.

[84] 江漂, 张维忠. TIMSS 数学测评变化及其对我国数学核心素养测评的启示 [J]. 当代教育与文化, 2022, 14 (2): 22-28.

[85] 苏洪雨. 学生几何素养评价的指标和模型设计 [J]. 数学教育学报, 2013, 22 (6): 85-89.

[86] 鲁小莉, 程靖, 徐斌艳, 等. 学生数学建模素养的评价工具研究 [J]. 课程·教材·教法, 2019, 39 (2): 100-106.

[87] 李霞. 高中生数据分析素养的测量与评价研究 [D]. 南昌: 江西师范大学, 2019.

[88] 胡爱斌. 逻辑推理核心素养水平层次测评模型探索 [J]. 中国数学教育, 2020（Z2）：28-36.

[89] 谢明初. 数学教育中的建构主义：一个哲学的审视 [M]. 上海：华东师范大学出版社, 2007.

[90] 刘冬梅. PISA2000—2021数学素养测评框架的演变研究 [D]. 成都：四川师范大学, 2020.

[91] 叶立军, 斯海霞. 数学课程与教学论 [M]. 2版. 杭州：浙江大学出版社, 2016.

[92] 李红婷, 綦明男, 杨燕钧. 问题解决教学相关理论及课堂教学模式 [J]. 数学教育学报, 1998（4）：54-57.

[93] 涂荣豹. 数学解题的有意义学习 [J]. 数学教育学报, 2001（4）：15-20.

[94] 范文贵. 数学家的观点对数学学习的启示 [J]. 数学教育学报, 2007（3）：17-20.

[95] 朱华伟, 张景中. 论推广 [J]. 数学通报, 2005（4）：28-57.

[96] 倪黎, 茹凯, 颜宝平. "数学建模"核心素养试题分析与命题探索 [J]. 数学教育学报, 2022, 31（2）：69-76.

[97] 邵光华, 卞忠运. 数学实验的理论研究与实践 [J]. 课程·教材·教法, 2007（3）：39-43.

[98] 罗日叶. 为了整合学业获得：情景的设计和开发 [M]. 2版. 汪凌, 译. 上海：华东师范大学出版社, 2010.

[99] 安德森. 布卢姆教育目标分类学（修订版）：分类学视野下的学与教及其测评 [M]. 蒋小平, 张琴美, 罗晶晶, 译. 北京：外语教学与研究出版社, 2009.

[100] 马扎诺, 肯德尔. 教育目标的新分类学 [M]. 2版. 高凌飚, 吴有昌, 苏峻, 译. 北京：教育科学出版社, 2012.

[101] 赵秀秀. 高中生数学合情推理能力的培养研究 [D]. 开封：河南大

学，2021.

[102] 任子朝，赵轩. 高考试题创新设计的研究与实践 [J]. 中学数学教学参考，2019（19）：2-11.

[103] "高考内容、形式与能力考查"课题组. 命题设计与考核能力要求（Ⅲ）[J]. 中学数学，2005（3）：1-5.

[104] 周建锋. 例谈"微建模"问题的设计 [J]. 中学数学研究（华南师范大学版），2021（7）：31-33.

[105] 冯伟贞. 数学科两类情境化命题的要点刍议 [J]. 中学数学研究（华南师范大学版），2019（21）：1-2.

[106] 姜南，张军朋. PISA 情境化试题及其启示 [J]. 新课程学习（学术教育），2013（2）：122-123.

[107] 许世红. PISA 数学素养测评试题的情境设计探析 [J]. 广东教育（综合版），2014（11）：37-39.

[108] 罗日叶. 整合教学法：教学中的能力和学业获得的整合 [M]. 2 版. 汪凌，译. 上海：华东师范大学出版社，2010.

[109] 黄本荣. 情境化命题下的教学改革 [J]. 中学语文教学参考，2022（5）：70-73.

[110] 何小亚，李耀光，张敏. 数学教育研究与测量 [M]. 北京：科学出版社，2015.

[111] 喻平. 发展学生数学核心素养的教学与评价研究 [M]. 上海：华东师范大学出版社，2021.

[112] 喻平. 数学核心素养评价的一个框架 [J]. 数学教育学报，2017，26（2）：19-59.

[113] 董林伟，孙朝仁. 初中数学实验的理论研究与实践探索 [J]. 数学教育学报，2014，23（6）：20-25.

[114] 董林伟. 数学实验：促进初中生数学学习的一种有效方式 [J]. 中国数

学教育，2012（9）：2-5.

[115] 李凯. 高中数学建模教学：现实困境与突围路径 [J]. 中学数学月刊，2021（10）：7-9.

[116] 陈燕，罗增儒，赵建斌. 从认知负荷理论看数学错误 [J]. 数学教育学报，2009，18（4）：19-22.

[117] TUOVINEN J E, SWELLER J. A comparison of cognitive load associated with discovery learning and worked examples [J]. Journal of Educational Psychology, 1999, 91 (2): 334-341.

[118] SWELLER J, CHANOLER P. Why some material is difficult to learn [J]. Cognitive and Instruction, 1994, 12 (3): 185-233.

[119] 广东省教育考试院. 广东高考年报（2021）[M]. 广州：广东高等教育出版社，2022.

[120] 汪晓勤. HPM 的若干研究与展望 [J]. 中学数学月刊，2012（2）：1-5.

[121] 汪晓勤，张小明. HPM 研究的内容与方法 [J]. 数学教育学报，2006（1）：16-18.

[122] 朱黎生，沈南山，宋乃庆. 数学课程标准"双基"内涵延拓的教育思考 [J]. 课程·教材·教法，2012，32（5）：41-45.

[123] 刘增来. 构建中学数学知识网络的实践研究 [D]. 南京：南京师范大学，2007.

[124] 李伟，周日桥. 素养立意的数学单元整体教学：以"圆锥曲线"单元教学为例 [J]. 中小学数学（高中版），2022（5）：6-9.

[125] 王建国. 高三数学一轮复习中，促进学生知识网络构建的一些举措 [J]. 数学教学通讯，2016（6）：28-31.

[126] 田富德. 构建知识网络，进行知识辐射，站在中心点解题：高三数学解题教学的一点思考 [J]. 中学数学研究，2018（6）：15-17.

[127] 王朝璇. 解析几何之知识网络的构建 [J]. 高中生学习（试题研究），

2015（12）：10-11.

[128] 刘儒德，陈红艳. 小学生数学学习观调查研究［J］. 心理科学，2002（2）：194-225.

[129] 马芬. 高中数学建模分层次教学案例探究［J］. 高考，2021（14）：23-24.

[130] 苏洪雨. 基于问题设计的数学微探究评价体系构建［J］. 数学教育学报，2019，28（1）：19-24.

[131] 梅志红. 满意评价方法及其应用研究［D］. 成都：西南交通大学，2004.

[132] 田鹏. 数学开放题的评价［J］. 海南师范学院学报（自然科学版），2004，11（7）：79-82.

[133] 周超. 浅析数学开放题的几种评价方法［J］. 中学数学月刊，2002（10）：6-8.

[134] 鲁小莉，程靖，徐斌艳，等. 学生数学建模素养的评价工具研究［J］. 课程·教材·教法，2019，39（2）：100-106.